VERLAG
ÖSTERREICH

Peter Bydlinski/Ferdinand Kerschner (Hrsg)

Lehrbuchreihe Bürgerliches Recht

Gert Iro
Olaf Riss

Sachenrecht

Bürgerliches Recht Band IV

7. Auflage

2019

Lehrbuch

VERLAG
ÖSTERREICH

Univ.-Prof. i. R. Dr. Gert Iro
Universität Wien

Univ.-Prof. Dr. Olaf Riss, LL.M.
Alpen-Adria-Universität Klagenfurt

www.verlagoesterreich.at
Gedruckt in Ungarn

Satz: Jung Crossmedia Publishing GmbH, 35633 Lahnau, Deutschland
Druck: Prime Rate Kft., 1044 Budapest, Ungarn

Gedruckt auf säurefreiem, chlorfrei gebleichtem Papier

Bibliografische Information der Deutschen Nationalbibliothek
Die Deutsche Nationalbibliothek verzeichnet diese Publikation in der Deutschen Nationalbibliografie; detaillierte bibliografische Daten sind im Internet über http://dnb.d-nb.de/abrufbar.

ISBN 978-3-7046-7589-7 6. Aufl Verlag Österreich
ISBN 978-3-7046-8322-9 7. Aufl Verlag Österreich

Vorwort zur 7. Auflage

Im Sachenrecht hat sich auch seit der letzten Auflage legistisch nichts Bedeutungsvolles ereignet. Hauptanliegen der Neuauflage war es daher einerseits, wieder die neuere Judikatur und Literatur einzuarbeiten, andererseits der Versuch, die Darstellung didaktisch noch weiter zu optimieren. Der Neubearbeitung ist auch so manches Detail zum Opfer gefallen, das uns für solide Kenntnisse aus dem Sachenrecht entbehrlich erscheint. Die wesentliche Neuerung dieses Bandes besteht somit darin, dass sich die Zahl der Autoren von einem auf zwei verdoppelt hat. Dies ist vor allem dem natürlichen Generationenwechsel geschuldet, den wir aber nicht abrupt stattfinden lassen wollen, sondern mit einer Übergangsphase vollziehen möchten. Auch hoffen wir, dass es einem Gespann von zwei Autoren mit Erfahrung im Lehr- und Studienbetrieb an verschiedenen österreichischen Fakultäten noch besser gelingt, den Stoff des Sachenrechts gut verdaulich, ja vielleicht sogar schmackhaft aufzubereiten.

In formaler Hinsicht haben wir es auch bei dieser Neubearbeitung fortgesetzt, konkrete Fundstellenzitate aus der Rechtsprechung durch Verweise auf Rechtssätze aus dem RIS-Justiz zu ersetzen.

Die eingearbeitete Literatur und Judikatur befinden sich auf dem Stand Juli 2019. Verweise auf andere Bände der Lehrbuchreihe beziehen sich hinsichtlich Band I auf die 8. Auflage, hinsichtlich Band VIII auf die 5. Auflage, sonst auf die 6. Auflage.

Dem Verlag Österreich, allen voran Frau Dr. *Marlene Steininger*, sind wir für die Betreuung des Werkes sehr verbunden.

Wien/Klagenfurt, im Juli 2019 *Gert Iro/Olaf Riss*

E-Mail-Anschriften der Autoren:
Univ.-Prof. i. R. Dr. Gert Iro
gert.iro@univie.ac.at
Univ.-Prof. Dr. Olaf Riss, LL.M.
olaf.riss@aau.at

Inhaltsübersicht

Inhaltsverzeichnis

Zweiter Teil: Eigentum

Dritter Teil: Pfandrecht

Vierter Teil: Dienstbarkeit, Reallast, Baurecht

Abkürzungsverzeichnis

aA	anderer Ansicht
aaO	am angegebenen Ort
ABGB	Allgemeines bürgerliches Gesetzbuch
ABl	Amtsblatt der Europäischen Gemeinschaft (Union)
Abs	Absatz
AcP	Archiv für die civilistische Praxis
aE	am Ende
aF	alte Fassung
AGAG	Allgemeines Grundbuchsanlegungsgesetz
AGB	Allgemeine Geschäftsbedingungen
AktG	Aktiengesetz
AnfO	Anfechtungsordnung
Angst/Oberhammer, EO^3	Angst/Oberhammer (Hrsg), Kommentar zur Exekutionsordnung, 3. Auflage, 2015 (zitiert: *Bearbeiter* in Angst/Oberhammer, EO^3 Paragraph Randzahl)
Anh	Anhang
Anm	Anmerkung
AnwBl	Österreichisches Anwaltsblatt
Art	Artikel
ASVG	Allgemeines Sozialversicherungsgesetz
AußStrG	Außerstreitgesetz
$Bankvertragsrecht^2$	Apathy/Iro/Koziol (Hrsg), Österreichisches Bankvertragsrecht I, 2. Auflage, 2007; II, 2. Auflage, 2008; VII, 2. Auflage, 2015 (zitiert: *Bearbeiter*, $Bankvertragsrecht^2$ Band Randzahl); VIII, Kreditsicherheiten I, 2012; IX, Kreditsicherheiten II, 2012 (zitiert: *Bearbeiter*, Bankvertragsrecht VIII bzw IX Randzahl)
$Bankvertragsrecht^3$	Bollenberger/Oppitz (Hrsg), Österreichisches Bankvertragsrecht I, 3. Auflage, 2019 (zitiert: *Bearbeiter*, $Bankvertragsrecht^3$ Band Randzahl)
Bartsch, GBG	*Bartsch*, Das österr allgemeine Grundbuchsgesetz in seiner praktischen Anwendung, 7. Auflage, 1933
BauRG	Baurechtsgesetz
bbl	Baurechtliche Blätter
BG	Bundesgesetz
BGB	(deutsches) Bürgerliches Gesetzbuch
BGBl	Bundesgesetzblatt

BlgNR	Beilagen zu den Stenographischen Protokollen des Nationalrates
BStG	Bundesstraßengesetz
BTVG	Bauträgervertragsgesetz
B-VG	Bundes-Verfassungsgesetz
BWG	Bankwesengesetz
bzgl	bezüglich
bzw	beziehungsweise
DepG	Depotgesetz
ders	derselbe
dh	das heißt
dies	dieselbe(n)
E	Entscheidung
EBzRV	Erläuternde Bemerkungen zur Regierungsvorlage
EDV	Elektronische Datenverarbeitung
EGZPO	Einführungsgesetz zur Zivilprozeßordnung
Ehrenzweig	*Ehrenzweig*, System des österreichischen allgemeinen Privatrechts, 2. Auflage, I/1: Allgemeiner Teil, 1951; I/2: Das Sachenrecht, 1957
EisbBFG	Eisenbahn-Beförderungs- und Fahrgastrechtegesetz
EisbEG	Eisenbahnenteignungsgesetz
EisBG	Eisenbahnbuchgesetz (RGBl 1874/70)
EMRK	Europäische Menschenrechtskonvention
EO	Exekutionsordnung
EPG	Eingetragene Partnerschaftsgesetz
ERV	Verordnung über den elektronischen Rechtsverkehr
EU	Europäische Union
EuGH	Europäischer Gerichtshof
Euro-JuBeG	Euro-Justiz-Begleitgesetz
EvBl	Evidenzblatt der Rechtsmittelentscheidungen
EVHypBG	Einführungsverordnung zum Hypothekenbankgesetz
EWR	Europäischer Wirtschaftsraum
f	und der (die) folgende
FBSchVG	Gesetz betreffend fundierte Bankschuldverschreibungen
Fenyves/Kerschner/Vonkilch^3 (Klang)	Fenyves/Kerschner/Vonkilch (Hrsg), Kommentar zum Allgemeinen Bürgerlichen Gesetzbuch, 3. Auflage, ab 2006 (zitiert: *Bearbeiter* in Fenyves/Kerschner/Vonkilch^3 (Klang) Paragraph Randzahl)
Feil/Marent/Preisl, GrundbuchsR^2	*Feil/Marent/Preisl*, Grundbuchsrecht, 2. Auflage, 2010
ff	und die folgenden
FinSG	Finanzsicherheiten-Gesetz
FN	Fußnote
ForstG	Forstgesetz
Frotz, KreditsicherungsR	*Frotz*, Aktuelle Probleme des Kreditsicherungsrechts, 1970
FS	Festschrift
G	Gesetz
GBG	Allgemeines Grundbuchsgesetz
GedS	Gedenkschrift

gem	gemäß
GeKo WohnR	H. Böhm/Pletzer/Spruzina/Stabentheiner (Hrsg), Gesamtkommentar Wohnrecht, 2018 (zitiert: *Bearbeiter* in GeKo WohnR Paragraph Randzahl)
Geo	Geschäftsordnung für die Gerichte I. und II. Instanz
GewO	Gewerbeordnung
GlU	Sammlung von zivilrechtlichen Entscheidungen des kk Obersten Gerichtshofes
GlUNF	Sammlung von zivilrechtlichen Entscheidungen des kk Obersten Gerichtshofes, Neue Folge
GmbH	Gesellschaft mit beschränkter Haftung
GmbHG	Gesetz über Gesellschaften mit beschränkter Haftung
GOG	Gerichtsorganisationsgesetz
GP	Gesetzgebungsperiode
Gschnitzer, SachenR^2	*Gschnitzer/Faistenberger/Barta/Call/Eccher*, Österreichisches Sachenrecht, 2. Auflage, 1985
GUG	Grundbuchsumstellungsgesetz
GVG	Grundverkehrsgesetz
hA	herrschende Ansicht
HaRÄG	Handelsrechtsänderungsgesetz
Heller/Berger/Stix, EO^4	*Heller/Berger/Stix*, Kommentar zur Exekutionsordnung II, 4. Auflage, 1972
HfD	Hofdekret
HfKD	Hofkanzleidekret
hL	herrschende Lehre
hM	herrschende Meinung
hRsp	herrschende Rechtsprechung
Hrsg	Herausgeber
HS	Handelsrechtliche Entscheidungen; Halbsatz
HypBG	Hypothekenbankgesetz
idF	in der Fassung
idgF	in der geltenden Fassung
idR	in der Regel
idS	in diesem Sinn
ieS	im engeren Sinn
insb	insbesondere
IO	Insolvenzordnung
iSd	im Sinn der/des
iSe	im Sinn einer/eines
iVm	in Verbindung mit
iwS	im weiteren Sinn
iZw	im Zweifel
Jabornegg/Artmann, UGB^2	Jabornegg/Artmann (Hrsg), Kommentar zum UGB I, 2. Auflage, 2010; II, 2. Auflage, 2017 (zitiert: *Bearbeiter* in Jabornegg/Artmann, UGB^2 Band Paragraph Randzahl)
JAP	Juristische Ausbildung und Praxisvorbereitung
JB	Judikatenbuch
JBl	Juristische Blätter

JGS	Justizgesetzsammlung
KBB[5]	Koziol/P. Bydlinski/Bollenberger (Hrsg), Kurzkommentar zum ABGB, 5. Auflage, 2017 (zitiert: *Bearbeiter* in KBB[5] Paragraph Randzahl)
Kfz	Kraftfahrzeug
KG	Kommanditgesellschaft; Katastralgemeinde
Klang[2]	Klang (Hrsg), Kommentar zum Allgemeinen Bürgerlichen Gesetzbuch, 2. Auflage, 1948–1978 (zitiert: *Bearbeiter* in Klang[2] Band Seite)
Kletečka/Schauer, ABGB-ON	Kletečka/Schauer (Hrsg), ABGB-ON Kommentar, 2010–2019 (www.rdb.at) (zitiert: *Bearbeiter* in Kletečka/Schauer, ABGB-ON Version Paragraph Randzahl)
Kodek, GrundbuchsR[2]	Kodek (Hrsg), Kommentar zum Grundbuchsrecht, 2. Auflage, 2016 (zitiert: *Bearbeiter* in Kodek, GrundbuchsR[2] Paragraph Gesetz Randzahl)
Welser/Kletečka I[15]	Bürgerliches Recht I, 15. Auflage, 2018, auf Grundlage der von Koziol und Welser gemeinsam herausgegebenen 1.–10. Auflage und der von Koziol unter Mitarbeit von Bollenberger bearbeiteten 11. und 12. Auflage, bearbeitet von Kletečka
Krejci, UnternehmensR[5]	*Krejci*, Unternehmensrecht, 5. Auflage, 2013
Krejci, RK	Krejci (Hrsg), Kommentar zu den durch das HaRÄG 2005 eingeführten Neuerungen im UGB und ABGB, 2007 (zitiert: *Bearbeiter* in Krejci, RK UGB bzw ABGB Paragraph Randzahl)
krit	kritisch
KSchG	Konsumentenschutzgesetz
leg cit	legis citatae (des zitierten Gesetzes)
LiegTeilG	Liegenschaftsteilungsgesetz
lit	litera (Buchstabe)
Mat	Materialien
maW	mit anderen Worten
mE	meines Erachtens
MietSlg	Mietrechtliche Entscheidungen
MinroG	Mineralrohstoffgesetz
MR	Medien und Recht (Zeitschrift)
MRG	Mietrechtsgesetz
MuSchG	Musterschutzgesetz
mwN	mit weiteren Nachweisen
NBG	Nationalbankgesetz
nF	neue Fassung
NO	Notariatsordnung
NotAktG	Notariatsaktsgesetz
NR	Nationalrat
Nr	Nummer
NWG	Notwegegesetz
NZ	Österreichische Notariats-Zeitung
ÖBA	Österreichisches Bankarchiv
OG	Offene Gesellschaft

OGH	Oberster Gerichtshof
ÖJT	Österreichischer Juristentag
ÖJZ	Österreichische Juristen-Zeitung
österr	österreichisch, -e, -er, -es
ÖZW	Österreichische Zeitschrift für Wirtschaftsrecht
pa	pro anno
PatG	Patentgesetz
Pkt	Punkt
RAO	Rechtsanwaltsordnung
RdM	Recht der Medizin
RdU	Recht der Umwelt
RdW	Österreichisches Recht der Wirtschaft
Rechberger/Bittner, GrundbuchsR[2]	*Rechberger/Bittner*, Grundbuchsrecht[2], 2007
RFG	Rechts- und Finanzierungspraxis der Gemeinden (Zeitschrift)
RGBl	Reichsgesetzblatt
Rsp	Rechtsprechung
Rummel[3]	Rummel (Hrsg), Kommentar zum Allgemeinen bürgerlichen Gesetzbuch, Band I, 3. Auflage, 2000; Band II, 3. Auflage, 2002–2007 (zitiert: *Bearbeiter* in Rummel[3] Paragraph Randzahl)
Rummel/Lukas[4]	Rummel/Lukas (Hrsg), Kommentar zum Allgemeinen bürgerlichen Gesetzbuch, 4. Auflage, ab 2014 (zitiert: *Bearbeiter* in Rummel/Lukas[4] Paragraph Randzahl)
RV	Regierungsvorlage
RZ	Österreichische Richterzeitung
Rz	Randzahl
S	Seite
s	siehe
sa	siehe auch
ScheckG	Scheckgesetz
Schwimann[3]	Schwimann (Hrsg), ABGB Praxiskommentar, 3. Auflage, 2005, 2006; Ergänzungsband 2007 (zitiert: *Bearbeiter* in Schwimann[3] Paragraph Randzahl bzw Band Gesetz Paragraph Randzahl)
Schwimann[4]	Schwimann/Kodek (Hrsg), ABGB Praxiskommentar, 4. Auflage (auf Grundlage der von Schwimann herausgegebenen Vorauflage), ab 2012 (zitiert: *Bearbeiter* in Schwimann[4] Paragraph Randzahl)
sog	sogenannte, -r, -s
SPG	Sicherheitspolizeigesetz
StGB	Strafgesetzbuch
StGG	Staatsgrundgesetz
str	strittig
stRsp	ständige Rechtsprechung
SZ	Entscheidungen des österreichischen Obersten Gerichtshofes in Zivilsachen
TSchG	Tierschutzgesetz
TSchVG	Teilschuldverschreibungsgesetz
ua	und andere(n), unter anderem
überwA	überwiegende Ansicht

überwL	überwiegende Lehre
udgl	und dergleichen
UGB	Unternehmensgesetzbuch
UHG	Urkundenhinterlegungsgesetz
UrhG	Urheberrechtsgesetz
uU	unter Umständen
uva	und viele andere
uz	und zwar
V	Verordnung
VbVG	Verbandsverantwortlichkeitsgesetz
VermG	Vermessungsgesetz
verst	verstärkt
VersVG	Versicherungsvertragsgesetz
VfGH	Verfassungsgerichtshof
vgl	vergleiche
VwGH	Verwaltungsgerichtshof
wbl	Wirtschaftsrechtliche Blätter
WEG	Wohnungseigentumsgesetz
WechselG	Wechselgesetz
wobl	Wohnrechtliche Blätter
WRG	Wasserrechtsgesetz
WWSGG	Grundsatzgesetz über die Behandlung der Wald- und Weidenutzungsrechte und besonderer Feldservituten (Wald- und Weideservituten-Grundsatzgesetz)
Z	Ziffer, Zahl
Zak	Zivilrecht aktuell (Zeitschrift)
zB	zum Beispiel
ZfV	Zeitschrift für Verwaltung
ZIK	Zeitschrift für Insolvenzrecht und Kreditschutz
1. ZPMRK	1. Zusatzprotokoll zur Menschenrechtskonvention
ZPO	Zivilprozessordnung
zT	zum Teil
ZVR	Zeitschrift für Verkehrsrecht

Erster Teil: Grundlagen des Sachenrechts

§ 1. Grundbegriffe und Grundsätze

A. Sachenrecht als Teilgebiet des bürgerlichen Rechts

§ 285 bezeichnet alles als **Sache**, was von der Person verschieden ist und zum Gebrauch des Menschen dient. In dieser Definition kommt die auf den römischen Juristen Gaius zurückgehende Zweiteilung des bürgerlichen Rechts in Personen- und Sachenrecht („Institutionensystem") zum Ausdruck. Danach wird das heute als selbständiges Teilgebiet anerkannte Schuldrecht dem Sachenrecht zugeordnet, sodass auch Forderungsrechte, Gestaltungsrechte und sonstige obligatorische Rechtspositionen „Sachenrechte" sind. Das ABGB unterscheidet allerdings zwischen dinglichen und persönlichen Sachenrechten (§ 307), die es jeweils in eigenen „Abteilungen" regelt: Die §§ 309 ff gelten für die „dinglichen Rechte", während die §§ 859 ff von den „persönlichen Sachenrechten" handeln. **1/1**

Die heutige Privatrechtswissenschaft untergliedert dagegen das bürgerliche Recht nach dem im 19. Jahrhundert entwickelten **Pandektensystem**, das grundsätzlich nur Rechtspositionen an körperlichen Objekten unter dem Oberbegriff Sachenrecht zusammenfasst. Dieser entspricht also im Wesentlichen dem vom ABGB verwendeten Terminus „dingliche Sachenrechte". Berechtigungen, die nicht an einer bestimmten Sache, sondern gegenüber einer anderen Person bestehen (vgl § 307), ordnet man heute dem Schuldrecht zu, also den persönlichen Sachenrechten iSd ABGB. Das Schuldrecht enthält etwa Regelungen über den typischen Inhalt und die Beschaffenheit einzelner Forderungsrechte, ihre Übertragung und ihr Erlöschen.

Allerdings werden traditionell bestimmte Verfügungen über obligatorische Berechtigungen, wie insb die **Verpfändung und die Sicherungsabtretung von Forderungen**, wegen ihres engen thematischen Zusammenhangs mit den entsprechenden Verfügungen bei körperlichen Sachen (Verpfändung **1/2** und Sicherungsübereignung) im Sachenrecht mitbehandelt[1]. Dabei darf man aber nicht übersehen, dass etwa ein Pfandrecht an einer Forderung genauso wenig ein dingliches Recht ist wie das Vollrecht an einer Forderung, die Rechtszuständigkeit, von der das Pfandrecht als inhaltlich beschränktes Recht ja nur abgespaltet ist.

1/3 Unter **Sachenrecht im objektiven Sinn** versteht man somit den Teil des bürgerlichen Rechts, der sich mit den Rechtsverhältnissen an einer Sache beschäftigt. Es legt die in Betracht kommenden Rechtspositionen, die **Sachenrechte im subjektiven Sinn**, und ihren Inhalt fest und regelt die Voraussetzungen für ihr Entstehen, ihre Übertragung und ihre Beendigung.

1/4 **Dingliche Rechte** genießen absoluten Schutz, dh sie sind von jedermann zu respektieren. Dadurch heben sie sich allerdings nicht von anderen Rechtspositionen ab, wie zB der Rechtszuständigkeit des Forderungsberechtigten[2]. Der signifikante Unterschied liegt vielmehr in der inhaltlichen Ausgestaltung der Sachenrechte: Sie berechtigen nämlich zu **unmittelbaren Einwirkungen** auf eine körperliche Sache, während obligatorische Rechte nur einen Anspruch gegen eine andere Person auf ein bestimmtes Tun oder Unterlassen gewähren. Sachen sind somit idR einer oder mehreren Personen zur Ausübung bestimmter Berechtigungen zugeordnet.

Aus dem Wesen der Sachenrechte, Herrschaftsbefugnisse über körperliche Sachen zu gewähren, die von jedermann zu respektieren sind, ergeben sich spezielle Prinzipien, die für das Sachenrecht typisch sind.

B. Sachenrechtliche Grundsätze

1/5 **1. Typenbeschränkung:** Nur die vom Gesetz anerkannten dinglichen Rechtspositionen können wirksam begründet werden. Insofern gibt es keine privatautonome Gestaltungsfreiheit. Welche Sachenrechte zur Verfügung stehen, ergibt sich nicht nur aus § 308, sondern auch aus anderen Gesetzen. Nach heutigem Verständnis ist allerdings die Aufzählung der dinglichen Sachenrechte in § 308 (Besitz, Eigentum, Pfandrecht, Dienstbarkeit) nicht ganz zutreffend.

Der **Besitz** wird überwiegend nicht als Recht angesehen, weil er keine rechtliche Zuordnung der Sache zum Besitzer bewirkt. Er umschreibt vielmehr einen tatsächlichen Zustand, an den bestimmte Rechtsfolgen geknüpft sind. Der Besitz kann jedoch unter bestimmten

1 Das BGB regelt das Pfandrecht an Rechten im sachenrechtlichen Teil (§§ 1273 ff).

2 Dazu *H. Koziol*, Österreichisches Haftpflichtrecht³ II (2018) Rz A/2/190 ff mwN. Gegen die Kategorie „dingliches Recht“ prinzipiell *Schilcher*, Fenyves-FS (2013) 311.

Voraussetzungen (rechtlicher Besitz, vgl Rz 2/29) die Qualität eines dinglichen Rechts erlangen.

Auf der anderen Seite fehlen in der Aufzählung des § 308 die **Reallasten**, die § 530 als „beständige jährliche Renten“ bezeichnet. Auf Grund späterer gesetzlicher Vorschriften sind ferner noch das **Baurecht** (BauRG), die **Bergwerksberechtigung** (§§ 22, 40 MinroG) und das **Wohnungseigentum** (WEG) als dingliche Rechte hinzugekommen. Letzteres kann man zwar auf einzelne in § 308 genannte sachenrechtliche Befugnisse zurückführen (Miteigentum an der Liegenschaft verbunden mit einem Fruchtgenussrecht an dem Wohnungseigentumsobjekt), doch stellt es als einheitliches und untrennbares Recht richtiger Ansicht nach ein eigenes Sachenrecht dar (vgl OGH RS0060665 [T3]: „aliud“ gegenüber dem schlichten Miteigentum).

2. Typenzwang: Den Inhalt der einzelnen Sachenrechte legt das Gesetz weitgehend zwingend fest. Die Parteien haben nur eine sehr beschränkte Gestaltungsmöglichkeit; sie können zB in einem bestimmten Rahmen Vereinbarungen über die Verwertung des Pfandes und insb die – in sehr weitem Umfang zur Disposition der Parteien stehende[3] – inhaltliche Ausgestaltung von Dienstbarkeiten treffen. **1/6**

3. Publizität: Das Bestehen und die Übertragung von Sachenrechten sollen auch für Dritte offenkundig sein. Dieses Ziel versucht das Gesetz bei beweglichen Sachen durch den Besitz, bei unbeweglichen Sachen durch das Grundbuch zu erreichen. Da allerdings der Besitz einer Sache nur geeignet ist, das Bestehen von Eigentum zu signalisieren, nicht aber auch anderer dinglicher (Pfandrecht, Dienstbarkeit usw) oder obligatorischer Rechte (zB aus Miete, Leihe), ist seine Publizitätsfunktion sehr eingeschränkt. **1/7**

Die Publizität bei der **Einräumung bzw Übertragung von Sachenrechten** soll grundsätzlich durch das Erfordernis eines Modus gewährleistet sein, der sich nach den für die betreffende Sache geltenden Bestimmungen richtet (zB Übergabe für bewegliche Sachen). Allerdings hält das Gesetz dieses Anliegen nicht konsequent durch, weil es zB auch die nach außen nicht in Erscheinung tretende Übergabe durch Erklärung (Rz 2/37 ff) zulässt.

4. Spezialität: Sachenrechte bestehen immer an bestimmten Sachen. Eine Sachgesamtheit kann als solche nicht Gegenstand eines Sachenrechts sein. Vielmehr ist die Begründung und Übertragung von dinglichen Rechten grundsätzlich nur für jede einzelne Sache möglich (vgl aber die Übergabe einer Gesamtsache durch symbolische Übergabe, Rz 1/17). **1/8**

3 Dazu *Oberhammer*, Mitverwaltung als Nutzung (2001) 20.

1/9 **5. Kausalität:** Rechtsgeschäftliche Verfügungen über Sachenrechte sind idR nur insoweit wirksam, als sie auf einem **gültigen Titel** beruhen. Fehlt ein solcher oder fällt er – wie insb bei Anfechtung des Vertrags wegen eines Willensmangels (I/8/24) – nachträglich mit sachenrechtlicher ex tunc-Wirkung weg, so scheitert auch die Übertragung der sachenrechtlichen Position (dazu näher Rz 6/37 f). Dieser Grundsatz gilt allerdings auch für schuldrechtliche Verfügungsgeschäfte (Zession, Verzicht uä), sodass es richtiger ist, von einem allgemeinen Prinzip der Kausalität des Verfügungsgeschäfts zu sprechen. Zweifellos hat dieser Grundsatz sein Hauptanwendungsgebiet aber im Sachenrecht.

C. Sachen im Rechtssinn

I. Sachbegriff

1/10 Der normative Sachbegriff des § 285 umfasst nicht nur körperliche Sachen – das sind solche, die mit den menschlichen Sinnen wahrnehmbar sind (§ 292) –, sondern auch unkörperliche Sachen, wie insb Rechte und Dienstleistungen (vgl § 303). Der Begriff „Sache" im ABGB bezeichnet also am ehesten einen „Rechtsgegenstand" (Rechtsobjekt)[4]. Als Grundlage für Sachenrechte kommen aber nach der heutigen Systematik nur **körperliche Sachen** in Betracht, weil nur sie Gegenstand eines Herrschaftsrechts (Rz 1/4) sein können. Nach hA zählt dazu auch die Energie, wie zB Gas oder Elektrizität[5].

1/11 Damit ein Gegenstand als Sache im Rechtssinn bezeichnet werden kann, muss er dem **menschlichen Gebrauch dienen** (§ 285). Daher sind nur solche Objekte von rechtlicher Relevanz, die von Menschen aktuell beherrscht werden können. Demnach ist etwa Luft keine Sache im Rechtssinn, solange sie nicht in Gefäßen (zB in Taucherflaschen) abgefüllt ist.

Ob man den menschlichen **Leichnam** als Sache bezeichnet, ist hauptsächlich von terminologischer Bedeutung, weil er weitgehend dem Rechtsverkehr entzogen ist[6] und daher sachenrechtliche Positionen an ihm kaum

4 *Stabentheiner* in Fenyves/Kerschner/Vonkilch[3] (Klang) § 285 Rz 3.

5 *F. Bydlinski*, Hämmerle-FS (1972) 34 f; *N. Hofmann* in Schwimann[4] § 292 Rz 2. Zur Software als Sache *P. Bydlinski*, AcP 198 (1998) 287. Zur Anwendung sachenrechtlicher Regelungen auf „dematerialisierte" Wertpapiere (Bucheffekten) s *Micheler*, Wertpapierrecht zwischen Schuld- und Sachenrecht (2004); *Mülbert*, Koziol-FS (2010) 1055; *Wiegand*, Koziol-FS (2010) 1125.

6 Näheres bei *Kopetzky* in Stefanelli, Körper ohne Leben (1998) 862; *Stabentheiner* in Fenyves/Kerschner/Vonkilch[3] (Klang) § 285 Rz 8. Zu Verfügungen über einen Grabstein 7 Ob 285/03t, EvBl 2004/106.

in Betracht kommen. Einzelne Teile des lebenden oder toten menschlichen Körpers (zB Organe, Blut, Eizellen) haben hingegen nach ihrer Entnahme durchaus Sachcharakter[7].

Tiere sind zwar gem § 285a keine Sachen, werden aber im Sachenrecht – wie im bürgerlichen Recht überhaupt – als solche behandelt (vgl aber § 1332a)[8].

II. Einteilung der Sachen

1. Staatsgut – Privatgut

Das ABGB trifft in den §§ 286 ff Einteilungen der Sachen nach verschiedenen Gesichtspunkten, von denen für das Sachenrecht nicht alle von gleicher Bedeutung sind. So sind etwa die Differenzierungen zwischen Staatsgut und Privatgut und innerhalb des Staatsgutes (§§ 286 f) wegen der grundsätzlichen Anwendbarkeit der privatrechtlichen Normen auf das Staatsgut (§ 290) heute von geringerem Interesse (vgl aber zB § 1 Abs 2 und § 12 Abs 1 AGAG; §§ 2b f GUG). **1/12**

Das **öffentliche Gut** (Staats- und Gemeindegut, vgl §§ 286 und 288) besteht aus allen Sachen, die dem Gemeingebrauch dienen. Darunter versteht man die jedermann ohne besondere behördliche Bewilligung zustehende Freiheit, bestimmte Sachen entsprechend ihrer Zweckbestimmung zu verwenden[9].

Der **Gemeingebrauch** betrifft zwar hauptsächlich Sachen, die im Eigentum einer Gebietskörperschaft stehen (vgl § 287, 2. Satz: Straßen, Flüsse ua), ist aber auch an Privatgut möglich. Er entsteht entweder auf Grund (ausdrücklicher) Widmung durch Gesetz bzw die zuständige Verwaltungsbehörde oder durch lang dauernde, einem dringenden Verkehrsbedürfnis entsprechende Benützung (meistens 30 Jahre) ohne Einschränkung auf einen bestimmten Personenkreis (OGH RS0117551). Weitere Voraussetzungen – insb Redlichkeit – werden nicht verlangt. An dem Gemeingebrauch dienenden Sachen ist die Bestellung privatrechtlicher Nutzungsrechte und auch die Ersitzung möglich (OGH RS0009807; RS0009777); die Veräußerung von öffentlichem Gut an eine Privatperson lässt den Gemeingebrauch unberührt, wenn die Widmung nicht durch Gesetz oder Verwaltungsakt aufgehoben wird (3 Ob 94/15t). Für Streitigkeiten über Bestand und Umfang des Gemeingebrauchs sind die Verwaltungsbehörden zuständig.

---

7 Dazu *Dengler*, NZ 1971, 6; *Etzl* in Plöchl, Ware Mensch (1996) 27, 37 ff, 85 ff; *Steiner*, RdM 2002, 173, 175. Keine Sachen sind Embryos, vgl *Peichl*, ÖJZ 2003, 581, 583 ff.

8 *H. Böhm* in Harrer/Graf, Tierschutz und Recht (1994) 47, 55 ff; *Saria*, ÖJZ 2001, 161.

9 Zum Gemeingebrauch *Merli*, Öffentliche Nutzungsrechte und Gemeingebrauch (1994); *Raschauer*, Allgemeines Verwaltungsrecht[5] (2017) 1408; *Stabentheiner* in Fenyves/Kerschner/Vonkilch[3] (Klang) § 287 Rz 4.

Das **Staats- bzw Gemeindevermögen**, wie zB die Einnahmen aus Abgaben, Steuern und Staatsmonopolen, dient der „Bedeckung“ der Bedürfnisse der Gebietskörperschaften bei der Erfüllung ihrer Aufgaben.

2. Bewegliche – unbewegliche Sachen

1/13 Von grundsätzlicher Bedeutung für das Sachenrecht ist die Unterscheidung zwischen beweglichen und unbeweglichen Sachen. § 293 erklärt eine Sache dann für **beweglich**, wenn sie „ohne Verletzung ihrer Substanz von einer Stelle zur anderen versetzt werden“ kann. Diese Definition ist allerdings nur für körperliche Sachen brauchbar, die man auch als Fahrnis oder Mobilien bezeichnet. Rechte zählt das Gesetz grundsätzlich zu den beweglichen Sachen, außer sie sind mit dem Besitz einer unbeweglichen Sache verbunden (§ 298). So gehört etwa das Pfandrecht an Wertpapieren oder das Fruchtgenussrecht an einer Kuh zu den beweglichen Sachen.

1/14 **Unbewegliche** Sachen sind vor allem die Liegenschaften und die auf diesen fest errichteten Baulichkeiten (§ 297), soweit es sich nicht um Superädifikate (zu diesen Rz 1/33 ff) handelt. Dazu gehören aber auch Rechte, die mit dem Besitz einer Liegenschaft verbunden sind, wie Grunddienstbarkeiten und Wohnungseigentum. Die Eintragung des Rechts im Grundbuch ist hiefür nicht maßgeblich, sodass etwa eine Hypothek als besitzloses Pfandrecht (§ 299) oder eine persönliche Dienstbarkeit an einer Liegenschaft eine bewegliche Sache ist (OGH RS0009981). Diese begriffliche Einordnung ändert aber nichts daran, dass es sich um bücherliche Rechte handelt (§ 9 GBG) und daher die Bestimmungen des GBG und nicht die für Fahrnis maßgeblich sind. Zuweilen erklärt das Gesetz Rechte ausdrücklich für unbeweglich (zB § 6 Abs 1 BauRG; § 40 MinroG).

Im Übrigen hat die Unterscheidung zwischen beweglichen und unbeweglichen Sachen bzw bücherlichen Rechten insb für die Wirkung von Verfügungsverboten (§ 364c), den Erwerb und Verlust (§§ 426 ff bzw §§ 431 ff; §§ 367, 371, 456 bzw § 1500, §§ 61 ff GBG) und die Ersitzung (§§ 1466 ff) Bedeutung. Sie spielt auch im Schuldrecht eine Rolle (vgl §§ 933, 1070, 1075, 1082, 1095; § 381 UGB ua). Allerdings stimmt die sachenrechtliche Einordnung nicht immer mit der schuldrechtlichen überein[10] (vgl Rz 1/18 und 1/39).

1/15 Das Gesetz ordnet manchmal Sachen der einen Kategorie der anderen zu. So werden etwa an sich bewegliche Sachen, die Zugehör einer unbeweglichen Sache sind (dazu unten Rz 1/19), als **unbeweglich „im rechtlichen Sinne“** angesehen (§ 293 Satz 2). Diese Fiktion dient der rechtstechnischen Vereinfachung: Normen, die für den Erwerb von dinglichen Rechten an der Hauptsache gelten, werden auf die Nebensachen erstreckt. Veräußert etwa

10 Dazu *Nordmeyer*, JBl 2015, 422 und 494.

der Eigentümer seine Liegenschaft samt Zugehör (vgl § 1047), geht dieses mit der Verbücherung automatisch ins Eigentum des Erwerbers über, ohne dass die Beteiligten dazu den für bewegliche Sachen erforderlichen Modus (§§ 426 ff) setzen müssen (6 Ob 266/11b). Das gilt aber nur dann, wenn der Eigentümer der Hauptsache auch Eigentümer der Nebensache ist (vgl § 457 für die Verpfändung, Rz 9/35). § 293 gibt nämlich keine Grundlage für einen gutgläubigen Erwerb an Zugehör, das einem Dritten gehört (vgl Rz 1/27).

Umgekehrt **erklärt** das Gesetz selbst fest mit dem Boden verbundene Gebäude **zu beweglichen Sachen**, wenn sie ohne die Absicht errichtet sind, dass sie stets darauf bleiben sollen („Superädifikate", §§ 297, 435). Bzgl einzelner Rechtsfolgen sind allerdings doch die Bestimmungen für unbewegliche Sachen anzuwenden (Rz 1/39).

3. Verbrauchbare – unverbrauchbare Sachen

Eine Sache ist dann **verbrauchbar**, wenn der bestimmungsgemäße Gebrauch zu ihrer „Zerstörung oder Verzehrung" führt (§ 301). Die bloße Abnützung ist nicht Verbrauch, solange noch die Substanz – wenn auch mit gemindertem Wert – erhalten bleibt. **1/16**

Diese Unterscheidung ist im Sachenrecht hauptsächlich für den Fruchtgenuss relevant, der nur an unverbrauchbaren Sachen bestehen kann; im Schuldrecht spielt sie eine größere Rolle (vgl §§ 971, 1090).

4. Gesamtsache

Unter Gesamtsache wird ein Inbegriff von **mehreren Einzelsachen** verstanden, „die als eine Sache angesehen und mit einem gemeinschaftlichen Namen bezeichnet zu werden pflegen" (§ 302). Entscheidend ist daher, ob nach dem Gesetz oder der Verkehrsauffassung eine einheitliche Sache vorliegt, die sich aus gleichgeordneten Sachen mit eigenem Wert zusammensetzt (zB Bibliothek, Speiseservice, Warenlager, Viehherde, Unternehmen). Haben die einzelnen Bestandteile für sich genommen keinen Wert, so liegt ein Gemenge vor (zB Salzkörner). **1/17**

Die zu einer Gesamtsache gehörenden Einzelsachen behalten ihre **rechtliche Selbständigkeit** und nur sie sind Gegenstand sachenrechtlicher Verfügungen. Die Begründung von Sachenrechten an einer Gesamtheit von Einzelsachen ist aber uU durch einen einheitlichen symbolischen Akt möglich, wenn eine körperliche Übergabe untunlich ist (§§ 427, 452; vgl Rz 10/5 zur Verpfändung eines Warenlagers).

1/18 Das **Unternehmen** ist nach hA eine Gesamtsache bestehend aus körperlichen und unkörperlichen Sachen, die dem gemeinsamen Zweck gewidmet sind, einem bestimmten Erwerb zu dienen[11]. Dazu gehören Betriebsliegenschaften, Betriebsmittel und Warenlager, aber auch Rechte, wie Patente, Forderungen gegen Kunden und Mietrechte, und rein faktische Gegebenheiten, wie Kundenstock, Lage, Reputation uä. Für Verfügungen über das Unternehmen müssen an sich die **für die einzelnen Bestandteile vorgesehenen Übergabeformen** eingehalten werden (OGH RS0010021). Soweit es allerdings nicht um die Übertragung von Rechten an Liegenschaften, Patenten oder Mustern geht, für die eine Eintragung in den entsprechenden Büchern (Grundbuch, Patent- und Musterregister) erforderlich ist (§ 4 GBG; § 43 Abs 1 PatG; § 22 MuSchG), wird oft eine (einheitliche) Übergabe durch Zeichen in Betracht kommen, die den Übergang der Rechte an den einzelnen Unternehmensbestandteilen bewirkt.

Das Unternehmen wird überwiegend als **unkörperliche Sache** angesehen, weil die Organisation der Erwerbsgelegenheit und nicht so sehr die einzelnen Bestandteile im Vordergrund stehen. Ferner ist das Unternehmen nach hA eine bewegliche Sache; im Schuldrecht wird es allerdings teilweise als unbewegliche Sache behandelt (zB für Gewährleistungsfrist, § 933; Einlösungsfrist beim Vorkaufsrecht, § 1075). Hinsichtlich der Aufkündigung eines Bestandvertrags über ein Unternehmen gelten dieselben verfahrensrechtlichen Vorschriften wie für unbewegliche Sachen (§ 560 ZPO).

5. Nebensachen

a) Überblick

1/19 § 294 verwendet den Begriff „Zugehör" für den Zuwachs einer Sache und für Nebensachen, „ohne welche die Hauptsache nicht gebraucht werden kann, oder die das Gesetz, oder der Eigentümer zum fortdauernden Gebrauch der Hauptsache bestimmt hat"[12]. Diese gesetzliche Regelung ist jedoch terminologisch überholt und wenig klar[13]. Die Nebensachen sind nach heutiger Terminologie in **Zubehör und Bestandteile** eingeteilt; bei Letzteren unterscheidet man weiter zwischen selbständigen und unselbständigen Bestandteilen. Die Abgrenzungen richten sich nach Art und

11 *Kisslinger* in Fenyves/Kerschner/Vonkilch³ (Klang) § 302 Rz 12 ff; *Holzner* in Rummel/Lukas⁴ § 302 Rz 4. AA *Krejci*, UnternehmensR⁵ 147; *U. Torggler*, JBl 2008, 137 f.

12 Zu § 1 DenkmalschutzG als gesetzliche Widmung 6 Ob 266/11b, JBl 2012, 583 mit krit Anm *Kisslinger*; *Kodek*, Kerschner-FS (2013) 299, 304.

13 Zum Reformbedarf *P. Bydlinski*, Eccher-FS (2017) 149.

Intensität der Verbindung mit der Hauptsache, letztlich immer nach der Verkehrsauffassung (OGH RS0009884).

Für die Qualifikation als eigenständige Sache ist entscheidend, ob die Nebensache von der Hauptsache losgelöst werden kann. Diese sachenrechtlich wichtige Trennlinie findet sich jedoch nicht in §§ 293 ff, sondern ist in den Bestimmungen über die Vereinigung und Verarbeitung (§§ 414 ff; Rz 6/17 ff) vorgegeben[14]; sie verläuft zwischen den unselbständigen Bestandteilen einerseits und den selbständigen Bestandteilen sowie dem Zubehör andererseits.

b) Unselbständige Bestandteile

Kann die Nebensache nicht oder nur unter Beschädigung der Substanz abgesondert werden, so ist sie **unselbständig**. Die Trennbarkeit ist iSe wirtschaftlichen Betrachtungsweise danach zu bestimmen, ob die Verbindung des Teiles mit der Hauptsache so eng ist, dass er von dieser nicht ohne Verletzung der Substanz oder nur durch eine unwirtschaftliche Vorgangsweise abgesondert werden kann (vgl § 843; OGH RS0009891). Für die Beurteilung ist vor allem entscheidend, ob Haupt- und Nebensache nach der Trennung deutlich weniger wert sind als in ihrer Gesamtheit und ob die Hauptsache oder der Bestandteil nach der Absonderung wirtschaftlich als etwas anderes anzusehen ist[15]. **1/20**

Beispiele: In die Hausmauer eingebaute Gas- und Wasserrohre, zu einem Kasten verarbeitete Holzbretter. Das noch ungeborene Jungtier ist unselbständiger Bestandteil des Muttertieres (7 Ob 28/18w; Rz 6/16). Hingegen werden in der Erde verlegte Leitungssysteme (Gas, Wasser, Strom usw) als Bestandteile der betreffenden Ver- bzw Entsorgungsanlage angesehen[16].

Welche Eigentumsverhältnisse an einer solchen Sache bestehen, deren Bestandteile sich nur durch unwirtschaftliches Vorgehen voneinander trennen lassen, beantworten die Regeln über Vereinigung und Verarbeitung: Grundsätzlich steht die Sache im Miteigentum der bisherigen Eigentümer nach dem Wertverhältnis der Bestandteile (§ 415 Satz 2). Unselbständige Bestandteile sind somit **sonderrechtsunfähig**. Kommt einem Bestandteil bloß die Funktion einer Nebensache in einer Verbindung mit der Hauptsache zu, entsteht jedoch nicht Miteigentum, sondern Alleineigentum des Eigentümers der Hauptsache; dies folgt aus der Regel, dass der Materialeigentümer bei bloßer „Ausbesserung" einer Sache mit fremdem Material **1/21**

14 Dazu *Helmich*, Sachverbindungen und Sonderrechtsfähigkeit (2018) 9 ff.

15 OGH RS0009891; RS0009909; *N. Hofmann* in Schwimann[4] § 294 Rz 2. Krit *S. Leitner*, bbl 2000, 104 ff.

16 *P. Bydlinski/Stefula*, JBl 2003, 69, 84 ff.

sein Recht zur Gänze verliert (§ 416; Rz 6/24). Nebensachen gehören damit notwendigerweise dem Eigentümer der Hauptsache und können nicht isoliert Gegenstand beschränkter dinglicher Rechte sein. Bei Verbindung einer (vormals) beweglichen Sache mit einer Liegenschaft ist stets die Liegenschaft als Hauptsache anzusehen; die daraus folgende Sonderrechtsunfähigkeit der (Neben-)Sache bringt der Satz „superficies solo cedit" zum Ausdruck.

Dieser Grundsatz wird jedoch vom Gesetz in verschiedener Weise durchbrochen[17]. So fingiert es bei Bauwerken, die mit dem Boden untrennbar verbunden werden, unter bestimmten Voraussetzungen, dass es sich um selbständige Rechtsobjekte handelt (Superädifikat; dazu Rz 1/33).

c) Selbständige Bestandteile und Zubehör

1/22 **Selbständige Bestandteile** sind mit der Hauptsache fest, aber nicht untrennbar verbunden; sie können daher ohne ins Gewicht fallenden wirtschaftlichen Verlust von der Hauptsache abgesondert werden.

Beispiele: Auf der Liegenschaft montierte, aber wieder entfernbare Maschine (5 Ob 560/84), gekachelter Nachtspeicherofen (3 Ob 79/91), nicht eingemauerte Teile einer Heizungsanlage (1 Ob 353/97m) oder ein vom Restaurator abnehmbares Wandgemälde (6 Ob 266/11b).

1/23 Als **Zubehör** bezeichnet man üblicherweise diejenigen Nebensachen, die ihrer objektiven Zweckbestimmung nach dem Gebrauch der Hauptsache dienen, dafür durch das Gesetz oder ihren Eigentümer auf Dauer gewidmet sind und mit der Hauptsache – ohne ein Teil von ihr zu sein – in anhaltender Verbindung stehen (OGH RS0003765). Anders als bei der Gesamtsache (Rz 1/17) sind die selbständigen Einzelsachen also nicht einander gleichgeordnet (wie zB ein Buch als Einzelsache einer Bibliothek), sondern ihre Verbindung ist durch ein Verhältnis der **Über- und Unterordnung** geprägt[18] (zB Traktor als Zubehör eines landwirtschaftlichen Guts). Wann ein ausreichendes **räumliches Naheverhältnis** zwischen Hauptsache und Zubehör anzunehmen ist, richtet sich nach der Verkehrsauffassung. Es muss nach hA jedenfalls nicht so eng sein wie bei den selbständigen Bestandteilen. Die vorübergehende Entfernung des Zubehörs (etwa für Reparatur) schadet nicht.

Die Qualifikation als Zubehör setzt nach einem Teil der Lehre und der älteren Rsp[19] weiters voraus, dass der Eigentümer der Hauptsache auch Eigentümer der Nebensache ist (**Eigentümeridentität**); andernfalls wird

17 Dazu *Rechberger*, ABGB-FS II (2011) 1345.
18 *Helmich*, Sachverbindungen 35.
19 OGH RS0009833; *Holzner*, JBl 1994, 511, 513; *Holzner* in Rummel/Lukas[4] § 294 Rz 2.

von „Scheinzubehör" gesprochen. Für diese terminologische Einschränkung ist jedoch kein Grund ersichtlich[20]. Nur für die Erstreckung des Rechtserwerbs an der Hauptsache auf das Zubehör ist Eigentümeridentität erforderlich (Rz 1/15); das gilt aber auch für selbständige Bestandteile.

Die **Abgrenzung** zwischen selbständigen Bestandteilen und Zubehör richtet sich allerdings nicht immer nach der Intensität der Verbindung zwischen Haupt- und Nebensache. So ist das bloß eingehängte Pendel einer Uhr selbständiger Bestandteil, weil es nach der Verkehrsauffassung „wesensmäßiger" Teil der Hauptsache ist, ohne den diese unvollständig wäre. Der auf dem Autodach fest angeschraubte Skiträger wird hingegen als Zubehör angesehen, weil er der Hauptsache nur zur besseren Benützbarkeit zugeordnet ist. Diese Unterscheidung ist jedoch nach zutreffender Ansicht[21] ohnedies bedeutungslos, weil für beide Arten von Nebensachen dieselben Bestimmungen gelten. **1/24**

Eine solche trennbare Verbindung von Bestandteilen ändert die daran bestehenden Eigentumsverhältnisse nicht (vgl § 414), sondern „jede[m] Eigentümer wird das Seinige zurückgestellt" (§ 415 Satz 1; Rz 6/20). Selbständige Bestandteile sind also **sonderrechtsfähig**; an ihnen können auch anderen Personen als dem Eigentümer der Hauptsache dingliche Rechte zustehen bzw eingeräumt werden. Das gilt in vollem Umfang auch für das Zubehör, ohne dass die Zubehöreigenschaft durch Entfernung von der Hauptsache aufgehoben sein muss[22]. Da allerdings ein Pfandrecht an beweglichen Sachen nicht durch Besitzkonstitut eingeräumt werden kann (Rz 10/4), ist eine isolierte Verpfändung von selbständigen Bestandteilen oder Zubehör ohne Trennung von der Hauptsache nur in den eher seltenen Fällen möglich, in denen eine symbolische Übergabe wirksam ist (zB besonders schwere Maschine). **1/25**

Eine abgesonderte Exekution auf selbständige Bestandteile und Zubehör einer Liegenschaft ist aber unzulässig (§ 252 EO). Das gilt entsprechend für Nebensachen von Unternehmen, die auf der Betriebsliegenschaft betrieben werden (Rz 1/28)[23].

Die Qualifikation als selbständiger Bestandteil und als Zubehör ist deswegen von Bedeutung, weil diese Nebensachen ebenfalls das rechtliche **1/26**

20 8 Ob 558/87, SZ 60/152; *F. Bydlinski* in Klang² IV/2, 315; *P. Bydlinski/Stefula*, JBl 2003, 79; *Frotz*, KreditsicherungsR 60.

21 OGH RS0009877; *Welser/Kletečka* I¹⁵ Rz 794; *N. Hofmann* in Schwimann⁴ § 294 Rz 18; *Kisslinger* in Fenyves/Kerschner/Vonkilch³ (Klang) § 294 Rz 19.

22 OGH RS0009886; *Angst*, ÖBA 1998, 82, 86; *Holzner*, JBl 1994, 514.

23 3 Ob 33/08m, ÖBA 2008, 874; *Angst*, ÖBA 1998, 82.

Schicksal der Hauptsache (OGH RS0009825) teilen: Mangels abweichender Parteienabsicht erstreckt sich die **Verpfändung oder Veräußerung der Hauptsache** auch auf die Nebensachen (vgl §§ 457, 1047, 1061)[24]. Bei Liegenschaften bewirkt somit die Einverleibung des Käufers bzw Pfandgläubigers im Grundbuch zugleich den Eigentums- bzw Pfandrechtserwerb an den Nebensachen, die im Eigentum des Veräußerers stehen (§ 293 Satz 2; dazu bereits Rz 1/15). An solchen Sachen lässt sich daher ausnahmsweise ein Pfandrecht ohne körperliche Übergabe begründen, sodass hier das Faustpfandprinzip (Rz 10/4) durchbrochen ist.

1/27 Wurden auf Grund der Parteienvereinbarung auch Nebensachen, die **einem Dritten gehören,** mitverkauft oder mitverpfändet, so kann der Käufer/Pfandnehmer das Eigentum bzw Pfandrecht daran nur nach den Regeln über den gutgläubigen Erwerb von Rechten an beweglichen Sachen (insb §§ 367, 456; dazu Rz 6/46 ff und Rz 10/17 ff) erwerben. Das gilt auch dann, wenn es sich bei der Hauptsache um eine unbewegliche Sache handelt, weil die Fiktion des § 293 Satz 2, dass Liegenschaftszugehör als unbeweglich anzusehen ist, hier mangels Eigentümeridentität nicht eingreift (Rz 1/15). Problematisch kann dann aber das Vorliegen eines ausreichenden Modus sein, weil vor allem bei der Verpfändung von Liegenschaften neben der Eintragung im Grundbuch hinsichtlich der Nebensachen keine Übertragung iSd §§ 426 ff, 451 f stattfinden wird. Manche halten allerdings in dieser Konstellation eine gesonderte Übergabe der Nebensache nicht für erforderlich[25].

Beispiel: A verpfändet sein Haus samt Einrichtung der Bank B. Der im Wohnzimmer aufgelegte Teppich stammt aus einem Einbruch, an dem A beteiligt war. B erlangt zwar an dem Mobiliar, das A gehört, ein Pfandrecht durch Eintragung der Hypothek im Grundbuch, nicht aber an dem gestohlenen Teppich. Da dieser mangels Eigentümeridentität als bewegliche Sache zu behandeln ist, könnte B das Pfandrecht nur kraft guten Glaubens nach § 456 Abs 1 erwerben. Dafür fehlt es aber an der erforderlichen körperlichen Übergabe des Teppichs (§ 451); außerdem scheitert der Pfandrechtserwerb der B daran, dass der Teppich dem A nicht vom Eigentümer anvertraut wurde.

1/28 Selbständige Bestandteile und Zubehör eines **Unternehmens,** die sich auf oder in einem räumlichen Zusammenhang zu der Betriebsliegenschaft befinden, sind nach hA Nebensachen der Liegenschaft, wenn diese zumindest überwiegend dem Unternehmen dient und dem Unternehmer gehört[26]

---

24 *Iro*, Bankvertragsrecht IX Rz 2/30 f; ferner 6 Ob 266/11b, JBl 2012, 583: § 1047 als allgemeiner schuldrechtlicher Grundsatz.

25 *Eicher*, Ausgewählte Fragen des Mobiliarpfandrechts (1999) 240 ff; *Holzner*, JBl 1994, 517.

26 OGH RS0003724; 3 Ob 25/09m, JBl 2009, 793 mit Anm *Holzner*; *Angst*, ÖBA 1998, 82 f; *Oberhammer*, Krejci-FS I 266. Krit *Iro*, Bankvertragsrecht IX Rz 2/51 f.

(vgl § 296). Unter diesen Voraussetzungen erstreckt sich zB das Pfandrecht an der Liegenschaft iZw auch auf das Zubehör des darauf betriebenen Unternehmens.

Die von einem vertraglich oder zwangsweise begründeten **Pfandrecht** erfassten selbständigen Bestandteile und Zubehörstücke können in ihrem jeweiligen Bestand wechseln. Solche Änderungen treten vor allem im Zuge einer ordentlichen Bewirtschaftung des Betriebs häufig ein. Dazu ist der Eigentümer trotz des Pfandrechts weiterhin berechtigt. Ist die Verbringung der Nebensache hingegen keine Maßnahme der ordentlichen Wirtschaftsführung, so liegt darin eine Pfandverschlechterung, gegen die sich der Pfandgläubiger mit der Devastationsklage (dazu Rz 11/3) zur Wehr setzen kann. Durch die nicht bloß vorübergehende Entfernung der Nebensache von der Hauptsache erlischt nämlich das Pfandrecht an ihr[27]. Welche Nebensachen dem Pfandgläubiger tatsächlich haften, wird erst im Exekutionsverfahren durch deren **Beschreibung und Schätzung** (§ 140 Abs 3 EO) bzw durch die Übergabe der Liegenschaft an den Zwangsverwalter fixiert[28]. Damit darf der Pfandbesteller nicht mehr über sie verfügen. **1/29**

Str ist, ob sich das Pfandrecht auch auf Nebensachen erstreckt, die **nach Verpfändung der Hauptsache** zu dieser hinzukommen. Überwiegend wird auf den Willen des Pfandschuldners und des Pfandgläubigers abgestellt. Bei ausdrücklich vorgesehener Ergänzung oder bloßem Austausch der Nebensache wird der Parteiwille regelmäßig dahin gehen, dass das Pfandrecht auch die neue Sache erfassen soll. IZw wird jedoch die Pfandhaftung von nachträglich hinzukommenden Nebensachen verneint[29]. **1/30**

Die Qualifikation als Zubehör **endet** mit Aufhebung der Widmung für die Hauptsache; bei Unternehmenszubehör tritt dies prinzipiell mit nachhaltiger Stilllegung des Betriebs ein. IZw hört die Sache aber erst auf, Zubehör zu sein, wenn sie von der Liegenschaft entfernt wird, weil erst dies dokumentiert, dass die bisherige Widmung dauerhaft aufgehoben ist[30]. Bei selbständigen Bestandteilen kommt es für den Verlust der Eigenschaft als Nebensache generell darauf an, dass sie von der Hauptsache endgültig los- **1/31**

27 *Angst*, ÖBA 1998, 85, 89; *K. Hofmann* in Rummel³ § 457 Rz 3; *Iro*, Bankvertragsrecht IX Rz 2/54 f.

28 8 Ob 8/93, ÖBA 1994, 988; *Angst*, ÖBA 1998, 83 f; *Eicher*, Mobiliarpfandrecht 89 ff. Nach *Holzner*, JBl 1992, 753, 757, entsteht das Pfandrecht erst in diesem Zeitpunkt.

29 3 Ob 79/91, SZ 64/109; *Iro*, Bankvertragsrecht IX Rz 2/58. AA *Angst*, ÖBA 1998, 83; *Holzner*, JBl 1992, 783.

30 3 Ob 105/91, JBl 1992, 515 mit Anm *Holzner*; 6 Ob 266/11b, JBl 2012, 583; 6 Ob 127/17w, EvBl 2018/31. Anders 5 Ob 560/84, SZ 57/126; *Angst*, ÖBA 1998, 84.

gelöst sind (6 Ob 266/11b); auch insofern sind selbständige Bestandteile im Ergebnis regelmäßig genauso zu behandeln wie Zubehör.

d) Sonderregelungen für Bestandteile und Zubehör

aa) Kellereigentum

1/32 Räume und Bauwerke, die sich unter der Oberfläche eines fremden Grundstücks befinden, sind als unselbständige Bestandteile der Liegenschaft an sich sonderrechtsunfähig; sie stehen daher im Eigentum des jeweiligen Liegenschaftseigentümers. Mit seiner Einwilligung lässt sich jedoch der zwingende Grundsatz „superficies solo cedit" (Rz 1/21) durchbrechen: Dies ermöglicht die Einbücherung als eigener Grundbuchskörper nach § 65 Abs 1 AGAG[31], an dem gesondertes Eigentum begründet wird (§ 300; vgl dazu 5 Ob 160/12h; 5 Ob 162/15g: Wohnungseigentum an einer Tiefgarage). Voraussetzung ist, dass das Bauwerk nicht der Fundierung eines über der Erdoberfläche errichteten Gebäudes dient, dass es also tatsächlich selbständig ist. Kellereigentum kann etwa auch an Tiefgaragen, Stollenanlagen oder Eisenbahntunneln begründet werden. Diese Rechtslage galt bereits vor Inkrafttreten des § 300 am 1.1.2009 auf Grund eines HfKD aus 1832[32], das mit 31.12.2008 außer Kraft trat.

bb) Superädifikate

1/33 Eine weitere Durchbrechung des Grundsatzes „superficies solo cedit" (Rz 1/21) besteht für **Bauwerke**, die auf fremdem Grund ohne die Absicht aufgeführt sind, dass sie stets darauf bleiben sollen. Sie gelten als selbständige Sachen und werden als Superädifikate bezeichnet (§§ 297, 435; OGH RS0009939). Bauwerke idS sind selbständige Baulichkeiten[33], die grundfest errichtet sind und ihrer üblichen Zweckbestimmung nach nicht an einen anderen Ort bewegt werden sollen. Daher fallen Zelte, Wohnwagen, Buden uä nicht darunter, schon aber eine Schutzhütte (OGH SZ 24/28), ein Würstelstand auf Betonfundament (4 Ob 533/91), eine Schirmbar (7 Ob 31/06v) oder eine Fertigteilgarage (7 Ob 513/87). Es kommt nicht darauf an, ob die Baulichkeit ohne Substanzbeeinträchtigung entfernt werden kann, sodass auch Großbauten mit Kellergeschossen Superädifikate sein können[34].

---

31 Krit *Zöchling-Jud/Kogler*, Bittner-FS (2018) 873, 878 ff.

32 Dazu 5 Ob 6/80, JBl 1981, 266 mit Anm *Hoyer*; 1 Ob 513/93, SZ 66/38.

33 Zu diesem Erfordernis OGH RS0009921; *Bollenberger*, RdW 2001, 582 mwN.

34 OGH RS0011243; *F. Bydlinski*, Das Recht der Superädifikate (1982) 19. Einschränkend *Forster*, Ausgewählte Fragen des österreichischen Superädifikatsrechts (1997) 154; weitergehend *Kletečka*, RdW 2008, 12, 14: nur untrennbar mit dem Grund verbundene Baulichkeiten.

Das Bauwerk muss auf oder unter (zB Stollenanlage, 1 Ob 513/93; Tunnel, 2 Ob 164/12z) **fremdem Grund** errichtet sein[35]. Der Eigentümer kann daher auf seiner Liegenschaft prinzipiell kein Superädifikat haben. Allerdings werden Bauwerke auf eigenem Grund als selbständige Sachen angesehen, wenn sie nicht untrennbar mit dem Boden verbunden sind,[36]; str ist dabei, ob auf sie die Vorschriften über die Urkundenhinterlegung analog anzuwenden sind[37]. 1/34

Auf einem fremden Grundstück aufgeführte Gebäude können auch als „Zugehör" eines **Baurechts** nach dem BauRG sonderrechtsfähig sein; dazu näher unten Rz 17/4.

Der Bauführer darf **nicht die Absicht** haben, dass das Bauwerk auf Dauer auf dem fremden Grundstück bleiben soll (§ 297 e contrario)[38]. Maßgebend dafür ist der Zeitpunkt des Baubeginns. Ist die Belassungsabsicht zu bejahen, wird das Bauwerk zum unselbständigen Bestandteil, ohne dass daran eine nachträgliche Willensänderung etwas ändern kann (OGH RS0012258). 1/35

Die fehlende Belassungsabsicht muss sich aus **objektiv erkennbaren Umständen** erschließen lassen. Als solche kommen insb das äußere Erscheinungsbild des Bauwerks (leichte Bauweise und relativ lockere Verbindung mit dem Boden), seine objektive Zweckwidmung oder ein zeitlich begrenztes Grundbenützungsverhältnis zwischen Grundeigentümer und Bauführer in Betracht[39]. Beweispflichtig ist derjenige, der sich auf das Vorliegen eines Superädifikats beruft (OGH RS0011246).

Das **Grundbenützungsverhältnis** muss zwar keinen bestimmten Endtermin haben[40], aber doch durch den Grundeigentümer auflösbar sein und darf nicht auf die natürliche Lebensdauer des Bauwerks abgeschlossen werden; dass dieses nach Ablauf der Vertragsdauer vereinbarungsgemäß dem Grundeigentümer zufallen soll, schadet hingegen nicht[41]. Das Grund- 1/36

---

35 Aufbauten auf fremden Gebäuden (zB Dach-Fotovoltaikanlage) sind keine Superädifikate, 5 Ob 223/12y, wobl 2014, 171 mit Anm *Kletečka*.

36 *F. Bydlinski*, Superädifikate 28 ff; *Forster*, Superädifikatsrecht 21; *Rechberger/Oberhammer* in Kletečka/Rechberger/Zitta, Bauten 90 f; weitergehend *Eliskases*, Kreditsicherung durch Superädifikate (2008) 81 ff; *Ostheim*, ÖJZ 1975, 202, 205.

37 Dafür *F. Bydlinski*, Superädifikate 29. Dagegen *Holzner*, JBl 1994, 587, 589; *Kletečka*, immolex 2004, 269.

38 OGH RS0009865; *F. Bydlinski*, Superädifikate 17 f. Hingegen verlangen *Eicher*, Mobiliarpfandrecht 76; *Forster*, Superädifikatsrecht 220 ff; *Holzner*, JBl 1994, 590, eine (positive) Entfernungsabsicht.

39 OGH RS0011252; *F. Bydlinski*, Superädifikate 21; *Bittner*, NZ 2010, 65, 67, 72 f. AA *Forster*, Superädifikatsrecht 249.

40 *F. Bydlinski*, Superädifikate 14, 24 f. AA *Forster*, Superädifikatsrecht 206 f; *Kletečka*, wobl 2001, 129, 132; *Pletzer*, immolex 2005, 114, 115 f.

41 1 Ob 14/06z, NZ 2007, 347; *F. Bydlinski*, Superädifikate 20, 39; *Ostheim*, Kralik-FS (1986) 495, 504.

benützungsverhältnis ist idR ein Mietvertrag zum Zwecke der Errichtung des Superädifikats, auf den nach hA vor allem die Kündigungsschutzbestimmungen des MRG sinngemäß anzuwenden sind, wenn es sich um Räumlichkeiten iSd § 1 Abs 1 MRG handelt (dazu III/8/8)[42]. Es kommen aber auch Leihe, Dienstbarkeit oder gesellschaftsrechtliche Vorgänge (Einbringung eines Grundstücks quoad usum in eine Gesellschaft, vgl III/12/7) in Betracht.

1/37 Das selbständige **Eigentum** am Bauwerk **entsteht** bei Vorliegen dieser Voraussetzungen bereits mit dessen tatsächlicher Errichtung (OGH RS0011245), wobei es nicht dem ausführenden Werkunternehmer, sondern dessen Auftraggeber zufällt. Um das Eigentum zu **übertragen** und beschränkte dingliche Rechte an einem Superädifikat zu begründen, bedarf es aber als Modus der Urkundenhinterlegung (§ 435, § 451 Abs 2, § 481 Abs 2; § 1 Abs 1 Z 1 UHG; OGH RS0010982; RS0011241); zur Urkundenhinterlegung Rz 3/62 ff.

Die **Veräußerung des Superädifikats** ist allerdings nicht unproblematisch: Das Recht, auf fremdem Grund ein Bauwerk zu haben, ergibt sich nämlich aus dem Grundbenützungsverhältnis, also etwa einem Mietvertrag. Der Grundeigentümer könnte daher vom Erwerber des Bauwerks die Entfernung verlangen, weil diesem kein Benützungsrecht zukommt, solange er nicht in das Mietverhältnis eingebunden ist. Dafür käme eine Vertragsübernahme in Betracht, der aber grundsätzlich die Restpartei (= der Grundeigentümer) zustimmen muss (dazu II/5/95), es sei denn, die §§ 12 f MRG sind analog anwendbar. Möglich wäre weiters eine Untervermietung bzw eine Abtretung der Bestandrechte an den Erwerber des Superädifikats. Bei Zwangsversteigerung eines Superädifikats tritt der Ersteher in das Nutzungsverhältnis ein (§ 153 a EO)[43].

1/38 Die Beendigung oder das **Wegfallen des Grundbenützungsverhältnisses** hat an sich keine Auswirkungen auf die Eigentumsverhältnisse am Bauwerk, der Grundeigentümer kann aber dessen Entfernung nach § 523 verlangen, sofern es ihm nicht nach der Vereinbarung übertragen werden muss; dafür ist allerdings die Urkundenhinterlegung erforderlich[44]. Ist das Bauwerk fest mit der Liegenschaft verbunden, verliert es seinen Status als selbständige Sache, sobald Eigentum am Superädifikat und am Grundstück zusammenfallen[45]. Ein auf dem Superädifikat haftendes Pfandrecht bleibt trotz Vereinigung aufrecht; das Superädifikat wird zugunsten des Pfand-

---

42 9 Ob 47/04h, wobl 2005, 308 mit Anm *Schauer*; 2 Ob 164/12z, ecolex 2014/193, 514 mit Anm *Benes*. AA *Eliskases*, Kreditsicherung 18; *Holzner*, JBl 2005, 333; *Kletečka*, wobl 2001, 129; *Pletzer*, immolex 2005, 114; *Rechberger/C. Graf*, immolex 2004, 260, 262. Krit *T. Hausmann*, wobl 2013, 101.

43 Dazu *Eicher*, Bankvertragsrecht IX Rz 1/125 ff, 1/130; *Eliskases*, Kreditsicherung 148 ff; *Holzner*, JBl 2005, 333; *Rechberger* in Kletečka/Rechberger/Zitta, Bauten 198 f.

44 5 Ob 55/13v; 10 Ob 66/15a; *F. Bydlinski*, Superädifikate 40.

45 OGH RS0123168; *Holzner*, JBl 2008, 809.

gläubigers als weiterhin bestehend behandelt und in der Exekution gesondert verwertet[46].

Superädifikate sind grundsätzlich **bewegliche Sachen**[47]. Daher richtet sich der gutgläubige Erwerb des Eigentums oder Pfandrechts an dem Bauwerk nicht nach den grundbuchsrechtlichen Vorschriften, sondern nach den §§ 367 und 456 (3 Ob 239/13p; dazu Rz 6/49 und 10/19). Doch auch darüber hinaus unterliegen sie den Regeln für bewegliche Sachen: Das betrifft die Ersitzung (vgl §§ 1466, 1472; OGH RS0106410); auch steht dem Grundeigentümer das Vermieterpfandrecht (§ 1101) am Bauwerk zu, wenn das Grundbenützungsverhältnis auf einem Mietvertrag beruht; zudem ist ein Eigentumsvorbehalt möglich[48]; die Rechtsfolgen des Bauens mit fremdem Material oder der Errichtung des Bauwerks durch mehrere Personen richten sich nicht nach den §§ 417 ff, sondern nach den §§ 414 f[49]. Für die Exekution in das Superädifikat gelten allerdings mit einigen Besonderheiten die Vorschriften über die Zwangsversteigerung von Liegenschaften (§ 133 EO). Ferner ist für den Erwerb von Rechten an einem Superädifikat derselbe Modus wie für unverbücherte Liegenschaften erforderlich, nämlich die Urkundenhinterlegung. Und das Superädifikat wird vor allem im Schuldrecht wie eine unbewegliche Sache behandelt, so etwa hinsichtlich der Gewährleistungsfristen (§ 933) und der Kündigungsfristen und -termine des § 560 ZPO. **1/39**

cc) Maschinen

Eine Sonderregelung gilt, wenn eine Maschine als selbständiger Bestandteil mit einer Liegenschaft als Hauptsache in Verbindung gebracht wird: Bei Eigentümeridentität (Rz 1/15) teilt die Maschine das rechtliche Schicksal der Liegenschaft; Verpflichtungen und Verfügungen über die Liegenschaft umfassen auch die Maschine (Rz 1/26). Damit bewirkt schon die Einverleibung des Liegenschaftseigentums oder eines Pfandrechts den Erwerb der entsprechenden dinglichen Rechte an selbständigen Bestandteilen und Zubehör (§ 293). Steht aber die Maschine im Eigentum eines anderen als des **1/40**

46 *F. Bydlinski*, Superädifikate 41; *Eicher*, Mobiliarpfandrecht 79 ff; *Eliskases*, Kreditsicherung 140 f. Für Analogie zu § 8 BauRG (Beschränkung der Pfandhaftung auf die ursprünglich vereinbarte Belassungsdauer) *Eicher*, Bankvertragsrecht IX Rz 1/123 f; *Kletečka*, RdW 2008, 14.

47 OGH RS0009950; *F. Bydlinski*, Superädifikate 16, 30; *Hoyer*, Ostheim-FS 102. AA *Forster*, Superädifikatsrecht 173; *Rechberger/Oberhammer* in Kletečka/Rechberger/Zitta, Bauten 92.

48 Dazu *Eliskases*, Kreditsicherung 86 ff und 154 ff (zur Sicherungsübereignung).

49 Vgl 3 Ob 119/93, SZ 67/61; RS0011062; *Eliskases*, Kreditsicherung 59 ff; *Hoyer*, Ostheim-FS 102.

Liegenschaftseigentümers (insb wegen eines Eigentumsvorbehalts), so wird das Eigentum oder Pfandrecht an ihr jedoch nicht durch bloße Einverleibung des Rechtserwerbs an der Liegenschaft erworben (Rz 1/27). Das ist problematisch, weil der Verkehr wegen des äußeren Anscheins (Verbindung) idR darauf vertraut, dass die Maschine bei Verfügungen über die Liegenschaft mitveräußert oder mitverpfändet worden ist und daher zum Haftungsfond des Erwerbers gehört. Dieses Vertrauen schützt § 297a: Unter bestimmten Voraussetzungen wird die Maschine **trotz fehlender Eigentümeridentität** als Nebensache der Liegenschaft behandelt und der bücherliche Erwerbsakt erstreckt sich auch auf sie.

1/41 Im Einzelnen setzt § 297a voraus, dass eine Maschine **selbständiger Bestandteil** oder – abgesehen von der fehlenden Eigentümeridentität – **Zubehör** einer Liegenschaft ist. Auf unselbständige Bestandteile der Liegenschaft findet die Vorschrift keine Anwendung, weil diese ohnehin zwangsläufig im Eigentum des Grundeigentümers stehen (Rz 1/21).

Maschine iSd § 297a ist eine selbsttätige, Arbeitskraft sparende Vorrichtung, wie zB ein Notstromaggregat (6 Ob 760/79) oder Kegelstellautomat (3 Ob 136/71), nicht aber ein Heizkessel (3 Ob 42/66). Die Maschine muss „Eigentum eines anderen sein", was nach hA bei einem Eigentumsvorbehalt gegeben ist. Str ist hingegen, ob § 297a auch gemietete oder geliehene Maschinen erfasst[50].

1/42 Unter diesen Voraussetzungen kann im Gutsbestandsblatt des betreffenden Grundbuchskörpers (dazu Rz 3/11 f) mit Zustimmung des Eigentümers **angemerkt** werden, dass die Maschine Eigentum eines anderen ist. Ohne eine solche Anmerkung ändert sich nichts an den wahren Rechtsverhältnissen bzgl der Maschine. Allerdings wird diese dann gegenüber Dritten, für die bücherliche Rechte an der Liegenschaft begründet werden, als Nebensache der Liegenschaft behandelt, sodass sich der Rechtserwerb auch auf die Maschine erstreckt, wenn der Dritte die fehlende Berechtigung des Grundeigentümers an der Maschine nicht kennen musste, er also redlich ist[51]. § 297a ist somit eine Gutglaubensschutzregelung und daher auf die Begründung von Zwangspfandrechten nicht anwendbar (3 Ob 174/01m).

---

50 Dafür *Binder*, Ostheim-FS 11, 29; *Holzner*, JBl 1994, 520; *Kisslinger* in Fenyves/Kerschner/Vonkilch³ (Klang) § 297a Rz 8. Dagegen OGH RS0009978; *Iro*, Bankvertragsrecht IX Rz 2/66; *Klang* in Klang² II 30.

51 *F. Bydlinski* in Klang² IV/2, 490 f; *Welser/Kletečka* I¹⁵ Rz 803. Nach *Binder*, Ostheim-FS 36 schadet erst grobe Fahrlässigkeit; nach *Helmich* in Kletečka/Schauer, ABGB-ON 1.04 § 297a Rz 23; *Holzner*, ÖBA 2004, 944, 953; *Kisslinger* in Fenyves/Kerschner/Vonkilch³ (Klang) § 297a Rz 26; 3 Ob 174/01m, SZ 74/201 nur Kenntnis.

Beispiel: A verpfändet sein Bauerngut der Bank B. Den dort befindlichen Traktor hat A vom Händler C auf Kredit und unter Eigentumsvorbehalt gekauft. Zwar ist der Traktor als (Schein-)Zubehör (Rz 1/23) als vom Pfandbestellungsvertrag mitumfasst anzusehen, doch kann B das Pfandrecht daran mangels Eigentums des A derivativ nicht erwerben (Rz 1/27). Ohne Anmerkung nach § 297a im Grundbuch erwirbt B aber mit Verbücherung ihres Pfandrechts an der Liegenschaft kraft guten Glaubens auch das Pfandrecht am Traktor, wenn sie vom Eigentumsvorbehalt nichts wissen musste.

Für die **Erstreckung des Pfandrechts** an der Liegenschaft auf die Maschine gelten dieselben Regelungen wie für selbständige Bestandteile und Zubehör (dazu oben Rz 1/29). Insb kann das Zubehörverhältnis und damit das Pfandrecht an der Maschine durch ihre nachhaltige Entfernung von der Liegenschaft verloren gehen, solange es noch nicht zur pfandweisen Beschreibung und Schätzung im Exekutionsverfahren gekommen ist. Hier ist ebenfalls umstritten, ob das Pfandrecht auch nach der Pfandrechtsbegründung eingebrachte Maschinen im Falle der Nichtanmerkung gem § 297a erfasst[52]. **1/43**

e) Zuwachs; Früchte

Unter den Zugehörbegriff des § 293 fällt auch der natürliche Zuwachs einer Sache, solange er noch **nicht abgesondert** ist. Daher bleiben Früchte ohne Rücksicht auf ihre leichte Trennbarkeit so lange unselbständige Bestandteile der Liegenschaft und somit sonderrechtsunfähig, bis sie von der Muttersache gelöst werden. Entsprechendes gilt für die von Tieren hervorgebrachten Nutzungen, wie Kuhmilch, Hühnereier oder Jungtiere (7 Ob 28/18w). **1/44**

Durch Abtrennung wird der Zuwachs zur selbständigen Sache, die dem **Eigentümer der Hauptsache** gehört (§ 405), es sei denn, es bestehen Bezugsrechte anderer Personen (zB Fruchtnießer, Pächter, redlicher Besitzer), die das Eigentum automatisch im Zeitpunkt der Trennung erlangen. Ein Pfandrecht an der Hauptsache erstreckt sich nach der Abtrennung nicht mehr auf den Zuwachs (§ 457; Rz 9/36).

52 Dagegen *Holzner*, JBl 1994, 522 mwN. Vgl auch 3 Ob 79/91, JBl 1992, 782.

§ 2. Besitz

A. Rechtliche Bedeutung des Besitzes

2/1 Das **ABGB** enthält eine Definition des Besitzes, die für alle privatrechtlichen Bestimmungen maßgeblich ist, die auf den Besitz abstellen. Dieser Besitzbegriff gilt auch im Bereich des **UGB**.

2/2 Der Besitz iSd ABGB ist entgegen dem Wortlaut des § 308 kein Sachenrecht, sondern etwas Faktisches, nämlich die **reale Herrschaftsausübung** über eine Sache[1]. Das Gesetz knüpft zwar bestimmte Rechtsfolgen an den Besitz, ohne jedoch die Sache dem Besitzer rechtlich zuzuweisen. So dienen die Besitzklagen der Erhaltung der **Friedensordnung** – des ruhigen Besitzes – und der Verhinderung von gewalttätigen Auseinandersetzungen über eine Sache, nicht aber dem Schutz eines Rechts an der Sache. Von einem Besitzrecht kann man nur beim qualifizierten Besitz iSd § 372 sprechen, weil dieser die Sache im Verhältnis zu jedem schlechter berechtigten Dritten dem Besitzer zuordnet (dazu Rz 2/68).

2/3 Der Besitz indiziert das Bestehen einer mit der Sache verbundenen Rechtsposition (**Publizitätsfunktion**). Der Verkehr muss sich daher darauf einstellen, dass der Besitzer einer Sache auch Rechte an ihr hat, und diese respektieren. Dieser Gedanke findet sich im heutigen weiten Verständnis des § 372 (Rz 2/68), aber ebenso etwa im Schadenersatzrecht bei der Beeinträchtigung von Forderungsrechten, die mit dem Besitz einer Sache verbunden sind (vgl III/14/3).

Auch der Übergang der Rechtsposition an der Sache auf eine andere Person muss grundsätzlich durch eine Änderung der Besitzverhältnisse nach außen in Erscheinung treten; bei der Übergabe durch Erklärung (§ 428) ist dieses Erfordernis jedoch stark abgeschwächt (Rz 2/37).

---

1 *Eccher/Riss* in KBB[5] § 308 Rz 1 und § 309 Rz 1; *Kodek*, Die Besitzstörung (2002) 22 mwN.

Das Gesetz verbindet schließlich mit dem Besitz einer körperlichen Sache die Vermutung des Eigentums (**Rechtsscheinfunktion**). Deshalb wird der redliche Erwerber eines dinglichen Rechts an der Sache in seinem Vertrauen auf die Eigentümerposition des Besitzers geschützt, wenn weitere Voraussetzungen hinzutreten (vgl §§ 367, 371, 456). Dazu passt auch die gesetzliche Vermutung, dass der Besitz auf einem gültigen Titel beruht (§ 323), weil dieser grundsätzlich Voraussetzung für das Eigentum ist (§ 380). Nach hA indiziert der Besitz aber grundsätzlich keine anderen Rechtspositionen, wie beschränkte dingliche oder gar obligatorische Rechte an der Sache. **2/4**

B. Innehabung – Besitz

Das ABGB unterscheidet zwischen Innehabung und Besitz. **Innehabung** (Gewahrsame, corpus) liegt vor, wenn jemand eine Sache „in seiner Gewahrsame oder Macht hat" (§ 309). Ob eine dafür ausreichende Nahebeziehung zur Sache besteht, entscheidet die Verkehrsauffassung. Jedenfalls muss sie auf einem entsprechenden Willen beruhen (Detentionswille). Wenn der Wille auf Haben der Sache für einen anderen gerichtet ist (zB beim Verwahrer), liegt bloße Innehabung vor. Der Inhaber hat dann die unmittelbare Gewahrsame und derjenige, für den er sie ausübt, die mittelbare Gewahrsame; dieser kann seinerseits einen Fremddetentionswillen haben, wie etwa bei der Drittverwahrung von Wertpapieren gem § 3 DepG (Verwahrerkette). **2/5**

Will hingegen der Inhaber die Gewahrsame für sich selbst ausüben, so ist er **Besitzer** (§ 309). Der Besitzwille (animus) ist so wie der Detentionswille kein rechtsgeschäftlicher, sondern ein natürlicher Wille. Er muss aber nach außen in Erscheinung treten. An seine Manifestation werden unterschiedliche Anforderungen gestellt, je nachdem, ob es sich um einen einseitigen oder zweiseitigen Besitzerwerb bzw um die Aufrechterhaltung des Besitzes handelt (vgl Rz 2/31 und 48). **2/6**

C. Objekte und Kategorien des Besitzes

I. Objekte des Besitzes

Grundsätzlich können alle Sachen besessen werden, die Gegenstand des Rechtsverkehrs sind (§ 311). Allerdings bestehen verschiedene Einschränkungen. So sind im öffentlichen Recht begründete Befugnisse, wie zB der Gemeingebrauch, nicht besitzfähig. Vor allem aber ist Besitz wegen seiner **2/7**

Beschaffenheit als faktische Machtausübung (Rz 2/2) nur dann vorstellbar, wenn er sich auf eine **körperliche Sache** bezieht[2]. Mangels einer aktuellen Einwirkungsmöglichkeit auf die Liegenschaft hat der Hypothekargläubiger daher keinen Besitz (zum Buchbesitz vgl unten Rz 2/12). Auch **Reallastberechtigten** fehlt eine solche Einwirkungsmöglichkeit, weil ihnen lediglich Leistungen des Eigentümers der belasteten Liegenschaft zustehen, die nicht einmal aus den Erträgnissen stammen müssen (vgl Rz 16/2); dennoch werden sie aber von der hA aus historischen Gründen und im Hinblick auf § 1471 als Besitzer angesehen[3].

2/8 Besitz an **Handlungen oder Unterlassungen** und an bloßen Rechten, mögen sie auch auf mehrmalige oder dauernde Ausübung gerichtet sein (zB Arbeitsleistungen; Bezugsrecht aus einem Zeitschriftenabonnement), kommt nicht in Betracht[4]. Zwar ist das Tun oder das Recht oft darauf gerichtet, körperliche Sachen herzustellen oder zu erlangen, doch verfügt es über kein körperliches Substrat, sodass es sich weder real beherrschen noch beeinträchtigen lässt. Es gibt daher auch keine Besitzklagen, wenn der Verpflichtete etwa ein Bezugsrecht verletzt; solche Fälle sind vielmehr nach den Normen des Leistungsstörungsrechts (§§ 918 ff) zu ahnden. Geht die Verletzung von einem Dritten aus, sind die Bestimmungen des Schadenersatz- und Bereicherungsrechts anzuwenden (zB Verleitung zum Vertragsbruch, dazu III/14/3).

II. Sach- und Rechtsbesitz

2/9 Wenn jemand eine körperliche Sache mit dem Willen innehat, sie für sich zu behalten, ist er **Sachbesitzer**. Dabei spielt es keine Rolle, ob er auch berechtigt ist, die Sache als die seinige zu behandeln. Sachbesitzer ist daher nicht nur der Eigentümer, sondern auch der Dieb oder derjenige, der irrtümlich glaubt, die Sache gehöre ihm.

2/10 Hat jemand eine körperliche Sache nicht als die seinige inne, verfährt er aber mit ihr in einer Weise, die einer bestimmten Berechtigung an der Sache entspricht (zB einem Gebrauchsrecht), so liegt **Rechtsbesitz** vor. Art und Umfang von Rechtsbesitz richten sich nach den Ausübungshandlungen. Typische Rechtsbesitzer sind Bestandnehmer, Fruchtnießer, Faustpfand-

2 *Ehrenzweig* I/2, 62; *Iro*, Besitzerwerb durch Gehilfen (1982) 5. AA *Gusenleitner*, Ersitzung als allgemeiner Rechtserwerbstatbestand (2004) 106 ff; *Hoyer*, wbl 1999, 341, 344.

3 1 Ob 700/83, SZ 56/184; *Ehrenzweig* I/2, 62; *Hoyer*, wbl 1997, 147, 148.

4 AA *Kodek*, Besitzstörung 102 ff, 160 ff; *ders* in Fenyves/Kerschner/Vonkilch[3] (Klang) § 311 Rz 22 ff, der aber in Fischer-Czermak/Hopf/Kathrein/Schauer (Hrsg), ABGB 2011 (2008) 177, 188 diese Einschränkung de lege ferenda befürwortet.

gläubiger und Eigentumsvorbehaltskäufer. Auch der **Prekarist** hat wegen des bis auf Widerruf gestatteten Sachgebrauchs Rechtsbesitz (zu Besonderheiten vgl aber Rz 2/27). Mangels Ausübung einer eigenen Rechtsposition an der hinterlegten Sache ist hingegen der Verwahrer kein Besitzer. Zum redlichen Finder vgl unten Rz 6/11.

Wie auch sonst beim Besitz (Rz 2/2) ist hier wiederum nicht erforderlich, dass das Recht an der Sache tatsächlich besteht. Es ist daher ebenso derjenige Rechtsbesitzer, der auf Grund eines unwirksamen Mietvertrags die Wohnung bezieht oder sie besetzt, ohne dass der Eigentümer etwas dagegen unternimmt.

Der Rechtsbesitzer ist bzgl der Sache selbst bloßer Inhaber, weil er die Substanz nicht für sich behalten möchte, sondern insofern die Gewahrsame für den Sachbesitzer ausübt. Daher bestehen idR an einer Sache **Rechts- und Sachbesitz nebeneinander**, wobei auch verschiedene Formen des Rechtsbesitzes gleichzeitig denkbar sind (zB Faustpfand- und Fruchtgenussbesitz an einer Kuh). Der Sachbesitzer ist aber durch den Rechtsbesitz in der Besitzausübung eingeschränkt, weil er sich all derjenigen Handlungen enthalten muss, die den Inhalt des Rechtsbesitzes ausmachen; andernfalls begeht er eine Besitzstörung oder Besitzentziehung. Der Rechtsbesitz kann auch mehrfach abgestuft sein, indem auf ihm ein weiterer Rechtsbesitz aufbaut (zB Untervermietung des Bestandobjekts durch den Mieter). **2/11**

III. Natural- und Tabularbesitz

Sachbesitz und Rechtsbesitz werden auch unter dem Oberbegriff **Naturalbesitz** zusammengefasst, weil hiefür die Ausübung der Gewahrsame „in natura" erforderlich ist. Diesem wird der **Tabularbesitz** (Buchbesitz) gegenübergestellt, welcher durch Eintragung im Grundbuch entsteht, uz unabhängig davon, ob diese Eintragung materiellrechtlich wirksam ist. Da mit dem Buchbesitz allein keine tatsächliche Verfügungsmacht über das Grundstück verbunden ist, genießt er keinen Besitzschutz. IdR werden aber Natural- und Tabularbesitz in einer Person vereinigt sein. **2/12**

IV. Teil- und Mitbesitz

Teilbesitz ist Alleinbesitz an einem Teil einer Sache. Er ist als Sach- oder Rechtsbesitz an Zubehör oder selbständigen Bestandteilen einer Hauptsache denkbar (zB an unselbständigen Bestandteilen, wie zB einer Wohnung, ist hingegen nur Rechtsbesitz, nicht aber Sachbesitz möglich. **2/13**

2/14 Beim **Mitbesitz** wird eine Sache gemeinsam von mehreren Personen besessen. Das corpus besteht in der gemeinschaftlichen Gewahrsame, wobei jeder Mitbesitzer die Herrschaft über die ganze Sache ausübt. Der Besitzwille ist darauf gerichtet, die Sache gemeinsam mit den übrigen Teilhabern zu haben und anteilig zu verwenden (zB in Bezug auf Gegenstände des gemeinsamen Haushalts von Ehegatten). Soweit die Sache nur eine beschränkte Gebrauchsmöglichkeit zulässt, darf jeder Mitbesitzer die Sache nur insoweit nutzen, als er dadurch die anderen Teilhaber nicht in deren tatsächlichem Gebrauch hindert oder gar ausschließt; Aussperren aus der gemeinsamen Ehewohnung ist daher Besitzstörung. Dabei handelt sich nach zutreffender Ansicht um (anteiligen) Sachbesitz und nicht um Rechtsbesitz[5].

2/15 Wenn kraft Übereinkunft der Teilhaber die Sache einem Mitbesitzer für eine gewisse Zeit oder hinsichtlich bestimmter Teile zur ausschließlichen Benützung überlassen wird (zur Benützungsregelung Rz 5/9), hat dieser insoweit alleinige Innehabung an der Sache. Da sein Wille aber nicht auf Behalten der Substanz für sich, sondern nur auf Nutzung gerichtet ist, liegt Rechtsbesitz vor; daneben ist er mit den übrigen Teilhabern weiterhin anteiliger Sachbesitzer.

Mitbesitz ist auch beim Rechtsbesitz möglich (zB zwei Personen üben gemeinsam an einer Wohnung Mietrechte aus).

D. Qualifikationen des Besitzes

I. Rechtmäßigkeit

2/16 Rechtmäßig ist der Besitz, wenn er auf „einem zur Erwerbung tauglichen Rechtsgrund" beruht (§ 316). Der **Titel** muss also für den Erwerb des vom Besitzer ausgeübten Rechts geeignet und objektiv gültig sein. Sachbesitz ist daher rechtmäßig, wenn ein wirksames Rechtsgeschäft zugrunde liegt, das auf den Erwerb der Sache gerichtet ist, wie Kauf, Tausch, Vermächtnis usw (vgl § 1461); nicht ausreichend für die Rechtmäßigkeit von Sachbesitz ist hingegen etwa ein Mietvertrag. Ein Mietvertrag und ebenso ein Pfand- oder Fruchtgenussbestellungsvertrag können nur rechtmäßigen Rechtsbesitz verschaffen. Als Rechtsgrund für rechtmäßigen Besitz kommen aber nicht nur Rechtsgeschäfte, sondern auch die „angeborne Freiheit zu Handlungen" (§ 317) bei herrenlosen Sachen, das Gesetz (zB bei der un-

5 *Apathy*, JBl 1977, 341, 345; *Holzner* in Rummel/Lukas[4] § 311 Rz 5.

eigentlichen Ersitzung; beim Fund) und der Richterspruch (zB bei gerichtlicher Teilung einer gemeinsamen Sache) in Betracht.

Der Rechtsgrund muss nicht zwischen dem Besitzer und dem Berechtigten – etwa dem Eigentümer – bestehen, sondern mit dem vorherigen Besitzer (vgl §§ 317, 1461). Rechtmäßigkeit setzt nicht voraus, dass der Vorbesitzer die Sache an den jetzigen Besitzer übergeben hat[6]; dies ist nur für die Echtheit des Besitzes bedeutsam. Daher ist der Besitz, der auf einem gültigen Kaufvertrag beruht, zwar rechtmäßig, aber unecht, wenn der Käufer den Verkäufer durch Gewaltanwendung zur Herausgabe der Sache gebracht hat (vgl Rz 2/27). **2/17**

Bei Liegenschaften scheinen §§ 321, 441 die Eintragung im Grundbuch zur Voraussetzung für die Rechtmäßigkeit des Besitzes zu machen. Das gilt aber nach zutreffender Ansicht nur für den **Buchbesitz** (Rz 2/12), also die durch die Eintragung im Grundbuch vermittelte Position. Daneben gibt es auch einen rechtmäßigen Naturalbesitz an Liegenschaften, für den nicht die Eintragung im Grundbuch erforderlich ist, sondern nur die Gewahrsamsausübung auf Grund eines objektiv gültigen Titels. **2/18**

Unrechtmäßig ist ein Besitz, wenn er auf keinem objektiv gültigen Titel oder auf einem Titel beruht, der keinen Rechtsgrund für das ausgeübte Recht abgibt. Der Erbe des unrechtmäßigen Besitzers ist ebenfalls unrechtmäßiger Besitzer (§ 1462). **2/19**

Der bloße **Inhaber** einer Sache hat keinen Rechtsgrund für die Setzung von Besitzhandlungen. Maßt er sich einen solchen an, so besitzt er unrechtmäßig, es sei denn, er handelt dabei mit Zustimmung des bisherigen Besitzers (§§ 318 f). Umgekehrt gewährt der bloße Titel noch keinen Besitz (§ 320).

Zwar ist die **Rechtmäßigkeit** des Besitzes zu vermuten (§ 323), doch hat diese Regel im Sachenrecht keine große Bedeutung, weil für die actio Publiciana (§ 372; Rz 2/68 ff) und die eigentliche Ersitzung (§§ 1460 ff) derjenige das Vorliegen dieser Voraussetzung beweisen muss, der sich darauf beruft[7]. **2/20**

II. Redlichkeit

Unredlich ist ein Besitzer dann, wenn er „aus den Umständen vermuten muss, dass die Sache einem anderen zugehört" (§ 326). Dementsprechend verhindert nach hA bereits ein unentschuldbarer Irrtum des Besitzerwer- **2/21**

---

6 *Kodek* in Fenyves/Kerschner/Vonkilch[3] (Klang) § 316 Rz 9. AA *Ehrenzweig* I/2, 196.
7 *Kodek* in Fenyves/Kerschner/Vonkilch[3] (Klang) § 323 Rz 6.

bers dessen Redlichkeit, wobei schon **leichte Sorglosigkeit** schadet (vgl § 368 Abs 1 Satz 1)[8].

Eine Mindermeinung[9] erachtet hingegen nur denjenigen für unredlich, der vom Recht des Dritten an der Sache weiß oder bei dessen Erwerb objektive Verdachtsmomente – unabhängig von der Vorwerfbarkeit – vorgelegen sind.

2/22 **Redlich** ist demnach der Sach- oder Rechtsbesitzer, der sich zur Ausübung der betreffenden Besitzhandlungen an der Sache (zB als Eigentümer, Pfandgläubiger) berechtigt halten darf. Allerdings ist nicht unbedingt erforderlich, dass der Besitzer auf das Vorhandensein eines eigenen Rechts vertraut. Ist er bzgl der Befugnis des Vormannes zur Übertragung bzw Einräumung der entsprechenden Rechtsposition redlich und kann er vom Fehlen entgegenstehender Rechte Dritter ausgehen, so ist er auch dann redlicher Besitzer, wenn er wissen muss, dass ihm dieses Recht nicht zusteht.

Beispiel: A hat eine Liegenschaft gekauft und in Besitz genommen, wurde aber nicht im Grundbuch eingetragen. Obwohl ihm klar sein muss, dass er nicht Eigentümer der Liegenschaft wurde, ist er als redlicher Sachbesitzer iSd § 372 anzusehen.

2/23 Die Redlichkeit ist grundsätzlich im **Zeitpunkt** des Erwerbs der Sache zu prüfen. Sie ist aber kein statischer Zustand. So kann ein zunächst unredlicher Besitzer redlich werden, wenn er beim Erwerb zwar wusste, dass der Besitz seines Vormannes unrechtmäßig ist, auf Grund von später vorgelegten Urkunden aber annehmen darf, der Vormann habe sich mit dem wirklich Berechtigten geeinigt (vgl § 366 letzter Satz; § 1463). Wesentlich öfter wird der umgekehrte Fall eintreten, in dem der redliche Besitzer wegen **nachträglich** hervorkommender Umstände Zweifel am Bestehen seines vermeintlichen Rechts an der Sache hegen muss („mala fides superveniens"). Allerdings wird er nach hA nicht schon bei jedem fahrlässigen Nichterkennen seiner mangelnden Berechtigung unredlich, sondern nur dann, wenn er positive Kenntnis davon erlangt oder solche Tatsachen erfährt, aus denen er darauf schließen hätte müssen[10].

Bei Tatbeständen, die auf den guten Glauben in einem bestimmten Zeitpunkt abstellen, kann von einem Unredlichwerden sinnvoll nicht gesprochen werden: So bleibt etwa der gutgläubige Erwerber einer Sache (§ 367) auch dann Eigentümer und redlicher Sachbesitzer, wenn er nachträglich – dh nach Vollendung des Erwerbsaktes, also nach der Übergabe (Rz 6/50) – von der mangelnden Berechtigung des Vormannes erfährt.

8 OGH RS0010189; *Apathy*, NZ 1989, 137, 139; *Iro*, Besitzerwerb 111; *Kodek* in Fenyves/Kerschner/Vonkilch[3] (Klang) § 326 Rz 11 ff; *Schauer* in Krejci, RK ABGB §§ 367, 368 Rz 10; vgl auch EBzRV 1058 BlgNR XXII. GP 67. Zur Redlichkeit beschränkt Geschäftsfähiger 1 Ob 67/02p, wobl 2003, 301 mit Anm *Iro*.

9 *Schey/Klang* in Klang[2] II 92; *Holzner* in Rummel/Lukas[4] § 326 Rz 2; OGH RS0010169.

10 OGH RS0010184; *Kodek* in Fenyves/Kerschner/Vonkilch[3] (Klang) § 326 Rz 20 ff.

Dem Besitzer schadet nicht nur die eigene Unredlichkeit, sondern auch die seiner **Gehilfen**, derer er sich bei Erwerb oder Ausübung des Besitzes bedient (dazu Rz 2/45 ff), wenn diese im Rahmen der ihnen übertragenen Tätigkeit die Möglichkeit zum Erkennen von Verdachtsmomenten haben[11]. Dies gilt sowohl für Dienstnehmer des Besitzerwerbers als auch für selbständige Personen, die als Besitzmittler tätig werden (dazu Rz 2/47). Juristische Personen müssen sich darüber hinaus die Unredlichkeit jedes am Erwerb beteiligten Machthabers iSd § 337 zurechnen lassen (OGH RS0010298; RS0011542); dabei genügt schon die Unredlichkeit eines Mitglieds eines Kollegialorgans[12]. **2/24**

Die Unredlichkeit des **gesetzlichen Vertreters**, der den Besitz für das Mündel erwirbt, macht dieses selbst unredlich, sodass es die Vorteile eines redlichen Besitzes (Gutglaubenserwerb; Aufwandersatz und Nutzungen, vgl Rz 7/4 ff) nicht erlangt[13]; etwaige Schadenersatzansprüche sind aber gem § 1309 grundsätzlich gegen den Vertreter zu richten.

Beispiele: A hat seinen Acker dem B verpachtet, der zu dessen Bewässerung immer Wasser vom Brunnen des C verwendet. Da B dabei im Rahmen und für die Dauer der Bewirtschaftung des Feldes als Pächter handelt, „zielt" der Wasserbezug auf A, für den B die Dienstbarkeit des Wasserschöpfens (§ 496) ersitzen könnte. Dabei kommt es darauf an, ob B auf die Berechtigung des A zur Entnahme von Wasser aus dem Brunnen des C vertrauen durfte; ist das nicht der Fall, so ist B – und damit auch A – unredlich und eine Ersitzung kommt nicht in Betracht.

A, ein Mitglied des vierköpfigen Vorstands der B-AG, weiß, dass eine bestimmte Produktionsmaschine, die für das Unternehmen gekauft werden soll, nicht dem Veräußerer gehört. Er teilt dies aber den anderen Vorstandsmitgliedern nicht mit; der Vorstand beschließt die Anschaffung. Die B-AG kann das Eigentum an der Maschine nicht nach § 367 Abs 1 erwerben, weil sie gem § 337 als schlechtgläubig anzusehen ist.

Die Redlichkeit des Besitzes wird **vermutet**. Wer Unredlichkeit (Rz 2/21) behauptet, muss sie beweisen (§ 328; § 368 Abs 2; § 1477; OGH RS0010185 f). Bedeutsam ist die Redlichkeit sachenrechtlich vor allem für den gutgläubigen Rechtserwerb (§§ 367 f, 371, 456, 824; § 63 GBG), die publizianische Klage (§§ 372 f), die Ansprüche zwischen Eigentümer und Besitzer (§§ 329 ff, 824; vgl ferner §§ 1070, 1079) und die Verarbeitung bzw Vereinigung (§§ 415 ff). Im Bereicherungsrecht verweist § 1437 bzgl der Rechtsfolgen auf die Regeln über den redlichen und unredlichen Besitz (III/15/28 ff). Ferner spielt die Redlichkeit bei der Ersitzung eine Rolle (§§ 1463, 1477; Rz 6/89). **2/25**

11 OGH RS0010174; *Kodek* in Fenyves/Kerschner/Vonkilch[3] (Klang) § 326 Rz 23 ff.
12 *Iro*, Besitzerwerb 184.
13 *Iro*, Besitzerwerb 248 ff.

III. Echtheit

2/26 Die Kategorie echter – unechter Besitz betrifft die **Art der Besitzerlangung**. Unecht ist der Besitz dann, wenn er gewaltsam, listig, heimlich oder durch eigenmächtige Umwandlung einer bittweise erlangten Rechtsposition in ein fortdauerndes Recht („vi, clam, precario modo") begründet wird (§§ 345, 1464). All diesen Tatbeständen ist die Absicht fehlerhafter Besitzergreifung gemeinsam, sodass der Begriff der Unechtheit enger ist als der der Eigenmacht bei der Besitzstörung, die auch bei Eingriffen aus Versehen, ja sogar ohne Verschulden vorliegen kann (vgl Rz 2/60)[14].

2/27 **Gewalt** beim Besitzerwerb erfordert das Brechen eines Widerstandes oder das Missachten eines Verbots[15]. Wird der Besitz mit Bedacht so ausgeübt, dass er dem bisherigen Besitzer nicht erkennbar ist, weil dieser gerade abwesend oder sonst nicht in der Lage ist, die Besitzanmaßung wahrzunehmen, so liegt **Heimlichkeit** vor. **Listig** ist die Besitzerlangung dann, wenn der bisherige Besitzer durch vorsätzliche Irreführung zur Überlassung der Gewahrsame an der Sache veranlasst wird. Ebenso ist ein Besitz unecht, den der Vormann auf Grund einer **Drohung** einräumt.

Wurde jemandem eine Sache **prekaristisch** oder als Gefälligkeit überlassen, so wird dieser zum unechten Besitzer, wenn er den Widerruf missachtet und sich damit weiterhin ein Recht an der Sache anmaßt. Das ist eine Besonderheit, weil die Nichtrückstellung einer zB gemieteten Sache nach Vertragsbeendigung (vgl § 1109) den Besitz normalerweise nicht zu einem unechten macht[16].

2/28 Die Echtheit des Besitzes spielt im Besitzstörungsverfahren bei den Einwendungsmöglichkeiten des Beklagten eine Rolle (dazu Rz 2/63) und stellt weiters eine der Qualifikationen des Besitzes dar, die für die actio Publiciana (§ 372; Rz 2/68 ff) und für die Ersitzung (§ 1464; Rz 6/90) Voraussetzung sind.

IV. Rechtlicher Besitz

2/29 Die drei Qualifikationen des Besitzes lassen sich in verschiedenster Weise kombinieren. Dabei markiert das eine Ende des Spektrums etwa der Dieb, der unrechtmäßiger, unredlicher und unechter Sachbesitzer ist. Am anderen Ende steht der rechtmäßige, redliche und echte Besitz desjenigen, dem

14 AA *Kodek*, Besitzstörung 317 ff.
15 Zum unechten Besitzerwerb an Duldungsrechten *Lukas*, Koziol-FS (2010) 235, 250.
16 Dazu *Kodek* in Fenyves/Kerschner/Vonkilch[3] (Klang) § 345 Rz 27 ff.

die Sache bzw das Recht auf Grund eines gültigen Titels von jemandem überlassen wird, den er für den rechtmäßigen Besitzer halten durfte (zB der redliche Käufer einer Sache).

Der dreifach qualifizierte Besitz wird **rechtlicher Besitz**, Ersitzungsbesitz oder auch Besitzrecht genannt. Darin kommt zum Ausdruck, dass es sich nicht mehr um ein bloßes Faktum, sondern bereits um eine Rechtsposition handelt, auf Grund deren die Sache oder das Recht dem Besitzer im Verhältnis zu einem schlechter Berechtigten zugewiesen wird (dazu Rz 2/68).

E. Erwerb des Besitzes

I. Erwerbsarten

Besitz erlangt man durch Bildung des Willens, eine Sache für sich innezuhaben („animus"), und Begründung der Gewahrsame an dieser Sache („corpus"). Das Gesetz differenziert zunächst zwischen **unmittelbarer und mittelbarer** „Erwerbungsart", je nachdem, ob es sich um eine freistehende Sache oder eine Sache handelt, die sich bereits im Besitz eines anderen befindet (§ 314). Beim mittelbaren Besitzerwerb unterscheidet das Gesetz weiter zwischen eigenmächtiger Besitzergreifung und Überlassung des Besitzes durch den Vormann (§ 315). Im letzteren Fall spricht man von einem **zweiseitigen Besitzerwerb**; die unmittelbare und die mittelbare eigenmächtige Inbesitznahme werden als **einseitiger Besitzerwerb** bezeichnet. **2/30**

An den **zweiseitigen Besitzerwerb** knüpft das Gesetz wichtige Konsequenzen: So richtet sich der Umfang des erlangten Besitzes danach, „was der vorige Inhaber gehabt und durch deutliche Zeichen übergeben hat", ohne dass es auf eine besondere Dokumentation der neuen Machtverhältnisse ankommt. Wird der Besitz hingegen ohne Mitwirkung des Vormannes ergriffen (mittelbarer einseitiger Besitzerwerb) und liegt daher eine Konfliktsituation vor, muss die Verdrängung durch entsprechende Handlungen klar erkennbar zum Ausdruck gebracht werden, wie zB durch physisches Ergreifen, Wegführen, Einzäunen (§§ 312, 315). Der zweiseitige Besitzerwerb in Form eines gesetzlich anerkannten Übergabemodus ist vor allem Voraussetzung für den Erwerb von Rechten an der Sache (vgl Rz 6/42). **2/31**

Manche verwenden das Begriffspaar **originär und derivativ** entweder gleichbedeutend mit einseitig – zweiseitig oder als eigenständige Unterteilung des zweiseitigen Besitzerwerbs, die darauf abstellt, ob die Position des Erwerbers von der des Vormannes abhängig ist oder nicht. Doch spielt **2/32** dieser Gesichtspunkt bei der Erlangung des Besitzes – anders als beim Rechtserwerb – keine Rolle, weil es sich hier um ein bloßes Faktum handelt (vgl Rz 2/2).

II. Zweiseitiger Besitzerwerb

1. Überblick

2/33 Für den zweiseitigen Besitzerwerb kommen verschiedene **Übergabeformen** in Frage; sie sind in den §§ 312, 315, 319 und vor allem in den §§ 426 ff geregelt. Diese Bestimmungen gelten für die Erlangung des Naturalbesitzes; für den Erwerb von Buchbesitz (Rz 2/12) ist die Eintragung im Grundbuch erforderlich.

Bei den verschiedenen Arten des zweiseitigen Erwerbs von Naturalbesitz geht es immer nur um die einvernehmliche Änderung der Gewahrsame. Damit der Erwerber tatsächlich Besitz erlangt, muss er noch den Willen bilden, die Sache bzw das Recht für sich zu haben. Dieser wird sich idR aus der Gewahrsamsänderung erschließen lassen.

2. Gewahrsamsänderung

a) Körperliche Übergabe

2/34 Charakteristikum der körperlichen Übergabe (Übergabe von Hand zu Hand) ist die Überlassung der **unmittelbaren Gewahrsame** durch den Vormann (§§ 312, 426). Die Sache muss in eine Lage gebracht werden, die nach der Verkehrsauffassung die Herrschaft des Erwerbers begründet[17]. Dafür ist das Ergreifen der Sache weder erforderlich noch immer ausreichend: So ist das Abladen von Brennholz während der Abwesenheit des Empfängers auf dem von diesem angegebenen Lagerplatz als körperliche Übergabe zu werten, während umgekehrt das bloße Anfassen einer Sache, die mangels Ortsveränderung weiterhin in der Machtsphäre des bisherigen Besitzers bleibt, keine ausreichende Gewahrsame des Erwerbers bewirkt. Die Übergabe- und die Übernahmehandlungen können zeitlich auseinander fallen; zB: Der Vormann legt die Sache auf seinem Grundstück bereit und der Erwerber holt sie später ab; allerdings muss der Traditionswille noch im Zeitpunkt der tatsächlichen Übernahme fortwirken (5 Ob 168/08d).

17 OGH RS0011148; *Hartung*, Besitz und Sachherrschaft (2001) 125 ff; *Spielbüchler*, ABGB-FS II (2011) 1433, 1445.

b) Übergabe durch Zeichen

Bei der Übergabe durch Zeichen (symbolischen Übergabe) ändert sich an den örtlich-realen Verhältnissen der Sache nichts; vielmehr werden die neuen Herrschaftsverhältnisse nur durch deutlich nach außen **in Erscheinung tretende Akte** kundgegeben. Durch diese Zeichen erwirbt man nicht nur das Recht (Eigentum, Pfandrecht usw), sondern auch den Besitz (vgl § 315). **2/35**

Nach den §§ 427, 452 ist die symbolische Übergabe nur bei solchen Sachen ausreichend, die „nach ihrer Beschaffenheit keine körperliche Übergabe zulassen". Sie ist daher gegenüber der körperlichen Übergabe insofern **subsidiär**, als sie nur dann wirkt, wenn diese wegen der Beschaffenheit oder der aktuellen Verfügbarkeit der Sache **untunlich** ist (zB besonders schwere, ortsfeste Maschine, umfangreiche Sachgesamtheiten, auf dem Transport befindliches Frachtgut uä). Dass die wirkliche Übergabe Unannehmlichkeiten oder Mehrkosten verursachen würde, genügt für Untunlichkeit nicht, es sei denn, sie wäre deshalb wirtschaftlich nicht vertretbar. Ist die körperliche Übergabe tunlich, so geht durch eine symbolische Übergabe die Gewahrsame (und in weiterer Folge das Recht an der Sache) nicht über.

Als taugliches Zeichen nennt das Gesetz die Übergabe von **Urkunden**, „wodurch das Eigentum dargetan wird". Darunter sind nach zutreffender Ansicht[18] neben den Wertpapieren nur solche Urkunden zu verstehen, die die Berechtigung des Überträgers an der Sache verkörpern, wie zB Pfandschein (§ 1370; Rz 9/28), Lagerschein, Ladeschein, Konnossement uä. Die Übergabe bloßer Beweisurkunden reicht genauso wenig aus wie die Errichtung und Übergabe eines Schriftstücks über das dem Erwerb zugrunde liegende Geschäft. Für die Übergabe der als Zeichen dienenden Urkunde gelten wieder die §§ 426 ff. **2/36**

Zeichen iSd § 427 sind weiters **Werkzeuge**, die dem Übernehmer die ausschließliche Besitzergreifung ermöglichen (zB Schlüssel für ein Lager, in dem sich die zu übergebenden Waren befinden).

Schließlich können **Merkmale** an der Sache, aus denen die Besitzüberlassung deutlich erkennbar wird, für eine symbolische Übergabe ausreichende Zeichen sein (zB an der Sache angebrachte Schilder mit dem Hinweis auf die Besitzüberlassung an den Erwerber). Diese Wirkung tritt aber nur ein, wenn das Zeichen für jeden Interessierten bei gehöriger Aufmerksamkeit wahrnehmbar ist.

---

18 Vgl *Mader* in Kletečka/Schauer, ABGB-ON 1.02 § 427 Rz 7; zweifelnd *Holzner* in Rummel/Lukas[4] § 427 Rz 4. AA etwa *Ehrenzweig* I/2, 69.

c) Übergabe durch Erklärung

2/37 Bei der Übergabe durch Erklärung ändern die beteiligten Parteien einvernehmlich ihre Willensausrichtung auf der Detentionsebene (§ 428). Im Einzelnen kommen als Übergabe durch Erklärung die Besitzauflassung, das Besitzkonstitut und die Besitzanweisung in Betracht; gemeinsam ist all diesen Formen, dass die Sache im bisher bestehenden Gewahrsam verbleibt. Das Gesetz verlangt dabei, der Überträger müsse seinen Willen auf eine „erweisliche Art" an den Tag legen. Dieses Erfordernis versteht die hA dahin, dass der Übertragungswille nicht zweifelhaft sein darf; er muss aber nicht für Dritte erkennbar sein (OGH RS0011187). Damit ist die Publizitätsfunktion, die der nach außen tretenden Änderung der Besitzverhältnisse zugrunde liegt (Rz 2/3), bei der Übergabe durch Erklärung stark abgeschwächt[19].

2/38 Die **Besitzauflassung** (Übergabe kurzer Hand; traditio brevi manu) setzt voraus, dass sich die Sache im Gewahrsam eines anderen als des Besitzers oder im gemeinsamen Gewahrsam dieser beiden Personen (OGH RS0011192) befindet. Der Inhaber kann dann den Besitz einvernehmlich dadurch erlangen, dass er nunmehr den Willen bildet, die Sache für sich zu haben, und der bisherige Besitzer seinen Besitzwillen aufgibt (zB die verwahrte Sache soll zukünftig dem Verwahrer gehören).

Diese Änderung der Ausrichtung des Willens kann auch vorweg für den Fall des Eintritts bestimmter Umstände vorgenommen („**antizipiert**") werden, sodass sich die Besitzverhältnisse erst zu diesem Zeitpunkt ändern: So ist zB beim Kauf unter Eigentumsvorbehalt Sachbesitzer der Verkäufer bis zur vollständigen Kaufpreiszahlung, danach aber auf Grund der in der Vorbehaltsabrede liegenden Einigung der Käufer, ohne dass es noch einer diesbezüglichen Willensbildung bedürfte.

2/39 Bei einem **Besitzkonstitut** (Besitzauftragung) wird vereinbart, dass der Besitzer die Sache fortan für den Erwerber innehabe, und der Erwerber fasst den Willen, die Sache nunmehr für sich zu haben (vgl auch § 319). Der bisherige Besitzer gibt dadurch seinen Besitz zugunsten des Erwerbers auf, der (mittelbarer) Besitzer wird. Die Vereinbarung muss einen Grund für das Verbleiben der Sachgewahrsame beim bisherigen Besitzer (Überträger) beinhalten, etwa die Verwahrung oder Benützung der Sache durch diesen. Dementsprechend wird der bisherige Sachbesitzer dann bloßer Inhaber (Verwahrer) oder Rechtsbesitzer (Mieter, Fruchtnießer uä). Auch Rechtsbesitz kann im Wege des Besitzkonstituts begründet werden, wie zB bei Vermietung einer Sache durch den Eigentümer, der sie als Untermieter bei sich behalten soll (vgl § 1093). Die Gültigkeit des der Besitzmittlung

---

19 *Mader* in Kletečka/Schauer, ABGB-ON 1.02 § 428 Rz 1; *E. Wagner* in Fenyves/Kerschner/Vonkilch³ (Klang) § 428 Rz 2 f.

zugrunde liegenden Rechtsverhältnisses ist für die Besitzübertragung allerdings nicht Voraussetzung, weil es sich dabei um einen bloß tatsächlichen Vorgang handelt.

Wie die Besitzauflassung kann auch das Besitzkonstitut „**antizipiert**" werden: Die Beteiligten vereinbaren schon vorweg eine Änderung der Besitzverhältnisse, die aber erst bei Eintritt eines bestimmten Ereignisses oder Zeitpunkts wirksam werden soll[20].

Beispiel: B soll für A eine Sache als „mittelbarer Stellvertreter" (I/9/5) kaufen. Mit der Übergabe der Sache durch den Verkäufer an B verschafft dieser dem A auf Grund des mit ihm vereinbarten antizipierten Besitzkonstituts sogleich den Besitz (und damit das Eigentum) ohne weitere Besitzübertragungsakte (s auch Rz 8/23).

Befindet sich die Sache nicht in der (unmittelbaren) Gewahrsame des Besitzübergebers, sondern in der eines Dritten (zB Verwahrers, Mieters, Pfandgläubigers), so kann die Übertragung des Besitzes an den Erwerber durch **Besitzanweisung** erfolgen: Der Übergeber weist den Dritten an, die Sache nunmehr für den Erwerber innezuhaben. Er verliert dadurch entweder seinen Besitz überhaupt oder schränkt ihn ein. Letzteres ist der Fall, wenn es um die Einräumung von Rechtsbesitz geht, der Erwerber also zB Pfandgläubiger oder Fruchtnießer werden soll. **2/40**

Die Besitzanweisung ist vor allem bei Sachen von Bedeutung, an denen der unmittelbare Inhaber ein Recht zum Besitz hat, weil eine körperliche Übergabe oft an der Weigerung des Inhabers scheitern wird, die Sache dem Sachbesitzer herauszugeben. So muss etwa der Vorbehaltskäufer die Sache dem Vorbehaltsverkäufer, der sein Eigentum daran dem Drittfinanzierer übertragen will, nicht zu diesem Zweck überlassen.

Auch die Besitzanweisung kann „**antizipiert**" werden; so zB wenn im obigen Fall A die von B als mittelbarem Stellvertreter zu erwerbende Sache bereits dem C verkauft hat und den B vorweg anweist, die Sache für den C innezuhaben, sobald dieser den Kaufpreis gezahlt hat.

Eine besondere Annahme der Anweisung durch den Inhaber ist nach hA grundsätzlich nicht erforderlich[21].

Die Übergabe kann auch durch **Versendung** an den Besitzübernehmer erfolgen. Hiebei ergeben sich sowohl schuldrechtliche (Gefahrenübergang, Kostentragung, Erfüllung, Schadenersatz ua) als auch sachenrechtliche Fragen. Im Normalfall erlangt der Empfänger die Gewahrsame erst mit dem Zeitpunkt, in dem der Transporteur die Sache bei ihm abliefert, und den Besitz mit Bildung des Besitzwillens (Rz 2/43 f); liegen die sonstigen Voraussetzungen vor, erlangt er auch die entsprechende Rechtsposition (etwa das Eigentum). Es handelt sich daher um einen Unterfall der körperlichen Übergabe, der sachenrechtlich keine Besonderheiten aufweist. **2/41**

20 *Iro*, Besitzerwerb 82 f; *Holzner* in Rummel/Lukas[4] § 428 Rz 8. AA *Gschnitzer*, SachenR[2] 21.

21 1 Ob 543/87, EvBl 1987/175; *F. Bydlinski* in Klang[2] IV/2, 666; *Holzner* in Rummel/Lukas[4] § 428 Rz 6; relativierend *E. Wagner* in Fenyves/Kerschner/Vonkilch[3] (Klang) § 428 Rz 23.

2/42 Unter bestimmten Voraussetzungen greift jedoch die Sonderregel des § 429 ein: Entspricht die Überschickungsart der Vereinbarung bzw – bei Fehlen einer solchen – der Verkehrsübung, erlangt der Übernehmer Gewahrsame, Besitz und das dingliche Recht bereits mit **Übergabe der Sache an den Transporteur**. Erklären lässt sich das mit einer Kette von Besitzmittlungen (vgl Rz 2/46): Dabei übt der Transporteur die unmittelbare Gewahrsame für den Absender aus und der Absender wiederum hat die Sache mittelbar für den Empfänger inne[22]. Die Versendung durch die Bahn oder Post wird idR verkehrsüblich sein.

Diese sachenrechtlichen Konsequenzen des § 429 gelten auch im Unternehmensrecht.

3. Besitzwille

2/43 Der Erwerber der Sache muss für die Erlangung des Besitzes zusätzlich zur Innehabung noch den Willen bilden, die Sache für sich haben zu wollen. Obwohl es sich beim Besitzwillen um keinen rechtsgeschäftlichen, sondern einen **natürlichen Vorgang** handelt, stellt doch § 310 Mindestanforderungen an die Einsichtsfähigkeit des Erwerbers. Danach vermögen Kinder unter 7 Jahren und nicht entscheidungsfähige Personen selbst keinen rechtlich relevanten Besitzwillen zu bilden. Sie können daher Besitz nur durch ihren gesetzlichen Vertreter erlangen, es sei denn, es handelt sich um einen Erwerbsvorgang aus einem geringfügigen, alterstypischen Geschäft des täglichen Lebens (§ 170 Abs 3; § 242 Abs 3; I/2/20a) oder aus einem bloß zu ihrem Vorteil gemachten Geschäft (§ 865 Abs 2; I/2/20a). Für die Aufrechterhaltung des Besitzes ist Geschäftsfähigkeit jedoch nicht erforderlich (§ 352 Satz 2).

2/44 Der Besitzwille muss nach außen **in Erscheinung treten**[23]. Regelmäßig lassen sich sein Vorhandensein und sein Inhalt aus dem Kausalverhältnis erschließen, das der Besitzübertragung zugrunde liegt, wenn der Erwerber die Sache vereinbarungsgemäß entgegennimmt. Möchte dieser trotz derartiger Anhaltspunkte einen abweichenden Besitzwillen oder bloß einen Detentionswillen bilden, muss er das klar erkennbar zum Ausdruck bringen (§ 319).

---

22 *F. Bydlinski* in Klang[2] IV/2, 141 ff; *Spielbüchler*, ABGB-FS II 1437. AA *Ch. Rabl*, Die Gefahrtragung beim Kauf (2002) 145 f. Zum Verkauf „reisender Ware“ s *Apathy*, RdW 2003, 299.

23 1 Ob 18/83, SZ 56/111; vgl auch RS0033018 (Ersitzung einer Servitut).

4. Besitzerwerb durch Gehilfen

Der **Besitzwille** kann beim zweiseitigen Erwerb auch durch eine Mittelsperson gebildet werden[24]. Zwar handelt es sich bei der Kundgabe des Besitzwillens um eine bloße Willensmitteilung, doch sind die Regeln der Stellvertretung und der Botenschaft entsprechend anwendbar (I/9/74). Das gilt insb für das Erfordernis der Offenlegung und der Autorisation durch den Besitzerwerber. **2/45**

Auch bei der **Gewahrsamserlangung** kann eine Mittelsperson beteiligt sein, indem sie die Herrschaft an einer fremden Sache erkennbar für einen anderen ausübt und dieser damit einverstanden ist, so zB wenn Gemeindeangehörige einen Weg über ein Privatgrundstück benützen oder Kunden eines Unternehmens bzw Kirchenbesucher ihre Fahrzeuge regelmäßig auf der Nachbarliegenschaft abstellen[25]. Beim zweiseitigen Besitzerwerb wird es häufig vorkommen, dass ein Gehilfe des Erwerbers die Sache mit dem Willen entgegennimmt, sie für diesen innezuhaben (zB der Käufer lässt das bestellte Buch durch seinen Sohn abholen). **2/46**

Bei den Hilfspersonen wird üblicherweise zwischen Besitzmittler und Besitzdiener unterschieden. Für den **Besitzdiener** ist eine soziale oder familiäre Abhängigkeit typisch, wie etwa bei Angestellten oder Kindern. Seine reale Herrschaft über die Sache ist idR durch die Aufsicht des Besitzherrn eingeschränkt. Hat hingegen jemand die Sache auf Grund eines gesetzlichen oder vertraglichen Rechtsverhältnisses ohne ein derartiges Unterordnungsverhältnis für den Besitzer inne, ist er **Besitzmittler**. Dieser übt die Gewahrsame entweder nur für den Besitzherrn aus (zB Verwahrer) oder sowohl für diesen als Sachbesitzer als auch für sich als Rechtsbesitzer (zB Mieter). **2/47**

F. Verlust des Besitzes

Generell werden an die Erhaltung des Besitzes geringere Anforderungen als an seinen Erwerb gestellt. So genügt nach § 352 trotz Verlust der Gewahrsame der **bloße Besitzwille**, wenn die Hoffnung besteht, die Sache wieder zu erlangen; umgekehrt beseitigt die bloße Aufgabe des Besitzwillens nach hA den Besitz nicht, solange das corpus gegeben ist. **2/48**

---

24 Dazu ausführlich *Iro*, Besitzerwerb 54 ff; ferner *Klinck*, AcP 205 (2005) 487.

25 OGH RS0010120; RS0011542 (Ersitzung durch Gemeinde); *Apathy*, RFG 2006, 82; *Iro*, Besitzerwerb 94.

Der Besitz an **verlorenen Sachen** erlischt daher, wenn es keine objektiv begründete, vernünftige Aussicht mehr gibt, die Gewahrsame zurückzuerlangen (§ 349). Sachen gelten allerdings nur dann als verloren, wenn die Gewahrsame nach der Verkehrsauffassung als aufgehoben anzusehen ist. So wird diese trotz fehlender aktueller Nahebeziehung weiter angenommen, solange der Besitzer weiß, wo sich die Sache befindet, und mangels einer entgegenstehenden Machtausübung eines anderen jederzeit auf sie zugreifen kann.

2/49 Der Besitzer kann die Sache aber „freiwillig verlassen" (§ 349) und dadurch den Besitz beenden. Voraussetzung der **Dereliktion** ist, dass der Besitzer die Innehabung in der Absicht aufgibt, die Sache preiszugeben. Sie ist der contrarius actus zur Besitzergreifung und stellt wie diese einen Realakt dar, für den wohl Geschäftsfähigkeit gem § 310 (Rz 2/43) erforderlich ist. Der bloße Verlust der Besitzerwerbsfähigkeit lässt hingegen den Besitz unberührt (§ 352 Satz 2). **Stirbt der Besitzer**, setzt zunächst die Verlassenschaft und sodann der eingeantwortete Erbe den Besitz im Wege der Universalsukzession fort (7 Ob 234/03t).

2/50 Bei **Untergang** der Sache hört mangels eines tauglichen Substrats der Besitz auf. Auch die rechtliche Unmöglichkeit der Besitzausübung infolge eines behördlichen Verbots bringt den Besitz zum Erlöschen. Verliert die Sache ihre rechtliche Selbständigkeit (zB durch untrennbare Verbindung mit einer anderen Sache), so kann Mitbesitz (Rz 2/14) entstehen.

2/51 Einseitiger **Besitzerwerb**, also unmittelbare oder mittelbare eigenmächtige Inbesitznahme durch eine andere Person (Rz 2/30 f), verdrängt den Vormann in dem Umfang, in dem die besitzrechtlichen Positionen einander tatsächlich ausschließen. Beim zweiseitigen Besitzerwerb kommt es für den Umfang des erlangten Besitzes und damit für die Beendigung des bisherigen Besitzes auf das der Besitzüberlassung regelmäßig zugrunde liegende Kausalverhältnis an (zB bei Vermietung einer in einem Zinshaus gelegenen Wohnung wird dem Mieter nur im Umfang der vertraglich zugesagten Gebrauchsmöglichkeit Rechtsbesitz überlassen; im Übrigen bleibt der Sachbesitz des Vermieters bestehen).

Der **Tabularbesitz** (Rz 2/12) endet durch Löschung der verbücherten Rechtsposition im Grundbuch oder durch Eintragung eines anderen als neuen Berechtigten (§ 350).

2/52 Für den **Rechtsbesitz** gelten dieselben Endigungsgründe wie für den Sachbesitz. Zudem erlischt Rechtsbesitz auch, wenn der Besitzer die Ausübungsmöglichkeit infolge des **Widerstandes des Belasteten** verliert (§ 351 Satz 1). Dies ist der Fall, wenn derjenige, der bisher wiederkehrende Leistungen erbracht (zB auf Grund einer Reallast) oder eine Handlung unterlassen hat (zB dem Eigentümer des herrschenden Grundstücks die Aussicht zu nehmen), die Leistung verweigert oder dem Unterlassungsgebot zuwider handelt; ebenso wenn derjenige, der die Rechtsausübung des Besitzers geduldet hat (zB Fahren über seinen Grund), sie nunmehr verhindert. Allerdings erlischt der Besitz nicht bereits durch bloßes Widersetzen, sondern erst dadurch, dass der Besitzer nicht innerhalb der dreißigtägigen Frist des § 454 ZPO seinen Besitz durchsetzt[26].

Die bloße **Nichtausübung** des Sach- oder Rechtsbesitzes führt an sich nicht zum Erlöschen. Wird allerdings Rechtsbesitz innerhalb des Zeitraums, der für die Verjährung des ausgeübten Rechts maßgeblich ist, nicht ausgeübt, so erlischt er, ohne dass aber dem Besitz tatsächlich ein derartiges Recht zugrunde liegen muss (§ 351 Satz 2). Daher verliert derjenige, der sich ein Wegerecht angemaßt hat, den damit verbundenen Rechtsbesitz, wenn er den Weg 30 Jahre lang (§ 1479) nicht benützt. Verjährung des Sachbesitzes kommt hingegen nicht in Betracht, weil die Befugnisse des Eigentümers unverjährbar sind (§ 1481). **2/53**

G. Besitzschutz

I. Selbsthilfe

Der Besitzer kann sich gegen eigenmächtige Eingriffe in seinen ruhigen Besitz mit angemessenen Maßnahmen zur Wehr setzen, wenn staatliche Hilfe zu spät käme (§ 344)[27]. Diese Befugnis ist Ausfluss des allgemeinen Selbsthilferechts (§ 19; vgl I/3/20 und III/13/19 f und 22), das auch die Notwehr und den Notstand umfasst. Es berechtigt einerseits dazu, den Besitz zu verteidigen (**defensive Selbsthilfe**). Andererseits hat der Besitzer nach hA auch das **offensive Selbsthilferecht**, auf Grund dessen er Gewalt anwenden kann, um den Besitz zurückzuerlangen, solange der Störer noch keinen ruhigen Besitzstand erlangt hat (zB Verfolgung des flüchtigen Diebes). **2/54**

Auch dem Inhaber einer körperlichen Sache steht in seiner Funktion als Besitzdiener oder Besitzmittler (zB Arbeitnehmer; Verwahrer; vgl dazu Rz 2/47) das Selbsthilferecht gegenüber Dritten zu[28]; gegenüber dem Sach-

26 Dazu *Kodek* in Fenyves/Kerschner/Vonkilch[3] (Klang) § 351 Rz 12 ff.

27 *Kodek*, Besitzstörung 529 ff; *Meissel* in Fenyves/Kerschner/Vonkilch[3] (Klang) § 19 Rz 15 ff; *Reischauer* in Rummel/Lukas[4] § 19 Rz 100 ff. Rechtsvergleichend *Müller*, Besitzschutz in Europa (2010).

28 *Kodek*, Besitzstörung 528 f; *Meissel* in Fenyves/Kerschner/Vonkilch[3] (Klang) § 19 Rz 17 f. Weitergehend *Piskernigg*, Die Selbsthilferegelung des ABGB (1999) 233.

besitzer steht es ihm aber nur dann zu, wenn dieser – etwa durch Entziehung der Sache – in seinen Rechtsbesitz eingreift (zB der Mieter hindert den Vermieter daran, die Schlösser der vermieteten Wohnung auszutauschen, weil dieser damit in den Rechtsbesitz des Mieters eingreift). Der Besitzer hat umgekehrt das Selbsthilferecht gegen den Inhaber, der bloß Besitzdiener ist oder zwar Rechtsbesitz hat, aber von seiner Position nicht gedeckte Ausübungshandlungen setzt (zB der Vermieter hindert den Mieter daran, die gemietete Wohnung wesentlich umzubauen, weil der Mieter damit die Grenzen seines Gebrauchsrechts überschreitet).

II. Besitzklagen

1. Besitzstörung, Besitzentziehung

2/55 Das Gesetz verbietet die eigenmächtige **Veränderung des Besitzstandes** (vgl §§ 320, 339; ferner §§ 454 ff, insb § 458 ZPO). Dieses Verbot soll die Friedensordnung bewahren, wie sie in den aktuellen Besitzverhältnissen zum Ausdruck kommt. Greift jemand eigenmächtig in fremden Besitz ein, so gewährt das Gesetz dem Besitzer schnelle Hilfe durch die Gerichte (Besitzschutzverfahren oder Possessorium), die den bisherigen Besitzstand, also die tatsächlichen Verhältnisse, unabhängig von der materiellen Rechtslage wiederherstellen. Ein etwaiges Recht an der Sache oder auf die Sache muss der Berechtigte hingegen in einem eigenen – petitorischen – Verfahren geltend machen (vgl § 320).

2/56 Die hA unterscheidet zwischen **Besitzstörung** (§ 339) und **Besitzentziehung** (§ 346), je nachdem, ob der Besitz durch Ausübungshandlungen eines Dritten bloß beeinträchtigt oder ganz beseitigt wird. Der Unterschied zwischen diesen beiden Formen der Besitzbeeinträchtigung liegt darin, dass Besitzentziehung nur bei Erwerb des Besitzes durch den Eingreifer vorliegt, also dessen Besitzwillen erfordert. Voraussetzung jeder Besitzklage ist die Eigenmacht des in den Besitz Eingreifenden[29].

2. Voraussetzungen

2/57 Der Kläger hat den **letzten Besitzstand** (vor dem Eingriff) zu beweisen (§ 457 ZPO). Sach- und Rechtsbesitz sind gleichermaßen geschützt, nicht hingegen der Buchbesitz (Rz 2/12), weil dieser nicht eigenmächtig gestört

29 *Randa*, Der Besitz nach österreichischem Rechte[4] (1895) 288 ff; im Ergebnis auch *Kodek* in Fenyves/Kerschner/Vonkilch[3] (Klang) § 345 Rz 36. AA *Holzner* in Rummel/Lukas[4] § 345 Rz 2.

werden kann. Ob der Besitz auf einem Recht beruht, spielt keine Rolle; ebenso wenig die Rechtmäßigkeit, Redlichkeit (§ 457 ZPO) oder Echtheit (vgl aber Rz 2/63).

Maßgeblich ist nicht nur die tatsächliche Sachherrschaft, sondern auch die sich aus dem Besitz an der Sache ergebende Nutzungsmöglichkeit. Daher wird das Parken eines Kfz, das die Zufahrt zu einem Grundstück verstellt oder das Wegfahren eines anderen Fahrzeugs verhindert, als Besitzstörung angesehen[30], nicht aber etwa die bloße Sichtbehinderung bei der Grundstücksausfahrt durch ein StVO-gemäß abgestelltes Wohnmobil (2 Ob 56/12t).

Bei **Streit zwischen Sach- und Rechtsbesitzer** kommt es darauf an, ob der Rechtsbesitzer die Grenzen seines Besitzes überschritten hat oder sich der Sachbesitzer über die Beschränkung seines Besitzes durch den Rechtsbesitz hinweggesetzt hat. **2/58**

Beispiele: Der Mieter einer Wohnung greift in den Sachbesitz des Vermieters ein, wenn er außerhalb des Mietobjektes liegende Teile des Hauses zu Wohnzwecken benutzt oder eigenmächtig wesentliche, über die Grenzen seines Gebrauchsrechts (§ 1098) hinausgehende Änderungen innerhalb der Wohnung vornimmt. Umgekehrt stört der Vermieter den Rechtsbesitz des Mieters, wenn er ohne Notwendigkeit die Strom- oder Wasserversorgung der Wohnung unterbindet, weil er damit in den Rechtsbesitz des Mieters an den für die Benützung der Wohnung erforderlichen allgemeinen Teilen des Hauses eingreift; ebenso ist der Rechtsbesitz des Mieters gestört, wenn sich der Vermieter mit Hilfe eines Generalschlüssels Zugang zur Wohnung verschafft.

Unter **Mitbesitzern** (Rz 2/14) steht einem Teilhaber Besitzschutz gegen einen anderen nur dann zu, wenn dieser den Besitz etwa durch gänzliche Ansichnahme der gemeinsamen Sache entzieht bzw gegen die bisher ausgeübten Benützungsverhältnisse oder gegen eine bestehende Benützungsregelung (dazu Rz 5/9) verstößt[31]. Hingegen gewährt die hA bei bloßer Überschreitung des anteiligen Gebrauchs durch einen der Mitbesitzer keine Besitzklage, weil jeder von ihnen mangels abweichender Vereinbarung zur Benützung der gesamten Sache berechtigt ist, solange er die anderen nicht davon ausschließt. Gegenüber Dritten ist jeder Teilhaber zur Erhebung von Besitzentziehungs- und Besitzstörungsklagen legitimiert. **2/59**

Die **Störung oder Entziehung** des Besitzes muss von einer menschlichen Handlung ausgehen. Ob Handlungsfähigkeit des Störers oder die Erkennbarkeit des fremden Besitzes Voraussetzung ist, wird in Lehre und Rsp un- **2/60**

30 *Breycha*, RZ 1995, 136; *Kodek*, Besitzstörung 233 ff, 296 ff; *ders*, ZVR 2003, 4; *Reihs*, ZVR 2009, 46. Zur Besitzstörung durch Abschleppenlassen eines verbotswidrig abgestellten Fahrzeugs *Jaksch-Ratajczak*, ZVR 2004, 353.

31 LGZ Wien EFSlg 93.270: Entnahme des gemeinsamen Sparbuchs aus dem Banksafe.

terschiedlich beantwortet. Richtigerweise ist beides zu verneinen[32], sodass auch Handlungen in einem entschuldbaren Irrtum oder einer Sinnesverwirrung als Störung oder Entziehung in Betracht kommen. Geringfügige Beeinträchtigungen, die verkehrsüblich sind, stellen keine Besitzstörung dar (zB Anbringen eines Bilderhakens in der Mietwohnung). Relevant sind außerdem nur solche Eingriffe, die mit einem tatsächlichen oder möglichen Nachteil für den Besitzer verbunden sind. Die Handlung muss zu einer Änderung der tatsächlichen Verhältnisse führen. Daher greift etwa der Rechtsbesitzer, der den bisherigen Rechtsbesitz nach Beendigung des zugrunde liegenden Rechtsverhältnisses (zB Auflösung des Mietvertrags) bloß fortsetzt, nicht in den Sachbesitz (zB des Vermieters) ein[33]. Die Rsp verlangt, dass der Eingriff des Dritten „Elemente der Besitzerwerbung" iSd § 312 verwirklicht. Dafür genügt bloßes Bestreiten des Besitzes nicht, wohl aber Drohungen, Verbote oder persönliche Angriffe, die geeignet sind, die Besitzausübung zu verleiden.

Auch von Immissionen kann eine Besitzstörung ausgehen, wenn sie das nach § 364 Abs 2 zulässige Ausmaß (dazu Rz 4/10) überschreiten. Allerdings gilt dies nicht für Einwirkungen durch Licht, Lärm, Geruch oder Staub, weil diese weder eine Veränderung des äußeren Erscheinungsbildes der Gewahrsame an der Liegenschaft bewirken noch einen Besitzwillen des Immittenten zum Ausdruck bringen[34].

2/61 **Störer** ist derjenige, der das störende Verhalten setzt (unmittelbarer Störer), aber auch derjenige, der den Auftrag zum Eingriff gibt oder ihn nachträglich genehmigt, der sich des unmittelbaren Störers als Hilfsperson bedient oder dem die Verfügungsmacht über die störende Sache zusteht (mittelbarer Störer)[35]. Die Rsp stellt bei der Umschreibung des Kreises der mittelbaren Störer oft darauf ab, ob die betreffende Person Abhilfe schaffen kann.

Gegen den Einzelrechtsnachfolger des Besitzentziehers wird die Besitzklage dann gewährt, wenn er bei Erwerb der entzogenen Sache von den Umständen der Besitzerlangung durch den Vormann wusste[36]. Der Universalsukzessor des Besitzentziehers kann immer mit der Besitzklage belangt werden (vgl § 1464).

---

32 S *Kodek*, Besitzstörung 248 ff, 302; *ders* in Fenyves/Kerschner/Vonkilch³ (Klang) § 339 Rz 91 ff; *Stowasser*, ZVR 2012, 45, 46. AA *Reihs*, ZVR 2009, 47.

33 *Ehrenzweig* I/2, 86 f; *Kodek*, Besitzstörung 145, 224 ff; *Schey/Klang* in Klang² II 127.

34 *Kodek*, Besitzstörung 208 ff.

35 Dazu eingehend *Kodek*, Besitzstörung 354 ff mwN, der sachgerecht zwischen Besitzstörung und Besitzentziehung und zwischen Unterlassungs- und Wiederherstellungsanspruch differenziert.

36 *Ehrenzweig* I/2, 95. AA *Kodek* in Fenyves/Kerschner/Vonkilch³ (Klang) § 339 Rz 132 f.

Der Eingriff muss **eigenmächtig** erfolgen. Das ist dann der Fall, wenn er weder vom Gesetz (zB Notwehr; Notstand; erlaubte Immission), noch durch eine Anordnung der Behörde (zB Abbruchauftrag) noch durch Erlaubnis des Besitzers gedeckt ist. Die Erlaubnis des Besitzers ist faktischer Natur und daher Willensmitteilung (Rz I/4/14); ob sie vorliegt und welchen Inhalt sie hat, ist in entsprechender Anwendung der Vertrauenstheorie zu ermitteln. Sie kann jederzeit zurückgenommen werden. **2/62**

Die Besitzklage muss binnen dreißig Tagen ab Kenntnis des Besitzers von der Störung und vom Störer erhoben werden (§ 454 Abs 1 ZPO). Es handelt sich nach hA um eine materiellrechtliche **Ausschlussfrist**[37]. Bei fortgesetzter Störung beginnt die Frist nicht mit jedem Eingriff von Neuem zu laufen, sondern ebenfalls mit Kenntnis vom ersten Eingriff. Verstreicht die Frist ungenützt, hat der Störer ruhigen Besitz erlangt. **2/63**

Wenn der Kläger den Besitz unecht erworben und der frühere Besitzer die Sache eigenmächtig zurückgeholt hat, kann dieser die Besitzklage mit der **Einrede der Unechtheit** abwehren, solange ihm seinerseits die Besitzklage offen stünde[38]. Der bestohlene Besitzer darf daher innerhalb von dreißig Tagen ab Kenntniserlangung von der Störung die gestohlene Sache dem Dieb wieder wegnehmen, ohne einer Besitzentziehungsklage ausgesetzt zu sein.

3. Rechtsfolgen

Die Besitzklage ist auf Feststellung der Störung, **Unterlassung** weiterer Störungen und **Wiederherstellung** des letzten Besitzstandes gerichtet[39]. Wenn eine Wiederherstellung des Besitzes nicht möglich oder wegen des hohen Aufwands untunlich ist und ein Unterlassungsbegehren mangels Wiederholungsgefahr nicht erhoben werden kann, scheidet eine Besitzklage nach stRsp aus. **2/64**

Schadenersatzansprüche können entgegen § 339 nach hA im Besitzschutzverfahren nicht geltend gemacht werden (§ 457 ZPO). Da der Besitz kein Recht an der Sache gewährt, hat der Besitzer als solcher außerdem keinen Anspruch auf den Ersatz von Gebrauchs- oder Substanzschäden. Allerdings wird der schuldhafte Störer für Aufwendungen zur Abwen-

37 Nach *Kodek*, Besitzstörung 598 ff, 1010 ff ist die Frist des § 454 ZPO prozessualer Natur.
38 *Ehrenzweig* I/2, 99; *Kodek*, Besitzstörung 347 ff, 767 ff; *ders*, Iro-FS (2013) 49, 58, 75 ff; *Schey/Klang* in Klang² II 112. AA zur Frist *Lukas*, Koziol-FS 241.
39 *Frauenberger*, Einstweiliger Rechtsschutz bei Besitzstörung (1993) 34 ff; *Kodek*, Besitzstörung 413 ff; *Wagner*, Gesetzliche Unterlassungsansprüche im Zivilrecht (2006) 244 ff.

dung oder Aufklärung des Eingriffs aufkommen müssen, weil dieser an sich rechtswidrig ist.

Dringt der Kläger mit der Besitzklage durch, ist sein Besitz als nicht unterbrochen anzusehen, was vor allem für die Ersitzung von Bedeutung ist (§ 1460; Rz 6/87).

2/65 Zum Verfahren vgl §§ 454 ff ZPO[40]. Nach Schluss der Verhandlung ist gleich der **Endbeschluss** zu verkünden; darin legt das Gericht den Besitzstand zwischen den Parteien verbindlich fest bzw trägt dem Störer auf, den ursprünglichen Besitzstand binnen einer bestimmten Frist wiederherzustellen (§ 459 ZPO). Der Endbeschluss ist selbst dann zu vollziehen, wenn der Störer nach der materiellen Rechtslage den Eingriff erzwingen hätte können.

Beispiel: Wenn ein Mieter in der Wohnung wesentliche Veränderungen ohne Einwilligung des Vermieters vornimmt und damit sein Gebrauchsrecht (§ 1098) überschreitet, kann ihn der Vermieter im Wege der Besitzstörungsklage dazu verhalten, den ursprünglichen Zustand wiederherzustellen; dass der Vermieter unter bestimmten Voraussetzungen seine Zustimmung zur Veränderung geben müsste (§ 9 MRG), ändert daran nichts. Der Endbeschluss ist nur hinfällig, wenn der Mieter vor dessen Vollzug einen rechtskräftigen, die Änderung gestattenden Gerichtsentscheid erwirkt[41].

4. Sonderformen des Besitzschutzes

2/66 Der Besitzer einer unbeweglichen Sache oder eines dinglichen Rechts an einer solchen (zB Servitutsberechtigter)[42], dessen Besitz durch die **Neuaufführung oder den Abbruch eines Gebäudes** oder eines anderen Bauwerkes (zB Betriebsanlage, Tiefbauten) gefährdet wird, kann ein gerichtliches Verbot gegen den Bauführer erwirken (§§ 340, 342). Da hier nicht erst die eingetretene Besitzstörung, sondern bereits die konkrete Gefahr eines Eingriffs in den Besitz genügt, handelt es sich um eine Besitzklage in der Form des vorbeugenden Unterlassungsanspruchs. Nach eingetretener Beeinträchtigung ist es zudem möglich, Besitzstörungsklage zu erheben und ebenso petitorische Ansprüche geltend zu machen.

Die **Bauverbotsklage** steht aber nur dann zu, wenn ein behördliches Verfahren nach den jeweils einschlägigen Vorschriften (BauO, WRG uä) nicht stattgefunden hat oder zwar durchgeführt wurde, der Bauführer

40 Dazu *Frauenberger*, Einstweiliger Rechtsschutz 67 ff; *Kodek*, Besitzstörung 691 ff. Ferner *Hoyer*, wbl 1999, 346 f.

41 OGH RS0041648; RS0114383; *Frauenberger*, Einstweiliger Rechtsschutz 13; *Kodek*, Besitzstörung 906 ff.

42 Str ist, ob sich zB ein Mieter auf § 340 berufen kann, so *Ehrenzweig* I/2, 102; *Schey/Klang* in Klang[2] II 113. AA *Wagner*, bbl 1999, 171, 172; *Kodek* in Fenyves/Kerschner/Vonkilch[3] (Klang) § 340 Rz 22.

aber baut, obwohl der Nachbar in diesem Verfahren privatrechtliche Einwendungen gegen das Vorhaben erhoben hat und von der Behörde damit auf den Rechtsweg verwiesen wurde (vgl Art XXXVII EGZPO)[43].

Der Bauführer kann das Verbot durch Sicherstellung abwenden (§ 341); das Verfahren regelt § 456 ZPO.

Lässt der **Zustand eines bestehenden Bauwerks** oder einer sonstigen Sache (zB Gerüst, Baum) den Einsturz und damit einen Schaden für den Besitzer einer Liegenschaft oder eines dinglichen Rechts daran befürchten, so hat dieser Anspruch auf Sicherstellung, wenn die Verwaltungsbehörde nicht hinlänglich für die Sicherheit gesorgt hat (§ 343). Der Anspruch ist im beschleunigten Verfahren nach den §§ 454 ff ZPO durchzusetzen[44]. Vorkehrungen zur Verhinderung des Einsturzes können hier nicht verlangt werden. **2/67**

III. Publizianische Klage

Die Überschrift zu § 372 bezeichnet die actio Publiciana[45] als die Eigentumsklage aus dem rechtlich vermuteten Eigentum. Ursprünglich war dieser Rechtsbehelf nur auf den Ersitzungsbesitzer und denjenigen zugeschnitten, der den strengen Beweis des Eigentums („probatio diabolica") nicht zu erbringen vermag. Sein Schutzzweck hat sich heute aber – nicht zuletzt wegen des Wechsels zur freien Beweiswürdigung (§ 272 ZPO) – verschoben und der Anwendungsbereich im Wege der Analogie wesentlich erweitert: Geschützt ist nämlich generell **das bessere Besitzrecht**. Wer den Besitz rechtmäßig, redlich und echt erlangt hat, kann vom jetzigen Besitzer, der insofern schlechter qualifiziert ist, die Herausgabe bzw Räumung der Sache verlangen, auch wenn er erwiesenermaßen weder deren Eigentümer ist, noch ein Recht an ihr hat. Auch Rechtsbesitzer, wie zB der Faustpfandgläubiger, Vorbehaltskäufer, Wohnungseigentumsbewerber (OGH RS0010989), Jagdpächter (7 Ob 251/03t), Mieter oder Leasingnehmer[46], genießen diesen Schutz, sobald ihnen die Sache übergeben wurde; für den Tabularbesitzer (§§ 321 f; Rz 2/12) ist dies str. **2/68**

43 *Kodek*, Besitzstörung 654 ff; *Wagner*, bbl 1999, 174 ff.
44 1 Ob 366/98z, JBl 1999, 655; *Kodek*, Besitzstörung 687 ff.
45 Dazu *Apathy*, Die publizianische Klage (1981).
46 *Fischer-Czermak*, ZVR 1997, 38, 41; *Iro*, RdW 1992, 330. Zum petitorischen Schutz des Mieters gegen Dritte *Apathy*, ABGB-FS II (2011) 799, 804 ff; *ders*, Iro-FS (2013) 3, 8 ff; *F. Bydlinski*, Wiegand-FS (2005) 141, 152; *Hoyer*, NZ 2015, 361, 379. Dagegen *Holzner* in Kletečka/Schauer, ABGB-ON 1.04 § 372 Rz 3; *Kodek*, ABGB-FS II (2011) 1139, 1146 ff; *A. Müller*, Das quasidingliche Recht (2019) 87 ff mwN.

2/69 Die publizianische Klage kann nur der **rechtliche Besitzer** (dazu Rz 2/29) erheben. Fehlt eine der drei Voraussetzungen dafür, dringt der Kläger auch nicht gegen einen schlechter Qualifizierten durch. Die Redlichkeit, die vermutet wird (§ 328), muss nur beim Erwerb des Besitzes vorgelegen sein, der nachträgliche Verlust schadet insofern nicht. Der Kläger obsiegt, wenn er den „stärkeren" Besitz hat, also dem Beklagten entweder zumindest eine Besitzqualifikation fehlt oder sein ebenfalls rechtlicher Besitz weniger schutzwürdig ist. Dies ist dann der Fall, wenn er keinen bzw nur einen (objektiv) verdächtigen Vormann nennen kann oder die Sache unentgeltlich, der Kläger sie aber entgeltlich erworben hat (§ 373). Auch der Umstand, dass dem Besitz des Vormannes ein entgeltlicher Titel zugrunde lag, kann ein Entscheidungskriterium sein[47]. Gegen den Eigentümer dringt der qualifizierte Besitzer aber nie durch.

2/70 Ist der Besitz des Klägers und des Beklagten idS **gleich qualifiziert**, so entscheidet die Gewahrsame über den Prozessausgang (§ 374: „beatus possidens"). Dies gilt allerdings nach hA nur dann, wenn die Streitteile den Besitz jeweils von einem anderen Vormann erlangt haben. Wenn beide den Besitz von derselben Person ableiten, kommt es in sinngemäßer Anwendung des § 430 darauf an, wem die Sache zuerst übergeben wurde, es sei denn, der zweite Erwerber kann sich auf eine der drei Alternativen des § 367 Abs 1 (öffentliche Versteigerung, Unternehmer oder Vertrauensmann) berufen[48].

Beispiele: 1. Der Dieb A hat die gestohlene Sache sowohl dem B als auch dem C verkauft. A übergibt die Sache zunächst dem B, lockt sie diesem aber wenig später unter einem Vorwand wieder heraus und übergibt sie in der Folge an C. B und C sind beide dreifach qualifizierte Besitzer, sodass einer actio Publiciana gegen C dessen Gewahrsame entgegensteht („beatus possidens"). Da aber B und C ihren Besitz von derselben Person (A) ableiten, ist jedoch an sich die Wertung des § 430 (Doppelverkauf) zu berücksichtigen, was für das stärkere Recht des B spricht. Aufgrund der (listigen) Rückgabe ist A allerdings Vertrauensmann des B (Rz 6/56), sodass C von diesem sogar Eigentum erwerben könnte (§ 367); daher kommt C auch das stärkere Recht iSd § 372 zu.
2. Hat dagegen B die Sache vom Eigentümer gekauft und wird sie B in der Folge von A gestohlen, der sie dem C verkauft und übergibt, so sind B und C wiederum beide rechtliche Besitzer. Allerdings ist B – abgesehen von seiner Stellung als Eigentümer – besitzrechtlich besser qualifiziert, weil C vom Dieb und damit von einem objektiv verdächtigen Vormann erworben hat.

2/71 Die actio Publiciana ist nicht auf Zuerkennung des (relativen) Eigentums gerichtet, sondern auf **Herausgabe der Sache** bzw Räumung der Liegen-

---

47 8 Ob 715/89, SZ 63/221; *Apathy*, Publizianische Klage 45; *Winner* in Rummel/Lukas[4] § 373 Rz 3 f.

48 *Apathy*, Publizianische Klage 49; *Klicka/Reidinger* in Schwimann[4] § 374 Rz 2, § 430 Rz 3; *Winner* in Rummel/Lukas[4] § 373 Rz 3. Zur Doppelvermietung *Apathy*, Iro-FS 8 ff.

schaft[49]; der Buchbesitzer, der mangels Titels nicht Eigentümer geworden ist, kann auf Zustimmung zur Eintragung des Klägers im Grundbuch (Verschaffung des Buchbesitzes) geklagt werden. Die actio Publiciana bezweckt – im Gegensatz zum Besitzschutz (Rz 2/55) – eine endgültige Entscheidung zwischen den Parteien. Die rechtskräftige Verurteilung verhindert daher, dass der Beklagte später unter Berufung auf sein bisher nicht geltend gemachtes Eigentum die Ausfolgung der Sache verlangen kann.

Der qualifizierte Besitzer kann auch die actio negatoria und confessoria (§ 523; Rz 7/12 ff und Rz 15/42 ff) **publizianisch** anstrengen. Ihm stehen gegen schlechter berechtigte Dritte, die in sein Besitzrecht eingreifen, Schadenersatz- und Bereicherungsansprüche genauso zu wie die Exszindierungsklage (§ 37 EO) und der Aussonderungsanspruch (§ 44 IO).

Hinsichtlich des Anspruchs auf **Früchte und Aufwandersatz** gelten die §§ 329 ff (dazu Rz 7/5 ff).

49 *Winner* in Rummel/Lukas[4] § 372 Rz 3; *Kodek* in Fenyves/Kerschner/Vonkilch[3] (Klang) § 372 Rz 50 f. AA *Ehrenzweig* I/2, 299; *Klang* in Klang[2] II 235.

§ 3. Grundbuch

A. Öffentliche Bücher im Sachenrecht

3/1 Zentrale Bedeutung für die Begründung, Übertragung und Beendigung von Rechten an Liegenschaften kommt dem **Grundbuch** zu. Seine gesetzlichen Grundlagen finden sich zum Teil im ABGB (§§ 431–446, § 451 Abs 1, §§ 453 f, §§ 469–470, § 481 Abs 1, §§ 1498–1500), vor allem aber im GBG 1955 und im GUG 1980, das die Bestimmungen des GBG für das auf EDV umgestellte Grundbuch adaptiert[1]. Daneben enthalten das AGAG 1930, das LiegTeilG 1930 und das VermG 1968 wichtige Bestimmungen, die das Grundbuch betreffen.

Daneben gibt es noch zahlreiche einschlägige Vorschriften in anderen Gesetzen, wie insb im WEG, BauRG, Tiroler HöfeG, und in der Geo. Das ADV-Handbuch Justiz ist eine ministerielle Dienstanweisung für die Führung des umgestellten Grundbuchs. Von großer Bedeutung sind schließlich noch die Beschränkungen des Liegenschaftsverkehrs durch die Grundverkehrsgesetze (vgl etwa 5 Ob 32/12k).

3/2 Neben dem Grundbuch finden sich noch andere öffentliche Bücher für bestimmte Liegenschaften oder Rechte an Liegenschaften.

So dienten die **Landtafeln** der Verbücherung ehemals ständischer Güter in Ober- und Niederösterreich, Kärnten, Steiermark und Wien. Da die Übertragung landtäflicher Grundbuchskörper in das umgestellte Grundbuch abgeschlossen ist (§ 24 Abs 1 GUG), existieren separate Landtafeln nicht mehr.

Das **Eisenbahnbuch** wurde für die Grundstücke von Eisenbahnunternehmen angelegt (§ 1 EisBG). Die dort eingetragenen Grundstücke einer Eisenbahn in das Grundbuch zu übertragen und zu einem Grundbuchskörper mit der Bezeichnung „Eisenbahneinlage" in der Aufschrift zu vereinigen (§§ 24 a ff GUG). Die Eisenbahneinlagen einer Eisenbahn bilden eine „bücherliche Einheit" (§ 5 EisBG) und können gemeinsam abgefragt werden (§ 24c Abs 3 GUG). Eine Hypothek kann nur an allen Eisenbahneinlagen einer bücherlichen Einheit begründet werden (§ 6 Abs 1 EisBG), sodass zwangsläufig Simultanhypotheken entstehen (dazu Rz 13/14).

Das **Bergbuch** enthält die Bergwerksberechtigungen (§§ 22, 40 MinroG). Es ist so wie das Grundbuch eingerichtet und unterliegt auch den Bestimmungen des GBG (§ 138 GBG).

Das **Wasserbuch** dient der Ersichtlichmachung von Wasserrechten, unterscheidet sich aber wesentlich von den bisher genannten Büchern: Eintragungen haben keine rechtsgestal-

1 Zum Verhältnis dieser drei „Rechtsschichten" s *Bittner*, ABGB-FS II (2011) 863.

tende Wirkung, sondern begründen nur die Vermutung der Richtigkeit bis zum Beweis des Gegenteils (§ 125 Abs 4 WRG). Für das Wassergut (§ 4 WRG) gelten die grundbuchsrechtlichen Vorschriften.

B. Bedeutung des Grundbuchs

Das Grundbuch erfüllt bei unbeweglichen Sachen ähnliche Aufgaben wie der Besitz bei beweglichen Sachen. Zunächst kommt ihm eine wichtige Funktion bei der **Begründung und Übertragung** von Rechten an unbeweglichen Sachen zu. Dafür ist grundsätzlich die Einverleibung im Grundbuch erforderlich (Rz 3/36). **3/3**

Weiters dient das Grundbuch der Kundbarmachung bestimmter Rechte, die an einer Sache bestehen. Damit hängt auch die gesetzliche Ausformung des Grundbuchs als **Rechtsscheingrundlage** zusammen. Unter bestimmten Voraussetzungen wird das Vertrauen des redlichen Verkehrs, dass die im Grundbuch eingetragene Rechtsposition des Vormannes tatsächlich besteht, geschützt. In der näheren Ausgestaltung der Regelungen, die das Gesetz für den gutgläubigen Erwerb von Rechten an beweglichen und unbeweglichen Sachen vorsieht (vgl §§ 367, 371, 456 einerseits und §§ 63 ff GBG, § 1500 andererseits), bestehen freilich wenig Gemeinsamkeiten. Das hängt auch damit zusammen, dass das Grundbuch der Publizitätsfunktion wesentlich besser gerecht wird als der Besitz. Während dieser grundsätzlich nur das Eigentum des Besitzers indiziert, dient das Grundbuch der Eintragung aller dinglichen Rechte, darüber hinaus auch des Wieder- und Vorkaufsrechts sowie des Bestandrechts („bücherliche Rechte“; § 9 GBG). Daher wird hier zB auch das Vertrauen auf das Bestehen eines Pfandrechts oder einer Dienstbarkeit geschützt. **3/4**

Der besondere Wert des Grundbuchs liegt zum einen in der Tatsache, dass alle Liegenschaften darin von Amts wegen aufzunehmen sind (§ 1 Abs 3 AGAG). Das gilt auch für das öffentliche Gut (§§ 2b f GUG, die § 1 Abs 2 AGAG materiell derogieren) und für die früher im Eisenbahnbuch eingetragenen Liegenschaften (§§ 24a ff GUG)[2]. Zum anderen wird eine Rechtsänderung im Grundbuch durchwegs nur eingetragen, nachdem das Gericht eine Prüfung vornahm und dabei keinen Grund für Zweifel an der Richtigkeit der Eintragung hatte (Rz 3/61)[3]. Sowohl auf dieser Vollständigkeit des Grundbuchs als auch auf der vorgeschalteten gerichtlichen Prü- **3/5**

2 Dazu *Auinger*, ÖJZ 2009, 5, 6 f; *Rassi*, NZ 2008, 225, 229 f.
3 *P. Bydlinski*, Der Grundstückserwerb in Österreich, in Wudarski (Hrsg), Das Grundbuch im Europa des 21. Jahrhunderts (2016) 153, 160 f.

fung beruht dessen rechtliche Bedeutung als Mittel der **Publizität** der Rechtsverhältnisse an Liegenschaften.

C. Aufbau und Funktionsweise des Grundbuchs

I. Grundstücke; Grundbuchskörper

3/6 Österreich ist in zahlreiche Katastralgemeinden aufgeteilt. Eine **Katastralgemeinde** ist jener Teil der Erdoberfläche, der im Grenzkataster oder Grundsteuerkataster als solche namentlich bezeichnet ist (§ 7 Abs 1 VermG). Sie besteht aus **Grundstücken.** Diese werden im Grundsteuer- oder Grenzkataster als solche mit einer eigenen Nummer bezeichnet; sie können durch Grundbuchsbeschluss neu gebildet werden (§ 7a VermG; § 5 Abs 1 AGAG)[4]. In verschiedenen Gesetzen findet sich auch der Begriff „Liegenschaft" (vgl § 3 GBG; § 1 AGAG; §§ 4, 22, 24 UHG; §§ 433 f, 451). Dieser ist entweder ein Synonym für Grundstück (so etwa § 3 Abs 2 und 3, § 10 GBG) oder für Grundbuchskörper iSd § 3 Abs 1 GBG und § 5 Abs 1 AGAG (so zB §§ 21 f, 30 Abs 1 GBG; dazu Rz 3/10).

3/7 Zahlreiche Grundstücke sind heute noch im **Grundsteuerkataster** enthalten, der durch das Grundsteuerpatent 1817 geschaffen wurde und nach den Bestimmungen des VermG fortzuführen ist (§ 52 VermG). Der **Grenzkataster,** der seit 1969 neu angelegt wird, dient dem verbindlichen Nachweis der Grenzen der Grundstücke (vgl 7 Ob 62/13p) und der Ersichtlichmachung der Benützungsarten, Flächenausmaße und sonstigen Angaben zur leichteren Kenntlichmachung der Grundstücke (§ 8 VermG). Er umfasst auch eine digitale Darstellung der Grenzen der Grundstücke, die sog digitale Katastralmappe (DKM), und das elektronisch geführte Geschäftsregister, in dem alle katasterrelevanten Geschäftsfälle gespeichert werden (§ 9 Abs 2 VermG). Ferner gehört zum Grenzkataster das Grundstücksverzeichnis, in dem die Nummer, Benützungsart, das Flächenausmaß und sonstige Angaben und Eintragungen zu den Grundstücken aufscheinen. Der Grenzkataster ist mit dem Grundbuch in Form einer Grundstücksdatenbank zu verknüpfen (§ 9 Abs 1 VermG) und dem Grundbuchsgericht zur direkten Einsicht im Wege der ADV zugänglich zu machen (§ 45 Abs 3 VermG).

3/8 Der Grenzkatasters hat für den Erwerb von Rechten an Liegenschaften Bedeutung: Demjenigen, der ein Recht im **Vertrauen auf die im Grenzkatas-**

4 Dazu *Angst*, NZ 2010, 193; *Kienast*, Die Veränderung von Grundstücksgrenzen (1999); *Twaroch*, Kataster- und Vermessungsrecht[3] (2017).

ter enthaltenen Grenzen („Papiergrenzen") erworben hat, kann nicht entgegengehalten werden, dass die tatsächlichen Grenzen („Naturgrenzen") davon abweichen (§ 49 VermG). Die Ersitzung von Teilen eines im Grenzkataster enthaltenen Grundstücks ist ausgeschlossen (§ 50 VermG). Dies soll zum einen verhindern, dass undokumentierte Änderungen von Grenzen den Grenzkataster entwerten; zum anderen soll aber auch das Vertrauen des Erwerbers der Liegenschaft auf die sich aus dem Grenzkataster ergebenden Grenzen – nicht aber etwa auf das Nichtbestehen offenkundiger Dienstbarkeiten – geschützt werden (9 Ob 52/13g). Die Vermessungsbehörde kann die Katastralmappe auf Basis eigener Wahrnehmungen oder auf Grund von behördlichen oder externen Mitteilungen von Amts wegen korrigieren (§ 52 Abs 2 VermG).

II. Einrichtungen des Grundbuchs

1. Grundbuch

Das Grundbuch besteht aus dem Hauptbuch und der Urkundensammlung (§ 1 GBG). Diese beiden Einrichtungen sind für den Bestand und den Inhalt bücherlicher Rechte von Bedeutung (§§ 4 f GBG). **3/9**

Das **Hauptbuch**, das für jede Katastralgemeinde geführt wird, dient der Eintragung der „wesentlichen Bestimmungen der bücherlichen Rechte" (§§ 5, 9 GBG). Es besteht aus den Grundbuchseinlagen (§ 2 Abs 1 GBG). Diese sind zur Eintragung der Grundbuchskörper und der sich auf diese beziehenden dinglichen Rechte bestimmt (§ 2 Abs 2 GBG)[5]. Unter einem **Grundbuchskörper** versteht man alle in einer Grundbuchseinlage zusammengefassten Grundstücke. Er ist als eine Einheit zu behandeln; sein Umfang ändert sich nur durch Zu- und Abschreibung von Grundstücken oder Grundstücksteilen (§ 3 GBG; dazu Rz 3/32 ff). **3/10**

Dieser Grundsatz wird allerdings in der Praxis aus Gründen der Zweckmäßigkeit vielfach durchbrochen: So werden die Anmerkung der Rangordnung der beabsichtigten Veräußerung (§ 53 GBG) und die Eintragung des Veräußerungs- und Belastungsverbots auch bzgl einzelner Grundstücke, die Bestandteil eines Grundbuchskörpers sind, zugelassen. Vorkaufs- und Bestandrechte sowie Dienstbarkeiten können zwar nur auf dem Grundbuchskörper eingetragen, allerdings nach der Rsp in ihrer Ausübung auf einzelne Grundstücke beschränkt werden[6].

---

5 Beispiele und Erläuterungen zu Grundbuchabschriften finden sich etwa unter http://www.help.gv.at/Content.Node/60/Seite.600400.html; http://www.meingrundstueck.at/lexikon/Grundbuch.html.

6 Zur Ausübung eines solchen Vorkaufsrechts OGH RS0020347; *Friedl*, ecolex 2009, 225.

Die Grundbuchseinlage besteht aus Gutsbestandsblatt, Eigentumsblatt und Lastenblatt (§ 6 AGAG).

3/11 Das **Gutsbestandsblatt** (A-Blatt) enthält in der Aufschrift die Angabe der Katastralgemeinde, der Einlagezahl, des Gerichtsbezirks, bestimmte allgemeine Bezeichnungen des Grundbuchskörpers, das Vorliegen eines geschlossenen Hofes (§§ 7 f AGAG) und die Zugehörigkeit zu einer Liegenschaftsgruppe (§ 8 a GUG; s Rz 3/18); bei Begründung von Wohnungseigentum ist in der Aufschrift „Wohnungseigentum" einzutragen (§ 5 Abs 3 WEG).

Ferner sind in der Aufschrift des A-Blattes die Tagebuchzahl unerledigter Grundbuchsstücke[7] als „Plombe" (§ 11 GUG; dazu Rz 3/43) und die Tagebuchzahl der jeweils letzten vollzogenen Eintragung unter der Bezeichnung „letzte TZ" ersichtlich zu machen (§ 14 GUG). Dadurch kann man leicht die letzte Veränderung im Buchstand sowie die noch in Bearbeitung befindlichen Eintragungsansuchen eruieren.

3/12 Das A-Blatt ist in das A1-Blatt, das die Bestandteile des Grundbuchskörpers enthält, und das A2-Blatt unterteilt. Im A2-Blatt werden Veränderungen am Gutsbestand durch Zu- und Abschreibungen, mit dem Eigentum an der Liegenschaft verbundene Rechte wie Grunddienstbarkeiten und Reallasten in herrschender Stellung (§ 9 AGAG), bestimmte öffentlichrechtliche Beschränkungen, die gegen jeden Eigentümer wirken, sowie der Eigentumsvorbehalt an Maschinen (§ 297 a; Rz 1/42) und die Urkundenhinterlegung für ein Bauwerk (§ 10 Abs 1 a UHG) ersichtlich gemacht.

3/13 Das **Eigentumsblatt** (B-Blatt) gibt den (die) Eigentümer mit Anschrift (§ 12 Abs 4 GUG) sowie die den Eigentümer treffenden Beschränkungen in der Vermögensverwaltung oder in der Verfügung über die Liegenschaft an (insb wegen Minderjährigkeit, Genehmigungsvorbehalt nach § 242 Abs 2 oder Eröffnung des Insolvenzverfahrens). Veräußerungs- und Belastungsverbote sind jedoch im C-Blatt einzutragen, im B-Blatt werden sie nur ersichtlich gemacht (§§ 10 und 11 Abs 2 AGAG).

3/14 Das **Lastenblatt** (C-Blatt) weist alle die Liegenschaft belastenden bücherlichen Rechte (zB Hypotheken, Dienstbarkeiten und Reallasten in dienender Stellung, verbücherte Bestandrechte) und die an diesen begründeten Rechte (zB Afterpfandrechte) aus. Ferner scheinen dort Verfügungsbe-

7 Das sind alle bei einem Grundbuchsgericht einlangenden Eingaben und sonstigen Schriftstücke, in denen eine Eintragung begehrt wird oder die unmittelbar zu einer Eintragung führen können (§ 448 Abs 1 Geo).

schränkungen auf, denen jeder Eigentümer der Liegenschaft unterworfen ist (§ 11 AGAG).

Im **umgestellten Grundbuch** wird das Hauptbuch durch Speicherung der Eintragungen in einer Datenbank geführt, die zusammen mit dem Grundstücksverzeichnis des Grundsteuer- bzw Grenzkatasters die **Grundstücksdatenbank** bildet (§ 2 Abs 1 GUG; § 9 Abs 1, § 52 VermG). Die Einverleibung der Löschung und die (schlichte) Löschung (dazu unten Rz 3/22 und 3/35) werden im Hauptbuch dadurch vollzogen, dass die betreffenden Eintragungen in der zeitlichen Abfolge ihrer Löschung in das **Verzeichnis der gelöschten Eintragungen** übertragen werden (§ 3 Abs 2 GUG). Ein solches Verzeichnis wird für jedes Hauptbuch geführt und ist ebenfalls in Grundbuchseinlagen, nicht aber in Blätter gegliedert. Das Verzeichnis der gelöschten Eintragungen steht rechtlich dem Hauptbuch gleich (§ 3 Abs 1 GUG). Der Erwerber eines Rechts an einer Liegenschaft ist daher in seinem Vertrauen auf den Grundbuchsstand nur dann geschützt, wenn er auch in das Löschungsverzeichnis Einsicht nimmt[8]. **3/15**

Beispiel: A hat seine Liegenschaft an B verkauft, wobei im Hauptbuch keine Lasten ersichtlich sind. Bei Einsicht in das Verzeichnis der gelöschten Eintragungen wäre B allerdings erkennbar gewesen, dass unlängst eine auf dieser Liegenschaft lastende Servitut des C gelöscht wurde. Wenn B bei Kenntnis dieser Tatsache auf Grund einer ihm bekannten Äußerung des C den Verdacht hätte schöpfen müssen, dass A die Löschung dieser Servitut durch gefälschte Urkunden erreicht hat, kann B die Liegenschaft nicht nach § 1500 unbelastet durch die Dienstbarkeit des C erwerben.

Die Tatsache der Löschung ist im Hauptbuch nur daraus ersichtlich, dass in der Reihenfolge der dort aufscheinenden Laufenden Nummern (LNR) bzw der diesen beigesetzten Kleinbuchstaben (vgl dazu § 572 Abs 1 Geo) Lücken bestehen. Wird die Eintragung mit der letzten LNR oder mit dem letzten Kleinbuchstaben innerhalb einer LNR gelöscht, so bleibt diese LNR mit dem Hinweis „gelöscht" so lange im Hauptbuch ersichtlich, bis einer (neuen) Eintragung die nächste LNR bzw der nächste Kleinbuchstabe der LNR im Hauptbuch zugewiesen wird.

Die bei den Grundbuchsgerichten geführte **Urkundensammlung** enthält idR eine beglaubigte Abschrift von jeder Urkunde, auf Grund deren eine bücherliche Eintragung vorgenommen wird, uU das Original (§ 90 GBG; § 577 Geo). Die Urkundensammlungen werden ab 1.1.2006 im Rahmen des Urkundenarchivs der Justiz elektronisch erfasst und gespeichert (§ 91d Abs 1 GOG); eine Umstellung der vorhandenen Urkundensammlungen findet aber nicht statt. **3/16**

Die Urkundensammlung ist allerdings nur eine sekundäre Informationsquelle. Maßgebend ist primär die Eintragung im Hauptbuch. Wenn sich jedoch der wesentliche Inhalt der Urkunde im Hauptbuch nicht kurzgefasst wiedergeben lässt, kann auf die genau bezeichnete Stelle in der

8 Vgl 1 Ob 515/90, JBl 1991, 446 mit Anm *Hoyer* und *Pfersmann*.

Urkunde mit der Wirkung hingewiesen werden, dass diese Stelle als im Hauptbuch eingetragen anzusehen ist (§ 5 GBG). In bestimmten Fällen hält die hA aber außerdem auch die Einsichtnahme in die Urkundensammlung für erforderlich (dazu Rz 6/66; 10/42).

2. Hilfseinrichtungen

3/17 Die **Grundbuchsmappe** diente der Veranschaulichung der Lage der Liegenschaften (§ 3 AGAG). Da die Darstellung der Grundstücke flächendeckend in der DKM (Rz 3/7) als Teil der Grundstücksdatenbank erfasst und abrufbar ist, führen die Grundbuchsgerichte keine eigene (analoge) Grundbuchsmappe mehr (§ 4 Abs 1 GUG). Soweit die DKM die vom Grundsteuerkataster erfassten Grundstücke wiedergibt, begründet sie keinen Vertrauensschutz; maßgeblich sind vielmehr die tatsächlichen Grundstücksgrenzen[9]. Hingegen ist das Vertrauen eines Erwerbers auf die im Grenzkataster enthaltenen Grenzen sehr wohl nach § 49 VermG geschützt (vgl Rz 3/8)[10]. Wenn ein Grundstück in den Grenzkataster aufgenommen ist, wird dies im A1-Blatt durch ein „G" nach der Grundstücksnummer kenntlich gemacht.

3/18 Verschiedene Hilfsverzeichnisse werden elektronisch durch Verknüpfung der jeweiligen Eintragungen, die in der Grundstücksdatenbank gespeichert sind, geführt (§ 4 Abs 2 GUG). Das **Grundstücksverzeichnis** weist für jedes Grundstück die maßgeblichen Daten aus, wie vor allem Grundstücksnummer, Benützungsart und Flächenausmaß (§ 9 Abs 3 VermG). Das **Anschriftenverzeichnis**, das dem Adressregister gem § 9a VermG entspricht (§ 458 Abs 1 Geo), enthält sämtliche Grundstücksanschriften einer Gemeinde mit Angabe des zuständigen Grundbuchsgerichts und Vermessungsamts, Namen und Schlüsselzahl der Katastralgemeinde sowie Einlagezahl und Grundstücksnummer. Das **Personenverzeichnis** führt für jedes Bundesland in alphabetischer Reihung die im Grundbuch eingetragenen Eigentümer und Bauberechtigten (s aber § 4 Abs 1a GUG) unter Hinweis auf die jeweiligen Grundbuchseinlagen an (§ 458 Abs 2 Geo). Das **Gruppenverzeichnis** (§ 4 Abs 1 GUG) dient bloß der Erleichterung der gemeinsamen Abfrage (§ 8a GUG).

---

9 OGH RS0049554; RS0049559; *Feil/Marent/Preisl*, GrundbuchsR² § 7 Rz 23 f, 38; *Höller* in Kodek, GrundbuchsR² § 1 GBG Rz 19; *Twaroch*, NZ 1994, 54.

10 6 Ob 268/04m, SZ 2004/180; 4 Ob 94/08i, NZ 2009, 304; *Feil/Marent/Preisl*, GrundbuchsR² § 1 Rz 27; *Twaroch*, Kataster- und Vermessungsrecht³ 156.

Ein wichtiger technischer Behelf bei der Führung des Grundbuchs, durch den vor allem das Rangprinzip gesichert werden soll, ist das **Tagebuch** (dazu Rz 3/43).

III. Arten von Eintragungen

1. Allgemeines

§ 8 GBG nennt als grundbücherliche Eintragungen die Einverleibung, Vormerkung und Anmerkung. Diese Aufzählung ist durch weitere Eintragungsformen zu ergänzen, die im GBG oder in anderen Gesetzen vorgesehen sind: Dazu gehören die Ersichtlichmachungen, die sich praktisch nicht von den Anmerkungen unterscheiden, die (einfache) Löschung und die Zu- und Abschreibung nach § 74 GBG und dem LiegTeilG. **3/19**

Im umgestellten Grundbuch ist die Bezeichnung der Eintragung als Einverleibung, Anmerkung oder Ersichtlichmachung nicht anzugeben (§ 12 GUG). Nur die Vormerkung, die sich inhaltlich nicht von der Einverleibung unterscheidet, muss als solche kenntlich gemacht werden.

Grundlage für die Vornahme von Eintragungen im Grundbuch sind prinzipiell **Urkunden**, die das Begehren zu begründen geeignet sind (§ 94 Abs 1 Z 3 GBG); sie müssen dem Antrag beigelegt werden. Das GBG stellt bestimmte formelle Voraussetzungen für diese Urkunden auf, die für alle oder speziell für einzelne Formen von Eintragungen gelten. Allgemein gilt (§ 27 GBG): Alle Urkunden, auf Grund deren eine bücherliche Eintragung erfolgen soll, müssen frei von sichtbaren Mängeln sein, die ihre Glaubwürdigkeit schwächen; mehrere Bögen haben so geheftet zu sein, dass kein Bogen unterschoben werden kann. Sie müssen einwandfrei lesbar und zur Aufnahme in die Urkundendatenbank (Rz 3/16) geeignet sein[11]. Ferner sind Ort und Datum der Ausfertigung der Urkunde anzugeben und die beteiligten Parteien in verwechslungssicherer Weise zu bezeichnen; dazu gehört bei natürlichen Personen auch ihr Geburtsdatum, bei im Firmenbuch eingetragenen Rechtsträgern die Firmenbuchnummer und bei Vereinen die Vereinsregisterzahl. Eingaben und Beilagen können elektronisch eingebracht werden (§ 10 ERV iVm § 89b GOG); Notare und Rechtsanwälte sind dazu prinzipiell verpflichtet (§ 89c Abs 5 Z 1 GOG). Zur Form elektronischer Eingaben s § 5 ERV. **3/20**

11 S dazu EBzRV 1675 BlgNR XXIV. GP 4; ferner *Bittner*, NZ 2012, 225, 235.

In der Eintragung sind das Ausstellungsdatum und der Inhalt der Urkunden nur beim Erwerb des Eigentums oder eines Pfandrechts anzugeben (§ 12 Abs 2 und 3 GUG).

3/21 Soweit ein bücherliches Recht begründet oder umgeändert werden soll, müssen die beigebrachten Urkunden auch einen **gültigen Rechtsgrund** enthalten (§ 26 Abs 2 GBG). Dazu ist erforderlich, dass sich ihnen die Einigung über die Hauptpunkte des Vertrags entnehmen lässt, wobei die Bestimmbarkeit der vereinbarten Leistungen ausreicht (vgl §§ 869, 1054; dazu II/2/1).

Die Bestimmbarkeit ist im Hinblick auf §§ 839, 889 idR auch bei Veräußerung mehrerer Liegenschaften oder Liegenschaftsanteile in einem Vertrag zu einem Gesamtkaufpreis oder beim Erwerb einer Liegenschaft durch mehrere Personen ohne Angabe der Miteigentumsquoten gegeben[12].

Wurde eine Liegenschaft ohne Errichtung eines Notariatsaktes (§ 1 Abs 1 lit d NotAktG) geschenkt, muss bei Ansuchen um Einverleibung des Eigentums des Beschenkten wenigstens der Geschenkgeber urkundlich bestätigen, dass die wirkliche Übergabe, die Voraussetzung für das gültige Zustandekommen des Schenkungsvertrags ist (§ 943), bereits erfolgt ist (OGH RS0018923). Zur Heilung des Formmangels durch Stellung des Verbücherungsgesuchs s 9 Ob 149/04h. Hat sich der Schenker allerdings ein Gebrauchsrecht an der Liegenschaft vorbehalten, kann dies Bedenken des Grundbuchsgerichts daran begründen, dass die urkundlich festgehaltene Übergabe real erfolgt ist, sodass das Einverleibungsgesuch abzuweisen ist (5 Ob 156/17b; vgl Rz 3/61).

Urkunden, die für eine Einverleibung vorgelegt werden, müssen darüber hinaus noch weitere besondere Voraussetzungen erfüllen (§§ 31 ff GBG; Rz 3/23 f).

2. Einverleibung

3/22 Die Einverleibung dient dem **unbedingten Rechtserwerb oder Rechtsverlust** (§ 8 Z 1 GBG). Letzterer erfolgt durch Einverleibung der Löschung (Extabulation), wie zB im Falle eines Verzichts auf ein bücherliches Recht (5 Ob 1/07v). Gegenstand der Einverleibung (Intabulation) können nur dingliche Rechte und Lasten sein. § 9 GBG führt zwar auch Wiederkaufs-, Vorkaufs- oder Bestandrechte an (dazu OGH RS0108658), doch hat deren Eintragung im Grundbuch keine Bedeutung für ihr Entstehen oder ihre Übertragung, sondern nur für ganz spezifische Rechtsfolgen (§§ 1070, 1079, 1095, 1102, 1120 f); funktional handelt es sich daher bei der Eintragung solcher Rechte eher um eine Anmerkung iSd § 20 lit b GBG (dazu Rz 3/30)[13]. Das gilt auch für andere als die in § 9 GBG angeführten Rechte, die in sonstigen Gesetzen als verbücherungsfähig bezeichnet wer-

12 5 Ob 5/06f, NZ 2006, 250 mit Anm *Hoyer* (254); 5 Ob 130/07i, JBl 2008, 109 mit Anm *Rummel*; *Bittner*, NZ 2006, 16 und 138; *Hoyer*, NZ 2011, 33, 34.

13 OGH RS0122463; vgl auch RS0020428.

den, wie insb ein Veräußerungs- und Belastungsverbot gem §364c oder eine Verfügungsbeschränkung bei der Gütergemeinschaft auf den Todesfall nach §1236 (5 Ob 205/09x).

Ob auch **auflösend bedingte** oder befristete Rechte einverleibt werden können[14], wird vor allem für die Fälle der Vereinbarung eines Heimfallsrechts (zB Schenkung unter der auflösenden Bedingung des Vorablebens des Beschenkten) oder eines Besitznachfolgerechts (zB Schenkung einer Liegenschaft mit der Abrede, dass diese bei Tod des Beschenkten einem Dritten zufallen soll) diskutiert (vgl Rz 4/37). Die Eintragung eines **aufschiebend** bedingten oder betagten Rechts, also einer bloßen Anwartschaft, ist hingegen jedenfalls ausgeschlossen, uz auch im Wege einer Vormerkung (dazu unten Rz 3/25)[15]. Steht also der Eigentumserwerb vertraglich unter einer aufschiebenden Bedingung, wie zB der Zahlung des Kaufpreises, ist deren Eintritt durch eine §§26 ff GBG entsprechende Urkunde nachzuweisen (OGH RS0060364).

Auch Rechte, die jemand in Durchbrechung des Eintragungsgrundsatzes erworben hat (dazu Rz 3/38), werden durch Einverleibung verbüchert; diese hat hier allerdings keine rechtsbegründende Wirkung, sondern dient nur der Berichtigung des Grundbuchs (OGH RS0016154).

Die für die Einverleibung vorzulegenden Urkunden unterliegen besonderen Anforderungen (vgl dazu im Einzelnen §§31 ff GBG; ferner §§432 f). **3/23** Es muss entweder eine öffentliche Urkunde (zB Notariatsakt, gerichtlicher Vergleich, Einantwortungsbeschluss, Ausweis über rückständige Steuern; §33 GBG) oder eine Privaturkunde mit gerichtlich oder notariell beglaubigten Unterschriften der Parteien (§31 GBG) vorliegen; davon besteht nur für geringfügige Grundbuchssachen eine Ausnahme (§34 GBG). Soll Eigentum etwa aufgrund eines Kaufvertrags übertragen werden, kommt das Titelgeschäft selbst grundsätzlich formfrei zustande (§883); um dem Käufer Eigentum zu verschaffen und den Kaufvertrag zu erfüllen, braucht es jedoch die Einverleibung und daher die Errichtung einer Urkunde, die den genannten Voraussetzungen entspricht. Kommt das Titelgeschäft im Korrespondenzweg zustande, so wird dieses erst mit Zugang der Annahmeerklärung beim Offerenten wirksam. Daher muss diese Tatsache urkundlich nachgewiesen werden; dafür genügt aber die Unterschrift des Offerenten auf dem von der Post verwendeten Übernahmsschein nicht, weil dieser weder eine öffentliche Urkunde iSd §33 Abs 1 lit a GBG ist noch

14 So 5 Ob 295/04z, JBl 2005, 454 mit Anm *Rummel*; 5 Ob 114/07m, NZ 2008, 251 mit Anm *Hoyer* (255); 5 Ob 25/10b.

15 OGH RS0060269; RS0060277; *Hoyer*, Hofmeister-GedS (1996) 291. AA für Reallasten *Umlauft*, Rechberger-FS (2005) 687, 692.

die für Privaturkunden erforderliche Beglaubigung aufweist (5 Ob 91/05a). Hat ein Stellvertreter die vorgelegte Urkunde unterfertigt, so bedarf es für die Einverleibung überdies einer schriftlichen Vollmacht, die auf das konkrete Geschäft lautet oder nicht früher als drei Jahre vor Einbringung des Einverleibungsgesuchs ausgestellt wurde[16]; Vorsorgevollmachten (§§ 260 ff) und gewählte Erwachsenenvertreter (§§ 264 ff) sind von diesem Erfordernis jedoch ausgenommen (§ 31 Abs 6 GBG).

3/24 **Privaturkunden** und über Rechtsgeschäfte aufgenommene öffentliche Urkunden müssen genaue Angaben des betroffenen Grundbuchskörpers bzw bücherlichen Rechts und die ausdrückliche Erklärung desjenigen, dessen Recht beschränkt, belastet, aufgehoben oder übertragen werden soll, enthalten, dass er in die Einverleibung einwilligt. Diese sog **Aufsandungserklärung** kann auch in einer gesonderten Urkunde abgegeben werden (§ 32 GBG; § 433). Dabei handelt es sich nach hA um einen Teil des Verfügungsgeschäfts[17], das für den Erwerb oder die Änderung von Rechten an unbeweglichen Sachen ebenfalls Wirksamkeitsvoraussetzung ist (Rz 6/40). Ist jemand zur Übertragung oder Einräumung eines bücherlichen Rechts verpflichtet, verweigert er es jedoch trotz Fälligkeit, bei der Errichtung der erforderlichen Urkunden mitzuwirken oder die Aufsandungserklärung abzugeben, verletzt er seine Pflichten und gerät in Verzug; der Gläubiger kann diese Verpflichtungen mit Leistungsklage durchsetzen[18].

Schließlich setzt die Einverleibung des Eigentumsrechts aus fiskalischen Gründen die Vorlage einer Unbedenklichkeitsbescheinigung oder einer Selbstberechnungserklärung zB nach § 12 GrunderwerbsteuerG voraus (§ 160 BundesabgabenO).

3. Vormerkung

3/25 Die Vormerkung bewirkt die Erwerbung, Übertragung, Beschränkung oder Aufhebung eines bücherlichen Rechts (§ 9 GBG) unter der (aufschiebenden) **Bedingung der Rechtfertigung** und nur so weit, wie diese reicht (§ 40 GBG).

Eine Vormerkung ist nur in den vom Gesetz aufgezählten Fällen zulässig (§§ 35 ff GBG), so vor allem wenn die Urkunde zwar die allgemeinen (§§ 26 f GBG; Rz 3/20), nicht aber die besonderen Voraussetzungen

---

16 Zur Handlungsvollmacht 5 Ob 13/09m, JBl 2009, 636 mit Anm *Holzner.*

17 *P. Bydlinski*, NZ 2015, 281, 288 f; *Kieweler*, NZ 2013, 257, 263; *Weigand* in Kodek, GrundbuchsR² § 32 GBG Rz 26; 5 Ob 327/98v; 5 Ob 157/99w. Krit *Iro*, Bankvertragsrecht IX Rz 2/84 f.

18 Zu den Schwierigkeiten dieser Rechtsdurchsetzung *P. Bydlinski*, NZ 2015, 281.

(§§31 ff GBG; Rz 3/23) aufweist, also insb die Beglaubigung der Unterschriften oder die Aufsandungserklärung fehlt. Das Grundbuchsgericht hat in solchen Fällen ohne weiteren Antrag eine Vormerkung vorzunehmen, da das Ansuchen um Einverleibung iZw jenes um Vormerkung umfasst (§85 Abs 3 GBG). Mangelt es den vorgelegten Urkunden hingegen an den allgemeinen Voraussetzungen (§§26 f GBG), so ist keine Vormerkung möglich, sondern der Antragsteller muss zuerst für die Erstellung der erforderlichen Unterlagen – wenn nötig im Prozesswege – sorgen.

Wie die Rechtfertigung zu erfolgen hat, hängt von der Art des Vormerkungsgrundes ab (vgl §41 GBG). Fehlt etwa die Beglaubigung der Unterschrift desjenigen, gegen den sich die Eintragung richtet, oder die Aufsandungserklärung, so besteht die Rechtfertigung in der Nachholung dieser Einverleibungserfordernisse. Verweigert der Vormerkungsgegner seine Mitwirkung, muss der Antragsteller die **Rechtfertigungsklage** innerhalb einer Frist von 14 Tagen erheben (§§42 f GBG; §439), spätestens aber bis zu dem Zeitpunkt, in dem der Vormerkungsgegner gegen die Vormerkung die Löschungsklage einbringt (§45 Abs 3 GBG). Die Rechtfertigung erfolgt durch Vorlage des stattgebenden Erkenntnisses. Sie ist im Grundbuch anzumerken. **3/26**

Bis zur Rechtfertigung können sowohl der Vormerkungsgegner als auch der Vormerkungswerber weitere Eintragungen (zB Pfandrechte an der Liegenschaft) erwirken. Welche Eintragungen rechtswirksam sind, hängt davon ab, ob die Rechtfertigung der Vormerkung erfolgt (§49 Abs 1 GBG). **3/27**

Im Falle der **Rechtfertigung** erstarkt das vorgemerkte Recht zum unbedingten Recht rückwirkend mit jenem Zeitpunkt, in dem das Vormerkungsgesuch beim Grundbuchsgericht eingelangt ist (§48 GBG; §§438, 453). Zugleich sind von Amts wegen alle Eintragungen zu löschen, die nach diesem Zeitpunkt gegen den bisherigen Buchberechtigten erwirkt worden sind und mit der vorgemerkten Verfügung im Widerspruch stehen. Bezieht sich eine solche Zwischeneintragung auf ein verbüchertes Recht, das der Vormerkung im Rang vorgeht, ist diese jedoch nach hA nicht zu löschen. Das gilt zB für die Anmerkung der Einleitung des Versteigerungsverfahrens (§137 EO) bezüglich eines Pfandrechts, das die rangmäßige Priorität vor einer Vormerkung des Eigentumsrechts genießt; nach der Rechtfertigung ist dann die Zwangsversteigerung gegen den nunmehrigen Eigentümer fortzuführen[19]. Ebenso wenig kann die Anmerkung der klags- **3/28**

19 OGH RS0112058; *Verweijen* in Kodek, GrundbuchsR² §49 GBG Rz 3; *Rechberger/Bittner*, GrundbuchsR² Rz 148. Abweichend *Angst* in Angst/Oberhammer, EO³ §133 Rz 22/4; *Holzner*, JBl 2007, 555, 557.

weisen Geltendmachung einer durch das Vorzugspfandrecht nach § 27 WEG gesicherten Forderung gelöscht werden, selbst wenn sie erst nach der Vormerkung des Eigentums des Erwerbers gegen den Veräußerer erwirkt wurde[20].

Beispiele: Weigert sich der Liegenschaftsverkäufer, die für die Einverleibung des Eigentums erforderliche (§§ 31 f GBG) Beglaubigung seiner Unterschrift auf der Kaufvertragsurkunde herbeizuführen, so kann der Käufer die Vormerkung seines Eigentums erwirken und den Verkäufer auf Setzung der entsprechenden Handlungen klagen. Dringt er damit durch, sind alle nach dem Vormerkungsansuchen gegen den Verkäufer bewilligten Eintragungen zu löschen, sofern sie sich nicht auf eine vorrangige Eintragung beziehen. Bezweckt die Vormerkung hingegen den Erwerb eines Pfandrechts, so sind diejenigen Hypotheken, die der Liegenschaftseigentümer vor der Rechtfertigung Dritten eingeräumt hat, nach Rechtfertigung des vorgemerkten Pfandrechts nicht zu löschen, da sie ja vom weiterhin berechtigten Vormann stammen. Ihnen kommt allerdings infolge der Rückwirkung der Rechtfertigung ein schlechterer Rang als der vorgemerkten Hypothek zu.

3/29 **Unterbleibt die Rechtfertigung,** kann der Vormerkungsgegner um Löschung der Vormerkung ansuchen. Dabei sind auch alle in Bezug auf die Vormerkung vorgenommenen Eintragungen von Amts wegen zu löschen. Allerdings ist auf neuerliches Ansuchen wieder eine Vormerkung zu bewilligen, es sei denn, das vom Vormerkungswerber behauptete Recht wurde etwa infolge Abweisung der Rechtfertigungsklage oder auf Grund einer Feststellungsklage des Vormerkungsgegners endgültig als nicht bestehend erkannt (§§ 47 f GBG).

4. Anmerkung

3/30 Die Anmerkung dient entweder der Ersichtlichmachung rechtlich bedeutungsvoller Tatsachen oder der Begründung bestimmter gesetzlich vorgesehener Rechtswirkungen (§ 20 GBG; OGH RS0060628), zu denen aber nicht die Begründung, Übertragung, Beschränkung oder Aufhebung bücherlicher Rechte gehört (§ 4 GBG). Sie erfolgt auf Grund des Ansuchens der Beteiligten oder von Amts wegen.

Ersichtlich gemacht werden vor allem relevante persönliche Verhältnisse von Buchberechtigten, wie zB Minderjährigkeit, Genehmigungsvorbehalt nach § 242 Abs 2, Verfügungsbeschränkung infolge Eröffnung des Insolvenzverfahrens, Änderung des Namens oder der Firma (RS0016618), die – soweit sie den Eigentümer betreffen – im B-Blatt angemerkt werden, ferner Dienstbarkeiten im A2-Blatt des herrschenden Grundstücks (§ 9 AGAG). Die Ersichtlichmachung soll jeden, der eine Eintragung auf dem betreffenden Grundbuchskörper erwirkt, aber auch den Grundbuchsrich-

20 OGH RS0119209; vgl auch RS0114465. Krit *Hoyer*, NZ 2005, 63.

ter über Rechtsverhältnisse, die bereits auf Grund des materiellen Rechts bestehen, informieren.

Als **besondere Rechtsfolgen** von Anmerkungen sieht das Gesetz vor allem die Wirkung der Rangwahrung vor, wie zB bei der Anmerkung der Rangordnung (§§ 53 ff GBG; dazu Rz 3/51 ff) oder bei der Abschreibung von Grundstücken (§ 23 LiegTeilG). In anderen Fällen wird an die Anmerkung die volle Wirksamkeit von bestimmten Rechtsfolgen gegenüber nachfolgenden Eintragungen geknüpft, wie zB bei der Anmerkung der Streitanhängigkeit (§ 61 GBG, vgl Rz 6/68), der Hypothekarklage (§ 60 GBG) oder der Vollstreckbarkeit einer Hypothekarforderung (§ 89 EO). Schließlich gibt es zahlreiche Anmerkungen, die bewirken, dass sich niemand auf die Unkenntnis bestimmter Tatsachen berufen kann, wie zB die Anmerkung von Maschineneigentum (§ 297a; dazu Rz 1/42) oder die Anmerkung der Mietzinsvorauszahlung (§ 1102). Auch für verschiedene verfahrensrechtliche Maßnahmen sind Anmerkungen vorgesehen, damit die Entscheidung in diesem Verfahren auch gegenüber späteren Eintragungen Wirkung entfalten kann; zB die Abweisung eines Einverleibungsgesuchs (§ 99 GBG)[21] oder die Einleitung eines Berichtigungsverfahrens (§ 104 Abs 3 GBG). **3/31**

5. Ab- und Zuschreibung

Der Bestand eines Grundbuchskörpers kann nur durch bücherliche Ab- und Zuschreibung von Grundstücken oder Grundstücksteilen geändert werden (§ 3 GBG). Diese Eintragungen sind vor allem im LiegTeilG näher geregelt. **3/32**

Eine isolierte **Abschreibung** ist nicht zulässig. Der abgeschriebene Teil muss entweder einem bereits bestehenden anderen oder einem neu zu bildenden Grundbuchskörper zugeschrieben werden (s dazu auch § 18c GUG). **3/33**

Eine **lastenfreie Abschreibung** von Grundstücken/Grundstücksteilen ist nur in zwei Fällen möglich: Zum einen wenn die Lasten räumlich nur die Restliegenschaft betreffen (§ 3 Abs 2 LiegTG; zB Wegedienstbarkeit, OGH RS0018222); zum anderen, wenn die Buchberechtigten gegen den Antrag auf lastenfreie Abschreibung keinen Widerspruch erheben (§ 4 Abs 1 LiegTeilG). Eine Abschreibung kann nicht im Wege der Vormerkung erfolgen (5 Ob 165/09i). Auch die Anmerkung der Rangordnung kann Hindernis für eine Abschreibung sein (§ 3 Abs 3 LiegTeilG). Für die

21 Dazu 5 Ob 74/13p, immolex 2013/102 mit Anm *Cerha*; *Hoyer*, NZ 1996, 73, 75.

lastenfreie Abschreibung geringwertiger Trennstücke bestehen Erleichterungen (§§ 13 f LiegTeilG).

3/34 Die **Zuschreibung** abgeschriebener Grundstücke zu einem bestehenden Grundbuchskörper ist selbst dann möglich, wenn die beiden Grundbuchskörper nicht denselben Lastenstand aufweisen. Ein unbelastetes Grundstück kann daher einem belasteten Grundbuchskörper zugeschrieben werden; in diesem Fall erstrecken sich die Lasten dann auch auf das zugeschriebene Grundstück (§ 25 Abs 2 LiegTeilG). Umgekehrt werden die bestehenden Lasten[22] auf dem Grundbuchskörper, von dem das Grundstück abgeschrieben wurde, auf den Grundbuchskörper, dem das Grundstück zugeschrieben wird, übertragen, wenn dieser entweder unbelastet ist oder weniger Lasten als der andere Grundbuchskörper, aber mit übereinstimmendem Inhalt und Rang aufweist (§ 5 Abs 3 AGAG). Geht es dabei um Pfandrechte, entsteht auf diese Weise eine Simultanhypothek (§ 3 Abs 1 LiegTeilG; dazu Rz 13/14 ff).

6. Löschung

3/35 Eine (schlichte) Löschung erfolgt vor allem bei überholten Anmerkungen und Ersichtlichmachungen, aber auch dann, wenn ein Recht durch die gesetzliche Vorreihung einer späteren Eintragung verdrängt wird und daher so zu behandeln ist, als wäre es nie entstanden[23]. Das ist bei der Rechtfertigung der Vormerkung (§§ 45 f, 49 GBG; oben Rz 3/28) und bei Verbücherung eines Rechts im angemerkten Rang hinsichtlich der nachfolgenden, diesem widersprechenden Eintragungen (§ 57 GBG; Rz 3/53) der Fall. Eine Löschung findet weiters bei einer erfolgreichen Löschungsklage (§ 61 GBG; Rz 6/68)[24] und bei der amtswegigen Bereinigung des Grundbuchs von bereits ihrem Inhalt nach (OGH RS0126488) unzulässigen oder gegenstandslosen Eintragungen statt (§§ 130 ff GBG).

Die (schlichte) Löschung dient im Gegensatz zur Einverleibung der Löschung (§ 8 GBG, vgl Rz 3/21) nicht der Aufhebung eines bestehenden bücherlichen Rechts. Sie unterscheidet sich auch insofern von dieser, als sie nicht in Form einer Vormerkung begehrt werden kann.

---

22 Servituten in herrschender Stellung nur auf Antrag (§ 3a LiegTeilG). Zur Übertragung von Anmerkungen *Kaufmann*, ÖJZ 1993, 651, 653.

23 Vgl 7 Ob 345/97d, NZ 1999, 21; *Hoyer*, NZ 1997, 233, 235.

24 Dazu *Hoyer*, NZ 2000, 163.

D. Grundbuchsprinzipien

I. Eintragungsgrundsatz

Für Erwerb, Übertragung, Beschränkung und Aufhebung bücherlicher Rechte ist die Einverleibung im Hauptbuch als **Modus** konstitutives Erfordernis (§ 4 GBG; §§ 431, 440, 444, 451 und 481). Daneben setzt die Wirksamkeit der Verfügung über ein bücherliches Recht aber – wie auch sonst im Sachenrecht – ein gültiges Verpflichtungsgeschäft, das Verfügungsgeschäft bzw die Aufsandungserklärung (Rz 3/24) und die Berechtigung des Vormannes voraus (vgl Rz 6/37 ff). **3/36**

Die Eintragung erhält nicht nur den Rang entsprechend dem Einlangen des Ansuchens beim Grundbuchsgericht (§ 29 Abs 1 GBG), sondern lässt auch die Rechtsänderung mit diesem **Zeitpunkt** eintreten, sodass das betroffene Recht bereits damit und nicht erst mit dem Vollzug der Eintragung als erworben, übertragen oder erloschen anzusehen ist[25]. **3/37**

Der Eintragungsgrundsatz wird allerdings von zahlreichen **Ausnahmen** durchbrochen, wie vor allem in folgenden Fällen: Erwerb bücherlicher Rechte durch Ersitzung (§ 1500); rechtskräftige Einantwortung (§ 819 und OGH RS0011263; irreführend § 436) und sonstige Fälle der Universalsukzession (zB Verschmelzung nach §§ 219 ff AktG); Zuschlag in der Zwangsversteigerung (§ 237 Abs 1 EO; RS0123680); Bauführung auf fremdem Grund (§ 418); Enteignung; Einlösung einer hypothekarisch gesicherten Forderung nach §§ 1358, 1422; gesetzliches Vorzugspfandrecht nach § 27 WEG (vgl OGH RS0119035); zum Problem der „offenkundigen" Dienstbarkeiten s Rz 15/18. In all diesen Fällen werden bücherliche Rechte (zB Eigentum oder Pfandrecht an einer Liegenschaft) ohne Intabulation begründet bzw übertragen; die Einverleibung hat nur mehr deklaratorische Bedeutung (Rz 3/22). **3/38**

II. Öffentlichkeitsgrundsatz (formelles Publizitätsprinzip)

Jedermann kann in das Grundbuch **Einsicht nehmen** (§ 7 GBG), die von jedem Grundbuchsgericht und Notar für ganz Österreich durch Ausstellung von Abschriften (Computerausdrucken), kurzen mündlichen Mitteilungen oder mit Hilfe technischer Vorrichtungen gewährt wird (§§ 5, 7 **3/39**

25 OGH RS0011256; *Demelius*, Österreichisches Grundbuchsrecht (1948) 39; *Ehrenzweig* I/2, 50; *Schima*, JBl 1960, 428; *Rassi* in Kodek, GrundbuchsR^2 § 29 GBG Rz 28 ff; *Rechberger/Bittner*, GrundbuchsR^2 Rz 204.

GUG). Dies gilt für das Hauptbuch samt Verzeichnis der gelöschten Eintragungen (Rz 3/15), die Urkundensammlung (§ 5 Abs 2a GUG), das Tagebuch, die Katastralmappe (§ 5 Abs 6 GUG) und die Hilfsverzeichnisse (§ 583 Abs 1 Geo). Das Personenverzeichnis dürfen jedoch nur die dort Eingetragenen bzgl der sie betreffenden Eintragungen einsehen sowie Personen, die ein rechtliches Interesse daran darlegen (§ 5 Abs 4 GUG). Außerdem ist jedermann zur automationsunterstützten **Abfrage von Eintragungen** des Grundbuchs und der Hilfsverzeichnisse aus der Grundstücks- und Urkundendatenbank befugt (§ 6 Abs 1 GUG). Das Personenverzeichnis ist allerdings nur Notaren, Rechtsanwälten und bestimmten Institutionen zweckgebunden zugänglich (§ 6 Abs 2 GUG); wer im Personenverzeichnis eingetragen ist, kann Auskunft darüber verlangen, von wem und zu welchem Zeitpunkt eine Abfrage durchgeführt wurde (§ 6a GUG).

III. Vertrauensgrundsatz (materielles Publizitätsprinzip)

3/40 Der redliche Verkehr kann sich beim Erwerb bücherlicher Rechte grundsätzlich auf die **Richtigkeit und Vollständigkeit** der Eintragungen im Grundbuch verlassen. Das damit verwirklichte Vertrauensprinzips hat eine positive Seite („was eingetragen ist, gilt") und eine negative Seite („was nicht eingetragen ist, gilt nicht"). Bei der Vollständigkeit geht es also um den Vertrauensschutz in den Fällen, in denen infolge Durchbrechung des Eintragungsgrundsatzes (zB Ersitzung; dazu Rz 3/38) ein Recht an der Liegenschaft besteht, das nicht im Grundbuch aufscheint (dazu Rz 6/74 ff). Generell ist das Vertrauen eines Dritten auf die Vollständigkeit nur im Rahmen des rechtsgeschäftlichen Verkehrs geschützt, nicht hingegen beim exekutiven Erwerb eines Pfandrechts.

Beispiel: A gewährt B einen Kredit, weil B Eigentümer einer unbelasteten Liegenschaft ist und A daher auf dessen Haftungsfond vertraut. Als B mit der Rückzahlung säumig ist, will A auf die Liegenschaft Exekution führen. Dabei stellt sich heraus, dass das Grundbuchgericht verabsäumt hat, ein Veräußerungs- und Belastungsverbot einzutragen, um das schon vor Kreditgewährung angesucht worden war. Das Grundbuchsgericht verbüchert das Veräußerungs- und Belastungsverbot daher nun nachträglich. Da eine solche Last der Verwertung entgegensteht (Rz 4/34), kann A kein exekutives Pfandrecht erwerben. Es hilft A auch nicht, dass er bei Gewährung des Kredits wegen der aus dem Grundbuch ersichtlichen Lastenfreiheit darauf vertraut hat, exekutiv auf die Liegenschaft greifen zu können; das Grundbuch will nämlich keine vollständige Informationsquelle betreffend den Vermögensstand einer Person sein[26].

---

26 Der OGH lehnt Amtshaftungsansprüche in diesem Fall ab (1 Ob 198/18a, ZFR 2019, 410 mit Anm *Eliskases*; aA *Fidler*, RdW 2017, 813 f).

Davon zu unterscheiden ist die Situation, dass die erforderliche Eintragung im Grundbuch und damit auch die davon abhängige Rechtsbegründung oder -übertragung unterblieben ist (zB der Eigentumserwerb durch den Käufer der Liegenschaft). Hier geht es nicht um ein Problem des Vertrauens-, sondern des **Eintragungsgrundsatzes**: Da das Grundbuch die Rechtslage insofern richtig wiedergibt, kann ein Dritter ein bücherliches Recht vom weiterhin Berechtigten (zB vom noch verbücherten Verkäufer der Liegenschaft) derivativ erwerben. **3/41**

IV. Prioritätsgrundsatz

1. Bedeutung und Bestimmung der Rangordnung

Die Eintragungen im Grundbuch stehen untereinander in einer bestimmten **Rangordnung**. Sie ist im Falle einer Kollision bücherlicher Rechte von Bedeutung, wie etwa zweier Dienstbarkeiten (vgl §486; 5 Ob 214/08v). Vor allem bei exekutiver Verwertung der Liegenschaft entscheidet der Rang der Hypotheken und sonstigen Lasten darüber, ob sie vom Ersteher zu übernehmen bzw aus dem Erlös zu befriedigen sind (vgl §§150, 216 Abs 1 Z 4 EO; dazu Rz 11/5 ff). **3/42**

Der Rang richtet sich prinzipiell nach dem **Einlangen des Grundbuchsstücks** beim Grundbuchsgericht (§29 GBG; §§438, 440)[27]; das gilt auch für elektronische Eingaben (§10 Abs2 GUG; §89d Abs1 GOG). Es bekommt dort in der Einlaufstelle einen Eingangsvermerk mit Angabe der Zeit und ist entsprechend der zeitlichen Reihenfolge unter einer fortlaufenden Zahl (Tagebuchzahl; TZ) in das automationsunterstützt geführte Tagebuch einzutragen (§§450, 452 Geo). In der Aufschrift der betreffenden Grundbuchseinlage ist die TZ der unerledigten Grundbuchsstücke unter Beifügung der Jahreszahl ersichtlich zu machen (sog „Plombe“; §11 GUG; §453 Abs2, §454 Geo). Die Plombe bleibt so lange im Grundbuch ersichtlich, bis die entsprechende Eintragung endgültig vorgenommen wird (§13 GUG) oder zufolge der Erledigung des Grundbuchsstücks keine Eintragung im Grundbuch vorzunehmen ist (§456 Geo). **3/43**

Probleme wirft es auf, wenn mehrere Grundbuchsstücke, die sich auf denselben Grundbuchskörper beziehen, **gleichzeitig** beim Grundbuchsgericht einlangen (zB postalische Zustellung am selben Tag), weil dann der Prioritätsgrundsatz als Kriterium für die Rangordnung ins Leere läuft. In diesem Fall ist im Eingangsvermerk jeweils auf das andere der Grundbuchs- **3/44**

27 Zur Ausnahme des §18a Abs3 GUG *Auinger*, ÖJZ 2009, 9; *Rassi*, NZ 2008, 231.

stücke hinzuweisen. Wenn sie auf eine Eintragung gerichtet sind und kein Abweisungsgrund vorliegt, sind sie alle einzutragen; sie stehen untereinander im gleichen Rang (§ 29 Abs 2 GBG), was im Grundbuch unter Hinweis auf die gleichzeitigen Ansuchen anzumerken ist (§ 103 GBG; § 450 Abs 3 Geo). Wenn die begehrten Eintragungen zueinander im Widerspruch stünden (zB für jeden Antragsteller soll [Allein]Eigentum einverleibt werden), wäre der Grundbuchsstand unklar; daher beide Gesuche gem § 94 Abs 1 Z 1 GBG abzuweisen[28]. Vor einer Eintragung muss die bessere Berechtigung zunächst im Prozessweg zwischen den Antragstellern geklärt werden. Diese Konsequenzen gleichzeitig einlangender Gesuche lassen sich vermeiden, indem der/die Antragsteller einvernehmlich eine Rangfolge der begehrten Eintragungen festlegen (§ 10 Abs 2 GUG: auch bei zeitlich unmittelbar hintereinander einlangenden elektronischen Eingaben).

3/45 Das Gesetz sieht verschiedene Möglichkeiten für die Beteiligten vor, einer Eintragung einen von der Grundregel (Zeitpunkt des Einlangens des Ansuchens) abweichenden Rang zu verschaffen. Es sind dies die Vorrangseinräumung (Rz 3/46 ff), die Anmerkung der Rangordnung (Rz 3/51 ff) und das Verfügungsrecht nach § 469 (zu diesem Rz 12/10 ff).

2. Vorrangseinräumung

3/46 Bei Verbücherung von Rechten – nicht aber von Anmerkungen – können die beteiligten Parteien vereinbaren, dass sie ihren **Rang tauschen**, und damit die sich aus dem Zeitpunkt des Einlangens ergebende Rangordnung ändern (§ 30 GBG). Die Rechte müssen nicht von derselben Art sein; es kann auch einer Dienstbarkeit der Vorrang vor einem Pfandrecht eingeräumt werden, was im Falle der Zwangsversteigerung der Liegenschaft von Bedeutung ist (vgl § 150 EO). Allerdings kann der bessere Rang eines Baurechts nicht mit dem schlechteren einer Hypothek oder eines anderen Rechts, das auf Geldzahlung gerichtet ist oder dem Zweck des Baurechts entgegensteht, getauscht werden; solche Rechte dürfen dem Baurecht nämlich generell nicht im Rang vorgehen (§ 5 Abs 2 BauRG; Rz 17/2). Ist die zurücktretende Hypothek eine Höchstbetragshypothek (s Rz 13/1), so ist der Umfang der vortretenden Hypothek durch den Höchstbetrag und nicht durch dessen tatsächliche Ausnützung begrenzt (3 Ob 254/99w).

28 *Bartsch*, GBG 115 f; *Feil/Marent/Preisl*, GrundbuchsR^2 § 29 Rz 7a; *Rassi* in Kodek, GrundbuchsR^2 § 29 GBG Rz 38 ff. AA *Ehrenzweig* I/2, 122; *Hinteregger* in Schwimann^4 § 440 Rz 2; *Klang* in Klang^2 II 383.

Für den Rangtausch bedarf es der Einigung zwischen dem zurück- und dem vortretenden Berechtigten und der Einwilligung desjenigen, der ein Recht an dem zurücktretenden Recht hat (zB Afterpfandgläubiger). Die **Zustimmung des Liegenschaftseigentümers** ist nur dann erforderlich, wenn das zurücktretende Recht eine Hypothek ist (§ 30 Abs 1 GBG). Der Rangtausch könnte nämlich das Verfügungsrecht des Eigentümers nach § 469 (dazu Rz 12/10 ff) beeinträchtigen, so etwa wenn das vortretende Recht eine länger dauernde oder höhere Belastung in dem besseren Rang als die zurücktretende Hypothek bewirkt. Ferner rückt nach hA das zurücktretende Recht bei Wegfallen des vortretenden Rechts wieder an seine ursprüngliche Stelle auf[29], sodass der Eigentümer uU zwei Gläubiger befriedigen muss, um sein Verfügungsrecht über diesen Pfandrang ausüben zu können. **3/47**

Stehen das vor- und das zurücktretende Recht im Grundbuch **unmittelbar hintereinander**, berührt der Rangtausch sonst keine Interessen von weiteren Buchberechtigten. In diesem Fall wirkt der Tausch der Rangstellen ohne jede Einschränkung (absolute Wirkung); die Reihenfolge wird also umgekehrt. **3/48**

Besonders liegt aber der Fall, in dem zwischen den rangtauschenden Rechten andere bücherliche Rechte eingetragen sind, wenn also das vortretende Recht dem zurücktretenden Recht bücherlich **nicht unmittelbar** folgt. Verschafft das vortretende Recht dem daraus Berechtigten eine stärkere Position als das zurücktretende Recht, würde dies die Rechtsposition eines „Zwischenberechtigten" verschlechtern. Daher wirkt der Rangtausch ohne seine Zustimmung nur im Verhältnis zwischen dem zurück- und dem vortretenden Berechtigten (relative Wirkung), die Rechtsposition des Zwischenberechtigten bleibt hingegen unberührt (§ 30 Abs 1 GBG). Ihm gegenüber erlangt das vortretende Recht den Rang des zurücktretenden Rechts nur in dessen Umfang und Beschaffenheit (§ 30 Abs 3 GBG). Konkret bedeutet dies etwa, dass die vortretende Hypothek den besseren Rang nur insoweit erhält, als sie die zurücktretende Hypothek hinsichtlich der Höhe der besicherten Forderung und der Zinsen nicht übersteigt. Der darüber hinausgehende Teil der vortretenden Hypothek bleibt weiterhin auf ihrem ursprünglichen Rang gesichert und geht dort der zurücktretenden Hypothek vor (§ 30 Abs 4 GBG). Sind die tauschenden Rechte unterschiedlicher Art (zB Pfandrecht und Servitut), so ist die Befriedigung des vortretenden Rechts im Falle der exekutiven Verwertung der Liegenschaft **3/49**

29 OGH RS0011451; *Feil/Marent/Preisl*, GrundbuchsR² § 30 Rz 10; *Rassi* in Kodek, GrundbuchsR² § 30 GBG Rz 42 ff mwN.

davon abhängig, wie das zurücktretende Recht im besseren Rang zu behandeln gewesen wäre[30]. Hat der Zwischenberechtigte dem Rangtausch zugestimmt, wirkt der Tausch der Rangstellen aber ohne jede Einschränkung (absolute Wirkung; § 30 Abs 2 GBG).

Beispiel: Wird einer Hypothek mit relativer Wirkung der bessere Rang eines Ausgedinges eingeräumt, so erhält der vortretende Hypothekargläubiger im Rang des Ausgedinges periodisch aus dem Deckungskapital jenen Geldbetrag, der dem Wert der Ausgedingsleistungen entspricht; mit der restlichen Hypothekarforderung wird er nur nach Maßgabe des ursprünglichen Rangs der Hypothek befriedigt. Ist allerdings das Ausgedinge in seinem ursprünglichen Rang ohne Anrechnung auf das Meistbot zu übernehmen (vgl § 150 EO), wird die relativ wirksame Vorrangseinräumung in der Exekution nicht berücksichtigt (§ 150 a EO; vgl auch § 47 Abs 3 III. TN).

3/50 Nachträgliche Änderungen im Bestand oder Umfang des zurücktretenden Rechts haben mangels abweichender Vereinbarung keinen Einfluss auf den Rang des vortretenden Rechts (§ 30 Abs 6 GBG); die vortretende Hypothek behält daher ihren nunmehrigen Rang, auch wenn der Liegenschaftseigentümer die zurücktretende Hypothek tilgt.

Damit der Rangtausch dingliche Wirkung entfalten kann, muss die Vereinbarung beim vor- und beim zurücktretenden Recht **einverleibt** werden. Sonst wirkt er nur obligatorisch zwischen den Parteien.

3. Anmerkung der Rangordnung

3/51 Beabsichtigt ein Eigentümer, seine Liegenschaft zu veräußern oder zu verpfänden, kann er ein Interesse daran haben, für diese Verfügung einen Rang zu sichern, der unabhängig vom Zeitpunkt des Einlangens des entsprechenden Gesuchs gelten soll. Damit bietet er nämlich einem Erwerber die Sicherheit, dass dessen Recht jedenfalls im vorbehaltenen Rang eingetragen wird, ohne dass ihm Eintragungen vorgehen können, um die zwischenzeitig angesucht wurde. Diesem Bedürfnis trägt das Grundbuchsrecht mit der Möglichkeit Rechnung, um die Anmerkung der Rangordnung (AnmRO) anzusuchen. Der Liegenschaftseigentümer – auch der außerbücherliche, wie zB der eingeantwortete Erbe (OGH RS0060724) – kann für zukünftige Verfügungen über sein Recht mittels bücherlicher Anmerkung die Anwartschaft auf eine Rangordnung begründen, die dem Zeitpunkt des Ansuchens um diese Anmerkung entspricht (§§ 53 ff GBG).

Für eine solche Anmerkung ist das Einverständnis des Liegenschaftseigentümers erforderlich, das er entweder im Gesuch um Ranganmerkung

---

30 OGH RS0002964; *Ehrenzweig* I/2, 466; *Feil/Marent/Preisl*, GrundbuchsR² § 30 Rz 6 ff; *Rassi* in Kodek, GrundbuchsR² § 30 GBG Rz 29 ff; *Klang* in Klang² II 509.

selbst oder in einer eigenen Urkunde (Rangordnungserklärung)[31], die den Erfordernissen des §27 GBG entsprechen muss (§53 Abs 4 GBG), erklären kann. Das Grundbuchsgericht bewilligt dieses Gesuch durch den Rangordnungsbeschluss, den es nur in einfacher Ausfertigung aushändigen darf (§54 GBG) und der nur ein Jahr Gültigkeit hat (§55 GBG). Wer innerhalb dieser Zeit um die Eintragung eines Rechts ansucht, die dazu erforderlichen Urkunden und diese Beschlussausfertigung vorlegt, erwirbt das bücherliche Recht im angemerkten Rang; dies jedoch nur soweit das Recht der Widmung der AnmRO entspricht. Wenn also die Anmerkung für eine beabsichtigte Verpfändung erfolgte, so ist in ihrem Rang nur die Einverleibung einer Hypothek bis zu der in der Anmerkung angegebenen Höhe zulässig.

Die AnmRO der beabsichtigten Veräußerung oder Verpfändung ist auch zugunsten einer bestimmten Person möglich (§57a GBG; **Namensrangordnung**)[32]; sinnvoll ist dies freilich nur, wenn schon im Zeitpunkt der AnmRO bekannt ist, wer die Rangordnung ausnutzen können soll. Allerdings können Rechtsanwälte und Notare von dieser Möglichkeit Gebrauch machen, wenn sie als Treuhänder beauftragt sind, und den Rang dann auch zugunsten eines erst später bekannten Erwerbers in Anspruch nehmen (Treuhänder-Namensrangordnung). Auch diese Form der AnmRO ist nur ein Jahr gültig. Ein Vorteil liegt allerdings darin, dass der Erwerber zur Ausnützung des angemerkten Ranges den Rangordnungsbeschluss nicht vorlegen muss (§57a Abs 1 Satz 2 GBG).

Die AnmRO verhindert nicht, dass weitere bücherliche Rechte – etwa das Eigentum eines anderen Käufers – im laufenden Rang einverleibt werden. **3/52** Allerdings kann der zur Ausnützung der Rangordnung Berechtigte die **Verbücherung** seines Rechts **im angemerkten Rang** auch dann erwirken, wenn in der Zwischenzeit andere Eintragungen erfolgt sind (§56 Abs 2 GBG). Denn über die Zulässigkeit und den Rang der begehrten Einverleibung oder Vormerkung entscheidet nicht wie sonst der Buchstand im Zeitpunkt des Einlangens des Gesuchs beim Grundbuchsgericht, sondern der Zeitpunkt des Ansuchens um AnmRO (OGH RS0108657).

Der im angemerkten Rang Eingetragene hat das Recht, binnen 14 Tagen **3/53** ab Eintritt der Rechtskraft des Bewilligungsbeschlusses ihm gegenüber (OGH RS0061017) die **Löschung aller Eintragungen** zu verlangen, die

31 Das dient der Antragstellung im elektronischen Rechtsverkehr; *Potyka*, ÖJZ 2012, 533, 534; EBzRV 1675 BlgNR XXIV. GP 4.

32 Krit *Bittner*, NZ 2012, 231; *Edelhauser*, immolex 2012, 166, 167; *Hoyer*, NZ 2012, 353, 357.

nach Einlangen des Ansuchens um AnmRO beim Grundbuchsgericht erwirkt worden sind und sein bücherliches Recht beeinträchtigen würden (§ 57 Abs 1 GBG). Das gilt allerdings nicht für Eintragungen, die sich auf ein Recht beziehen, das der AnmRO im Rang vorgeht[33].

Beispiele: Wurde der Liegenschaftskäufer im angemerkten Rang für die beabsichtigte Veräußerung unter Vorlage des Rangordnungsbeschlusses einverleibt, kann er die Löschung des Eigentums eines anderen Käufers oder eines Pfandrechts begehren, wenn diesen Eintragungen ein schlechterer Rang als der AnmRO zukommt. Einem im angemerkten Rang für die beabsichtigte Verpfändung eingetragenen Pfandgläubiger steht dieses Recht hingegen nicht zu, weil seine Rechtsposition durch eine nachträgliche Eigentumsübertragung oder Belastung der Liegenschaft infolge seines besseren Ranges nicht berührt wird.
Nicht einmal der im angemerkten Rang eingetragene Eigentümer kann zB die Löschung der Anmerkung der Hypothekarklage oder der Einleitung des Versteigerungsverfahrens (zu den Wirkungen vgl § 60 Abs 3 GBG; § 138 EO) verlangen, wenn sie eine vor der AnmRO verbücherte Hypothek betrifft.

3/54 Der Käufer der Liegenschaft bzw der Pfandgläubiger, der den Rangordnungsbeschluss in Händen hält, hat also die **Sicherheit**, den vorbehaltenen Rang zu erhalten und nicht durch zwischenzeitig (= nach AnmRO) begründete Rechte Dritter verdrängt zu werden. Diese Absicherung greift sogar bei Insolvenz des Eigentümers, die an sich eine Grundbuchssperre auslöst (§§ 2, 13 IO): Eintragungen betreffend das Vermögen des Schuldners sind nur wirksam, wenn das Gesuch vor Insolvenzeröffnung bei Gericht eingelangt ist (dazu OGH RS0121707). Die AnmRO durchbricht diese Sperrwirkung unter bestimmten Voraussetzungen: Der Erwerb von Eigentum oder eines Pfandrechts an der Liegenschaft des insolventen Eigentümers kann auch noch nach Eintritt der Insolvenzwirkungen verbüchert werden, wenn schon bei Insolvenzeröffnung eine AnmRO eingetragen war und auch die Urkunde über die Veräußerung bzw Pfandbestellung durch eine Beglaubigung nachweisbar bereits vorher ausgestellt wurde (§ 56 Abs 3 GBG)[34].

Der angemerkte Rang ist durch Weitergabe des Rangordnungsbeschlusses übertragbar. Bei der Namensrangordnung bedarf es dafür einer Anmerkung der Übertragung der Rangordnung (§ 57a Abs 3 GBG).

Dem in der angemerkten Rangordnung eingetragenen Recht kommt zwar der Rang der AnmRO zu, das Recht entsteht aber nicht rückwirkend, sondern der Zeitpunkt des Rechtserwerbs richtet sich nach dem Einlangen des Ansuchens um Einverleibung[35].

---

33 OGH RS0060997; RS0112058; *Demelius*, Anmerkung der Rangordnung (1927) 3, 55; krit *Holzner*, JBl 2007, 561, 565. Zur Anmerkung nach § 27 Abs 2 WEG 5 Ob 78/04p, NZ 2005, 60 mit Anm *Hoyer* (63).

34 Dazu *H. Böhm*, immolex 1999, 117, 118 ff; *Bollenberger*, ÖBA 1994, 825, 826 f; *Hoyer*, NZ 1997, 201, 203.

35 OGH RS0060981; *Rassi* in Kodek, GrundbuchsR² § 28 GBG Rz 31; *Demelius*, Anmerkung 3.

Diese Grundsätze gelten nicht nur für Verfügungen eines Liegenschafts-eigentümers, sondern auch für solche eines **Hypothekargläubigers**. Er kann eine AnmRO für zwei Fälle erwirken (§ 53 Abs 2 GBG): 1. Wenn er die besicherte Forderung abtreten will, kann er dem Erwerber dadurch eine sichere Position verschaffen, dass er diesem den Rangordnungsbeschluss ausfolgt (Anmerkung der beabsichtigten Abtretung)[36]. 2. Begleicht der Schuldner die hypothekarisch gesicherte Forderung, so setzt er sich der Gefahr aus, dass der Hypothekargläubiger das – an sich erloschene – Pfandrecht einem (gutgläubigen) Dritten überträgt und dieser mit seinem Einverleibungsgesuch dem Ansuchen des Pfandschuldners um Einverleibung der Löschung der Hypothek zuvorkommt (gutgläubiger Pfandrechtserwerb; Rz 10/42). Das darin liegende Risiko kann der Hypothekargläubiger dem Schuldner abnehmen, indem er die Anmerkung der beabsichtigten Löschung veranlasst und den Rangordnungsbeschlusses an den Schuldner ausfolgt. 3/55

Wenn über das Vermögen des Hypothekargläubigers vor Überreichung des Gesuchs um Übertragung oder Löschung der Hypothekarforderung im angemerkten Rang das Insolvenzverfahren eröffnet wird, gilt ebenfalls § 56 Abs 3 GBG.

V. Bücherlicher Vormann

Eintragungen im Grundbuch sind nur gegen den bücherlichen Vormann zulässig. Das ist derjenige, der im Zeitpunkt des Ansuchens **im Grundbuch** als **Träger des Rechts** aufscheint, bzgl dessen die Eintragung erfolgen soll. Bücherlicher Vormann ist auch, wer bloß wegen eines noch nicht erledigten Grundbuchsansuchens als Berechtigter aufscheint oder wer wenigstens gleichzeitig mit der Eintragung als solcher einverleibt oder vorgemerkt wird (§ 21 GBG). Will also ein außerbücherlicher Erwerber einem Dritten zu verbüchernde Rechte einräumen, muss er zunächst selbst (deklaratorisch) einverleibt werden[37]; den Antrag auf Eintragung des außerbücherlichen Erwerbers kann auch der Dritte stellen (§ 78 GBG). 3/56

Eine (scheinbare) Ausnahme vom Prinzip des bücherlichen Vormanns ist die „Sprungeintragung“ (§§ 22 f GBG): Wurde eine Liegenschaft oder ein bücherliches Recht **außerbücherlich übergeben** und weiterübertragen, so 3/57

36 Zu Problemen bei Zwischenverfügungen *Holzner*, JBl 2010, 750.

37 5 Ob 222/03p, NZ 2005, 267 mit Anm *Hoyer*; OGH RS0011313; *Apathy*, Welser-FS (2004) 17. Zur Ausnahme bei der Klagsanmerkung gem § 27 Abs 2 WEG 2002 s 5 Ob 252/03z, wobl 2004, 309; bei der Anmerkung der Teilungsklage s 5 Ob 150/15t; bei der Anmerkung der Rangordnung OGH RS0060724.

kann der letzte Übernehmer verlangen, direkt als Erwerber eingetragen zu werden, ohne dass die Zwischenerwerber im Grundbuch aufscheinen (zum exekutiven Erwerb siehe auch § 350 Abs 2 EO). Hiefür muss eine geschlossenen Kette von einverleibungsfähigen Urkunden (samt Aufsandungserklärungen) der Vormänner vorliegen[38]. Der Sinn der Vorschrift liegt nämlich nur in der Vermeidung überflüssiger Eintragungen.

VI. Spezialitätsgrundsatz

3/58 Gegenstand jeder Eintragung ist immer nur ein **einzelner Grundbuchskörper**. Das gilt auch für Simultanhypotheken, weil etwaige Veränderungen in allen davon betroffene Einlagen einzutragen sind (§ 18b GUG, der § 112 GBG materiell derogiert hat)[39].

Inhalt und Umfang der angestrebten Eintragung müssen im Grundbuchsgesuch genau bezeichnet werden (§ 85 Abs 2 GBG).

VII. Antragsgrundsatz

3/59 Eintragungen im Grundbuch erfolgen prinzipiell auf „**Ansuchen**" (§ 76 GBG); dieses ist idR schriftlich anzubringen (§ 83 GBG). Es bestehen bestimmte inhaltliche Erfordernisse (§§ 84 f GBG); in einem Gesuch lassen sich mehrere Anträge kumulieren (§ 86 GBG; OGH RS0124332). Der Einschreiter kann sein Grundbuchsgesuch wieder zurückziehen, aber nur solange es nicht auf Grund eines stattgebenden Beschlusses bücherlich vollzogen wurde (5 Ob 76/05w). Leidet der Antrag an einem der ordnungsgemäßen Behandlung entgegenstehenden Formgebrechen[40], ist dem Antragsteller der Auftrag zu dessen Beseitigung längstens binnen einer Woche zu erteilen; das gilt nicht für Anträge auf Anmerkung der Rangordnung. Kommt dieser dem Auftrag rechtzeitig nach, gilt der Antrag als am Tag seines ersten Einlangens eingebracht; andernfalls ist der Antrag als zurückgenommen zu behandeln, es sei denn, der Antragsteller verlangt innerhalb dieser Frist die Entscheidung über seinen ursprünglichen Antrag (§ 82a GBG)[41]. Mehr oder etwas anderes, als beantragt wurde, darf das Gericht nicht bewilligen, selbst wenn dies nach den vorgelegten Urkunden zulässig

---

38 OGH RS0060710; RS0060662; RS0107463; *Hoyer*, NZ 1995, 2.

39 *Auinger*, ÖJZ 2009, 10, *Rassi*, NZ 2008, 231.

40 Dazu näher *Bittner*, NZ 2012, 229; *Rassi* in Kodek, GrundbuchsR § 82a GBG Rz 2 ff.

41 Zu Problemen des § 82a GBG *Edelhauser*, immolex 2012, 168; *Hager-Rosenkranz*, wobl 2008, 341, 342; *Hoyer*, NZ 2012, 355; *Koller/Streller*, NZ 2013, 242.

wäre (§ 96 GBG). Bei nur teilweiser Stattgebung eines Ansuchens ist die Eintragung im zulässigen Umfang vorzunehmen (§ 95 Abs 2 GBG)[42].

Von Amts wegen wird das Gericht nur in den vom Gesetz vorgesehenen Fällen tätig. Dazu gehören die Berichtigung des Grundbuchs wegen eines Fehlers beim Vollzug des Grundbuchsbeschlusses (§ 104 GBG) und die Bereinigung des Grundbuchs von unzulässigen oder gegenstandslosen Eintragungen (§§ 130 ff GBG)[43], die Einleitung eines Verfahrens zur Herstellung der Grundbuchsordnung insb bei Unterbleiben der Einverleibung des Eigentums des Erben oder des Erstehers der Liegenschaft (§ 28 LiegTeilG)[44], die Löschung der Anmerkung der Rangordnung nach Ablauf der Einjahresfrist (§ 57 Abs 2 GBG) und die Löschung aller Eintragungen, die durch die Rechtfertigung bzw Nichtrechtfertigung einer Vormerkung hinfällig geworden sind (§ 49 GBG, vgl Rz 3/28 ff).

Die **Antragslegitimation** richtet sich nach stRsp nach den allgemeinen Be- **3/60**
stimmungen des AußStrG. Daraus wird abgeleitet, dass auch der durch die Eintragung Belastete zur Antragstellung berechtigt ist. Daher kann nicht nur der Käufer einer Liegenschaft den Antrag auf Einverleibung seines Eigentums stellen, sondern auch der Verkäufer[45]. Diese rein verfahrensrechtliche Sicht ist jedoch problematisch: Nach den allgemeinen Grundsätzen des Privatrechts muss sich der Vertragspartner die geschuldete Leistung nämlich nicht aufdrängen lassen (vgl III/1/11 zur bloßen Abnahmeobliegenheit des Käufers).

VIII. Legalitätsgrundsatz

Der Grundbuchsrichter muss jedes Ansuchen und die beigelegten Ur- **3/61**
kunden **von Amts wegen** daraufhin prüfen, ob sich aus dem Grundbuch Hindernisse gegen die begehrte Eintragung ergeben, ob begründete Bedenken gegen die Verfügungsfähigkeit der Beteiligten (OGH RS0107975; RS0060632) oder die Antragslegitimation des Einschreiters bestehen, ob das Begehren durch den Inhalt der vorgelegten Urkunden gedeckt ist und ob die Urkunden in der erforderlichen Form vorliegen. Dabei ist nur auf Grund der vorgelegten Urkunden, des Grundbuchs und der sonstigen Grundbuchsbehelfe nach der Sachlage bei Einlangen des Ansuchens (§ 93

42 S *Holzner*, NZ 2004, 1; 5 Ob 135/99k.

43 Dazu OGH RS0060702; 5 Ob 260/04b, NZ 2006, 304 mit Anm *Hoyer*; *Hoyer*, NZ 2015, 361, 368 ff.

44 Zur Analogiefähigkeit *Köllensperger*, JBl 2008, 205 und 295, 304 ff.

45 OGH RS0006730; RS0060971; *Feil/Marent/Preisl*, GrundbuchsR² § 77 Rz 2 f; *Rechberger/Bittner*, GrundbuchsR² Rz 193 mwN.

GBG) zu entscheiden; andere Akten, sonstiges Wissen des Gerichts oder Aussagen der Parteien werden normalerweise nicht herangezogen (§§ 94 f GBG)[46]. Das Ansuchen kann somit nach stRsp nur dann bewilligt werden, wenn der Urkundeninhalt nicht nur in formaler Hinsicht unbedenklich erscheint, sondern auch bezüglich der materiell-rechtlichen Fragen keine Zweifel aufkommen lässt (OGH RS0060878); zu einer durch den Wortlaut der Urkunde nicht gedeckten Auslegung ist das Grundbuchsgericht nicht befugt, vielmehr führen nicht restlos beseitigbare Bedenken zur Abweisung des Grundbuchsgesuchs (OGH RS0060573).

Beispiele: Gehäuftes Auftreten von Ungereimtheiten in Verbindung mit einer unüblich weit gefassten Spezialvollmacht (5 Ob 195/08z); Zweifel am anwendbaren Recht und Unterzeichnung der Pfandbestellungsurkunde durch den Pfandgläubiger erst 16 Jahre (vgl § 862) nach der Unterfertigung durch den Pfandschuldner (5 Ob 184/08g); Antrag auf neuerliche Eintragung eines bereits gelöschten Pfandrechts auf Grund derselben Pfandbestellungsurkunde (5 Ob 64/13t). Zum Vorbehalt eines Gebrauchsrechts an der geschenkten Liegenschaft Rz 3/21.

Das Fehlen aufhebender oder rechtshemmender Tatsachen und Umstände ist dem Grundbuchsgericht prinzipiell nicht nachzuweisen (5 Ob 114/07m).

E. Anhang: Urkundenhinterlegung

3/62 Zur Übertragung und Einräumung von Rechten an **nicht verbücherten Liegenschaften** und **Superädifikaten** bedarf es der Hinterlegung entsprechender Urkunden bei Gericht (§§ 434 f, 451, 481). Als Liegenschaften, die nicht im Grundbuch aufscheinen, kommen das öffentliche Gut und das Gemeindegut, also das dem Gemeingebrauch dienende Staatsgut (§§ 287 f), in Betracht (5 Ob 44/03m), soweit dieses noch nicht gem § 2b GUG eingebüchert ist. Im Folgenden wird immer nur von den praktisch bedeutsameren Superädifikaten gesprochen; entsprechendes gilt aber auch für nicht verbücherte Liegenschaften.

Die näheren Bestimmungen zur Urkundenhinterlegung finden sich im UHG 1974 und in der dazu ergangenen Urkundenhinterlegungsvorschrift 1974 (UHV), einem Erlass des Bundesministers für Justiz[47].

3/63 An organisatorischen Einrichtungen sind bei jedem Grundbuchsgericht neben der separaten Urkundensammlung (§ 13 UHG) eine **Liegenschafts-**

46 OGH RS0107975; *Hoyer*, NZ 2003, 193, 196.

47 Zur entsprechenden Anwendung von Bestimmungen des GBG vgl *Bittner* in Kletečka/Rechberger/Zitta, Bauten auf fremdem Grund[2] (2004) 159.

und eine Bauwerkskartei, geordnet nach Katastralgemeinden und Grundstücksnummern, eine alphabetisch geordnete Namenskartei und ein eigenes Tagebuch zu führen (§ 6 UHG). Diese Einrichtungen sind für jedermann zugänglich (§ 18 UHG; formelles Publizitätsprinzip). Im Verordnungsweg kann die Umstellung des Tagebuchs und der Karteien auf ADV angeordnet werden; die Karteien sind dann mit den Daten des Grundbuchs zu verknüpfen (§ 20a UHG)[48].

§ 1 UHG unterscheidet zwischen der **Hinterlegung** und der Einreihung von Urkunden. Die Hinterlegung entspricht funktionell der Einverleibung beim Grundbuch; sie hat also konstitutive Wirkung. Der Eigentumserwerb tritt – wie auch bei der Einverleibung (Rz 3/37) – bereits mit Einlangen des Antrags auf Hinterlegung beim Grundbuchsgericht ein (Rz 6/42). Der Erwerb des Eigentums am neu errichteten Superädifikat bedarf aber nicht der Urkundenhinterlegung, sondern tritt bei Vorliegen der übrigen Voraussetzungen (dazu Rz 1/37) originär durch die Bauführung ein. Ferner können durch Hinterlegung Wieder- und Vorkaufsrechte, Bestandrechte sowie Veräußerungs- und Belastungsverbote mit den gesetzlich vorgesehenen Wirkungen gegenüber Dritten (vgl §§ 364c, 1070, 1079, 1095) versehen werden (§ 1 Abs 1 Z 1 UHG). **3/64**

Der **Einreihung** von Urkunden kommt hingegen nur deklaratorische Wirkung zu. Sie findet etwa bei Urkunden über den Erwerb oder das Erlöschen eines dinglichen Rechts am Superädifikat statt, ohne dass dafür die Hinterlegung erforderlich ist (zB bei Beschlussausfertigungen über die Zuschlagserteilung, Einantwortungsurkunden, Enteignungsbescheide). Eingereiht werden ferner Urkunden über bestimmte verfahrensrechtliche Akte sowie über sonstige Umstände, die im Grundbuch Gegenstand einer Anmerkung, Ersichtlichmachung oder Löschung sind[49] (§ 1 Abs 1 Z 2 UHG). **3/65**

Die Hinterlegung oder Einreihung erfolgt auf schriftlichen Antrag beim zuständigen Grundbuchsgericht. Die dabei **vorgelegten Urkunden** müssen den §§ 432 f, 451, 481 entsprechen (§ 434; § 4 Abs 3 UHG) und die ausdrückliche Erklärung desjenigen, der das Recht einräumt, enthalten, dass er in die Hinterlegung der Urkunde einwilligt (§§ 434, 451 Abs 2); die Übertragung oder Belastung eines Superädifikats durch Urkundenhinterlegung bedarf keiner Zustimmung des Liegenschaftseigentümers (OGH RS0077190). Für den Rang der Eintragung gelten § 29 GBG und bei elektronischen Eingaben § 10 Abs 2 GUG entsprechend (§ 1 Abs 2 UHG). Die Behandlung der Ein- **3/66**

48 Dazu *Rassi*, NZ 2008, 236.
49 So etwa die Anmerkung der Rangordnung, 5 Ob 284/01b, RdW 2002, 403.

laufstücke durch das Gericht deckt sich zunächst weitgehend mit dem Vorgehen bei Grundbuchsstücken (§§ 5 f UHG). Der Grundbuchsführer hat den Antrag zu bewilligen, wenn keine Bedenken gegen die persönliche Verfügungsfähigkeit und die Antragslegitimation des Einschreiters bestehen, das Begehren durch den Inhalt der Urkunde begründet ist und die Urkunden in der erforderlichen Form vorliegen (§ 9 Abs 1 UHG).

3/67 Anders als beim Grundbuch (§ 94 GBG; Rz 3/61) **prüft** das Gericht aber **nicht**, ob sich aus den Karteien oder der Urkundensammlung **Hindernisse für die Hinterlegung** oder Einreihung ergeben. Der Antragsteller muss auch nicht nachweisen, dass derjenige, gegen den sich der Rechtserwerb richtet, zur Bestellung des Rechts befugt ist (§ 9 Abs 2 UHG) bzw ob das Bauwerk überhaupt rechtlich existent ist[50]. Gegen eine Urkundenhinterlegung, mit der zu Unrecht das Vorliegen eines Superädifikats behauptet wird, kann der Liegenschaftseigentümer aber die Löschungsklage analog zu § 61 GBG erheben (OGH RS0037897).

3/68 In Anbetracht dieser Abweichungen vom GBG gibt es im UHG keine Grundlage für einen materiellen Vertrauensgrundsatz. § 20 UHG sagt daher ausdrücklich, dass sich **niemand auf die Vollständigkeit und Richtigkeit der Karteien berufen** kann. Trotzdem ist es ratsam, in die Kartei und Urkundensammlung Einsicht zu nehmen, weil die Unkenntnis von Tatsachen und Rechten, die aus diesen Einrichtungen ersichtlich sind, schadet (§ 20 UHG). Der Gutglaubenserwerb an Superädifikaten richtet sich im Übrigen nach §§ 367 f.

Beispiele: A hat dem B ein Pfandrecht an „seinem" Superädifikat eingeräumt, obwohl er dieses schon dem C verkauft und durch Urkundenhinterlegung übereignet hat. B hätte bei seinem Ansuchen um Hinterlegung der Pfandbestellungsurkunde aus der Bauwerkskartei entnehmen können, dass A möglicherweise nicht mehr der Eigentümer des Superädifikats ist. Zwar wird das Gericht die von B beantragte Hinterlegung ohne weiters bewilligen, weil es nicht prüft, ob A zur Verpfändung überhaupt (noch) befugt ist (§ 9 Abs 2 UHG), doch kann B das Pfandrecht weder derivativ (§ 442) noch mangels Redlichkeit originär nach § 456 erwerben.

A ist in der Bauwerkskartei als Eigentümer des Superädifikats eingetragen, obwohl er es mangels eines gültigen Titels nicht erworben hat. Er veräußert das Superädifikat dem B; der Kaufvertrag wird hinterlegt. B kann das Eigentum am Superädifikat allein im Vertrauen auf die Eintragung des A in der Kartei nicht erwerben, sondern nur dann, wenn er A nach den gesamten Umständen auch tatsächlich für den Eigentümer des Superädifikats halten durfte (§ 368). Dabei wird es vor allem auf die Gewahrsamsverhältnisse am Superädifikat ankommen, die auch insofern eine Rolle spielen, als das Superädifikat dem A vom wahren Eigentümer anvertraut worden sein muss (§ 367).

---

50 OGH RS0077193; *Forster*, Ausgewählte Fragen des österr Superädifikatsrechts (1997) 81.

Ferner ist zu beachten, dass in der Grundbuchseinlage für die Liegenschaft, auf der das Bauwerk steht, dessen **Eigenschaft als Superädifikat grundsätzlich nicht zu ersehen** ist. Nur wenn zum ersten Mal die Hinterlegung oder Einreihung einer Urkunde bezüglich des Bauwerks bewilligt wird, ist die Urkundenhinterlegung im Gutsbestandsblatt von Amts wegen ersichtlich zu machen (§ 10 Abs 1 a UHG)[51]. Diese Ersichtlichmachung dient aber nur Übersichtszwecken und hat für den Erwerb und die rechtliche Beurteilung des Bauwerks keine Bedeutung; sie genießt keinerlei Vertrauensschutz und ist einer Löschungsklage nicht zugänglich (5 Ob 55/13v; 10 Ob 66/15a). Weil ein Kreditgeber somit nicht verlässlich feststellen kann, ob das Gebäude tatsächlich ein Superädifikat ist und wem es bejahendenfalls gehört, ist das Superädifikat ein problematisches Sicherungsmittel[52]. **3/69**

51 Dazu und zur bisherigen Rechtslage *Auinger*, ÖJZ 2009, 13; *Rassi*, NZ 2008, 236.

52 *Eliskases*, immolex 2014, 74; zur Reformbedürftigkeit des UHG *Bittner* in Kletečka/Rechberger/Zitta, Bauten 166; *F. Bydlinski*, Das Recht der Superädifikate (1982) 62; vgl auch *Holzner*, ÖBA 2001, 304; *Kletečka*, RdW 2008, 12.

Zweiter Teil: Eigentum

§ 4. Begriff und Inhalt des Eigentumsrechts

A. Eigentum als Vollrecht

Unter **Eigentum im objektiven (gegenständlichen) Sinn** werden alle körperlichen Sachen verstanden, die in jemandes Eigentum stehen (vgl § 353). **Eigentum im subjektiven Sinn** ist die Befugnis, mit Substanz und Nutzungen einer Sache nach Willkür zu schalten und jeden anderen davon auszuschließen (§ 354). In dieser Definition kommen zwei Aspekte zum Ausdruck, die zusammen das Eigentum ausmachen: einerseits das volle **Herrschaftsrecht** an der Sache (§ 362), das nicht nur deren Substanz, sondern auch die Nutzungen umfasst; andererseits die „Ausschließungsmacht", dh der umfassende Schutz gegenüber Dritten als typisches Merkmal eines absoluten Rechts. Ausfluss dieser Seite des Eigentums ist etwa das sog „Hausrecht", auf Grund dessen der Eigentümer einer an sich der Öffentlichkeit zugänglichen Lokalität (Gasthaus, Veranstaltungsgelände uä) Privatpersonen den Zutritt verweigern kann, die nicht (primär) zur Inanspruchnahme der dargebotenen Leistungen kommen, sondern etwa um die Einhaltung von Verwaltungsvorschriften zu kontrollieren – Stichwort „Rauchsheriff" – oder die Veranstaltung zu stören[1]. **4/1**

Der **Schutz des Eigentums** wird durch die Rechtsordnung in verschiedener Hinsicht gewährleistet. Verfassungsrechtlich ist es gegen staatliche Eingriffe abgesichert (Art 5 StGG; Art 1 1. ZProtEMRK), strafrechtlich gegen besonders schwerwiegende Beeinträchtigungen durch Dritte, wie vorsätzliche Sachbeschädigung, Diebstahl, Veruntreuung ua (§§ 125 ff StGB), und schließlich zivilrechtlich durch die Klagen nach den §§ 364 ff, 366, 523, im **4/2**

1 4 Ob 147/13s; 4 Ob 48/14h, immolex 2015/54 mit Anm *Limberg*; dieses Recht kann auch der Bestandnehmer eines Lokals oder eines Veranstaltungsortes publizianisch (§ 372) geltend machen.

Insolvenzverfahren durch den Aussonderungsanspruch (§ 44 IO) und in der Exekution durch die Exszindierungsklage (§ 37 EO).

B. Beschränkungen des Eigentums

I. Überblick

4/3 Das Eigentumsrecht ist **zahlreichen Beschränkungen** im öffentlichen Interesse unterworfen. Derartige Vorschriften finden sich zuweilen bei beweglichen Sachen (zB Ausfuhrbeschränkungen bei Kulturgütern), vor allem aber bei Liegenschaften. Sie reichen von Eingriffen in die Nutzung der Sache (wie zB §§ 33, 80 ff ForstG, §§ 8, 71 f WRG) über Einschränkungen der Veräußerungsbefugnis (zB durch die Grundverkehrsgesetze) bis hin zum gänzlichen Entzug der Sache (vor allem durch Enteignung; dazu Rz 6/97). Ferner kann der Eigentümer Dritten Rechte an der Sache einräumen (zB Fruchtgenuss; Veräußerungs- und Belastungsverbot) und sich insofern selbst seiner Herrschaftsbefugnisse begeben.

Sobald diese Beschränkungen wegfallen, dehnt sich die Rechtsmacht des Eigentümers wieder auf den ursprünglichen Umfang aus (vgl § 358; **Elastizität des Eigentums**).

4/4 Ganz allgemein darf der Eigentümer bei der Ausübung des Herrschaftsrechts nicht in die **Rechte Dritter eingreifen** (§ 364 Abs 1). Der Steuerung von Konflikten zwischen verschiedenen Rechtssphären dienen im Bereich des Nachbarrechts die §§ 364 ff. Weitere Vorschriften dieser Art finden sich zB in § 26 WRG und §§ 53, 56 ForstG[2].

II. Nachbarrecht des ABGB

4/5 Die §§ 364–364b bezwecken die Abgrenzung der Befugnisse der Grundeigentümer, die sich in einem örtlichen Naheverhältnis zueinander befinden. Sie sind ein Anwendungsfall der jedem Eigentümer zustehenden Befugnis zur Abwehr von Störungen des Eigentums (§ 523; OGH RS0010526). Die allgemeinen Abwehransprüche sind aber durch Sonderregeln modifiziert, um einen Ausgleich zwischen den Interessen von Grundeigentümern zu schaffen, wenn die **Nutzung einer Liegenschaft** zu einer Beeinträchtigung der Nachbarschaft führt. Diese Bestimmungen sind nur dann anzuwenden, wenn der Eingriff eigenmächtig erfolgt, also weder mit Einwilligung des Ge-

---

2 Dazu *Illedits/Illedits-Lohr*, Handbuch zum Nachbarrecht[3] (2013) Rz 8/208 ff.

störten noch auf Grund einer abweichenden Regelung zwischen den Beteiligten[3]. § 364 Abs 2 ist dispositiver Natur, sodass Nachbarn Abweichungen hinsichtlich der hinzunehmenden Immissionen vereinbaren können (OGH RS0010534).

§ 364 Abs 1 Satz 2 gebietet Eigentümern benachbarter Grundstücke allgemein die gegenseitige Rücksichtnahme bei der Ausübung ihrer Rechte. In der Festschreibung dieses bereits bisher anerkannten Grundsatzes wird von einem Teil der Lehre eine bloße Konkretisierung des Rechtsmissbrauchsverbotes (§ 1295 Abs 2, vgl 4 Ob 220/13a) erblickt. Richtigerweise ist das Rücksichtnahmegebot darüber hinaus als Instrument zur Erzielung sachgerechter Lösungen im Einzelfall anzusehen[4].

1. Verbotene Einwirkungen

Jedenfalls unzulässig sind **unmittelbare Zuleitungen** zum Nachbargrund **4/6** (§ 364 Abs 2 letzter Satz; OGH RS0010635), wie etwa Austritt von Regenwasser aus zur Grundstücksgrenze führenden Abflussrohren bzw einem überlasteten Kanalsystem (1 Ob 206/15y) oder Ableitung von Blitzen durch ein Kabel zum nicht bloß geringfügigen Nachteil des Nachbargrundstückes (OGH RS0115461), das gezielte – nicht das natürliche (§ 422; Rz 4/29) – Hinüberwachsenlassen einer Schlingpflanze auf die Mauer des Nachbarn (OGH RS0010327; RS0010608). Ebenso wenig dulden muss ein Grundeigentümer **„grobkörperliche" Einwirkungen** auf sein Grundstück, wie zB hinüber geschleuderte Bälle oder Steine, herabfallende Dachlawinen oder Äste, Eindringen größerer Tiere[5]. Diese können auch nicht ortsüblich werden. Dasselbe gilt für Immissionen, die konkret und unmittelbar Gesundheit und Leben von Nachbarn gefährden[6]. Gegen derartige Beeinträchtigungen (Immissionen) stehen dem Eigentümer ohne weitere

3 4 Ob 25/11x, JBl 2011, 790; *Kerschner/Wagner* in Fenyves/Kerschner/Vonkilch[3] (Klang) § 364 Rz 30 ff.

4 OGH RdU 2008, 102; *P. Bydlinski*, JBl 2004, 86, 87; *Domej*, JAP 2003/2004, 198, 203; *Kerschner/Wagner* in Fenyves/Kerschner/Vonkilch[3] (Klang) § 364 Rz 38 ff; *Kissich/Pfurtscheller*, ÖJZ 2004, 706, 709. Krit *Spielbüchler*, JBl 2006, 341, 345 ff.

5 4 Ob 579/95, RdU 1996, 100 mit Anm *Kerschner*; 7 Ob 109/13z, RdU 2014, 127 mit Anm *Wagner*; *Aigner*, Zak 2012, 368; *Kerschner/Wagner* in Fenyves/Kerschner/Vonkilch[3] (Klang) § 364 Rz 168 ff. Zu veränderten Abflussverhältnissen infolge Schutz- und Regulierungsbauten vgl 1 Ob 227/10d, RdU 2011, 155 mit Anm *Schlager*.

6 10 Ob 25/11s (Betriebsgeräusch von Wärmepumpe); 1 Ob 1/18f (Blendwirkung von Solarpanelen); *Gimpel-Hinteregger*, Grundfragen der Umwelthaftung (1994) 279; *Kerschner/Wagner* in Fenyves/Kerschner/Vonkilch[3] (Klang) § 364 Rz 139 ff; *Oberhammer* in Schwimann[4] § 364 Rz 15. Zu Allergien *Noll*, RdU 2002, 13. Zu Tabakrauch *Buchleitner/Mrvošević*, ecolex 2015, 748; *Iro*, RdW 2013, 315.

Voraussetzungen Unterlassungs- und Beseitigungsansprüche nach § 523 zu.

4/7 Eine feinere Interessenabwägung iSd § 364 Abs 2 Satz 1 ist aber dann vorzunehmen, wenn es sich um **mittelbare Einwirkungen** von einem Grundstück auf ein anderes handelt, die nicht per se als Störung des Eigentums angesehen werden („Imponderabilien"). Das Gesetz zählt beispielsweise Abwässer, Rauch, Gase, Wärme, Gerüche, Geräusche und Erschütterungen auf; die Rsp hat etwa Hobelspäne, roten Tennissand, Ungeziefer, elektromagnetische Felder bzw Wellen, Strahlen, durch Menschen oder Tiere vom Nachbargrund eingebrachte Verschmutzungen, die Entfernung einer dem Windschutz dienenden Walddeckung und das Absenken des Grundwasserspiegels dazugerechnet[7]. Einwirkungen kommen aber auch als Folge des Entzugs von Licht oder Luft in Betracht; bestimmte Formen von sog **negativen Immissionen**, deren rechtliche Bedeutung bis zum ZivRÄG 2004 umstritten war, erklärt das Gesetz ausdrücklich für beachtlich (§ 364 Abs 3): Dies gilt, wenn Bäume oder andere – im Boden, nicht aber in Trögen verwurzelte (10 Ob 58/14y) – Pflanzen die Nachbarliegenschaft beeinträchtigen (zB durch Vermosung, Schädigung des Bodenwuchses, unzureichendes Tageslicht). Aus dieser Regelung kann aber nicht abgeleitet werden, dass negative Immissionen generell auch in anderen Fällen unzulässig sind, wie etwa bei Entzug von Licht durch andere Objekte als Pflanzen (zB durch Baulichkeiten) oder von Aussicht[8].

4/8 Grundsätzlich muss es sich um **physisch wahrnehmbare Einwirkungen** handeln[9]. Ideelle Beeinträchtigungen, die das ästhetische oder moralische Empfinden verletzen, sind daher nach hA keine Immissionen. Beeinträchtigungen infolge der natürlichen Beschaffenheit des Grundstücks (zB von einer Felswand herabstürzende Gesteinsbrocken, 8 Ob 79/13w) oder auf Grund (außergewöhnlicher) natürlicher Vorgänge (zB Hinüberblasen von

---

7 8 Ob 635/92, SZ 65/145; 1 Ob 2170/96s, RdU 1997, 40 mit Anm *Holzner*; 2 Ob 216/08s, RdU 2009, 221 mit Anm *Kerschner*; 8 Ob 78/13y, EvBl 2014/29 mit Anm *Zoppel*: Taubenkot, wenn Nachbar die Tauben anlockt; 4 Ob 43/16a: Blendung durch Fotovoltaikanlage; RS0106322. Zu Funkanlagen 6 Ob 180/05x, JBl 2006, 372 mit Anm *Kleewein*; *Höhne/Wessely*, ecolex 1998, 884; *Postl*, Nachbarrechtliche Abwehransprüche gegen die Errichtung von Handymasten (2001) 47; *Wagner*, RdU 2006, 100.

8 5 Ob 16/14k; *P. Bydlinski*, JBl 2004, 88; *Kerschner*, RZ 2004, 11; *Kissich/Pfurtscheller*, ÖJZ 2004, 710; *Picker*, Koziol-FS (2010) 813, 828. S aber 8 Ob 95/11w, RdU 2012, 172 mit Anm *Kleewein*: Lichtentzug durch Windkraftanlage. Zum Verhältnis zum öffentlichen Baurecht vgl *Röger*, ÖJZ 2004, 821.

9 OGH RS0010627; *Stefula*, JBl 2001, 101. AA *Gimpel-Hinteregger*, Umwelthaftung 268; *Jabornegg*, Gutachten zum 9. Österr. Juristentag (1985) 13.

Sand durch Sturm) fallen ebenso wenig unter § 364 Abs 2[10]. Sehr wohl können aber Abfälle von Pflanzen, wie Laub, Nadeln, Zapfen oder Harz, prinzipiell positive Immissionen darstellen, wobei es jedoch idR an der Ortsunüblichkeit und der Wesentlichkeit der Beeinträchtigung fehlen wird[11].

Der nachbarrechtliche Schutz vor Immissionen greift grundsätzlich gleichermaßen, wenn Einwirkungen von **Grundstücken der öffentlichen Hand** ausgehen (zB Überflutung durch von öffentlicher Straße abfließendes Regenwasser, 7 Ob 66/02k) oder nach öffentlich-rechtlichen Bestimmungen zulässig sind (zB Überfliegen des Grundstücks, vgl 5 Ob 228/98k); uU bestehen aber spezielle Vorschriften, die § 364 verdrängen (zB § 24 Abs 5 BStG bzgl des Baus von Bundesstraßen; vgl 1 Ob 239/14z). Immissionen, die aus Tätigkeiten im Rahmen der Hoheitsverwaltung resultieren, können allerdings nur insoweit untersagt werden, als dies nicht zu einer Rückgängigmachung der hoheitlichen Maßnahme an sich führen müsste (zB Lärm von startenden und landenden Militärflugzeugen; Verkehrsimmissionen)[12]. **4/9**

Damit sich ein Grundeigentümer gegen derartige Immissionen zur Wehr setzen kann, müssen sie sowohl das nach den örtlichen Verhältnissen **gewöhnliche Maß** überschreiten als auch die **ortsübliche Benutzung** des Grundstücks beeinträchtigen. Fehlt eine der beiden Voraussetzungen, so ist die Einwirkung erlaubt (OGH RS0010587). Diese beiden Kriterien sind jedoch in einem beweglichen System zu handhaben: Je näher eine Beeinträchtigung an der Ortsüblichkeit liegt, umso wesentlicher muss sie sein[13]. **4/10**

Die **Ortsüblichkeit** ist somit in zweifacher Hinsicht maßgeblich. Dabei ist unter Ort nicht die politische Gemeinde zu verstehen, sondern meist ein kleineres Gebiet in der unmittelbaren Umgebung der betroffenen Liegenschaft, das durch seine annähernd gleichen Lebens- und Umweltbedingungen eine eigenständige Charakteristik aufweist (zB Villenviertel; Kleingärten uä; OGH RS0010653; RS0010678). Die Ortsüblichkeit kann sich durch eine gegenläufige **Entwicklung des Gepräges** des maßgeblichen Raumes ändern. Dann ist nach Ansicht des OGH im Falle der Untätigkeit des Nachbarn innerhalb von drei Jahren die Ortsüblichkeit unter Berücksichtigung

10 Dazu OGH RS0107625; *Karner*, Iro-FS (2013) 17, 19.

11 EB zur RV 173 BlgNR XXII. GP 18; 7 Ob 71/14p, wobl 2014, 283; *Röger*, ÖJZ 2004, 823. AA *Kerschner*, RZ 2004, 11.

12 OGH RS0010522; *Gimpel-Hinteregger*, Umwelthaftung 303; *Kerschner*, Verkehrsimmissionen (2007) 65; *Wagner*, Die Betriebsanlage im zivilen Nachbarrecht (1997) 51, 233.

13 *Oberhammer*/SK Rz 15; vgl 1 Ob 123/08g, RdU 2009, 103 mit Anm *Kerschner*: „insgesamt“ Überschreitung der Kriterien.

der neuen Situation zu beurteilen[14]. Die jahrelange Hinnahme von Immissionen, die den Charakter der Gegend nicht geprägt haben, beeinträchtigt aber die Abwehransprüche des Nachbarn nicht (OGH RS0010631).

4/11 Die **Ortsüblichkeit der Immission** prüft der OGH im Wege eines Vergleichs der Benützung des störenden (nicht des gestörten; 2 Ob 67/18v) Grundstücks mit der Nutzung anderer Grundstücke des betreffenden Gebiets. Gehen in diesem Raum von einer größeren Anzahl von Grundstücken Beeinträchtigungen der jeweils ganz konkret zu umschreibenden Art aus (zB Lärm durch Straßenverkehr oder Tennisspielen), sind diese ortsüblich; dabei kann die von der Verwaltungsbehörde ausgesprochene Zulässigkeit nach öffentlichem Recht Indizwirkung haben[15]. Einwirkungen von rechtswidrig betriebenen Anlagen sind nicht zu berücksichtigen (3 Ob 201/99a). Bestehen für die beteiligten Grundstücke insofern unterschiedliche Verhältnisse, was bei weit ausstrahlenden Immissionen durchaus der Fall sein kann, sind die örtlichen Verhältnisse der beeinträchtigten Liegenschaft maßgeblich.

4/12 Andererseits ist die **Ortsüblichkeit** der **tatsächlichen Nutzung** des Nachbargrundstücks im Beurteilungszeitpunkt zu prüfen (8 Ob 635/92); diese darf in dem maßgeblichen Raum nicht nur völlig untergeordnet vertreten sein. Dabei sind auch die einschlägigen öffentlich-rechtlichen Vorschriften zu beachten, wie zB ein ortspolizeiliches Verbot, in den Abendstunden einen Motorrasenmäher in Betrieb zu nehmen.

4/13 Relevant ist nur eine **wesentliche Beeinträchtigung**, also eine nicht bloß unbedeutende Erschwerung der Nutzung, wobei prinzipiell ein objektiver Maßstab anzulegen ist[16]. Dabei kommt es auf deren Art und Intensität, aber auch Dauer und periodische Wiederkehr an. Besonders facettenreich ist die Rsp zur Lärmbelästigung[17]. Davon ausgehende Beeinträchtigungen sind nicht erst im Falle der Gesundheitsschädlichkeit wesentlich, sondern bereits dann, wenn sie das Wohlbefinden eines normal empfindenden Menschen zu beeinträchtigen geeignet ist; dabei sind auch besondere Umstände zu berücksichtigen, wie zB Krankheit oder Aufenthalt eines Kleinkindes in

---

14 7 Ob 361/97g, RdU 1998, 92 mit Anm *Kerschner*; 3 Ob 201/99a, RdU 2001, 31 mit Anm *Kerschner*. Für dreißig Jahre OGH RS0010647; *Kerschner/Wagner* in Fenyves/Kerschner/Vonkilch[3] (Klang) § 364 Rz 218; *Kisslinger*, Gefährdungshaftung im Nachbarrecht (2006) 29. Differenzierend *Oberhammer* in Schwimann[4] § 364 Rz 19; *Postl*, Abwehransprüche 65 f.

15 8 Ob 128/09w, JBl 2011, 234 mit Anm *Wagner*.

16 OGH RS0010607; *Aigner*, RdU 2016, 191.

17 OGH RS0037198; RS0037203; ferner *Fitzal*, ecolex 1999, 872. Entsprechendes gilt für Lichtimmissionen, vgl 1 Ob 96/03d, EvBl 2003/176.

der Wohnung (OGH RS0010557; RS0010607; RS0112954). Nach der Rsp kann Ortsüblichkeit dann nicht angenommen werden, wenn die Lärmerregung in der Zeit zwischen 22 und 6 Uhr, die überwiegend der Nachtruhe dient, die Zimmerlautstärke übersteigt (1 Ob 262/97d).

Beispiel: Klavierspielen in einer Wohnung ist grundsätzlich zu dulden. Im großstädtischen Raum sind aber bloß ein bis zwei Stunden täglich als ortüblich anzusehen[18]. Intensiver Zigarrenrauch, der bei geöffnetem Fenster in die oberliegende Wohnung eindringt, ist nach der Rsp eine wesentliche Beeinträchtigung und ortsunüblich, wenn er während der Nachtstunden auftritt[19].

Bei negativen Immissionen durch Entzug von Luft oder Licht, die von Pflanzen ausgehen, setzt der Untersagungsanspruch überdies voraus, dass die ortsunübliche Beeinträchtigung die – strengere – Grenze der **Zumutbarkeit** überschreitet (§ 364 Abs 3). Das soll nach den Mat etwa dann gegeben sein, wenn größere Teile des Grundstücks durch Moos- oder Sumpfbildung unbrauchbar werden oder selbst an einem sonnigen Tag künstliche Beleuchtung nötig ist[20].

Anspruchsberechtigt ist jeder, dem das Eigentum, Mit- bzw Wohnungseigentum oder ein sonstiges dingliches Recht an der Liegenschaft zusteht[21], mangels eines Nutzungsinteresses aber wohl nicht der Hypothekargläubiger. Weiters können sich auch obligatorisch Berechtigte auf § 364 berufen, soweit sie Rechtsbesitz an der Liegenschaft oder an Teilen davon haben (zB Mieter, Pächter, Wohnungseigentumsbewerber)[22]. Neu hinzukommende Nachbarn haben gegen zu diesem Zeitpunkt ortsüblich gewordene Immissionen keinen Abwehranspruch. Das soll nach der Rsp selbst für gesundheitsschädliche Einwirkungen gelten, mit denen gerechnet werden musste (OGH RS0112502), was die hL zurecht kritisiert[23]. **4/14**

---

18 OGH RS0110281; *Illedits*, wobl 2004, 300; s auch *Größ*, wobl 1999, 189.

19 2 Ob 1/16k, RdU 2017, 27 mit Anm *Ecker*; zum Zigarettenrauch siehe auch BGH V ZR 110/14.

20 EB 173 BlgNR XXII. GP 12. Dazu 10 Ob 60/06f, JBl 2008, 312; 2 Ob 97/09t, immolex 2010/74 mit Anm *Cerha*; *Atzlinger*, wobl 2010, 93; *Fichtinger*, Zak 2012, 123; *C. Hirsch*, ÖJZ 2009, 293, 299; *Kerschner*, RZ 2004, 12; *Schauer-Degelsegger*, wobl 2004, 47, 48 f; *Spielbüchler*, JBl 2006, 344 f.

21 OGH RS0010603 (Fruchtnießer); 9 Ob 29/11x, JBl 2011, 788 (Superädifikatseigentümer). AA *Holzner*, JBl 2012, 136.

22 OGH RS0010644; 2 Ob 1/16k (Mieter). Nicht aber Mitbewohner (4 Ob 324/98w) oder Prekaristen (9 Ob 29/11x, JBl 2011, 788). AA *Kerschner/E. Wagner* in Fenyves/Kerschner/Vonkilch[3] (Klang) § 364 Rz 251 f; kirt auch *Holzner* in Kletečka/Schauer, ABGB-ON 1.04 § 372 Rz 3.

23 Vgl *P. Bydlinski*, JBl 2004, 89; *Kerschner*, RZ 2004, 13; *Kerschner/Wagner* in Fenyves/Kerschner/Vonkilch[3] (Klang) § 364 Rz 268 ff; differenzierend *Pittl/Gottardis*, wobl 2017, 297. Gegen die Berücksichtigung der zeitlichen Priorität im Nachbarrecht *Klöhn*, AcP 208 (2008) 777, 801 mwN.

In örtlicher Hinsicht werden ohne Rücksicht auf die Entfernung alle Liegenschaften erfasst, deren Nutzung durch die unerlaubten Immissionen beeinträchtigt wird (OGH RS0010489).

4/15 **Anspruchsgegner** sind primär der Eigentümer bzw die Mit-/Wohnungseigentümer (auch untereinander[24]) der Liegenschaft, von der die Immissionen ausgehen. Darüber hinaus kann auch jeder, der dieses Grundstück für eigene Zwecke benützt, mit der Klage nach § 364 belangt werden[25]. Eine zusätzliche Haftung des Eigentümers besteht dann aber nur, wenn er die Störung durch den Dritten duldet, obwohl er in der Lage wäre, sie zu verhindern, oder wenn er mit dem störenden Dritten bzgl der Benützung der Liegenschaft in einem Rechtsverhältnis steht, gleichgültig, ob ihn dieses zur Untersagung der immissionsträchtigen Tätigkeit berechtigt[26]. Ein nicht selbst störender Mit- oder Wohnungseigentümer ist passiv legitimiert, wenn er die begehrte Abhilfe allein bewirken kann (5 Ob 163/08v).

Der Anspruchsberechtigte hat sein Recht an der Liegenschaft und den Eingriff, der Beklagte die Ortsüblichkeit der Einwirkungen bzw die fehlende Wesentlichkeit der Beeinträchtigung der ortsüblichen Nutzung der Liegenschaft zu **beweisen** (OGH RS0010474). Untersagungsansprüche gegen den Entzug von Licht oder Luft durch Pflanzen können nur dann klagsweise erhoben werden, wenn zuvor eine gütliche Einigung vor einer Schlichtungsstelle, vor Gericht (§ 433 Abs 1 ZPO) oder einem Mediator angestrebt und dabei innerhalb von drei Monaten kein Erfolg erzielt wurde (Art III ZivRÄG 2004; 4 Ob 196/07p).

4/16 Der Anspruch ist auf **Unterlassung** weiterer Einwirkungen gerichtet, sofern die Gefahr künftiger Eingriffe besteht (Wiederholungsgefahr)[27]. Erfolgte noch keine Rechtsverletzung, drohen aber konkrete Eingriffe in absehbarer Zukunft, ist auch eine vorbeugende Unterlassungsklage möglich. Die verbotenen Immissionen bzw deren unzulässiges Ausmaß (zB Dezibelangabe bei Geräuschimmissionen) sind genau zu bezeichnen; die Wahl des geeigneten Mittels zu deren Verhinderung ist aber dem Beklagten zu überlassen (OGH RS0004649; RS0010526).

---

24 Dazu OGH RS0110784; *Thon*, immolex 2013, 326.

25 OGH RS0010654; 2 Ob 1/16k (Mieter). Ausführlich zum Störerbegriff *Jabornegg/Strasser*, Nachbarrechtliche Ansprüche als Instrument des Umweltschutzes (1978) 118 ff, 137 ff. Zur Überschreitung der Zulässigkeitsschwelle durch Einwirkungen mehrerer Störer („summierte Immission") OGH RS0010538; RS0010651; *Rummel*, Ersatzansprüche bei summierten Immissionen (1969).

26 OGH RS0010648; RS0103058; *Jabornegg*, Gutachten 36, 43; *Kerschner/Wagner* in Fenyves/Kerschner/Vonkilch[3] (Klang) § 364 Rz 289 ff; *Lux*, JBl 1995, 195, 196.

27 OGH RS0010553; *Wagner*, Gesetzliche Unterlassungsansprüche im Zivilrecht (2006) 101 ff. Zur exekutiven Durchsetzung *Cerha*, immolex 2012, 271.

Weiters kann die **Beseitigung** etwaiger fortwirkender Beeinträchtigungen des Grundstücks verlangt werden, soweit dies in natura möglich ist. Dieser Anspruch ist im Gegensatz zur schadenersatzrechtlichen Naturalrestitution verschuldensunabhängig und nur auf reale Rückgängigmachung der noch individualisierbaren Einwirkungen gerichtet, also etwa auf Absaugen des Wassers, Entfernen von Ruß uä[28].

Abwehransprüche gegen negative Immissionen durch den Entzug von Licht oder Luft, die von Pflanzen ausgehen, stehen unter dem ausdrücklichen gesetzlichen Vorbehalt (§ 364 Abs 3 Satz 2), dass keine zwingenden Bestimmungen des öffentlichen Rechts über den Schutz von Bäumen oder sonstigen Pflanzen entgegenstehen dürfen[29].

Schließlich hat der durch Immissionen Beeinträchtigte noch Anspruch auf **4/17** **Ersatz** der ihm entstandenen **Schäden**. Dabei handelt es sich um eine Verschuldenshaftung, die sich nach allgemeinen Schadenersatzgrundsätzen richtet. Spezifisch nachbarrechtlich ist nur die Rechtswidrigkeitsprüfung, bei der die Interessenabwägung des § 364 Abs 2 zu berücksichtigen ist.

2. Erlaubte Einwirkungen einer genehmigten Anlage

Besonders geregelt ist der Fall, dass die Immissionen von einer Bergwerks- **4/18** anlage oder einer behördlich genehmigten Anlage ausgehen: Selbst wenn solche Immissionen das zu duldende Maß (§ 364 Abs 2) übersteigen, steht dem Grundnachbarn **kein Unterlassungs- oder Beseitigungsanspruch** zu, sofern sie sich im Rahmen der Genehmigung halten (§ 364 a) oder für die Anlage typisch sind (OGH RS0010637; RS0010645). Diese Ausnahme will verhindern, dass Bergwerksanlagen oder (sonstige) behördlich genehmigte Anlagen in ihrem Bestand durch nachbarrechtliche Unterlassungsansprüche gefährdet werden.

Auch im Anwendungsbereich des § 364 a bleiben direkte Zuleitungen und grobkörperliche Einwirkungen unerlaubt, außer sie sind auf Grund einer öffentlich-rechtlichen Norm oder einer behördlichen Bewilligung erlaubt. Privilegiert sind nur mittelbare Immissionen, die der Art und dem Umfang nach für den ordnungsgemäßen Betrieb der Anlage typisch sind und keine konkrete Gesundheitsgefährdung darstellen[30].

---

28 Für eine Pflicht des Störers zur Duldung der Beseitigung durch den Gestörten *Jabornegg/Strasser*, Nachbarrechtliche Ansprüche 147, 150 ff; *Karner*, Iro-FS 26 f; *H. Koziol*, Grundfragen des Schadenersatzrechts (2010) Rz 2/15 ff, 2/22 ff; vgl auch 4 Ob 43/11v, RdU 2012, 39 mit Anm *Lang*.

29 Dazu *Kerschner*, RZ 2004, 13; *Kissich/Pfurtscheller*, ÖJZ 2004, 712.

30 1 Ob 47/15s, JBl 2016, 318 mit Anm *Kerschner*; *H. Koziol*, RdW 2013, 3, 6; ferner *Kerschner/Wagner* in Fenyves/Kerschner/Vonkilch[3] (Klang) § 364 a Rz 180 f.

4/19 Voraussetzung für das Entfallen des Unterlassungsanspruchs ist die **behördliche Genehmigung** des Betriebs – nicht der Errichtung – der Anlage. Dafür bedarf es typischerweise einer Genehmigung von Betriebsanlagen nach der GewO[31], aber auch von „gemeinwichtigen" Anlagen auf Grund anderer verwaltungsbehördlicher Verfahren, in denen das Interesse der Nachbarn in ähnlicher Weise berücksichtigt wird (zB Abfall- und Altölbehandlungsanlagen, Flugplätze, öffentliche Straßen und Eisenbahn- oder Straßenbahnanlagen)[32]. Nicht unter § 364a fallen hingegen etwa bau- oder veranstaltungsbehördliche Genehmigungen, Mobilfunksendeanlagen (6 Ob 180/05x), aber auch vereinfachte Genehmigungsverfahren nach § 359b GewO, da hier das rechtliche Gehör des Nachbarn nicht in vollem Umfang gewährleistet ist[33]. Daher kann ein im behördlichen Verfahren übergangener Nachbar weiterhin den Unterlassungsanspruch nach § 364 Abs 2 geltend machen[34].

4/20 Der beeinträchtigte Grundnachbar ist gegen Immissionen von genehmigten Anlagen aber keineswegs schutzlos: Anstelle des Unterlassungsanspruchs hat der Grundnachbar nur Anspruch auf „Ersatz des zugefügten Schadens", soweit die Immissionen das nach § 364 Abs 2 zulässige Maß übersteigen. Da die Beeinträchtigungen erlaubt sind und es daher an der Rechtswidrigkeit fehlt, handelt es sich um keinen Schadenersatzanspruch im technischen Sinn, sondern um einen **Ausgleichsanspruch im Rahmen einer Eingriffshaftung** (III/13/3), ähnlich wie in den Enteignungsfällen (dazu Rz 6/99). Er ist auf Ersatz des gesamten Interesses gerichtet (OGH RS0037927). Ob auch ideelle Schäden vergütet werden, ist umstritten, aber wohl zu verneinen[35]. Für die Verjährung gilt § 1489.

Der Kreis der **Anspruchsberechtigten und Anspruchsgegner** entspricht dem nach § 364.

31 OGH RS0010682; *Kisslinger*, Gefährdungshaftung 14 ff; *Müller*, Der Nachbar im Betriebsanlagenrecht (1998) 100; *Wagner*, Betriebsanlage 129. Zur Nichterteilung gebotener Auflagen durch die Gewerbebehörde OGH RS0109982. Zu Immissionen aus dem Ausland *Lepeska*, RdU 2001, 50; *Lux*, RdU 1995, 108, 161; *Okresek*, ÖJZ 1996, 441; *Wagner*, Betriebsanlage 256 ff; *dies*, Kerschner-FS (2013) 557, 597; OGH RS0112834; aus europarechtlicher Sicht EuGH RdU 2009, 212 mit Anm *Hadeyer/Mülleder*.

32 OGH RS0010596; *Kerschner*, Verkehrsimmissionen 94 ff.

33 OGH RS0117838; RS0126291; *Illedits/Illedits-Lohr*, RdW 2004, 16; *Kisslinger*, Gefährdungshaftung 19. Das gilt auch für die Bewilligung von Mobilfunk-Basisstationen, vgl *Postl*, Abwehransprüche 143 ff.

34 8 Ob 95/11w, RdU 2012, 172 mit Anm *Kleewein*; *Kerschner/Wagner* in Fenyves/Kerschner/Vonkilch[3] (Klang) § 364a Rz 178 mwN. Krit *Angyan*, ZfV 2017, 43.

35 *Kerschner/Wagner* in Fenyves/Kerschner/Vonkilch[3] (Klang) § 364a Rz 215 mwN. AA *Jabornegg*, Gutachten 69.

Die hA[36] nimmt eine **Gefährdungshaftung in Analogie zu § 364a** an, wenn Aktivitäten auf einem Grundstück gesetzt werden, für die eine nicht unter diese Bestimmung fallende behördliche Bewilligung – wie etwa eine Baubewilligung – vorliegt. Entstehen daraus typische Immissionen, die das erlaubte Maß des § 364 Abs 2 überschreiten, so hat zwar der Nachbar einen Unterlassungsanspruch, den er bei einer konkreten Gefährdung auch vorbeugend geltend machen kann. Doch wird er damit idR zu spät kommen, da durch die behördliche Bewilligung der Anschein der Gefahrlosigkeit erzeugt wird, der von einem Nichtfachmann schwer rechtzeitig zu entkräften ist. Wegen dieser typischen Gefahrensituation wird dem Nachbarn ein vom Verschulden des Immittenten unabhängiger Ersatzanspruch zugebilligt, der auf volle Genugtuung primär im Weg der Naturalrestitution gerichtet ist (1 Ob 15/02s). Der OGH wendet dieses Instrument sehr extensiv an, indem er zuweilen auf eine individuelle behördliche Genehmigung verzichtet und es etwa genügen lässt, wenn die Unterlassungsklage aus rein faktischen Gründen zu spät käme oder eine Anlage eine besondere Gefahrensituation schafft und allfällige Schadensfolgen für den Betreiber objektiv kalkulierbar sind[37]. **4/21**

Richtiger erscheint es, § 364a nicht nur als Eingriffs-, sondern auch als **Gefährdungshaftungsnorm** zu verstehen[38]: Im gewerbebehördlichen Betriebsanlagengenehmigungsverfahren sind nämlich nicht nur die mit dem Betrieb notwendig verbundenen Immissionen zu berücksichtigen, sondern auch alle mit der Anlage verbundenen Gefahren für Leben, Gesundheit und Eigentum der Nachbarn. Auch wegen dieser (nicht bewusst erfolgenden) Gefährdungen ist ein Abwehranspruch des Nachbarn daher ausgeschlossen, sodass im Fall einer Rechtsgutverletzung durch Unglücksfälle (zB Explosion, Entweichen von Schadstoffen uä) ein schadenersatzrechtlicher Ausgleich ohne Rücksicht auf Verschulden geboten ist. Diese gesetzliche Gefährdungshaftung ist im Wege der Analogie auf solche Fälle zu übertragen, in denen zwar keine behördliche Genehmigung iSd § 364a ge-

36 OGH RS0010668. Dagegen zutreffend *H. Koziol*, RdW 2013, 5, 10; ferner *Oberhammer* in Schwimann[4] § 364a Rz 2.

37 1 Ob 2170/96s, RdU 1997, 40 mit Anm *Holzner*; 5 Ob 3/99y, JBl 1999, 520 mit Anm *Rummel*; 5 Ob 82/13i, RdU 2013, 175 mit Anm *Kerschner*. Anders 6 Ob 239/98k, RdW 1999, 467 mit Anm *Heilegger*; 7 Ob 193/11z, RdU 2012, 84 mit Anm *Wagner*; *Canaris*, JBl 1995, 2, 14; *Kerschner*, RdU 1998, 10; *Wagner*, bbl 1999, 171, 180. S auch *Cohen*, ecolex 2009, 661.

38 Dazu grundlegend *Jabornegg*, Gutachten 74 ff; *H. Koziol*, RdW 2013, 8 ff; *ders*, Haftpflichtrecht III Rz A/5/17; *Kerschner/E. Wagner* in Fenyves/Kerschner/Vonkilch[3] (Klang) § 364a Rz 194; ferner *Gimpel-Hinteregger*, Umwelthaftung 318; *Kisslinger*, Gefährdungshaftung 63 ff; *L. Schmid*, JBl 2017, 69, 77.

geben ist, die Immissionen aber von einer Quelle ausgehen, die eine vergleichbare besondere Gefährlichkeit aufweist.

3. Grundstücksvertiefung

4/22 Eine besondere Form von negativen Immissionen liegt vor, wenn ein Grundstück in der Weise verändert wird, dass dadurch eine Nachbarliegenschaft die **erforderliche Stütze verliert** (zB infolge Vertiefung, Abtragen eines Hanges, Abreißen des Nachbargebäudes, Lagerung großer Mengen Aushubmaterials uä). Werden darauf befindliche Anlagen (zB Gebäude, Steinmauer, Swimmingpool uä) beschädigt, stellt dies eine verbotene Immission dar (§ 364b). Dabei spielt die Ortsüblichkeit sinnvollerweise keine Rolle[39].

4/23 Die **Rechtsfolgen** entsprechen denen des § 364 Abs 2: Der bedrohte Nachbar hat einen (vorbeugenden) Unterlassungsanspruch und, soweit bereits negative Folgen eingetreten sind, einen Beseitigungsanspruch, der insb auf die Wiederherstellung der erforderlichen Stütze gerichtet ist. War die Gefährdung des Nachbargrundstücks erkennbar, bestehen auch Schadenersatzansprüche.

Darüber hinaus kommt nach der Rsp in diesen Fällen die **Gefährdungshaftung** in Analogie zu § 364a (vgl Rz 4/21) in Betracht, weil die bauliche Tätigkeit auf dem Grundstück häufig durch eine Baugenehmigung gedeckt sein wird[40].

4/24 **Aktiv- und Passivlegitimation** richten sich nach den bei § 364 Abs 2 dargelegten Regeln. Gegen den Bauunternehmer, der die Vertiefung des Grundstücks ausführt, bestehen nach zutreffender Ansicht keine nachbarrechtlichen Ansprüche, da nicht er das Grundstück zu eigenen Zwecken verwendet, sondern der Eigentümer oder sonstige Nutzungsberechtigte (OGH RS0010598). Das gilt auch für die Gefährdungshaftung, die nur den „Halter", also denjenigen trifft, dem die Nutzung und Verfügungsmacht bzgl der Liegenschaft zukommen. Der Bauunternehmer haftet daher nur nach den Grundsätzen der Verschuldenshaftung.

Beispiel: A lässt auf seinem Grundstück mit baubehördlicher Bewilligung ein Schwimmbecken anlegen. Durch die Grabungsarbeiten kommt es zu Erdbewegungen am Nachbargrundstück des B und in der Folge zur Bildung starker Risse an dessen Haus. Da es in dem Zeitpunkt, in dem B die nachteiligen Folgen für sein Grundstück erkennbar werden, für eine Untersagung der baubehördlich genehmigten Bauführung bereits zu spät ist, hat B nach der Rsp in Analogie zu § 364a einen verschuldensunabhängigen Schadenersatzanspruch gegen A.

---

39 OGH RS0010700; *Bumberger*, JBl 1999, 407.
40 OGH RS0106324. Zutreffend krit *H. Koziol*, RdW 2013, 10.

Ein Anspruch des B gegen den von A beauftragten Unternehmer kommt nur in Betracht, wenn dieser von der konkreten Gefährlichkeit der Grabungsarbeiten wissen musste.

4. Grundstücksgrenzen

a) Grenzeinrichtungen

Einrichtungen zur Abgrenzung benachbarter Grundstücke, wie Zäune, Hecken, Mauern uä stehen im **Miteigentum** der benachbarten Liegenschaftseigentümer, wenn keiner der Grundeigentümer sein Alleineigentum daran nachweisen kann (§ 854; vgl 7 Ob 92/14a), wobei in gewissen Fällen eine gesetzliche Vermutung hilft (§ 857). Die Miteigentümer können eine gemeinsame Mauer auf ihrer Seite bis zur Hälfte der Wandstärke benutzen (§ 855). Sie sind aber auch zur Erhaltung der Grenzeinrichtungen verhältnismäßig verpflichtet (§ 856). Stehen diese im Alleineigentum, so gibt es eine Erhaltungspflicht nur dann, wenn dem Nachbarn aus der Mangelhaftigkeit ein Schaden droht (§ 858 Satz 1). **4/25**

Jeder Grundeigentümer muss entsprechend dem Ortsgebrauch für die nötige **Einfriedung** seines Grundstücks sorgen, wobei ihm die Abzäunung auf der vom Standpunkt eines Eintretenden rechten Seite des Hauseinganges obliegt (§ 858 Satz 2). Nachbargrund darf er dafür nicht beanspruchen. **4/26**

b) Grenzstreitigkeiten

Von einer **Grenzerneuerung** spricht man, wenn die Eigentumsverhältnisse klar sind, die unstrittige Grenze aber unkenntlich ist oder zu werden droht (§ 850). Hier ist im außerstreitigen Verfahren die Neuvermarkung des genau zu beschreibenden Grenzverlaufs anzuordnen. **4/27**

Ist hingegen der Grenzverlauf infolge von tatsächlichen (zB Versetzen des Zaunes) oder rechtlichen (zB Ersitzung) Veränderungen unklar oder str, so geht es um eine **Grenzberichtigung**. Darüber ist ebenfalls im außerstreitigen Verfahren zu entscheiden, und zwar nach dem letzten ruhigen Besitzstand, subsidiär nach billigem Ermessen des Gerichts (§ 851). Allerdings hat jeder der Beteiligten die Möglichkeit, eine andere Grenzziehung unter Berufung auf sein Eigentum oder sein Besitzrecht im Prozessweg zu begehren[41]. Gelingt dem Kläger der Nachweis seines besseren Rechts nicht, so bleibt es bei der vom Außerstreitrichter festgelegten Grenze. **4/28**

Sind bei einer Grenzstreitigkeit Grundstücke betroffen, die in den Grenzkataster aufgenommen wurden, so ist ausschließlich die Vermessungsbehörde zuständig (§ 853a; § 40 VermG; OGH RS0038025). Wenn

41 Dazu OGH RS0013882; RS0106314; *Egglmeier-Schmolke* in Schwimann[4] § 851 Rz 5 ff.

sich Grundnachbarn in einer Grenzverhandlung nach § 25 VermG zur Beilegung eines Grenzstreits auf einen Grenzverlauf einigen oder derjenige Grundeigentümer, der einen von den Unterlagen abweichenden Grenzverlauf behauptet, nicht fristgerecht ein gerichtliches Verfahren einleitet (vgl § 25 Abs 2 und Abs 5 VermG: Zustimmungsfiktion), hat das unmittelbare sachenrechtliche Wirkung auf das Eigentum an den beteiligten Liegenschaften (7 Ob 62/13p).

c) Grenzbaum

4/29 Steht ein Baum genau **auf der Grenze**, sodass diese durch den Stamm verläuft, haben die Grundnachbarn Miteigentum an ihm. Wenn hingegen der Stamm zur Gänze auf dem einen Grundstück aus dem Boden herauswächst, also **an der Grenze**, hat dessen Eigentümer Alleineigentum daran, mögen auch die Wurzeln und Äste auf das andere Grundstück hinüberragen (§ 421). Der Eigentümer ist nachbarrechtlich nicht verpflichtet, Bäume oder Sträucher in einem bestimmten Abstand von der Grundstücksgrenze zu pflanzen oder sie rechtzeitig zurückzuschneiden, damit sie nicht über sein Grundstück ragen[42]. § 422 räumt jedoch dem Nachbarn das „Selbsthilferecht" ein, die auf seinem Grund befindlichen Teile der Pflanze abzuschneiden oder sonst zu benützen, wie insb die Früchte zu beziehen. Er muss dabei aber fachgerecht – zB durch Beiziehung eines Gärtners – und möglichst schonend vorgehen, andernfalls er dem Eigentümer der Pflanze schadenersatzpflichtig werden kann[43]. Er hat aber kein Recht, den Nachbargrund in Ausübung des Selbsthilferechts zu betreten oder dort die abgeschnittenen Äste abzulagern (4 Ob 25/16d).

Dieses **Überhangrecht** des Grundnachbarn verwehrt es dem Baumeigentümer nicht, den Baum zu fällen oder die Äste so zu biegen, dass sie sich über seinem Grund befinden. Bei Vorliegen der Voraussetzungen des § 364 Abs 3 kann er sogar zum Rückschneiden verpflichtet sein, wenn der Nachbar die Beeinträchtigung seines Grundstücks durch Selbsthilfe nicht leicht und einfach beseitigen kann oder von ihr eine konkrete Gefahr für Personen oder Sachen ausgeht[44].

---

42 OGH RS0010641; *Illedits/Illedits-Lohr*, Nachbarrecht[3] Rz 13/72; *Kerschner*, RZ 2004, 14.

43 *Kerschner*, RZ 2004, 14; *Kissich/Pfurtscheller*, ÖJZ 2004, 721.

44 OGH RS0122902; *Schön*, immolex 2012, 121; *Wagner*, RdU 2008, 76, 80. Krit *Holzner*, JBl 2009, 144, 148; *Wimmer*, JBl 2012, 743.

III. Veräußerungs- und Belastungsverbot

Das Recht des Eigentümers, über seine Sache zu verfügen, kann aus verschiedenen Gründen begrenzt sein: Solche Einschränkungen des subjektiven Eigentumsrechts (Rz 4/1) können aus dem Gesetz (zB § 49 WohnbauförderungsG 1984), aus einer gerichtlichen Entscheidung (zB § 148 Abs 3, § 382 Abs 1 Z 6 EO), aus einer letztwilligen Verfügung (§ 364c, § 613; VI/4/112) oder aus einer Vereinbarung (§ 364c) resultieren. **Rechtsgeschäftliche Verfügungsverbote** sind allerdings bei körperlichen Sachen[45] nur mit verschiedenen Einschränkungen zulässig (§ 364c), um deren Verkehrsfähigkeit möglichst zu erhalten. **4/30**

Der Umfang und die nähere Ausgestaltung des rechtsgeschäftlichen Verfügungsverbots unterliegen der Parteienvereinbarung. IZw umfasst das **Veräußerungsverbot** die entgeltliche oder unentgeltliche Übertragung der Sache, nicht aber letztwillige Verfügungen (§ 610 Abs 2) oder eine Schenkung auf den Todesfall[46]. Ein **Belastungsverbot** steht der Begründung von Pfandrechten und sonstigen beschränkt dinglichen Rechten an der Sache, aber auch der Verbücherung von Bestandrechten entgegen; ein weiteres Veräußerungs- und Belastungsverbot ist hingegen möglich (5 Ob 101/08a). **4/31**

Haben die Parteien nur ein Veräußerungsverbot vereinbart, so gilt nach hA[47] mangels anderer Anhaltspunkte auch ein Belastungsverbot, weil sonst der durch das Verbot Belastete die Übertragung der Sache an einen Dritten auch über den Umweg erreichen könnte, dass er die Sache verpfändet und diese im Zuge der Pfandverwertung den Eigentümer wechselt. Umgekehrt soll aber die Vereinbarung eines Belastungsverbots nicht iZw auch ein Veräußerungsverbot umfassen.

Ein rechtsgeschäftliches Verfügungsverbot ist in seiner Wirkung insofern beschränkt, als ihm grundsätzlich nur **schuldrechtliche Wirkung** zukommt (§ 364c). Verbotswidrige Verfügungen über die Sache sind daher sachenrechtlich wirksam, der Verbotsbelastete haftet dem Verbotsberechtigten aber bei Vorliegen von Verschulden für etwaige Schäden daraus (OGH RS0118165). In Betracht kommt auch ein Anspruch auf Beseitigung – etwa **4/32**

45 5 Ob 609/81, SZ 57/8; *Winner* in Rummel/Lukas[4] § 364c Rz 2; *Leupold* in Fenyves/Kerschner/Vonkilch[3] (Klang) § 364c Rz 14 f. Zum Abtretungsverbot s II/5/22 ff; zu Veräußerungs- und Belastungsverboten an GmbH-Geschäftsanteilen 6 Ob 313/99v, RdW 2000, 281; *Fellner*, RdW 2000, 582.

46 5 Ob 1066/91, NZ 1992, 79 mit Anm *Hofmeister*; *Fischer-Czermak*, Hofmeister-GedS (1996) 169, 170; *Winner* in Rummel/Lukas[4] § 364c Rz 15. AA *Welser/Kletečka* I[15] Rz 911.

47 OGH RS0010795; *Oberhammer* in Schwimann[4] § 364c Rz 12. AA *Aschauer*, Das rechtsgeschäftliche Veräußerungs- und Belastungsverbot bei Liegenschaften (1998) 87.

eines verbotswidrig bestellten Pfandrechts –, wenn das Verbot die Erhaltung des Familienbesitzes bezweckt (6 Ob 304/05g). Doch auch ein Dritter kann gegenüber dem Verbotsberechtigten schadenersatzrechtlich haften, wenn er den Verbotsbelasteten zum Vertragsbruch verleitet hat (dazu III/14/3).

4/33 **Absolute Wirkung** kommt dem Veräußerungs- und Belastungsverbot nur dann zu, wenn (i) ein besonderes Angehörigenverhältnis besteht und (ii) sich das Verbot auf eine Liegenschaft oder ein bücherliches Recht bezieht und im Grundbuch einverleibt ist.

Das **Angehörigenverhältnis** muss nach hA zwischen dem Belasteten und dem Begünstigten, nicht aber mit dem Vertragspartner der Vereinbarung vorliegen. Diese Personen müssen im Zeitpunkt des Einverleibungsansuchens (OGH RS0010717) miteinander verheiratet sein, in einer eingetragenen Partnerschaft leben oder in einem Eltern-Kind-Verhältnis stehen; dazu zählt auch die Beziehung zu Wahl-, Pflege- und Stiefkindern[48] sowie zu den Ehegatten bzw eingetragenen Partnern der Kinder. Fällt das Angehörigenverhältnis später weg – zB infolge Scheidung –, beendet dies nach stRsp die absolute Wirkung des Verbots nicht[49]; eine Ausnahme besteht jedoch für Stiefkinder bei Tod des leiblichen Elternteils[50].

Das Veräußerungs- und Belastungsverbot ist im Lastenblatt **einzuverleiben** (OGH SZ 15/17); die Ersichtlichmachung im Eigentumsblatt (§ 11 Abs 2 AGAG) dient nur der Information. Es können auch vereinbarte Beschränkungen des Verbots eingetragen werden (zB Zulässigkeit der Veräußerung an eine bestimmte Person; OGH RS0127323). Bei unverbücherten Liegenschaften und Superädifikaten ist eine Urkundenhinterlegung erforderlich (§ 1 Abs 1 lit e UHG).

4/34 Das verbücherte Veräußerungs- und Belastungsverbot macht zwar nicht das Verpflichtungsgeschäft (zB den Kaufvertrag über die Liegenschaft) ungültig, bewirkt aber bezüglich der davon betroffenen **Verfügungen** eine allgemeine **Grundbuchsperre**[51], solange keine Zustimmung des Berechtigten in grundbuchsfähiger Form – dh wie eine Aufsandungserklärung (5 Ob

48 OGH RS0109934.

49 OGH RS0010724; *Hoyer*, NZ 2009, 254. AA *Angst*, Hofmeister-GedS (1996) 1, 6; *Aschauer*, Veräußerungsverbot 164; *M. Mayr*, Veräußerungs- und Belastungsverbot 50 f. Keine Verbücherung eines anlässlich der Ehescheidung vereinbarten Veräußerungs- und Belastungsverbots, OGH RS0010722.

50 5 Ob 253/08d, SZ 2009/3; 2 Ob 34/15m, EvBl 2016/79 mit Anm *Wenger-Haargassner* = JBl 2016, 653 mit Anm *A. Müller*; *Hoyer*, NZ 2009, 280. Krit *Edelhauser*, immolex 2009, 287; *Holzner*, JBl 2010, 134 f; *Leupold* in Fenyves/Kerschner/Vonkilch³ (Klang) § 364c Rz 41.

51 5 Ob 214/14b, ecolex 2015, 547 mit Anm *Fritzer*; zur entsprechenden Wirkung einer Eintragung nach § 1236 5 Ob 205/09x, NZ 2011, 310 mit Anm *Hoyer* (319).

265/08v) – vorliegt (OGH RS0010735). Unzulässig sind damit alle Verfügungen oder Belastungen betreffend die verbotsbelastete Sache, etwa auch die Verbücherung eines Bestandverhältnisses (§ 1095; III/8/80)[52]. Trägt das Grundbuchsgericht irrtümlicherweise doch einen Erwerber ein, so hat dieser trotzdem kein Recht erlangt und ist von Amts wegen zu löschen (5 Ob 196/11a). Das Veräußerungs- und Belastungsverbot steht nach hA auch der Begründung von Zwangspfandrechten sowie der exekutiven und insolvenzmäßigen Verwertung entgegen[53]; in der Praxis wird es daher häufig als Instrument der Gläubigerabwehr eingesetzt. **Nicht ausgeschlossen** ist jedoch die Zwangsverwaltung und ein auf gesetzlicher Grundlage beruhender Rechtserwerb, wie das Entstehen gesetzlicher Pfandrechte[54] und Dienstbarkeiten, der außerbücherliche Erwerb von Rechten an der Liegenschaft (zB durch Ersitzung[55], Bauen auf fremdem Grund uä), die Einräumung eines Notwegs (OGH RS0038250) oder die Rückabwicklung einer wegen groben Undanks (§ 948) widerrufenen Schenkung (3 Ob 245/10s) und ebenso wenig die Aufhebung einer Miteigentümergemeinschaft im Wege der – auch exekutiven – Zivilteilung (dazu Rz 5/25) auf Betreiben eines nicht verbotsbelasteten Miteigentümers[56]. Bücherliche Rechte, die ihm im Range vorgehen, berührt das Veräußerungs- und Belastungsverbot nicht; daher kann etwa ein vorrangiger Hypothekargläubiger die Liegenschaft verwerten lassen und ebenso kann ein Erwerber Eigentum einverleiben lassen, wenn er eine im Range vorangehende Anmerkung der Rangordnung (Rz 3/51) ausnutzt[57].

Sowohl das obligatorisch als auch das absolut wirkende Veräußerungs- **4/35**
und Belastungsverbot **bindet nur den Vertragspartner**, nicht aber dessen Gesamt- oder Einzelrechtsnachfolger. Daher erlischt das Verbot sofort mit dem Tod des ersten belasteten Eigentümers, sodass vorher vorgenommene verbotswidrige Verfügungen nunmehr verbüchert werden können[58].

---

52 OGH RS0010770; aA *M. Mayr*, Veräußerungs- und Belastungsverbot 83 f.

53 OGH RS0002625; aA *M. Mayr*, Veräußerungs- und Belastungsverbot 106 f, 129 f.

54 *M. Mayr*, Veräußerungs- und Belastungsverbot 74. 3 Ob 164/01s: Vorzugspfandrecht nach § 27 WEG.

55 OGH RS0010782; RS0011977. Außer im Umgehungsfall, vgl *Apathy*, JBl 1999, 205, 219; *Gusenleitner*, Ersitzung als allgemeiner Rechtserwerbstatbestand (2004) 165 f.

56 OGH RS0010783; *Aschauer*, Veräußerungsverbot 114 ff, 171; *Holzner*, JBl 2004, 477. Zur Aufhebung der Gemeinschaft durch einen verbotsbelasteten Miteigentümer vgl 5 Ob 82/14s, ecolex 2015, 375 mit Anm *Fritzer*.

57 3 Ob 67/93, ÖBA 1995, 480; 8 Ob 109/13g, ÖBA 2014, 386. Zur Verwertung der verbotsbelasteten Liegenschaft zugunsten eines vorrangigen Hypothekargläubigers *Jelinek*, Rechberger-FS (2005) 227, 230 ff.

58 5 Ob 1066/91, NZ 1992, 79; 5 Ob 101/08a, NZ 2009, 116; *Oberhammer* in Schwimann[4] § 364c Rz 5.

Ebenso fällt es bei Übereignung der Sache an einen Dritten weg. Eine solche ist allerdings beim dinglich wirkenden Verbot nur mit Zustimmung des Verbotsberechtigten möglich. Generell haben nämlich der Verbotsbelastete und -begünstigte zusammen die volle Verfügungsgewalt über die Sache (OGH RS0010735).

4/36 Das Recht des Begünstigten ist auch im Falle der Einverleibung im Grundbuch nicht dinglicher Natur, da es mit keiner Herrschaftsbefugnis an der Sache (vgl Rz 1/4) verbunden ist (OGH RS0108057). Es ist nach hA auch kein verwertbares Vermögensrecht und daher **weder pfändbar noch** unter Lebenden oder von Todes wegen **übertragbar**[59]. Nach hA kann die Stellung als Verbotsberechtigter nicht gutgläubig erworben werden (zB wenn ein vorrangiges Pfandrecht nicht eingetragen ist)[60].

4/37 Ähnliche Wirkungen wie mit einem Veräußerungs- und Belastungsverbot lassen sich auch erreichen, wenn der Überträger einer Liegenschaft mit dem Erwerber vereinbart, dass diese bei Eintritt eines bestimmten Ereignisses (zB Tod des Erwerbers) wieder dem Überträger (Heimfallsrecht) oder einem Dritten (Besitznachfolgerecht) zufallen soll[61]. Ob man durch die Verbücherung solcher Rechte dieselben Rechtsfolgen herbeiführen kann, wie beim absolut wirkenden Veräußerungs- und Belastungsverbot, ist strittig[62]; hält man dies für möglich, ließen sich damit nämlich Verfügungen über die Liegenschaft mit absoluter Wirkung verhindern, ohne dass die Einschränkung auf den Personenkreis des § 364c und auf die Lebensdauer des Belasteten eingreifen. Aus demselben Grund wird man es auch als unwirksam ansehen müssen, wenn die Rechtsübertragung an den Erwerber dadurch auflösend bedingt ist, dass er diese Sache an einen Dritten überträgt[63].

59 6 Ob 145/99p, ÖBA 2000, 440; 5 Ob 101/08a, NZ 2009, 60 mit Anm *Hoyer*; *Oberhammer* in Schwimann[4] § 364c Rz 9 f. AA *Angst*, Hofmeister-GedS 11; *Aschauer*, Veräußerungsverbot 95.

60 OGH RS0126487; 5 Ob 128/10z, ÖBA 2011, 335 mit zust Anm *Holzner* = wobl 2011, 289 mit krit Anm *Kodek*; *Leupold* in Fenyves/Kerschner/Vonkilch[3] (Klang) § 364c Rz 60; AA *M. Mayr*, Das Veräußerungs- und Belastungsverbot (2018) 23 f.

61 Dazu OGH RS0012539; RS0038444; *Aschauer*, Veräußerungsverbot 77; *Egglmeier*, NZ 1997, 33, 37; *Fischer-Czermak*, Hofmeister-GedS 169; *Hofmeister*, Kralik-FS (1986) 377; *Hoyer*, Hofmeister-GedS (1996) 283, 288; *Leupold* in Fenyves/Kerschner/Vonkilch[3] (Klang) § 358 Rz 4 ff; *Samek*, NZ 2007, 237; *Cohen*, Drittbegünstigung auf den Todesfall (2016) 295 ff.

62 Dafür OGH RS0012539; RS0083800. AA *Winner* in Rummel/Lukas[4] § 358 Rz 14; *Holzner* in Kletečka/Schauer, ABGB-ON 1.04 § 358 Rz 12.

63 10 Ob 66/15a; *Leupold* in Fenyves/Kerschner/Vonkilch[3] (Klang) § 364c Rz 29; *M. Mayr*, Veräußerungs- und Belastungsverbot 11.

§ 5. Gemeinschaft des Eigentums

Die eigentumsrechtliche Beteiligung mehrerer Personen an einer gemeinsamen Sache kann in verschiedener Weise ausgestaltet sein: An einem Ende der Skala steht dabei das real geteilte Eigentum, am anderen das Gesamthandeigentum. 5/1

A. Stockwerkseigentum; Gesamthandeigentum

Grundsätzlich ist es rechtlich nicht möglich, dass der Teilhaber einer einheitlichen Sache einen realen Teil von ihr im Alleineigentum hat. Eine derartige Situation findet sich allerdings beim sog **Stockwerkseigentum**[1]. Hier stehen materielle Teile eines Gebäudes (Stockwerke, Wohnungen) im Alleineigentum einer Person, die zugleich Miteigentümer der gemeinschaftlichen Teile des Hauses (zB Stiegenhaus, Keller uä) und der Liegenschaft ist. Eine solche rechtliche Position kann jedoch seit einem Gesetz aus 1879 (RGBl 50) nicht mehr geschaffen werden; ebenso wenig lässt sich daran Wohnungseigentum begründen (5 Ob 236/07b). Stockwerkseigentum, das bereits bestanden hat, als dieses Gesetz in Kraft trat, ist allerdings weiterhin Gegenstand von Eintragungen im Grundbuch. Dabei sind die im Alleineigentum stehenden Teile des Hauses als eigenständige Grundbuchskörper zu behandeln (§ 5 Abs 4 AGAG). Wenn das Eigentum an materiellen Teilen des Gebäudes einmal vereinigt wurde, kann eine Trennung nach realen Teilen nicht mehr vorgenommen werden. 5/2

Das andere Extrem bei der Ausgestaltung von gemeinschaftlichem Eigentum an einer Sache bildet das **Gesamthandeigentum**: Dabei können die Eigentümer ihre Berechtigung nur gemeinsam ausüben; der Einzelne hat also nicht einmal einen ideellen Anteil, über den er allein verfügen könnte[2]. Eine solche Situation findet sich vor allem bei den Personengesellschaften 5/3

1 Dazu *Kohl*, NZ 2002, 161.
2 Vgl *Meissel*, Hofmeister-GedS (1996) 420, 421.

(vgl § 124 Abs 1 UGB) und bei der Urheber- und Erfindergemeinschaft (§ 11 UrhG; § 27 Abs 1 PatG). Auch das gemeinsame Wohnungseigentum von Partnern ist Gesamthandeigentum (§ 13 Abs 4 WEG), nicht aber das Wohnungseigentum an sich (vgl § 2 Abs 1 Satz 1 WEG). In eine Gesellschaft bürgerlichen Rechts eingebrachte körperliche Sachen stehen iZw im schlichten Miteigentum der Gesellschafter (§ 1180 Abs 1); Gesamthandeigentum ist ausgeschlossen[3]. Außerhalb der gesetzlich geregelten Fälle kann man Gesamthandeigentum nach hA nicht rechtsgeschäftlich begründen. Ein ähnliches Ergebnis lässt sich aber erzielen, wenn jeweils zugunsten und zulasten der einzelnen Miteigentümer wechselseitige Veräußerungs- und Belastungsverbote verbüchert werden; dies setzt freilich voraus, dass die Miteigentümer zueinander in einem Angehörigenverhältnis iSd § 364c stehen (Rz 4/33). In Betracht kommt ein solches Vorgehen daher insb bei einer Gütergemeinschaft unter Lebenden (V/2/66), wobei hier allerdings manche unter Berufung auf § 1236 ohnedies einen gesetzlich angeordneten Fall des Gesamthandeigentums annehmen.

B. Schlichtes Miteigentum

I. Entstehung und Regelung des Miteigentums

5/4 (Schlichtes) Miteigentum an einer Sache gibt den Eigentümern eine Rechtsposition, die zwischen den beiden Polen des real geteilten Eigentums einerseits und des Gesamthandeigentums andererseits liegt. Es kann durch Gesetz (zB § 415; Erbengemeinschaft), durch Richterspruch (zB Mehrheit von Erstehern) oder durch Vertrag bzw letztwillige Verfügung entstehen.

5/5 Die **Rechte der Miteigentümer** an der gemeinsamen Sache und die Rechtsverhältnisse untereinander regeln die §§ 825 ff. Aber auch hinsichtlich der rechtlichen Beziehung der Miteigentümer zu Dritten stellt das Gesetz ausdrücklich (vgl § 848) oder doch zumindest mittelbar Regelungen auf. So ergibt sich aus den Bestimmungen über die Verwaltung des gemeinsamen Gutes die Befugnis, die Miteigentümer nach außen zu vertreten. Der Miteigentümergemeinschaft kommt zwar keine Rechtspersönlichkeit zu. Die Miteigentümer können aber eine Gesellschaft bürgerlichen Rechts bilden, wenn sie ein entsprechendes Zusammenwirken vereinbaren (§ 826 S 2).

---

3 EBzRV 270 BlgNR 25. GP 11; *Reich-Rohrwig/Zimmermann*, ecolex 2015, 296, 297. Für unkörperliche Sachen s aber § 1180 Abs 1, 2. HS.

Differenzen zwischen den Teilhabern bezüglich der Benützung und Verwaltung der gemeinsamen Sache sind im außerstreitigen Verfahren zu entscheiden (§ 838a); dies gilt zB für Streitigkeiten aus einer Benützungsregelung (Rz 5/9) oder über die Frage, ob ein Verwalter zu bestellen ist (Rz 5/19), und für Aufwandersatzansprüche des verwaltenden Miteigentümers (OGH RS0124971). Hingegen sind Ansprüche gegen Miteigentümer, die auf andere Rechtsgrundlagen als das Gemeinschaftsverhältnis gestützt werden (1 Ob 39/13m), im streitigen Verfahren geltend zu machen (zB Besitzstörungs-, Schadenersatz- und Bereicherungsklagen sowie nachbarrechtliche Unterlassungsansprüche).

II. Rechte der Teilhaber

1. Rechte an der gemeinsamen Sache

Zu **Verfügungen über die ganze Sache** sind die Miteigentümer nur gemeinsam berechtigt (§§ 361, 828). Kein Miteigentümer darf Veränderungen tatsächlicher oder rechtlicher Art an der Sache vornehmen oder gar die Sache veräußern; gegen solche Maßnahmen stehen den anderen Miteigentümern Abwehransprüche nach § 523 zu (OGH RS0012112). Gegenüber Dritten ist nach hA jeder Teilhaber legitimiert, Besitzstörungsklagen zu erheben (§§ 339 ff, 346) und Herausgabe- und Abwehransprüche aus dem Eigentum (§§ 364 ff, 366, 523) hinsichtlich der ganzen Sache zur Wahrung des Rechts der Miteigentümer geltend zu machen[4]; nach der Rsp ist dies jedoch nur dann zulässig, wenn sich der Kläger dadurch nicht in Widerspruch zu den übrigen Miteigentümern setzt[5]. **5/6**

Der **Gebrauch an der Sache** steht grundsätzlich jedem Teilhaber zu. Allerdings darf kein Teilhaber den konkreten Gebrauch durch die anderen beeinträchtigen. Wenn ein Miteigentümer die Sache im Verhältnis zu seinem Anteil überproportional benützt und ein anderer Miteigentümer dem widerspricht, muss er den überproportionalen Gebrauch in Zukunft unterlassen; andernfalls kann sich der dadurch beeinträchtigte Teilhaber dagegen **5/7**

4 OGH RS0012114; *B. A. Koch* in KBB[5] § 523 Rz 12. Krit *Perner*, ÖJZ 2010, 5, 6. Zur Klage auf Feststellung des Bestehens einer Grunddienstbarkeit OGH RS0101793.

5 3 Ob 135/14w, immolex 2014/99 mit Anm *Malainer/Staribacher*; 7 Ob 30/15k. Gegenteilig 5 Ob 25/08z, wobl 2009, 157 mit Anm *Vonkilch*.

sowohl possessorisch (s Rz 2/59) als auch petitorisch (§ 523) zur Wehr setzen und ein anteiliges Benützungsentgelt verlangen[6].

5/8 Jeder Teilhaber hat Anspruch auf einen seiner Eigentumsquote entsprechenden **Anteil an den Nutzungen** der gemeinsamen Sache (§ 839). Für gemeinschaftliche Forderungen der Miteigentümer gegen Dritte gilt § 890 Satz 2 (§ 848 Satz 2 und 3)[7]; ihre Geltendmachung setzt einen Beschluss der Miteigentümer voraus, wobei es sich idR um eine Maßnahme der ordentlichen Verwaltung handelt (§ 833; dazu Rz 5/14).

5/9 In einer zwischen allen Miteigentümern abgeschlossenen **Benützungsregelung** können diese vereinbaren, dass die gemeinsame Sache oder ein realer Teil von ihr einem von ihnen zur ausschließlichen Nutzung dauernd oder auf bestimmte Zeit zugewiesen ist[8]. Die Festsetzung eines Entgelts und die nähere Ausgestaltung des sonstigen Inhalts unterliegen der Parteiendisposition. Ist ein Teil der Sache einem Teilhaber zur alleinigen Benutzung überlassen, wird ihm damit iZw auch eine Verwaltervollmacht hinsichtlich des zugewiesenen Teils eingeräumt; er kann diesen Teil daher etwa auch im Namen aller Miteigentümer vermieten (OGH RS0013607; RS0042537). Die Verfügungsmacht über den zur ausschließlichen Nutzung überlassenen Teil der gemeinsamen Sache kann sogar das Recht zu physischen Veränderungen umfassen, soweit dies nicht in die Rechtssphäre der übrigen Teilhaber eingreift und deren wichtige Interessen berührt (OGH RS0013205; RS0013604).

Beispiel: A und B gehört eine Segelyacht je zur Hälfte. Wenn sie eine Vereinbarung getroffen haben, dass A im Juli und B im August das Boot die ganze Zeit verwenden darf, und diese Benützungsregelung auch die Überlassung der Yacht an einen Dritten umfasst, kann A die Yacht dem C für den Juli vermieten, wobei er auch im Namen des B handelt.

Bei derartigen Vereinbarungen zwischen Miteigentümern stellt sich oft das Problem, ob es sich im konkreten Fall um eine Benützungsregelung im soeben umschriebenen Sinn oder ein Bestandverhältnis handelt; diese Einordnung ist insb für die Anwendbarkeit des MRG bedeutsam und für die Frage, ob die Vereinbarung bei Ausscheiden eines Miteigentümers erlischt (was nur im Fall einer Benützungsregelung gilt; Rz 5/11). Ein Bestandverhältnis zwischen Miteigentümern setzt voraus, dass sie eine über die bloße Zuweisung von ausschließlichen Gebrauchsbefugnissen hinausgehende Verpflichtung nach §§ 1090 ff bzw MRG eingehen wollten. IZw ist eine

6 2 Ob 248/08x, SZ 2009/86; 7 Ob 86/13t, wobl 2013, 330; *Oberhofer*, wobl 2004, 209, 213; *Pittl/Steiner*, wobl 2013, 8; *Prader*, immolex 2010, 16; *Vonkilch*, wobl 2006, 138, 142, je mwN zur früheren gegenteiligen Rsp. Vgl auch *Radler*, Zak 2016, 5.

7 Grundlegend *Perner*, Gemeinschaftliche Forderungen (2004) 167 ff. Vgl ferner OGH RS0013874; *Egglmeier-Schmolke* in Schwimann[4] § 848 Rz 3 mwN.

8 Dazu *Fleischmann*, immolex 2002, 136.

Benützungsregelung anzunehmen, wobei etwa die Bezeichnung als Miete nicht schadet[9].

Kommt keine vertragliche Benützungsregelung zustande, so kann auch der Minderheitseigentümer eine **Benützungsregelung durch den Außerstreitrichter** begehren (OGH RS0013582; RS0013699). Dieser entscheidet unter Berücksichtigung der Anteile und der persönlichen und familiären Verhältnisse der Miteigentümer (OGH RS0013701; RS0013612), wobei er auch ein angemessenes Benützungsentgelt festsetzen kann. **5/10**

Eine Benützungsregelung wirkt bloß obligatorisch zwischen den Miteigentümern, gegenüber dem Einzelrechtsnachfolger eines Miteigentümers also nur dann, wenn er ihr zustimmt (OGH RS0013593; RS0013614). Daher erlischt die Vereinbarung grundsätzlich mit Ausscheiden eines Miteigentümers. Ist sie allerdings im Grundbuch angemerkt, bindet sie auch den Rechtsnachfolger eines Miteigentümers (§ 828 Abs 2); es entsteht dadurch aber keine dingliche Rechtsposition (5 Ob 89/08m). Die Benützungsregelung kann außerdem aus wichtigem Grund jederzeit aufgelöst werden. **5/11**

2. Rechte bezüglich des Anteils

Jeder Miteigentümer kann über seinen Anteil **frei verfügen** (§§ 361, 829), ihn also auch veräußern und verpfänden (vgl § 13 GBG). Rechte, deren Ausübung an die Innehabung der Sache geknüpft ist (zB Bestandrechte) oder die den gesamten Grundbuchskörper belasten (Grunddienstbarkeiten; Fruchtgenuss an der Liegenschaft), kann der einzelne Teilhaber hingegen nicht begründen (OGH RS0049051), sehr wohl einen Fruchtgenuss an seinem ideellen Anteil (Rz 15/2). **5/12**

Zur Verteidigung der Rechte am Anteil stehen dem Teilhaber petitorische und possessorische Ansprüche gegen Dritte und gegen die übrigen Miteigentümer zu.

3. Verwaltungsrechte

a) Überblick

Die **Verwaltung der gemeinsamen Sache** umfasst Entscheidungen über die Nutzung sowie die Erhaltung und Verbesserung (faktische Änderungen) der Sache; es handelt sich dabei um laufende Maßnahmen im Interesse aller Miteigentümer. Sie ist von der Verfügung über das gemeinsame Eigen- **5/13**

9 OGH RS0013657; *Gruber/Sprohar-Heimlich* in Schwimann[4] § 834 Rz 30; *Hoyer*, wobl 1991, 152, 153.

tumsrecht oder das dem einzelnen Miteigentümer zustehende Anteilsrecht (dazu oben Rz 5/6 ff) zu unterscheiden und abzugrenzen[10]: Verfügungen verändern die Substanz der Gemeinschafts- oder Anteilsrechte, ohne dem Interesse der Gemeinschaft zu dienen. Die Verwaltung steht grundsätzlich allen Miteigentümern zu. Die dafür vom Gesetz aufgestellten Regeln betreffen primär das Verhältnis zwischen den Miteigentümern, also die Frage, unter welchen Voraussetzungen einzelne Maßnahmen vorgenommen werden dürfen. Daraus folgt aber im Weiteren auch die Legitimation im Außenverhältnis, diese Verwaltungstätigkeiten durchzuführen, wenn dafür Rechtsgeschäfte mit einem Dritten abgeschlossen werden müssen (zB Werkvertrag über Renovierung des Hauses; Vermietung der gemeinsamen Sache). IdR deckt sich daher die interne Befugnis zur Geschäftsführung mit der Vollmacht nach außen[11].

Das Gesetz unterscheidet zwischen Angelegenheiten der ordentlichen Verwaltung und wichtigen Veränderungen, also außerordentlichen Verwaltungsmaßnahmen; dabei sind grundsätzlich wirtschaftliche Gesichtspunkte maßgeblich (OGH RS0041383). Generell setzt ein wirksamer Beschluss voraus, dass alle Miteigentümer von der anstehenden Abstimmung rechtzeitig verständigt wurden und Gelegenheit hatten, sich dazu zu äußern, selbst wenn sie eine voraussichtlich chancenlose Gegenposition vertreten[12].

b) Ordentliche Verwaltung

5/14 Unter die ordentliche Verwaltung fallen Maßnahmen, die zur Erhaltung und zum Betrieb der gemeinsamen Sache **notwendig oder zweckmäßig** sind, **im Interesse aller Miteigentümer** liegen und **keine besonderen Kosten** verursachen (OGH RS0013573). Dazu zählen vor allem wiederkehrende Erhaltungsarbeiten; bei Zinshäusern gehört zur ordentlichen Verwaltung etwa die Vermietung von Bestandobjekten an Dritte – nicht aber an einen Miteigentümer (s Rz 5/16) –, wenn der Vertrag auf übliche Dauer und zu üblichen Bedingungen abgeschlossen wird; ebenso ist die Aufkündigung solcher Verträge eine Maßnahme der ordentlichen Verwaltung.

5/15 Über solche Angelegenheiten entscheidet die **Mehrheit aller Miteigentümer**, berechnet nach Anteilen. Daher kann der Mehrheitseigentümer die ordentliche Verwaltung an sich ziehen. Die betreffenden Beschlüsse sind

10 OGH RS0109188; *Terlitza*, wobl 2011, 185. Zur Aktiv- und Passivlegitimation bei Rechtsstreitigkeiten im Innenverhältnis s *Perner*, ÖJZ 2010, 8.

11 4 Ob 2024/96t, SZ 69/90; 3 Ob 144/08k, immolex 2008/136 mit Anm *Prader*; vgl dazu auch VIII/Fall 70.

12 OGH RS0013561; RS0013383; *Niedermayr*, wobl 1993, 74; *Thöni*, JBl 1992, 7.

für alle Miteigentümer bindend. Die Minderheit hat keine Möglichkeit, den Richter anzurufen. Bei Stimmengleichheit entscheidet der Richter im außerstreitigen Verfahren.

c) Außerordentliche Verwaltung

Maßnahmen, die mit **höheren Kosten** verbunden oder **nicht im klaren Interesse aller Miteigentümer** sind – zB Generalsanierung eines Gebäudes oder Abschluss bzw Kündigung eines Mietvertrags mit einem Miteigentümer (OGH RS0013594; RS0013680) –, sind wichtige Veränderungen (§ 834); für sie reicht ein Mehrheitsbeschluss nicht aus. Vermietet etwa der Mehrheitseigentümer eine Wohnung einem Dritten zu unüblichen Bedingungen oder trotz erkennbaren Eigenbedarfs eines Minderheitseigentümers, so ist der Mietvertrag mangels Vertretungsmacht unwirksam. **5/16**

Liegt **kein einstimmiger Beschluss** der Miteigentümer vor, kommt es auf das Verhalten der Überstimmten an. Verlangen sie Sicherheit für etwaige Schäden durch die wichtige Veränderung und wird ihnen diese gewährt, so ist wohl von ihrer Zustimmung auszugehen, sodass die Verwaltungsmaßnahme durchgeführt werden kann. Die Minderheitseigentümer haben allerdings keinen Anspruch auf Sicherstellung. Verweigert die Mehrheit die Sicherstellung, können die Minderheitseigentümer aber die **Aufhebung der Gemeinschaft** verlangen, also auf Teilung klagen (§ 830), ohne dass dabei auf eine etwaige Nachteiligkeit für die übrigen Rücksicht zu nehmen ist (§§ 834 f). **5/17**

Will die Minderheit die Gemeinschaft nicht aufheben oder steht dem der Einwand der Unzeit entgegen (§ 830; s Rz 5/26), ist der Beschluss der Mehrheit nur unter der weiteren Voraussetzung wirksam, dass ihn eine „neutrale Instanz" bestätigt (§§ 834 f). Dabei kann es sich um die Entscheidung durch ein Los oder einen Schiedsmann handeln, wenn sich alle Miteigentümer auf diese Vorgangsweise einigen. Im Normalfall entscheidet der **Außerstreitrichter** nach billigem Ermessen, ob die von der Mehrheit beschlossene Maßnahme unbedingt, gegen Sicherstellung oder gar nicht erfolgen soll (OGH RS0013665; RS0013440). **5/18**

Die Minderheit hat keine Möglichkeit, eine außerordentliche Verwaltungsmaßnahme gerichtlich durchzusetzen (OGH RS0013711); sehr wohl aber steht dieses Recht im Falle der Stimmengleichheit den Miteigentümern mit der Hälfte der Anteile zu, außer sie haben eine Änderung bereits eigenmächtig vorgenommen (OGH RS0013682; vgl aber 2 Ob 228/07d).

d) Bestellung eines Verwalters

5/19 Die Miteigentümer können auch einen Verwalter für die gemeinsame Sache bestellen (Fremdverwaltung). Dabei handelt es sich um eine Maßnahme der **außerordentlichen Verwaltung**, weil das Gesetz die Selbstverwaltung durch die Gemeinschaft als Normalfall vorsieht (§ 833). Sind sich die Teilhaber darüber nicht einig, bedarf es daher der Entscheidung des Außerstreitrichters auf Grund eines Mehrheitsbeschlusses (Rz 5/18). Ein Minderheitseigentümer kann daher die Fremdverwaltung nicht herbeiführen. Ist die Bestellung eines Verwalters als Verwaltungsmaßnahme wirksam beschlossen, erfolgt dessen **Auswahl** als Maßnahme der ordentlichen Verwaltung; es entscheidet daher die Mehrheit der Miteigentümer oder der Außerstreitrichter, der auch von einem Minderheitseigentümer angerufen werden kann (§ 836; OGH RS0013662).

5/20 Der Verwalter ist der Machthaber aller Miteigentümer (§ 837) und hat daher auch die Interessen derjenigen Teilhaber zu wahren, die gegen seine Bestellung waren. Seine Rechte und Pflichten richten sich – etwa bzgl der Rechnungslegungspflicht und des Entlohnungsanspruchs – nach Auftragsrecht (§§ 1002 ff); seine Befugnisse sind allerdings auf die Maßnahmen der **ordentlichen Verwaltung** beschränkt (OGH RS0013740). Insoweit ist der Verwalter auch zur Vertretung der Miteigentümer nach außen bevollmächtigt. Die Mehrheit der Miteigentümer kann dem Verwalter nicht nur Weisungen erteilen, sondern auch außenwirksame Verwaltungshandlungen setzen[13].

Eine Änderung in der Person des Verwalters (**Abberufung**) kann durch die Mehrheit der Miteigentümer oder bei Stimmengleichheit durch den Außerstreitrichter erfolgen. Soll hingegen wieder zur Verwaltung durch die Miteigentümer (Selbstverwaltung) übergegangen werden, handelt es sich um eine wichtige Veränderung (§ 834), für die ein Mehrheitsbeschluss nicht ausreicht.

5/21 Ein Minderheitseigentümer ist nicht befugt, die ordentliche Verwaltung ohne diesbezüglichen Auftrag der übrigen Teilhaber zu führen, und kann diese daher auch nicht wirksam gegenüber Dritten berechtigen und verpflichten[14]. Nach § 837 Satz 3 hat er aber Anspruch auf Ersatz nützlicher Aufwendungen.

---

13 OGH RS0013749; *H. Böhm* in Kletečka/Schauer, ABGB-ON 1.01 § 837 Rz 11; *Gruber/Sprohar-Heimlich* in Schwimann[4] § 837 Rz 3, 6; *Schauer*, wobl 1999, 384, 389 ff.

14 *Perner*, Gemeinschaftliche Forderungen 151. AA *Tanczos/Eliskases* in Rummel/Lukas[4] § 837 Rz 21. Zum Fall einer Duldungs- oder Anscheinsvollmacht vgl *H. Böhm/W. Faber*, wobl 2001, 189, 195.

Die geschäftsführenden Teilhaber bzw der Verwalter sind den Miteigentümern zur **Rechnungslegung** über die abgelaufenen Verwaltungsperioden verpflichtet (§ 837).

4. Aufhebungsanspruch

Jeder Miteigentümer hat einen Anspruch auf **Auflösung der Gemeinschaft** (§ 830)[15]. Auf dieses Recht kann zwar verzichtet werden, doch bindet eine solche – bloß obligatorisch wirksame (OGH RS0013344) – Vereinbarung unter den Miteigentümern nicht deren Rechtsnachfolger (§§ 831 f). Eine Beschränkung des Auseinandersetzungsanspruchs kann auch in einer einvernehmlichen Sachwidmung durch die Miteigentümer liegen (zB Bestimmung des gemeinsamen Hauses zur Ehewohnung, OGH RS0013372; RS0013349). Die Teilung erfolgt entweder einvernehmlich durch alle Miteigentümer, wobei sie sich auch auf eine Entscheidung durch Schiedsmann oder Los einigen können, oder auf Grund einer Teilungsklage durch gerichtliche Entscheidung (Rechtsgestaltungsurteil). An dem Verfahren sind alle Miteigentümer als „notwendige Streitgenossen" (§ 14 ZPO) entweder auf Kläger- oder Beklagtenseite beteiligt. Der Rechtsstreit kann im Grundbuch angemerkt werden (OGH RS0013239), was zur Folge hat, dass sich die Bindungswirkung des Teilungsurteils auch auf Einzelrechtsnachfolger der Miteigentümer erstreckt. 5/22

Primär ist Miteigentum durch **Naturalteilung** (Realteilung) aufzulösen (§ 841); dabei wird die gemeinsame Sache in den Miteigentumsquoten entsprechende Teile von ungefähr gleicher Beschaffenheit zerlegt (OGH RS0013851; RS0013829). Im Falle der gerichtlichen Teilung ist bei geringfügigen Abweichungen von dem quotenmäßig zustehenden Anteil ein Ausgleich in Geld anzuordnen (OGH RS0013854). Soweit erforderlich kann der Richter auch Servituten zugunsten eines Teilhabers begründen (§ 842). Dingliche Rechte Dritter an der Sache bestehen nach der Teilung an allen Trennstücken weiter, sofern sie sich nicht bloß auf einzelne von ihnen erstrecken (§ 847; zB Wegedienstbarkeit). 5/23

Voraussetzung für die Realteilung ist, dass sie tatsächlich und rechtlich möglich und wirtschaftlich tunlich ist. Die Naturalteilung ist faktisch **unmöglich**, wenn die Sache nicht ohne wesentliche Wertminderung geteilt werden kann (OGH RS0013852); rechtlich unmöglich ist sie, wenn kraft Gesetzes dinglich wirkende Teilungsverbote oder -beschränkungen be-

15 Keine Möglichkeit zur Ausschließung eines Miteigentümers: OGH RS0083256; *Pittl*, wobl 2012, 1. AA *Gruber*, NZ 2012, 139; *Klein*, immolex 2011, 280.

stehen (zB § 12 WEG; § 15 ForstG). **Untunlichkeit** liegt vor, wenn die Teilung – etwa durch Umbau – unverhältnismäßig hohe Kosten (OGH RS0013865; RS0112073) bzw einen unverhältnismäßig hohen Geldausgleich zwischen den Miteigentümern erfordern oder zu einer beträchtlichen Wertminderung führen würde (OGH RS0013831).

5/24 Eine Sonderform der Realteilung ist die **Begründung von Wohnungseigentum** an gemeinschaftlichen Gebäuden (§ 3 Abs 1 Z 3 WEG)[16]. Aus der rechtlichen Konstruktion des Wohnungseigentums (§ 2 Abs 1 WEG 2002; Rz 5/30) ergibt sich allerdings, dass diese Teilungsart das Miteigentum keineswegs beseitigt, sondern vielmehr perpetuiert und lediglich ausschließliche Nutzungs- und Verfügungsrechte an Teilen der gemeinsamen Sache begründet. Diese Form der Teilung hat Vorrang vor der Naturalteilung (§ 841) und der Zivilteilung (Rz 5/25), wenn sie möglich und tunlich ist (5 Ob 17/01p). Auch hier sind aber die Grundsätze der Realteilung entsprechend anzuwenden; Voraussetzung ist daher, dass jeder Miteigentümer ein seinem Anteil entsprechendes Objekt von annähernd gleicher Beschaffenheit erhalten kann[17].

5/25 Ist die Realteilung tatsächlich oder rechtlich unmöglich oder untunlich, so kommt es auf Antrag auch nur eines Miteigentümers zur **Zivilteilung**. Diese erfolgt bei Liegenschaften nach den Regeln über die Zwangsversteigerung (§ 352 EO), wenn sich die Miteigentümer nicht auf die freiwillige Feilbietung (§§ 87a ff NO) einigen. Die auf der gemeinsamen Sache haftenden Lasten werden durch die Versteigerung nicht berührt (§ 352a Abs 2 EO; § 87b Abs 1 Z 1 NO). Der Erlös ist auf die Miteigentümer entsprechend ihren Anteilen aufzuteilen.

5/26 Jeder Miteigentümer kann einen **Aufschub der Teilung** erwirken, wenn diese sonst zur Unzeit oder zum Nachteil der übrigen erfolgen würde (§ 830). **„Unzeit"** setzt einen objektiven, außerhalb der Miteigentümer liegenden Umstand voraus, der die Teilung derzeit unzweckmäßig und für alle Teilhaber nachteilig macht. Es muss sich um vorübergehende Gründe handeln, deren Wegfall absehbar ist (OGH RS0013280; RS0013287), wie zB bevorstehende Änderungen der für die Bewertung maßgeblichen Rechtslage (zB des MRG) oder der Marktverhältnisse (zB Anstieg der Preise für Immobilien), Wertverlust des Hauses infolge Sanierungsbedürf-

16 OGH RS0110439; RS0106352. Krit *Derbolav*, wobl 2002, 160; *ders*, wobl 2003, 4; *Oberhofer*, wobl 2003, 75. Zur eventuell erforderlichen Korrektur der Nutzwerte (Rz 5/30) OGH RS0107277.

17 OGH RS0101771; 5 Ob 4/09p, wobl 2009, 325 mit Anm *T. Hausmann*: auch durch Begründung einer Eigentümerpartnerschaft.

tigkeit (OGH RS0013294). Zum **Nachteil der Übrigen** ist die Teilung dann, wenn sie wegen vorübergehender Umstände Interessen eines anderen Miteigentümers beeinträchtigt und die vorzunehmende Interessenabwägung zu seinen Gunsten ausschlägt[18]. Das wurde etwa bei Minderjährigkeit, schwerer Erkrankung oder drohender Obdachlosigkeit eines Miteigentümers oder bei Entstehen einer besonders hohen Steuerpflicht angenommen. Bei einer im Miteigentum der Ehegatten stehenden Wohnung ist auch das Interesse ihrer minderjährigen Kinder an einer angemessenen Wohnversorgung zu berücksichtigen (5 Ob 197/13a).

III. Pflichten der Teilhaber

Die Miteigentümer sind entsprechend ihren Anteilen zur **Tragung der Lasten verpflichtet** (zB Verwaltungs- und Betriebskosten, Grundsteuer, Aufwendungen auf die Sache). Im Außenverhältnis richtet sich die Haftung nach den §§ 888 ff, sodass es primär auf die Teilbarkeit der Leistung ankommt. Für Geldschulden haften Miteigentümer allerdings nach stRsp idR solidarisch (OGH RS0017332; RS0017407), außer wenn auf jeden von ihnen nur ein geringfügiger Teil entfällt, wie dies häufig bei Wohnungseigentum der Fall ist, und nichts Gegenteiliges vereinbart wurde (OGH RS0017368). An dieser Haftungssituation ändert die Auflösung der Gemeinschaft prinzipiell nichts (§ 848). **5/27**

C. Wohnungseigentum

I. Inhalt und Gegenstand des Wohnungseigentums

Das Wohnungseigentumsrecht ist vor allem im WEG 2002 geregelt. Dieses Gesetz löste das WEG 1975 mit 1.7.2002 ab, ist aber – mit gewissen Modifikationen – auch auf vor dem 1.7.2002 begründetes Wohnungseigentum anzuwenden (§ 56 Abs 13 WEG). Wohnungseigentum ist das dem Miteigentümer einer Liegenschaft oder einer Eigentümerpartnerschaft eingeräumte dingliche Recht, ein Wohnungseigentumsobjekt **ausschließlich zu benutzen** und darüber zu **verfügen** (§ 2 Abs 1 WEG). **5/28**

Als **Wohnungseigentumsobjekte** kommen Wohnungen, sonstige selbständige Räumlichkeiten[19], wie insb Geschäftsräumlichkeiten oder Gara- **5/29**

18 OGH RS0013324 f; *Oberhofer*, wobl 1994, 58; *Ziehensack*, Die Aufhebung der Eigentumsgemeinschaft (1998) 103 ff.
19 Dazu OGH RS0082876; *Prader*, immolex 2008, 204.

gen, und deutlich abgegrenzte Abstellplätze für Kfz in Betracht (§ 2 Abs 2 WEG). An allgemeinen Teilen[20] der Liegenschaft kann Wohnungseigentum nicht begründet werden (§ 3 Abs 3 WEG).

Mit dem Wohnungseigentum ist oft das Recht verbunden, vom Wohnungseigentumsobjekt baulich getrennte Teile der Liegenschaft, die ohne Inanspruchnahme anderer Wohnungseigentumsobjekte zugänglich und deutlich abgegrenzt sind, ausschließlich zu nutzen (Zubehör-Wohnungseigentum; § 2 Abs 3 WEG; OGH RS0111616); zB Keller- oder Dachbodenräume, Hausgärten oder Lagerplätze – nicht aber Autoabstellplätze[21]. Ein Zubehörobjekt kann ohne Zustimmung der übrigen Wohnungseigentümer auf ein anderes Wohnungseigentumsobjekt übertragen werden (§ 5 Abs 4 WEG).

5/30 Nach der gesetzlichen Konstruktion ist das Wohnungseigentum untrennbar mit dem **Miteigentumsanteil** an der Liegenschaft verbunden; es kann nur gemeinsam mit diesem Gegenstand von Verfügungen oder Exekutionen sein (§ 11 Abs 1 WEG), wobei sich Eintragungen auf dem Miteigentumsanteil auch auf das Nutzungsrecht erstrecken uz selbst dann, wenn sie dem Wohnungseigentum im Rang vorgehen (§ 11 Abs 2 WEG).

Der Miteigentumsanteil des Erwerbers von Wohnungseigentum muss eine bestimmte Größe haben, die das Gesetz als **Mindestanteil** bezeichnet (§ 5 Abs 1 WEG). Dieser ergibt sich aus dem Verhältnis des Nutzwertes des betreffenden Objekts zur Summe der Nutzwerte aller Wohnungseigentumsobjekte der Liegenschaft (§ 2 Abs 9 WEG). Der **Nutzwert** eines Wohnungseigentumsobjekts bestimmt sich aus dessen Nutzfläche und aus Zuschlägen und Abstrichen für werterhöhende oder -vermindernde Eigenschaften (§§ 8 ff WEG)[22]; er stellt eine Maßzahl für den Wert des Wohnungseigentumsobjektes im Verhältnis zu den Werten der anderen Wohnungseigentumsobjekte der Liegenschaft dar (§ 2 Abs 7 WEG). Der Mindestanteil ist unteilbar (§ 12 Abs 1 WEG); eine Ausnahme besteht im Falle der Eigentümerpartnerschaft (dazu Rz 5/34). Eine besondere Regelung braucht es daher für den Fall, dass der Mindestanteil im Erbweg mehreren Personen zufällt (§ 12 Abs 2 und 3 WEG; vgl VI/6/18). Der Miteigentumsanteil/Mindestanteil kann sich nachträglich ändern, wenn die Umstände, die der Nutzwertbestimmung zugrunde liegen, wesentlich von

20 *Mair*, Die Zuordnung von Sachteilen beim Wohnungseigentum (2001); OGH RS0117164.

21 OGH RS0118465; *T. Hausmann* in Hausmann/Vonkilch, Österr Wohnrecht WEG[4] (2017) § 2 Rz 28. Zu Altwohnungseigentum s § 56 Abs 1 WEG, dazu 5 Ob 173/05k, wobl 2006, 216 mit Anm *Vonkilch*.

22 S *Stabentheiner*, wobl 2006, 277, 281.

den realen Verhältnissen abweichen, etwa infolge von baulichen Veränderungen auf der Liegenschaft (§ 10 WEG; s auch OGH RS0123506).

II. Begründung von Wohnungseigentum

Als **Titel** für die Begründung von Wohnungseigentum verlangt das Gesetz den Wohnungseigentumsvertrag (§ 3 Abs 1 Z 1 WEG); das ist eine schriftliche Vereinbarung aller Miteigentümer der Liegenschaft, die die für die Begründung von Wohnungseigentum wesentlichen Veränderungen der dinglichen Rechtsposition regelt, also zumindest das Recht einräumt, bestimmte Gebäudeteile ausschließlich zu nutzen und alleine darüber zu verfügen[23]. In diese müssen alle Teile des Hauses einbezogen sein, die nach der Widmung der Miteigentümer als Wohnungseigentumsobjekte vorgesehen sind (§ 3 Abs 2 WEG). Diese Regelung will verhindern, dass nur einzelne Objekte des Hauses im Wohnungseigentum stehen, die übrigen Objekte aber im schlichten Miteigentum verbleiben; denn mit einem solchen „gemischten Wohnungseigentum" sind zahlreiche rechtliche Probleme verbunden (zur Ausnahme nach § 43 Abs 1 WEG s Rz 5/38). **5/31**

Der Alleineigentümer einer Liegenschaft kann **vorläufiges Wohnungseigentum** begründen (§ 45 WEG). Diese sog „Vorratsteilung" hat den Zweck, die spätere Verwertung einer Liegenschaft zu erleichtern; dazu bedarf es einer schriftlichen Errichtungserklärung (Wohnungseigentumsstatut), in der alle wohnungseigentumstauglichen Objekte der Liegenschaft (Wohnungen, sonstige Räumlichkeiten, Abstellplätze) und deren Nutzwerte enthalten sein müssen[24]. Das vorläufige Wohnungseigentum entsteht durch Einverleibung im Grundbuch; in der Aufschrift des Gutsbestandsblatts ist „Vorläufiges Wohnungseigentum" einzutragen. Sobald eine andere Person – normalerweise im Zuge des Kaufs eines Wohnungseigentumsobjekts – Miteigentum an der Liegenschaft erwirbt, geht das vorläufige Wohnungseigentum in Wohnungseigentum über (§ 51 WEG). Bestimmte Regelungen des Alleineigentümers im Wohnungseigentumsstatut sind unwirksam, wenn sie über die Dauer des vorläufigen Wohnungseigentums hinausreichen sollen (§ 49 WEG).

Weiters kann Wohnungseigentum auf Grund einer **gerichtlichen Entscheidung** begründet werden (§ 3 Abs 1 Z 2–4 WEG): Das ist möglich, wenn ein Wohnungseigentumsbewerber den Liegenschaftseigentümer auf Einverleibung seines Eigentumsrechts klagt (§ 43 WEG; dazu Rz 5/38), in einem **5/32**

23 Dazu *Kassowitz*, wobl 2002, 354; OGH RS0082712; RS0120725.
24 *Vonkilch*, immolex 2002, 182; *Würth*, wobl 2002, 121.

Verfahren zur Aufhebung einer Miteigentumsgemeinschaft (Rz 5/24) oder in einem Verfahren über die Aufteilung des ehelichen bzw partnerschaftlichen Gebrauchsvermögens und der ehelichen bzw partnerschaftlichen Ersparnisse (§§ 81 ff EheG; §§ 24 ff iVm § 43 Abs 1 Z 24 EPG).

5/33 Für die Begründung von Wohnungseigentum bedarf es gem § 5 Abs 3 WEG dessen **Einverleibung** im Eigentumsblatt auf dem Mindestanteil; erst dadurch entsteht das Wohnungseigentumsobjekt (5 Ob 38/14w). Die Eintragung erstreckt sich auch auf eindeutig zugeordnete Zubehörobjekte iSd § 2 Abs 3 WEG (§ 5 Abs 3 WEG)[25]. In der Aufschrift des Gutsbestandsblatts ist die Bezeichnung „Wohnungseigentum" einzutragen, was jedoch nur der besseren Kenntlichmachung dient.

5/34 Wohnungseigentum an einem Objekt kann nur einer einzigen (natürlichen oder juristischen) Person oder einer **Eigentümerpartnerschaft** (§ 2 Abs 10, § 13 WEG) zustehen[26]; so können etwa Lebensgefährten eine Eigentumswohnung oder zwei Ärzte ein Wohnungseigentumsobjekt als Gemeinschaftspraxis erwerben. Voraussetzung dafür ist, dass jedem der beiden Partner die Hälfte des dafür erforderlichen Mindestanteils gehört und diese Anteile am Mindestanteil nicht verschieden belastet sind[27]. Die Anteile der Partner werden im Grundbuch miteinander zum Mindestanteil verbunden, auf dem das Wohnungseigentum einverleibt wird (§ 5 Abs 3 WEG). Sie können sodann nur mehr gemeinsam belastet oder der Zwangsvollstreckung unterworfen werden. Richtet sich der Exekutionstitel nur gegen einen der Partner, muss der betreibende Gläubiger den Anspruch des verpflichteten Partners auf Aufhebung des gemeinsamen Miteigentums pfänden, damit er in der Folge die Zwangsversteigerung des gesamten Mindestanteils verlangen kann. Der andere Partner kann sich dagegen mit der Exszindierungsklage (§ 37 EO) zur Wehr setzen, wenn ihm das betreffende Wohnungseigentumsobjekt zur Befriedigung eines dringenden Wohnbedürfnisses dient (§ 13 Abs 3 WEG)[28]; unter derselben Voraussetzung hat ein Partner bei Insolvenz des anderen das Recht zur Aussonderung (§ 44 IO) seines halben Mindestanteils.

Ein Partner kann seinen Anteil am Mindestanteil einem Dritten veräußern und übertragen, bedarf dafür aber der Zustimmung des anderen Partners (§ 13 Abs 3 letzter Satz WEG), ohne die eine Verbücherung des

25 *Prader*, immolex 2014, 342; *Stabentheiner*, wobl 2015, 2.
26 *Kletečka*, immolex 2002, 174; *Markl*, wobl 2002, 129.
27 Daher ist die Einverleibung eines wechselseitigen Fruchtgenussrechts nicht möglich (OGH RS0118072); ein wechselseitiges Vorkaufsrecht (§§ 1072 ff; III/1/21 ff) ist jedoch zulässig (5 Ob 51/16k).
28 Dazu *Markowetz*, wobl 2018, 305.

Erwerbers nicht möglich ist; das gilt auch für die Anmerkung der Rangordnung für die beabsichtigte Veräußerung (Rz 3/51 ff) durch einen der Partner (5 Ob 90/15v).

Die Eigentümerpartnerschaft ist eine Miteigentümergemeinschaft, weshalb auf sie die Bestimmungen der §§ 825 ff anzuwenden sind, soweit das WEG nicht anderes anordnet (§ 13 Abs 1 WEG). Die Partner dürfen über das Wohnungseigentum und die Nutzungen daraus nur gemeinsam verfügen, was der Situation beim Gesamthandeigentum (Rz 5/3) entspricht; sie haften für alle Verbindlichkeiten aus dem Wohnungseigentum solidarisch (§ 13 Abs 4 WEG). Die Partner können vereinbaren, dass die an sich immer mögliche (§ 830; Rz 5/22) **Aufhebung** der Eigentümerpartnerschaft ausgeschlossen ist. Eine solche Vereinbarung muss aber schriftlich erfolgen und wirkt nur drei Jahre ab ihrem Abschluss, es sei denn, es liegen triftige Gründe für eine längere oder unbefristete Geltungsdauer vor (zB hohes Alter oder schwere Krankheit eines Partners); sie kann beliebig oft erneuert werden. Solange eine Ehe bzw eingetragene Partnerschaft zwischen den Partnern besteht, ist die Aufhebung der Eigentümerpartnerschaft unzulässig, wenn die Wohnung dem anderen Teil der Befriedigung eines dringenden Wohnbedürfnisses dient; Entsprechendes gilt, wenn ein minderjähriger Partner ein dringendes Wohnbedürfnis bzgl des gemeinsamen Wohnungseigentumsobjekts hat (§ 13 Abs 6 WEG; § 43 Abs 1 Z 24 EPG). **5/35**

Zum Schicksal des gemeinsamen Wohnungseigentums im **Todesfall** eines Partners s § 14 WEG (dazu VI/9/37 ff), bei **Nichtigerklärung, Aufhebung oder Scheidung der Ehe** bzw Auflösung oder Nichtigkeit der eingetragenen Partnerschaft zwischen den Partnern s § 15 WEG (dazu V/2/62 und 120).

Anstelle der Eigentümerpartnerschaft kann aber eine OG oder KG gegründet werden, die das Wohnungseigentum erwirbt[29]. Diese Konstruktion hat den Vorteil, dass auch mehr als zwei Personen (mittelbar) Rechte an dem Wohnungseigentumsobjekt haben können und das Verhältnis zwischen den Gesellschaftern durch die §§ 108 ff UGB bzw durch den Gesellschaftsvertrag eingehend geregelt ist. **5/36**

III. Schutz des werdenden Wohnungseigentümers

Die §§ 37 ff WEG sehen verschiedene Ansprüche und Rechtsbehelfe vor, die der Absicherung des **Wohnungseigentumsbewerbers**, der noch kein Miteigentum an der Liegenschaft, aber einen Titel auf Erwerb eines der darauf zu errichtenden Wohnungseigentumsobjekte – etwa einen Kaufver- **5/37**

29 *Beig*, wobl 2006, 37, 38 f; *Haiden*, Mehrpersoneneigentum im WEG (2017).

trag – hat, dienen sollen. Voraussetzung ist, dass ihm ein „Wohnungseigentumsorganisator" die Einräumung des Wohnungseigentums an einem bestimmten wohnungseigentumstauglichen Objekt schriftlich zugesagt hat (dazu OGH RS0083173). **Wohnungseigentumsorganisator** ist der Eigentümer oder außerbücherliche Erwerber der Liegenschaft und jeder, der mit dessen Wissen die organisatorische Abwicklung des Bauvorhabens oder der Begründung des Wohnungseigentums in Altbauten durchführt oder daran in eigener Verantwortlichkeit beteiligt ist (vgl dazu § 2 Abs 6 WEG); Wohnungseigentumsorganisator sind daher vor allem Generalunternehmer und Bauträger, aber auch ein Architekt, der an der Abwicklung des Projekts gegenüber den Interessenten mitwirkt.

5/38 Hat der Wohnungseigentumsbewerber Beträge für Grund-, Bau- und sonstige Errichtungskosten einem der Wohnungseigentumsorganisatoren gezahlt, so hat er gegen den verfügungsberechtigten Wohnungseigentumsorganisator den **unabdingbaren Anspruch** darauf, dass ihm das zugesagte Objekt zur Nutzung übergeben, die Urkunden unverzüglich errichtet sowie die Anträge gestellt werden, die für die Einverleibung seines Wohnungseigentums und die Durchführung der Wohnungseigentumsbegründung an allen dafür gewidmeten Objekten (vgl § 3 Abs 2 WEG) erforderlich sind (§ 37 Abs 2 WEG; 5 Ob 37/13x). Wenn die Wohnungseigentumsorganisatoren damit säumig sind, kann der Wohnungseigentumsbewerber den Liegenschaftseigentümer auf Einwilligung in die Einverleibung seines Wohnungseigentums am Mindestanteil und in die Begründung von Wohnungseigentum an allen dafür gewidmeten und tauglichen Objekten klagen. Auf Antrag des Klägers ist die Klage im Grundbuch anzumerken; darin liegt eine Ausnahme vom Grundsatz, dass nur jemand, der in seinem bücherlichen Recht beeinträchtigt wird, eine Streitanmerkung verlangen kann (§ 61 Abs 1 GBG; Rz 6/68; OGH RS0060629). Die Einverleibung des Eigentums am Mindestanteil und des Wohnungseigentums ist dann im Range dieser Streitanmerkung vorzunehmen und alle auf dem Mindestanteil erwirkten Eintragungen, die im Rang nachfolgen, sind zu löschen (§ 43 Abs 3 WEG iVm § 65 GBG). Außerdem wirken die dem Wohnungseigentumsbewerber zustehenden Rechte gegen einen Dritten, der die Liegenschaft im Rahmen eines Exekutions- oder Insolvenzverfahrens erwirbt, wenn die Anmerkung der Klage auf Einverleibung des Eigentumsrechts rangmäßig dem Befriedigungsrecht des betreibenden Gläubigers vorgeht (§ 43 Abs 4 WEG iVm § 150 EO).

Wird die Einräumung von Wohnungseigentum in einem Gebäude zugesagt, dessen Baugenehmigung länger als zwanzig Jahre zurückliegt, sieht das WEG einen besonderen Schutz des Erwerbers gegen überraschende

Belastungen vor. Grund dafür ist, dass Wohnungseigentumswerber oft rechtlich unerfahren sind und die Probleme des Wohnungseigentums an älteren Gebäuden, die typischerweise hohen Instandsetzungsaufwand erfordern, nicht abschätzen können. Daher muss der Wohnungseigentumsorganisator dem Wohnungseigentumsbewerber ein Gutachten über den Bauzustand des Hauses und die in absehbarer Zeit notwendig werdenden Erhaltungsarbeiten übergeben; dieses Gutachten darf nicht älter als ein Jahr sein und ist in den Kaufvertrag über das Wohnungseigentumsobjekt als Eigenschaftszusicherung einzubeziehen, sodass dies zu einer gewährleistungsrechtlich relevanten Eigenschaftszusicherung (§ 922) führt (§ 37 Abs 4 WEG). Kommt der Wohnungseigentumsorganisator dieser Verpflichtung nicht nach, so gilt ein Erhaltungszustand als vereinbart, der in den nächsten zehn Jahren keine größeren Erhaltungsarbeiten erfordert; werden solche Arbeiten dennoch erforderlich, haftet er dem Wohnungseigentumsbewerber, unabhängig davon, ob dieser Verbraucher oder Unternehmer ist[30].

Ferner ist der Wohnungseigentumsbewerber vor **Vereinbarungen** mit 5/39
dem Wohnungseigentumsorganisator geschützt, die geeignet sind, die ihm zustehenden Nutzungs- und Verfügungsrechte zu beeinträchtigen; relativ **nichtig** sind daher ua (§ 38 WEG): Nutzungsvorbehalte an Zubehörobjekten iSd § 2 Abs 3 WEG oder an allgemeinen Teilen des Hauses zugunsten des Wohnungseigentumsorganisators[31], Vereinbarungen über die Vergabe oder Durchführung künftiger Instandhaltungs- oder Verbesserungsarbeiten, Vorkaufs- und Wiederkaufsrechte und Beschränkungen der Rechte nach den §§ 918–924, 932, 933, 933 a und 934.

Abgesichert ist der Wohnungseigentumsbewerber in gewissem Umfang auch gegen die Insolvenz seines Vertragspartners: Vor Eintragung der Anmerkung der Einräumung von Wohnungseigentum (dazu gleich) sind die mit dem Wohnungseigentumsbewerber vereinbarten **Zahlungen nicht fällig** und der Wohnungseigentumsorganisator darf sie nicht fordern oder annehmen. Bei Zahlung vor Fälligkeit kann der Wohnungseigentumsbewerber das Geleistete – entgegen § 1434 – zurückfordern (§ 37 Abs 1 WEG)[32]. Zum Rücktritt des Wohnungseigentumsorganisators wegen Zahlungsverzugs des Wohnungseigentumsbewerbers s § 39 WEG.

30 *Kulka*, wobl 2012, 374. Fristbeginn erst mit Erkennbarkeit des Mangels (6 Ob 56/16b).
31 Vgl 5 Ob 51/08y, immolex 2008/150 mit Anm *Maier-Hülle*; *Prader/Markl*, immolex 2011, 102.
32 Dazu *Pittl*, wobl 2004, 218.

5/40 Zur Absicherung der Rechte des werdenden Wohnungseigentümers[33] kann er oder der Wohnungseigentumsorganisator unter Vorlage der entsprechenden Urkunden (zB des Kaufvertrags) beim Grundbuchsgericht beantragen, dass die Zusage der Einräumung des Wohnungseigentumsrechts mit Anführung des Erwerbers und des Objekts im Grundbuch angemerkt wird (**Anmerkung der Einräumung von Wohnungseigentum**; § 40 Abs 2 WEG). Kommt es in der Folge tatsächlich zum Erwerb des erforderlichen Mindestanteils, ist der betreffende Wohnungseigentumsbewerber im Rang dieser Anmerkung einzuverleiben, selbst wenn die Liegenschaft inzwischen weiterveräußert oder belastet wurde (OGH RS0113522). Er kann dann so wie bei der Anmerkung der Rangordnung (§ 57 Abs 1 GBG) – mit bestimmten Ausnahmen – die Löschung der Eintragungen verlangen, die der Anmerkung nachfolgen (§ 40 Abs 4 WEG). Die Anmerkung der Einräumung von Wohnungseigentum kann bei vertraglicher oder letztwilliger Überlassung des Rechts auf das Wohnungseigentumsobjekt – aber nicht isoliert (OGH RS0123746) – dem Dritten mit Rang wahrender Wirkung übertragen werden (**Anmerkung der Übertragung des Rechts auf Wohnungseigentumseinräumung**; § 40 Abs 2 Satz 4 WEG).

5/41 Wegen dieser Wirkung der Anmerkung der Einräumung von Wohnungseigentum würde sich allerdings kein Finanzierer für das Bauvorhaben finden, wenn bereits eine solche Anmerkung im Grundbuch eingetragen ist, weil er mit dem Verlust seiner hypothekarischen Sicherstellung rechnen müsste. Deshalb kann sich der Liegenschaftseigentümer die Verpfändung der Liegenschaft bis zu einem bestimmten Betrag grundbücherlich vorbehalten (§ 40 Abs 1; **Anmerkung der vorbehaltenen Verpfändung**). Geht diese Anmerkung einer Anmerkung der Einräumung von Wohnungseigentum im Range vor, kann der Wohnungseigentümer die Löschung selbst nachrangiger Pfandrechte für Forderungen bis zu dem angemerkten Betrag nicht verlangen. Darin erschöpft sich aber die Wirkung der Anmerkung der vorbehaltenen Verpfändung; das Pfandrecht für den Kredit bekommt – anders als bei der Anmerkung der Rangordnung nach §§ 53 ff GBG (Rz 3/52) – nicht den Rang der Anmerkung.

5/42 Überdies bewirkt die Anmerkung der Einräumung von Wohnungseigentum, dass von da an für die Verwaltung der Liegenschaft und die Rechte der Miteigentümer die §§ 16–34, 36 und 52 WEG gelten, wenn zumindest ein Wohnungseigentumsbewerber Miteigentum erworben hat (§ 37 Abs 5 WEG); damit hat auch ein bloßer Wohnungseigentumsbewerber die **Rechte eines Miteigentümers**, wenn sein späterer Mindestanteil bereits

33 Zum Folgenden *Böhm*, immolex 1999, 117, 146, 172; *Pittl*, wobl 2002, 153.

bekannt ist (dazu 5 Ob 43/15g). Ferner muss der Erwerber der Liegenschaft in einem Zwangsversteigerungs- oder Insolvenzverfahren gegen deren Eigentümer die sich aus der Anmerkung ergebende Rechtsposition des Wohnungseigentumsbewerbers gegen sich gelten lassen (§ 43 Abs 4 WEG).

Will jemand Wohnungseigentum an einem noch nicht fertiggestellten Gebäude erwerben, verlangt der Veräußerer häufig Vorauszahlungen vom Erwerber, um liquide Mittel für die noch erforderlichen baulichen Maßnahmen zu erlangen. Ist der Erwerber damit einverstanden, muss er in Vorlage treten und es besteht für ihn das Risiko, dass sein Vertragspartner vor Fertigstellung der Leistung insolvent wird. Um dieses Risiko abzufedern, sieht das **BTVG** zwingende Schutzmechanismen zugunsten des Erwerbers ua dann vor, wenn er Wohnungseigentum an einem erst zu errichtenden oder durchgreifend zu erneuernden Gebäude erwirbt und vor der Fertigstellung Zahlungen von mehr als € 150 pro Quadratmeter Nutzfläche leisten muss (§ 1 Abs 1, § 2 Abs 1 BTVG): Zahlungen des Erwerbers sind erst fällig, wenn der Erwerber gegen einen Verlust gesichert ist (§ 7 Abs 4 BTVG). Dafür kommen die vom BTVG vorgesehenen Sicherungsmodelle in Betracht (§ 7 Abs 2 BTVG). In der Praxis am meisten verbreitet ist das grundbücherliche Sicherungsmodell (§§ 9 f BTVG); dazu muss der Erwerber eine „ausreichende bücherliche Sicherstellung" erhalten, was insb in Form der Anmerkung der Einräumung von Wohnungseigentum (§ 40 Abs 2 WEG) erfolgen kann (§ 9 Abs 2 BTVG)[34]. 5/43

IV. Nutzung des Wohnungseigentumsobjekts und der allgemeinen Teile der Liegenschaft

1. Nutzung des Wohnungseigentumsobjekts

Jeder Wohnungseigentümer ist allein zur **Nutzung** seiner Wohnung oder sonstigen Räumlichkeit samt dem damit verbundenen Zubehör-Wohnungseigentum befugt (§ 16 Abs 1 WEG). Er kann daran auch **Änderungen** auf eigene Kosten vornehmen (§ 16 Abs 2 WEG). Sofern durch solche Maßnahmen eine Schädigung des Hauses oder eine Beeinträchtigung schutzwürdiger Interessen anderer Wohnungseigentümer droht, bedürfen sie der – auch konkludent möglichen[35] – Zustimmung der anderen Miteigentümer oder einer Entscheidung des Außerstreitrichters; das gilt insb 5/44

34 Dazu *Pittl*, Bauträgervertragsgesetz² (2015) 111; *Pittl/Prader*, wobl 2011, 125; *Vonkilch*, wobl 2008, 203, 216.

35 OGH RS0082712. Krit *Fürst*, immolex 2015, 170. Zu den Rechtsfolgen einer konsenslos vorgenommenen Änderung *Vonkilch*, wobl 2015, 31.

auch für Änderungen der Widmung des Wohnungseigentumsobjekts[36]. Sollen für die Umgestaltung allgemeine Teile des Hauses in Anspruch genommen werden, ist Voraussetzung, dass sie üblich ist oder einem wichtigen Interesse des Wohnungseigentümers dient (zB vorteilhaftere Nutzung des Objekts)[37]. Der Wohnungseigentümer kann für Änderungen seines Wohnungseigentumsobjektes gegen eine angemessene Entschädigung auch Wohnungseigentums- oder Zubehörobjekte eines anderen Wohnungseigentümers in Anspruch nehmen, wenn das diesem zumutbar ist und keine wesentliche und dauernde Beeinträchtigung dessen Wohnungseigentums damit verbunden ist.

Der Wohnungseigentümer muss sein Objekt samt den dafür bestimmten Einrichtungen so **instand halten**, dass anderen Wohnungseigentümern kein Schaden entsteht. Für die Erhaltung der allgemeinen Teile der Liegenschaft und die Behebung von ernsten Schäden des Hauses hat er das Betreten und die Benützung seines Wohnungseigentumsobjekts gegen angemessene Entschädigung zu gestatten (§ 16 Abs 3 WEG)[38].

2. Nutzung der allgemeinen Teile der Liegenschaft

5/45 Da die allgemeinen Teile der Liegenschaft im schlichten Miteigentum stehen, können alle Wohnungseigentümer sie gleichermaßen benützen, sofern dadurch nicht der Gebrauch der anderen Teilhaber gestört wird (5 Ob 61/06s; vgl Rz 5/7). Sie können aber auch die Benützung untereinander näher regeln, sofern nicht ihre Zweckbestimmung, wie zB als Zugang zu allgemeinen Teilen, einer ausschließlichen Benützung entgegensteht (OGH RS0117862).

Eine solche **Benützungsregelung** bedarf der schriftlichen Vereinbarung zwischen sämtlichen Wohnungseigentümern (§ 17 Abs 1 WEG). Kommt diese nicht zustande, steht es jedem von ihnen offen, eine gerichtliche Regelung zu verlangen; für die Dauer des Verfahrens kann mit Zweidrittel-

36 OGH RS0083156; zB Gaststätte bzw Hostel statt Geschäftslokal, 5 Ob 241/09s; 5 Ob 149/14v. Vermietung als Ferienwohnung bzw Tätigkeit als Tagesmutter keine Widmungsänderung, 5 Ob 106/06h; 5 Ob 53/15b; dazu auch *Verweijen*, immolex 2003, 202; *Prader/Malaun*, immolex 2008, 134, 139. Zur Teilung eines Wohnungseigentumsobjekts 5 Ob 21/12t, immolex 2012/107 mit Anm *Hagen*; zur Entfernung von Zwischenwänden OGH RS0109843.

37 5 Ob 279/08b, wobl 2009, 246 mit Anm *Vonkilch*; 5 Ob 185/09f, wobl 2010, 43 mit Anm *T. Hausmann*. Zur Tragung der Kosten *Tschütscher*, wobl 2004, 233. Zur Wohnungszusammenlegung OGH RS0083253; *Kind*, immolex 2005, 326; *Prader*, immolex 2008, 204.

38 *Prader/Malaun*, immolex 2009, 330. Zur Abgrenzung von der Erhaltung der allgemeinen Teile (§ 28 Abs 1 Z 1 WEG, vgl Rz 5/53) *Edelhauser*, immolex 2014, 206.

mehrheit eine vorläufige Benützungsregelung beschlossen werden. Jeder Wohnungseigentümer hat auch das Recht, die Abänderung einer bestehenden Ordnung aus wichtigem Grund bei Gericht zu beantragen. Die Benützungsregelung wird durch den Wechsel eines Wohnungseigentümers nicht berührt und kann im Grundbuch ersichtlich gemacht werden (§ 17 Abs 3 WEG).

V. Eigentümergemeinschaft; Verwalter

Die **Eigentümergemeinschaft** ist eine juristische Person mit beschränkter Rechtspersönlichkeit[39]. Nur in den ihr obliegenden Angelegenheiten kann sie Rechte erwerben und Pflichten eingehen sowie klagen und geklagt werden. Dazu gehört insb die Verwaltung der Liegenschaft, soweit dies nicht in die Alleinzuständigkeit der einzelnen Wohnungseigentümer fällt (§ 18 Abs 1 WEG)[40]. Auch hinsichtlich der Haftung ist die Eigentümergemeinschaft ein eigenes Rechtssubjekt. Sie hat etwa beauftragten Werkunternehmern für Schulden aus Verwaltungsmaßnahmen primär einzustehen[41] und haftet den Wohnungseigentümern und Dritten gegenüber deliktisch für die Verletzung von Verkehrssicherungspflichten[42], zB der Streupflicht im Winter. Gläubiger der Eigentümergemeinschaft können nur in die Rücklage (§ 31 WEG) oder in die von den Wohnungseigentümern geleisteten oder geschuldeten Zahlungen für Aufwendungen (§ 32 WEG) Exekution führen. Nur wenn dieser Haftungsfonds nicht ausreicht, haben die Wohnungseigentümer entsprechend ihren Anteilen für den Ausfall aufzukommen (§ 18 Abs 4 WEG). Die Eigentümergemeinschaft ist mangels Ausübung einer wirtschaftlichen Tätigkeit normalerweise Verbraucher iSd § 1 KSchG[43]. **5/46**

Die Eigentümergemeinschaft entsteht bereits dann, wenn eine Zusage der Einräumung von Wohnungseigentum angemerkt wird (Rz 5/40) und

39 OGH RS0108020; *Schauer*, wobl 2002, 138; *Schober*, Rechte und Pflichten der Eigentümergemeinschaft (2004) 45. Zur Klagslegitimation OGH RS0117352; *Loimer*, immolex 2004, 7; *Vonkilch*, immolex 2004, 70. Zur Verbandsverantwortlichkeit nach dem VbVG *Hinterhofer*, immolex 2011, 6; *Scheitl*, wobl 2006, 349.

40 In nicht zu den Verwaltungsagenden zählenden Angelegenheiten kann sie keinen wirksamen Beschluss fassen, 5 Ob 205/12a, immolex 2014/15 mit Anm von *Semrau/Kapar/Karnthaler*.

41 Zur Vermögensbildung und Haftung vgl *Schober*, Eigentümergemeinschaft 155; ferner 5 Ob 206/07s, wobl 2008, 175 mit Anm *Call*.

42 OGH RS0114886; *Hochleitner*, Verkehrssicherungspflichten in Wohnungseigentumsanlagen (2017) 25 ff.

43 7 Ob 155/03z, wobl 2003, 337 mit Anm *Schauer*; *Schober*, Eigentümergemeinschaft 62. AA *Prader*, RdW 2000, 264.

zumindest ein Wohungseigentumsbewerber Miteigentum erworben hat (§ 37 Abs 5 WEG; OGH RS0118026).

5/47 Als **Vertretungsorgan** der Eigentümergemeinschaft sieht das Gesetz primär den Verwalter vor. Gegenüber dem Verwalter, insb in Fragen des Verwaltungsvertrags, wird sie von der Anteilsmehrheit der Wohnungseigentümer repräsentiert. Die Eigentümergemeinschaft kann aber einen Wohnungseigentümer zum Eigentümervertreter bestellen, der sie gem ihren Weisungen im Falle widerstreitender Interessen zwischen der Gemeinschaft und dem Verwalter diesem und Dritten gegenüber ausschließlich vertritt (§ 22 WEG)[44]. Sämtliche Wohnungseigentümer können im Wege einer schriftlichen Vereinbarung weitere Funktionen ohne Vertretungsmacht innerhalb der Eigentümergemeinschaft (zB Verwaltungsbeirat, Hausvertrauensperson) schaffen; eine derartige „Gemeinschaftsordnung“ (§ 26 WEG) wird durch einen Wohnungseigentümerwechsel nicht berührt und kann im Grundbuch ersichtlich gemacht werden. Mangels Bestellung eines Verwalters ist die nach Miteigentumsanteilen bestimmte Mehrheit der Wohnungseigentümer zur Vertretung der Eigentümergemeinschaft befugt (§ 18 Abs 3 WEG).

5/48 Die **Willensbildung** innerhalb der Eigentümergemeinschaft obliegt den Wohnungseigentümern, wobei die Beschlussfassung normalerweise in der Eigentümerversammlung erfolgt[45], aber auch auf andere Weise – etwa im Umlaufwege (OGH RS0108768) – zulässig ist (§ 24 Abs 1 WEG)[46]; die Gemeinschaftsordnung (§ 26 WEG) kann innerhalb der gesetzlichen Schranken nähere Bestimmungen dazu treffen. Das Verfahren zur Willensbildung kann der Verwalter und jeder Mit- bzw Wohnungseigentümer initiieren (OGH RS0119017). Zum Procedere bei der Fassung eines Beschlusses und dessen Bekanntgabe gegenüber den Wohnungseigentümern s §§ 24 f WEG. Beschlüsse der Eigentümergemeinschaft sind ausschließlich objektiv, dh nach dem Wortlaut auszulegen; ein davon abweichender Wille der mitwirkenden Wohnungseigentümer ist irrelevant[47].

Bei einer Eigentümerpartnerschaft stehen die Befugnisse zur Mitwirkung in der Eigentümergemeinschaft (Äußerungs-, Stimm- und Minderheitsrechte) den Partnern nur gemeinsam zu (§ 13 Abs 5 WEG). Werden von den Wohnungseigentümern oder dem Gericht von der Liegenschaft

44 5 Ob 238/10a, immolex 2011/90 mit Anm *Cerha*; *Räth*, immolex 2015, 270; *Schauer*, wobl 2002, 141; *Schober*, Eigentümergemeinschaft 107; *Verweijen*, immolex 2003, 17.

45 Dazu *Illedits*, Würth-FS (2014) 189.

46 OGH RS0108768; RS0118845; *Briem*, immolex 2010, 6; *Dercsaly*, wobl 2008, 249, 250; *Kletečka*, wobl 2002, 143.

47 5 Ob 29/15y, immolex 2015/75 mit Anm *Räth; Hochleitner*, wobl 2016, 39, 45.

abweichende Abrechnungseinheiten festgelegt (§32 Abs 2 und 6 WEG; dazu unten Rz 5/56), so können auch für Angelegenheiten, die nur diese Abrechnungseinheiten betreffen, eigene – nicht die gesamte Eigentümergemeinschaft umfassende – Abstimmungseinheiten geschaffen und im Grundbuch ersichtlich gemacht werden.

Für die Bestellung eines **Verwalters** ist ein Mehrheitsbeschluss der Woh- **5/49**
nungseigentümer (§28 Abs 1 Z 5 WEG) oder eine gerichtliche Entscheidung auf Antrag eines Wohnungseigentümers (§30 Abs 1 Z 6 WEG) erforderlich. Name und Anschrift des Verwalters können im Grundbuch ersichtlich gemacht werden (§19, §21 Abs 4 WEG). Bis zur Bestellung eines Verwalters kann jeder Wohnungseigentümer, aber auch ein Dritter, der an der wirksamen Vertretung der Eigentümergemeinschaft ein berechtigtes Interesse hat (zB Ansprüche gegen diese), die gerichtliche Bestellung eines vorläufigen Verwalters verlangen (§23 WEG).

Dem Verwalter obliegt die **Verwaltung der Liegenschaft** (§20 Abs 1 **5/50**
WEG), wobei er aber Maßnahmen der außerordentlichen Verwaltung nur auf Grund eines Mehrheitsbeschlusses der Wohnungseigentümer durchführen darf (§29 Abs 6 WEG: Beschränkung bloß im Innenverhältnis). Verwaltungshandlungen durch die Eigentümergemeinschaft sind – abgesehen von den in §22 Abs 1 WEG angeführten Fällen – nicht zulässig[48]. Der Verwalter hat die gemeinschaftsbezogenen Interessen aller Wohnungseigentümer zu wahren und in diesem Rahmen darauf hinzuwirken, dass die Gemeinschaft auch die Minderheitsrechte respektiert (6 Ob 3/14f). Beschlussmäßige Weisungen der Eigentümergemeinschaft muss er befolgen (OGH RS0083550). Weiters trifft den Verwalter insb die nicht abdingbare Pflicht (§22 Abs 1 WEG), eine rechnerisch richtige, vollständige und plausible Abrechnung für die vergangene Abrechnungsperiode zu legen (§34 WEG)[49] sowie eine Vorausschau über die in absehbarer Zeit geplanten Erhaltungs- und Verbesserungsmaßnahmen und die sonst vorhersehbaren Aufwendungen zu geben (§20 Abs 2 und 3 WEG). Eingänge und Auszahlungen, die die Eigentümergemeinschaft betreffen, muss er über ein für jeden Wohnungseigentümer einsehbares (dazu näher 5 Ob 169/15m) Konto der Eigentümergemeinschaft oder offenes Treuhandkonto (Anderkonto) abwickeln; das Guthaben auf diesem Konto gehört der Eigentümergemeinschaft (§20 Abs 6 WEG). Der Verwalter hat auch rückständige Zahlungen

48 *E. M. Hausmann* in Hausmann/Vonkilch, WEG³ §19 WEG Rz 30; *Schober*, Eigentümergemeinschaft 98.
49 OGH RS0019408; RS0119057; *Arthold*, immolex 2014, 216; *Ehrlich*, immolex 2011, 70; *Thunhart*, wobl 2012, 45 zur Überprüfung.

eines Wohnungseigentümers für Aufwendungen auf die Liegenschaft einzumahnen und notfalls einzuklagen (§ 20 Abs 5 WEG). Der Verwalter ist jedem Wohnungseigentümer gegenüber verpflichtet, Auskünfte über seinen Verwaltungsvertrag und über im schriftlichem Weg erfolgte Abstimmungen zu erteilen (§ 20 Abs 7 WEG).

5/51 Im Außenverhältnis hat der Verwalter eine **unbeschränkbare Formalvollmacht**, die ihn zur Vertretung der Eigentümergemeinschaft in allen Angelegenheiten der Verwaltung der Liegenschaft berechtigt (§ 20 Abs 1 WEG). Er kann daher auch Maßnahmen der außerordentlichen Verwaltung wirksam durch einen Dritten durchführen lassen (OGH RS0013747), verstößt damit aber gegen seine Pflichten im Innenverhältnis, wenn kein diesbezüglicher Mehrheitsbeschluss der Wohnungseigentümer vorliegt.

Zur Kürzung des Verwalterhonorars bei Pflichtverletzungen s § 20 Abs 8 WEG; zur Auflösung des Vertrags mit dem Verwalter s § 21 WEG.

VI. Verwaltung der Liegenschaft

5/52 Grundsätzlich richtet sich die Verwaltung der Wohnungseigentumsobjekte nach den allgemeinen Regeln über die Verwaltung von Miteigentum (§§ 833 ff; Rz 5/13 ff), die aber von den Sonderbestimmungen der §§ 28 ff WEG weitgehend überlagert werden (vgl § 29 Abs 5 WEG)[50].

Die Verfolgung von unerlaubten Eingriffen anderer Miteigentümer oder Dritter in die Liegenschaft durch Besitzstörungs- oder Eigentumsfreiheitsklage ist keine Maßnahme der Verwaltung und steht daher den einzelnen Miteigentümern zu[51]; umgekehrt sind auch nur diese für derartige Klagen passiv legitimiert. Zur Geltendmachung von **Gewährleistungsansprüchen** gegenüber dem Bauträger bzw Wohnungseigentumsorganisator zur erstmaligen Herstellung eines mängelfreien Zustandes des Wohnungseigentumsobjekts oder allgemeiner Teile der Liegenschaft ist der Wohnungseigentümer aus seinem Vertrag mit diesem legitimiert. Geht es allerdings um Mängel an allgemeinen Teilen der Liegenschaft und könnten durch die individuelle Anspruchserhebung die Interessen der übrigen Wohnungseigentümer beeinträchtigt werden, insb weil verschiedene Gewährleistungsbehelfe zur Wahl stehen, so ist zur Wahrung der Gemeinschaftsinteressen eine dies-

50 *A. Hinteregger*, Verwaltung des Wohnungseigentums (2014) 23 ff. Zur Abgrenzung ordentliche – außerordentliche Verwaltung 5 Ob 23/15s, wobl 2016, 107 mit Anm *A. Hinteregger/Dür*; *Call*, wobl 2003, 201; *Etzersdorfer*, Würth-FS (2014) 165; *Schober*, Eigentümergemeinschaft 52, 73.

51 OGH RS0012112; RS0012137; *Schober*, Eigentümergemeinschaft 50. Zweifelnd *Löcker* in Hausmann/Vonkilch, WEG[4] § 18 WEG Rz 29.

bezügliche Klärung durch Mehrheitsbeschluss der Wohnungseigentümer Voraussetzung[52]. Das wäre zB dann der Fall, wenn die Verbesserung zwar mit erheblichen Unannehmlichkeiten für die Wohnungseigentümer verbunden ist (vgl § 932 Abs 4), aber möglicherweise trotzdem einer Preisminderung vorzuziehen ist.

Der Wohnungseigentümer kann allerdings seine aus dem Miteigentum erfließenden Unterlassungsansprüche sowie Gewährleistungs- und Schadenersatzansprüche betreffend die Liegenschaft der Eigentümergemeinschaft **abtreten**, die sie dann im eigenen Namen geltend macht; wird sie damit säumig, ist er zur Anspruchserhebung für die Eigentümergemeinschaft berechtigt (§ 18 Abs 2 WEG)[53].

In Angelegenheiten der **ordentlichen Verwaltung** entscheidet die Mehrheit der Wohnungseigentümer. **5/53** Dazu gehören nach der demonstrativen Aufzählung des § 28 Abs 1 WEG vor allem die ordnungsgemäße Erhaltung der allgemeinen Teile des Hauses (zB Verbundfenster, OGH RS0126206) im jeweils ortsüblichen Standard und die dafür eventuell erforderliche Aufnahme eines Darlehens[54], die Bildung einer Rücklage, die angemessene Versicherung der Liegenschaft sowie die Bestellung und Abberufung eines Verwalters. Ein Mehrheitsbeschluss ist auch für die Überstimmten bindend und kann aus inhaltlichen Gründen – abgesehen von den Fällen des § 30 WEG (dazu gleich) – nicht angefochten werden. Hat ein Wohnungseigentümer ohne diesbezüglichen Beschluss Aufwendungen für allgemeine Teile des Hauses getätigt, steht ihm ein Ersatzanspruch nach den §§ 1035 ff bzw § 837 zu[55].

Für Maßnahmen der **außerordentlichen Verwaltung** an den gemeinsamen Teilen der Liegenschaft, **5/54** wie etwa nützliche Verbesserungen oder über die Erhaltung hinausgehende bauliche Veränderungen (zB Dachbodenausbau, 5 Ob 278/04z), gilt ebenfalls das Mehrheitsprinzip (§ 29 Abs 1 WEG). Jeder der überstimmten Wohnungseigentümer kann aber innerhalb einer bestimmten Frist die Aufhebung des Mehrheitsbeschlusses bei Gericht verlangen, wenn entweder die Veränderung zu einer übermäßigen

52 OGH RS0108157 f; *Schober*, Eigentümergemeinschaft 141; *Terlitza*, wobl 2015, 335 zur vergleichsweisen Bereinigung. Dazu überzeugend krit *Perner*, wobl 2004, 169; s auch *T. Hausmann*, wobl 2010, 170.

53 *Terlitza*, wobl 2013, 161; *ders*, Würth-FS (2014) 221. Zu den abtretbaren Ansprüchen s 3 Ob 140/11a, EvBl 2012/60 mit Anm *Pesek*.

54 S 5 Ob 271/08a, immolex 2009/127 mit Anm *Karauschek*; *A. Hinteregger*, Verwaltung 26 ff; *Illedits*, wobl 2012, 396; *Räth*, immolex 2014, 212, 214. Zur Besicherung des Darlehens *Pittl/Prader*, wobl 2004, 143.

55 *Kuprian*, immolex 2004, 169; *W. Maierhofer/A. Huber*, immolex 2014, 210.

Beeinträchtigung des Antragstellers führen würde, die sich finanziell nicht ausgleichen lässt, oder die Kosten der Veränderung nicht aus der Rücklage gedeckt werden können. Eine Aufhebung des Mehrheitsbeschlusses aus diesem Grund kommt allerdings nicht in Betracht, wenn der fehlende Teil von der beschließenden Mehrheit getragen wird oder es sich um eine Verbesserung handelt, die allen Wohnungseigentümern eindeutig zum Vorteil gereicht (§ 29 Abs 3 WEG).

5/55 § 30 Abs 1 WEG gewährt in taxativ aufgezählten Verwaltungsangelegenheiten, die sich weitgehend mit den Maßnahmen der ordentlichen Verwaltung (§ 28 Abs 1 WEG; Rz 5/53) decken, jedem Wohnungseigentümer das Recht, die Entscheidung des Gerichts zu verlangen (**Minderheitsrechte**). So kann etwa die Eigentümergemeinschaft gezwungen werden, Erhaltungsarbeiten durchzuführen, wenn sie untätig ist, oder es können nachteilige Bestimmungen der von der Mehrheit beschlossenen Hausordnung aufgehoben werden. Bei Gefahr in Verzug darf außerdem jeder Wohnungseigentümer die zur Abwehr notwendigen Maßnahmen treffen (§ 30 Abs 3 Satz 2 WEG), wozu auch der Abschluss von Rechtsgeschäften für die Eigentümergemeinschaft erforderlich sein kann[56]. Darüber hinaus kann jeder Wohnungseigentümer das Gericht anrufen, wenn ein Mehrheitseigentümer Maßnahmen der ordentlichen oder außerordentlichen Verwaltung trifft oder unterlässt und dies zu seinem unverhältnismäßigem Nachteil ist; das Gericht kann in diesem Fall die Rücknahme der bereits getroffenen oder die Durchführung der unterlassenen Maßnahme anordnen (§ 30 Abs 2 WEG).

Jeder Wohnungseigentümer hat Schäden an den allgemeinen Teilen der Liegenschaft und ernste Schäden des Hauses in seinem Wohnungseigentumsobjekt ohne Verzug dem Verwalter **anzuzeigen** (§ 30 Abs 3 WEG).

VII. Aufwendungen und Nutzungen

5/56 Die Aufwendungen für die Liegenschaft sind von den Wohnungseigentümern im Verhältnis ihrer Miteigentumsanteile zu tragen und werden am Ende der Abrechnungsperiode fällig, die grundsätzlich mit dem Kalenderjahr zusammenfällt (§ 34 Abs 2 WEG). Dazu zählen etwa Ausgaben für Erhaltungs- und Verbesserungsaufwand, Betriebskosten und Darlehensrückzahlungen. Die Wohnungseigentümer können einstimmig einen anderen (dh von den Anteilsverhältnissen abweichenden) Verteilungsschlüssel oder auch getrennte Abrechnungseinheiten (zB für jeden Stiegenaufgang ge-

56 *Löcker* in Hausmann/Vonkilch, WEG³ § 18 Rz 74.

trennt; für eine Anlage, wie zB Heizung, Lift) schriftlich vereinbaren (§ 32 Abs 2 WEG). Kommt eine solche Übereinkunft nicht zustande, so hat das Gericht auf Antrag eines Wohnungseigentümers unter bestimmten Voraussetzungen eine diesbezügliche Regelung zu treffen (§ 32 Abs 5 und 6 WEG); außerdem kann das Gericht von einer Vereinbarung der Wohnungseigentümer über den Verteilungsschlüssel bei nachher eintretenden wesentlichen Änderungen abgehen. Abweichende Aufteilungsschlüssel und Abrechnungseinheiten werden durch einen Wohnungseigentümerwechsel nicht berührt; sie können im Grundbuch im A2-Blatt ersichtlich gemacht werden (§ 32 Abs 7 und 8 WEG; 5 Ob 162/12b). Zur Abrechnung s § 34 WEG.

Zugunsten von Forderungen der Eigentümergemeinschaft und von Regressforderungen eines anderen Wohnungseigentümers entsteht am Miteigentumsanteil des haftenden Wohnungseigentümers ein Vorzugspfandrecht (§ 27 WEG; dazu Rz 10/28).

Für die Aufwendungen ist eine **Rücklage** zu bilden, zu der alle Wohnungseigentümer im Verhältnis ihrer Anteile beitragen müssen, sofern kein anderer Verteilungsschlüssel gilt (§ 31 Abs 1, § 32 Abs 1 WEG). Die Rücklage ist ein für die Deckung der Aufwendungen gebundenes Vermögen der Eigentümergemeinschaft und auf einem auf deren Namen lautenden Konto anzulegen (§ 31 Abs 2 WEG). **5/57**

Die aus den Wohnungseigentumsobjekten gezogenen **Nutzungen** gehören ausschließlich den jeweiligen Wohnungseigentümern. Nutzungen aus den allgemeinen Teilen der Liegenschaft (zB Vermietung als Kfz-Stellplatz) stehen allen Wohnungseigentümern anteilsmäßig zu (§ 33 WEG). **5/58**

VIII. Beendigung des Wohnungseigentums

1. Erlöschen des Wohnungseigentums

Das Gesetz sieht ausdrücklich zwei Fälle vor, in denen Wohnungseigentum erlischt (§ 35 WEG)[57]: zum einen den (tatsächlichen oder rechtlichen) Untergang des Wohnungseigentumsobjekts und zum anderen die Einverleibung der Löschung auf Grund eines Verzichts des Wohnungseigentümers mit Zustimmung der übrigen Wohnungseigentümer und der Dritten, die ein bücherliches Recht an einem Mindestanteil haben. Der zweite Fall setzt freilich voraus, dass alle Wohnungseigentümer auf ihr Wohnungseigentum verzichten und somit wieder schlichtes Miteigentum eintritt, weil andern- **5/59**

57 Dazu eingehend *Punt*, Beendigung von Wohnungseigentum (2017).

falls entgegen dem Anliegen des § 3 Abs 2 WEG gemischtes Wohnungseigentum entstünde (dazu Rz 5/31).

Daneben kommt zB noch die Enteignung oder die Vereinigung aller Miteigentumsanteile als Endigungsgrund in Betracht.

2. Ausschließung von Wohnungseigentümern

5/60 Die Mehrheit der Wohnungseigentümer kann einen der Wohnungseigentümer bei Vorliegen wichtiger, in § 36 WEG taxativ aufgezählter Gründe aus der Gemeinschaft durch Klage ausschließen[58]. Diese Maßnahme soll letztes Mittel sein und setzt daher idR voraus, dass keine Abhilfe auf andere Weise möglich ist. Ausschlussgründe sind die Verletzung von Pflichten aus der Gemeinschaft, insb zur Erbringung von Zahlungen, empfindlich schädigender Gebrauch des Wohnungseigentumsobjekts bzw der allgemeinen Teile des Hauses sowie rücksichtsloses, grob ungehöriges oder strafbares Verhalten gegenüber einem anderen Wohnungseigentümer oder einer im Haus wohnenden Person. Die Ausschlussklage ist im Grundbuch mit der Folge anzumerken, dass das Urteil in diesem Verfahren auch gegen Dritte wirkt, die erst nachher bücherliche Rechte an dem Miteigentumsanteil des auszuschließenden Wohnungseigentümers erlangen. Unter bestimmten Voraussetzungen kann auch ein durch das Verhalten beeinträchtigter Wohnungseigentümer allein die Ausschlussklage erheben (§ 36 Abs 5 WEG).

Das Urteil lautet auf Ausschluss aus der Gemeinschaft und kann nach Ablauf von drei Monaten ab Rechtskraft auf Antrag eines Wohnungseigentümers durch Versteigerung des Miteigentumsanteils und des damit verbundenen Wohnungseigentums nach den Bestimmungen der EO vollzogen werden (§ 36 Abs 4 WEG).

58 OGH RS0113758; *Bachner*, wobl 2001, 305; *Oberhofer*, immolex 1998, 187.

§ 6. Erwerb und Verlust des Eigentums

A. Eigentumserwerbsarten

So wie beim Besitz (Rz 2/30 ff) sind auch beim Eigentum verschiedene Erwerbsarten zu unterscheiden: Es kann zwischen mittelbarem – unmittelbarem (§ 423) und einseitigem – zweiseitigem Erwerb differenziert werden, darüber hinaus aber auch zwischen **derivativem – originärem Erwerb**. Vor allem die letztgenannten Begriffe sind hier von Bedeutung. Derivativer Erwerb liegt vor, wenn die Sache „auf eine rechtliche Art von dem Eigentümer auf einen anderen übergeht", also der bisherige Eigentümer das Eigentum an der Sache wirksam einer anderen Person überträgt. Von einem originären Eigentumserwerb spricht man dann, wenn das Recht des neuen Eigentümers nicht vom Recht eines Vormannes abgeleitet ist, also bei den unmittelbaren Erwerbsarten und beim Gutglaubenserwerb. **6/1**

Das Gesetz (§§ 380, 423 f) verlangt für jeden vom Willen des Erwerbers getragenen Eigentumserwerb einen Titel und eine rechtliche Erwerbungsart. Als Titel für die Zueignung freistehender Sachen wird die angeborene Freiheit, sie in Besitz zu nehmen, bezeichnet (§ 381). Von weitaus größerer Bedeutung ist das Titelerfordernis beim mittelbaren Eigentumserwerb (§ 424).

B. Unmittelbarer und mittelbarer einseitiger Erwerb

I. Zueignung

Das Eigentum an einer **herrenlosen Sache** (§ 287) wird dadurch erlangt, dass man sich ihrer mit dem Willen bemächtigt, sie als die seinige zu behandeln (§ 381), also den Besitz an ihr ergreift; das gilt auch für herrenlose Grundstücke (5 Ob 100/13m). Das Recht zur Zueignung (Aneignung, Okkupation) steht entgegen §§ 382, 386 nicht nur Staatsbürgern, sondern jeder Person zu, die das siebente Lebensjahr vollendet hat und entsprechend (beschränkt) geschäftsfähig ist. **6/2**

6/3 Eine **Zueignung von Tieren** ist nur dann möglich, wenn sie herrenlos sind. Haustiere und wilde Tiere, die gezähmt wurden, stehen regelmäßig in jemandes Eigentum; ebenso wilde Tiere in einem Gehege oder Fische in einem Teich. Daran ändert sich auch nichts, wenn die Tiere entlaufen. Es gilt Fundrecht und der Eigentümer hat das Recht, sie auch auf fremdem Grund zu verfolgen (§ 384). Gezähmte Tiere werden allerdings herrenlos, wenn sie 42 Tage von selbst ausbleiben, ebenso Bienenschwärme, wenn sie der Eigentümer des Mutterstocks zwei Tage lang nicht verfolgt. Sie können auf öffentlichem Grund von jedermann, auf Privatgrund vom Grundeigentümer okkupiert werden. Handelt es sich allerdings um jagdbare Tiere iSd jeweiligen Landesjagdgesetzes, unterliegen sie wie die wilden Tiere dem Aneignungsrecht des betreffenden Jagdberechtigten (Rz 6/5).

6/4 An manchen Sachen ist das Aneignungsrecht kraft Gesetzes bestimmten Personen vorbehalten (§ 382). Solche **„anspruchige" Sachen** sind vor allem die bergfreien Mineralien sowie Wild und Fische.

Das MinroG[1] unterscheidet zwischen bergfreien **Mineralien** (zB Metallerze, Gips, Kohle, Magnesit, Tone; § 3 MinroG), die dem Verfügungsrecht des Grundeigentümers entzogen sind und mit Bewilligung der Behörde von jedermann aufgesucht (Schurfberechtigung; §§ 8 f MinroG) und gewonnen werden dürfen (Bergwerksberechtigung; § 22 MinroG), bundeseigenen Mineralien, die Eigentum des Staates sind (§ 4 MinroG: Steinsalz, Kohlenwasserstoffe, uran- und thoriumhaltige Mineralien), und grundeigenen Mineralien, die dem Grundeigentümer gehören (§ 5 MinroG: alle übrigen, zB Edelsteine, Quarz, Asbest); für deren obertägige Gewinnung ist aber eine behördliche Genehmigung erforderlich (§§ 80 ff MinroG). An bergfreien Mineralien erwirbt der Bergbauberechtigte erst mit der Aneignung das Eigentum (§ 3 Abs 2, § 21 MinroG).

6/5 Das **Jagdrecht** ist das ausschließliche Recht, jagdbare Tiere zu hegen, fangen und erlegen. Die näheren Regelungen finden sich in den von den Bundesländern erlassenen Jagdgesetzen[2]. Allgemein wird zwischen dem Jagdrecht und dem Jagdausübungsrecht unterschieden: Das Jagdrecht steht dem Grundeigentümer zu. Er darf es aber nur dann ausüben, wenn sein Grund eine bestimmte Mindestgröße aufweist (Eigenjagd). Andernfalls werden Grundstücke zu einem Jagdgebiet zusammengefasst, in dem eine Genossenschaft, die aus den betreffenden Grundeigentümern gebildet wird, jagdausübungsberechtigt ist. Diese verpachtet das Jagdrecht.

---

1 Vgl *Weiß*, RdU 1999, 139; *Huber*, ecolex 1999, 502; *Randl*, JAP 1998, 248.
2 S etwa *Gürtler/Lebersorger*, Niederösterreichisches Jagdrecht[7] (2010).

Das **Fischereirecht** ist das ausschließliche Aneignungsrecht an Fischen, Muscheln und Krustentieren. Es ist in Landesfischereigesetzen näher geregelt. Das Fischereirecht steht dem Eigentümer des Gewässers zu, kann aber durch ihn nur dann ausgeübt werden, wenn sein Revier eine bestimmte Größe hat (Eigenrevier). Sonst werden Fischereireviere gebildet, die verpachtet werden.

II. Fund

Die Vorschriften der §§ 388 ff ABGB über das Finden werden durch § 42a SPG ergänzt. Diese Bestimmungen gelten nicht nur für **verlorene**, sondern auch für **vergessene** bewegliche Sachen. Gemeinsam ist diesen beiden Kategorien, dass die Sache ohne Willen des Inhabers aus seiner Gewahrsame gekommen ist; der Unterschied liegt darin, dass verlorene Sachen in niemandes Gewahrsame stehen, während vergessene Sachen an einem unter der Aufsicht eines anderen stehenden Ort zurückgelassen wurden und daher in dessen Gewahrsame gelangt sind (§ 388). Das trifft vor allem auf öffentlich zugängliche Räume zu, wie zB Amtsgebäude, Gaststätten, Kaufhäuser oder Verkehrsmittel; hier übt idR der Inhaber dieser Räumlichkeiten (Behörde, Gastwirt usw) die Gewahrsame an den darin vergessenen Sachen aus. **6/6**

Ob der Eigentümer noch Gewahrsame an einer Sache hat, richtet sich letztlich nach der Verkehrsauffassung. So werden im eigenen Machtbereich verlegte Sachen ebenso wenig als verloren angesehen wie an allgemein frequentierten Stellen liegen gelassene Sachen, solange der Eigentümer sich noch in der Nähe aufhält und den Lageort kennt. Ob der Eigentümer an Hand von Merkmalen der Sache ohne weiters feststellbar ist, spielt hingegen keine Rolle. Sachen, an denen der Eigentümer die Gewahrsame verloren hat, können nicht okkupiert, sondern nur gefunden werden.

Sonderbestimmungen bestehen für den Verlust von Sparurkunden (§ 31 Abs 4 BWG). Für entlaufene, ausgesetzte und zurückgelassene Tiere, die von jemandem gehalten wurden, sieht § 30 TSchG Modifikationen des allgemeinen Fundrechts vor[3].

Finder ist, wer eine verlorene oder vergessene Sache entdeckt und an sich nimmt (§ 389 Abs 1). Allerdings hat derjenige, der eine verlorene oder vergessene Sache entdeckt, aber nicht an sich nehmen kann, Anspruch auf die Hälfte des Finderlohns, wenn er die Entdeckung der Behörde anzeigt und damit erst die Wiedererlangung der Sache durch den Verlustträger ermöglicht (§ 396). **6/7**

3 *Riener/Thunhart*, ÖJZ 2006, 617.

Verlustträger sind der Eigentümer und andere zur Innehabung des Fundobjekts berechtigte Personen (§ 389 Abs 2), daher nicht der Dieb. Es können auch mehrere Personen Verlustträger sein, so zB wenn der Entlehner eines Buches dieses verliert. Beansprucht in solchen Fällen nicht nur der berechtigte Inhaber, sondern auch der Eigentümer die Sache, so ist wohl nach § 348 vorzugehen.

6/8 An den Realakt des Ansichnehmens knüpft das Gesetz Pflichten, die auch nicht mehr durch das Wegwerfen der Sache aufgehoben werden können. Der Finder muss prinzipiell den Fund der zuständigen Behörde – das ist der Bürgermeister, in dessen örtlichem Wirkungsbereich die Sache entdeckt wurde (§ 14 Abs 5, § 22 Abs 1 a SPG) – unverzüglich **anzeigen und übergeben**; er hat über alle Umstände, die für die Ausforschung des Verlustträgers maßgeblich sind, Auskunft zu geben (§ 390). Diese Pflichten entfallen jedoch nach § 391, wenn der Finder die Sache dem bzw einem der Verlustträger ausfolgt – was in seinem Ermessen steht – oder der gemeine Wert der Sache € 10 nicht übersteigt, außer sie ist für den Verlustträger erkennbar von erheblicher Bedeutung (zB Urkunden, Legitimationspapiere, Manuskripte, Schlüssel).

Die Verwahrung des Fundes durch den Finder ist daher nur bei Sachen zulässig, deren Wert € 10 nicht übersteigt und die nicht von erheblicher Bedeutung sind. Sonst muss die Fundbehörde den Fund aufbewahren und im Falle eines Wertes von über € 100 durch Anschlag auf der Amtstafel oder sonst auf ortsübliche Weise **bekanntmachen**; aufgefundene Tiere hat sie einem geeigneten Verwahrer zu übergeben und in geeigneter Form kundzutun (§ 30 Abs 1 und 6 TSchG). Wenn der Wert des Fundes mehr als € 1000 beträgt, ist ein Publikationsmittel zu wählen, das einen größeren Personenkreis zu erreichen geeignet ist (§ 42a Abs 1 SPG). In Betracht kommt eine Veröffentlichung in Zeitungen; aber auch das Internet kann ein geeignetes Medium sein. Droht ein bedeutsamer Wertverlust für die Sache oder verursacht diese unverhältnismäßig hohe Verwahrungskosten, kann die Behörde sie feilbieten und den Erlös aufbewahren (§ 42a Abs 2 SPG).

6/9 Der Finder hat gegen den Verlustträger, dem die Sache ausgefolgt wird, Anspruch auf **Finderlohn** und auf Ersatz des notwendigen und nützlichen **Aufwandes** (§ 392). In drei Fällen besteht jedoch kein Anspruch auf Finderlohn (§ 394): 1. Wenn der Finder das Fundobjekt im Rahmen seiner die Rettung der Sache umfassenden privat- oder öffentlich-rechtlichen Pflicht entdeckt hat; davon betroffen sind insb Sicherheitswachebeamte[4]. 2. Wenn der Finder die Anzeige- bzw Ausfolgungspflicht (§§ 390 f) schuldhaft ver-

4 Zur Problematik dieser Bestimmung *Wieser*, JAP 2003/2004, 182, 185.

letzt hat. 3. Wenn eine vergessene Sache auch sonst ohne deren Gefährdung vom Verlustträger wiedererlangt worden wäre (§ 394); damit soll ein Rechtsmissbrauch zur Erlangung eines Finderlohns für Sachen, die sich ohnedies im Gewahrsam einer Person befinden, ausgeschlossen werden. Die Kosten der Unterbringung aufgefundener Tiere hat der Tierhalter zu tragen (§ 30 Abs 3 TSchG).

Der **Finderlohn** beträgt bei verlorenen Sachen 10 %, bei vergessenen Sachen 5 %. Soweit der gemeine Wert des Fundes € 2000 übersteigt, steht dem Finder für diesen Teil die Hälfte, also 5 % bzw 2,5 %, zu. Bei Sachen, deren Wert sich nicht gem § 303 ermitteln lässt oder deren Wiedererlangung für den Verlustträger von erheblicher Bedeutung ist, wird der Finderlohn nach billigem Ermessen unter Bedachtnahme auf die dem Finder entstandene Mühe und den dem Verlustträger verschafften Vorteil ermittelt (§ 393).

Wenn der Finder den Fundgegenstand rechtmäßig bei sich behalten hat, steht ihm für seinen Aufwandersatzanspruch ein Zurückbehaltungsrecht zu (§ 471; vgl Rz 14/1 ff) und wohl ebenso für seinen Anspruch auf Finderlohn[5].

Wenn sich bei Funden, deren Wert € 10 nicht übersteigt und die nicht von **6/10**
erheblicher Bedeutung sind, innerhalb eines Jahres ab dem Finden kein Verlustträger meldet, **erwirbt der Finder** an der in seiner Gewahrsame befindlichen Sache das **Eigentum** (§ 395). Bei sonstigen Funden, die der Fundbehörde übergeben wurden, beginnt die Jahresfrist mit der Anzeige und der Finder erhält mit deren Ablauf eine Anwartschaft auf das Eigentum (§ 42a Abs 3 SPG); das Eigentum erlangt er erst mit der Ausfolgung der Sache an ihn (§ 395), die zeitlich eng begrenzt ist (§ 42a Abs 3 und 4 SPG). Aufgefundene Tiere, an denen niemand sein Eigentumsrecht innerhalb von einem Monat ab Bekanntmachung geltend macht, können in das Eigentum eines Dritten übertragen werden. Der ursprüngliche Eigentümer hat dann nur mehr Anspruch auf Vergütung des gemeinen Wertes des Tieres abzüglich der angefallenen Kosten (§ 30 Abs 7 TSchG).

Hat der Finder die Anzeigepflicht (§ 390) verletzt, kann er nicht Eigentümer der Fundsache werden; dies spricht das Gesetz zwar nicht ausdrücklich aus, doch ergibt sich diese Konsequenz daraus, dass mangels Anzeige des Fundes die Frist des § 395 nicht zu laufen beginnt. Trotz Verletzung der Anzeigepflicht kann der Finder aber seinen Aufwand ersetzt verlangen und dafür die Sache zurückbehalten (§ 471).

5 So auch *Mader* in Kletečka/Schauer, ABGB-ON 1.02 § 392 Rz 4; *Eccher/Riss* in KBB[5] § 392 Rz 1.

6/11 Der **redliche Finder** ist kein Sachbesitzer, weil er die Sache nicht für sich haben möchte[6]. Er wird dies erst mit Erlangung des Eigentums der von ihm verwahrten Sache bzw infolge Ausfolgung durch die Fundbehörde (§ 42a Abs 3 SPG).

Beim Eigentumserwerb des Finders handelt es sich um keinen Fall der Verjährung oder Ersitzung, sondern um eine **Verschweigung**. Darunter versteht man den gesetzlich vorgesehenen Erwerb eines Rechts infolge dessen Nichtausübung seitens des Berechtigten.

6/12 Sachen, die der Eigentümer durch Vergraben, Einmauern oder sonst wie versteckt hat („**verborgene Gegenstände**"), sind bei Entdeckung durch einen Dritten wie verlorene Sachen zu behandeln; die §§ 388 ff gelten daher sinngemäß (§ 397). Der Anspruch auf Finderlohn entfällt hier aber – anders als bei verlorenen Objekten – zusätzlich dann, wenn die Sache auch sonst ohne deren Gefährdung wiedererlangt worden wäre (zB wenn dem Eigentümer das Versteck bekannt war).

III. Schatzfund

6/13 § 398 definiert den Schatz als „Kostbarkeiten, die so lange im Verborgenen gelegen haben, dass man ihren vorigen Eigentümer nicht mehr erfahren kann." Entscheidend ist jedoch, dass der nunmehr Berechtigte nicht eruiert werden kann, wobei es aber keine Rolle spielt, ob die Sachen damals verloren oder verborgen wurden. Auch prähistorische Knochen, antike Mosaikböden oder Meteoriten werden dazu gezählt[7]. Der Schatz ist eine **herrenlose Sache.**

Der Finder erlangt bereits mit der Entdeckung **Miteigentum** zur Hälfte (§ 399); die andere Hälfte fällt dem Grundeigentümer zu. Finder sind auch Arbeiter, die im Zuge ihrer Tätigkeit zufällig einen Schatz entdecken. Nur wenn sie zur Suche nach dem Schatz beauftragt wurden, gehört der Anteil des Finders dem Geschäftsherrn (§ 401). Ist der Finder bei der Schatzsuche widerrechtlich oder eigenmächtig vorgegangen oder hat er den Schatz verheimlicht, erhält derjenige seinen Anteil, der ihn angezeigt hat, sonst der Staat. S auch die Anzeigepflicht nach § 8 DenkmalschutzG.

6 *Ehrenzweig* I/2, 208. AA *Holzner* in Rummel/Lukas[4] § 311 Rz 3.
7 Dazu *Knoll*, JBl 2005, 212.

IV. Beuterecht und Bergelohn

Das in § 402 erwähnte **Beuterecht** ist nach Art 46 der Haager Landkriegsordnung an Privateigentum ausgeschlossen. **6/14**

Wer eine fremde bewegliche Sache vor ihrem sonstigen Verlust oder Untergang rettet, hat Anspruch auf Aufwandersatz und **Bergelohn**, der je nach der damit verbundenen Mühe höchstens 10 % des gemeinen Wertes beträgt (§ 403). Es handelt sich um einen besonders geregelten Fall der Geschäftsführung im Notfall (III/16/3).

V. Zuwachs

Zuwachs ist alles, was aus einer Sache entsteht oder ohne Übergabe an deren Eigentümer zur Sache hinzukommt (§ 404). Das Gesetz unterscheidet zwischen natürlichem und künstlichem Zuwachs. **6/15**

1. Natürlicher Zuwachs

Zum natürlichen Zuwachs gehören die **Früchte** des Bodens und die Jungtiere. Bis zur Trennung vom Grund bzw bis zum Werfen handelt es sich um unselbständige Bestandteile der Muttersache (Rz 1/20), mit diesen Vorgängen entsteht an ihnen ohne weiteren Rechtsakt Eigentum des Eigentümers der Muttersache (§ 405). Allerdings geht diesem ein redlicher Besitzer der Muttersache (§ 330) oder ein Fruchtziehungsberechtigter (Fruchtnießer, Pächter) vor. Diese Personen erwerben automatisch mit – wie auch immer erfolgter – Abtrennung Eigentum am nunmehr sonderrechtsfähigen Zuwachs. Zum Fruchterwerb des Gebrauchsberechtigten vgl Rz 15/32. **6/16**

Das Gesetz regelt auch das Eigentum an Grundflächen, die durch Veränderungen von Gewässern neu entstehen, nämlich an Inseln (§§ 407 f), am verlassenen Wasserbett (§§ 409 f), am allmählich angespülten Erdreich (§ 411) und an angeschwemmten Erdstücken (§ 412)[8]. ZT werden diese Vorschriften durch § 4 Abs 4 und 5 WRG verdrängt (vgl 1 Ob 251/07d).

8 Zur analogen Anwendung auf Bodenverschiebungen *Ganner*, ÖJZ 2001, 781.

2. Künstlicher Zuwachs

a) Verarbeitung und Vereinigung

6/17 Werden Sachen verschiedener Eigentümer vereinigt oder wird eine fremde Sache verarbeitet, stellt sich die Frage, wer Eigentümer der daraus entstandenen Sache wird; darauf geben die §§ 414 ff Antwort.

Die **Vereinigung** kann in der Weise erfolgen, dass gleichartige feste Sachen miteinander vermengt, flüssige oder gasförmige Sachen vermischt oder sonstige Sachen miteinander in Verbindung gebracht werden. **Verarbeitung** liegt vor, wenn aus einer oder mehreren Sache(n) eine neue geschaffen wird, die sich in Form, Zweckbestimmung oder Brauchbarkeit von der alten unterscheidet und an Wert gewonnen hat[9].

6/18 Die Anwendbarkeit der §§ 414 ff setzt weiters voraus, dass diesen Vorgängen **keine Vereinbarung** der daran Beteiligten zugrunde liegt. Bei Verarbeitung im Rahmen eines Dienstverhältnisses oder Werkvertrags behält der Dienstgeber bzw Werkbesteller das Alleineigentum an der von ihm zur Bearbeitung beigestellten Sache, weil die Arbeitsleistung infolge der Vereinbarung ihm zugute kommen soll (vgl § 401)[10]. Fehlt es an einer Abrede bzgl der Eigentumsverhältnisse, greifen die §§ 415 f ein.

Beispiel: Der Sägewerksbesitzer A liefert dem Tischler B Holz mit einem Zahlungsziel von 90 Tagen. Nach den zugrunde gelegten Lieferbedingungen des A soll dieser bis zur vollständigen Bezahlung des Kaufpreises Eigentümer des Holzes und der daraus vom Abnehmer hergestellten Waren bleiben. Diese Vereinbarung beinhaltet auch eine Sicherungsübereignung, weil A an den Möbeln das Alleineigentum und damit auch jener Miteigentumsanteil zustehen soll, den B an sich infolge Verarbeitung nach § 415 erworben hätte. Die Eigentumsübertragung zu Sicherungszwecken verlangt für ihre Wirksamkeit jedoch – in analoger Anwendung des Faustpfandprinzips – prinzipiell die körperliche Übergabe (Rz 8/10 und 14/11). Soll eine solche nach dem Parteiwillen nicht vorgenommen werden, ist die Vereinbarung wegen rechtlicher Unmöglichkeit nach § 878 unwirksam. Daher greift trotz der getroffenen Vereinbarung doch § 415 ein: A und B haben Miteigentum an den Möbeln entsprechend dem Wertverhältnis von Material und Arbeit.

6/19 Die Verarbeitung und die Vereinigung sind, wenn sie durch Menschenhand erfolgen, **Realakte**. Die von § 415 daran geknüpften **Rechtsfolgen** treten daher unabhängig vom Willen und von der Geschäftsfähigkeit des Betreffenden ein.

---

9 *Klicka/Reidinger* in Schwimann[4] § 414 Rz 2. Ohne Wertzuwachs stellt sich die Frage nach dem Miteigentumsanteil des Verarbeiters nämlich ohnehin nicht (*Karner* in Rummel/Lukas[4] § 414 Rz 4; s auch Rz 6/20). Bloßer Wertzuwachs genügt ebenso wenig, um die Rechtsfolgen der Verarbeitung auszulösen (vgl §§ 331 f, 336: Aufwandersatz).

10 AA *Eliskases*, Kreditsicherung durch Superädifikate (2008) 40, 49; *Holzner*, JBl 2009, 684, 685, nach denen grundsätzlich § 415 anzuwenden ist.

Die sachenrechtlichen Folgen der Verarbeitung oder Vereinigung richten sich primär danach, ob eine **Trennung** möglich und wirtschaftlich tunlich ist. Das ist dann zu verneinen, wenn die damit verbundenen Kosten unverhältnismäßig hoch sind oder wenn die Teile nach der Trennung zusammen deutlich weniger wert sind als die Gesamtsache; letztlich entscheidet die Verkehrsauffassung. Die Rückführung einer verarbeiteten Sache in ihre frühere Form ist immer untunlich, weil dies den Wert der Arbeitsleistung vernichtet.

Ist es möglich und tunlich, den ursprünglichen Zustand wiederherzustellen, behält jeder Eigentümer sein Recht an der ihm gehörenden Sache. Andernfalls entsteht an dem Gemenge (Gemisch) oder an der neuen Sache **Miteigentum** im Verhältnis der Werte der vereinigten Sachen bzw des Wertes der verarbeiteten Sache(n) zum Wert der Arbeitsleistung. Wenn zwar die Beiträge der Beteiligten dem Grunde nach unstrittig sind, sich aber deren Höhe nicht bestimmen lässt, sind die Anteile der Miteigentümer als gleich groß anzunehmen (§ 839)[11]. Ist die Summe der Stoff- und Arbeitswerte größer als der Wert des Endproduktes, so geht dies allein zu Lasten des Anteils des Verarbeiters: Er erwirbt daher keinen Miteigentumsanteil an der neuen Sache, weil er keine Werterhöhung bewirkt hat. **6/20**

Für die **Auseinandersetzung** stellt § 415 besondere Regeln auf, die von den allgemeinen Grundsätzen für die Auflösung von Miteigentum (§§ 841 ff; Rz 5/22 f) abweichen: (1) Hat ein Teilhaber die Vereinigung oder Verarbeitung vorgenommen, obwohl er sich nicht für dazu berechtigt halten durfte, und trifft den anderen Teilhaber kein derartiger Vorwurf, so steht dem Schuldlosen ein Wahlrecht zu. Er kann entscheiden, ob er die Gesamtsache behalten oder sie dem anderen überlassen möchte. (2) Sind beide schuldlos oder gleich schuld an der Umgestaltung, so steht das Wahlrecht dem Teilhaber mit dem größeren Miteigentumsanteil zu. (3) Wenn weder das Verschulden noch die Größe der Anteile den Ausschlag für das Wahlrecht eines der Beteiligten gibt, gelten für die Teilung die allgemeinen Grundsätze (§§ 841 ff; Rz 5/21); das wird auch dann gelten, wenn die Kriterien des § 415 wegen der Vielzahl von Miteigentümern versagen[12]. **6/21**

Derjenige, der die Gesamtsache nach diesen Regeln ins Alleineigentum erwirbt, hat dem anderen Teilhaber eine **Ausgleichszahlung** für dessen Miteigentumsanteil zu leisten. Trifft diese Pflicht den Verarbeiter oder denjenigen, der die Vereinigung vorgenommen hat, so richtet sich der Anspruch **6/22**

11 *F. Bydlinski* in Klang² IV/2, 630, 695; *Hödl*, Der Lieferantenpool (2010) 56 ff, 69 ff.
12 So zutreffend *Hödl*, Lieferantenpool 67.

nach dessen Redlichkeit (§ 326): Musste er die Fremdheit der Sache nicht erkennen oder war sie ihm zwar bekannt, wollte er aber die Sache nicht für sich behalten, so ist er redlich und hat er nur den gemeinen Wert des übernommenen Miteigentumsanteils zu ersetzen, sonst den höchsten dafür erzielbaren Preis (§ 415 Satz 3, § 417).

6/23 Ein Gemenge oder Gemisch liegt vor, wenn die einzelnen Bestandteile nicht mehr nach ihrer Herkunft unterscheidbar sind (zB Getreide oder Wein). Hier entsteht Miteigentum in der Sonderform des **Quantitätseigentums**, das sich durch die vereinfachte Auseinandersetzung auszeichnet. Diese erfolgt durch Realteilung des Gemenges bzw Gemisches entsprechend den Miteigentumsquoten[13], die der nicht besitzende Miteigentümer auch im Klageweg erzwingen kann (Quantitätsvindikation).

6/24 Bei bloßer **Ausbesserung** einer Sache erwirbt der Eigentümer der Hauptsache Alleineigentum (§ 416). Diese Bestimmung wird auf alle Fälle angewendet, in denen eine untrennbar verbundene bzw verarbeitete Sache oder die in der neuen Sache steckende Arbeitsleistung einen bedeutend geringeren Wert als die andere Sache oder die Arbeitsleistung hat[14]. Dem Eigentümer der Nebensache bzw demjenigen, der die untergeordnete Arbeitsleistung erbracht hat, steht dann nur ein schuldrechtlicher Ausgleichsanspruch zu, dessen Höhe sich nach den Grundsätzen des § 417 richtet. In entsprechender Anwendung des § 367 besteht ein solcher Anspruch jedoch nicht, wenn der Eigentümer der Hauptsache mit demjenigen, der die Verbindung bewirkt, einen entgeltlichen Vertrag geschlossen hat und auf dessen Eigentümerposition hinsichtlich der Nebensache vertrauen durfte[15].

b) Vermengung nach § 371

6/25 § 371 regelt den Fall der **Vermischung von ununterscheidbaren Sachen** verschiedener Eigentümer. Es handelt sich dabei also um einen Unterfall der Vereinigung, die an sich in §§ 414 ff (Rz 6/17 ff) geregelt ist. Das Gesetz knüpft an diesen Unterfall als Rechtsfolge aber nicht das Miteigentum (so wie in § 415), sondern den Verlust der Eigentumsklage durch einen der Beteiligten (§ 371). Daher ist es erforderlich, die Tatbestände dieser beiden Bestimmungen voneinander abzugrenzen, wozu verschiedene Theorien entwickelt wurden. Die hA wendet § 371 dann an, wenn das Gemenge als solches nicht mehr erhalten, sondern im Vermögen eines der zum Gemenge

13 Zu nachträglichen Veränderungen eines Gemenges vgl *Holzner*, JBl 1988, 632, 636.
14 2 Ob 210/97i, JBl 1998, 300 mit Anm *Holzner*; *Hödl*, Lieferantenpool 51. Zur Anwendbarkeit auf Verarbeitung durch den Werkunternehmer *Holzner*, JBl 2009, 687.
15 Vgl 1 Ob 353/97m, RdW 1999, 14 mit Anm *Schobel*; *Holzner*, JBl 1999, 547.

Beitragenden aufgegangen ist. In diesem Fall wäre die – theoretisch vielleicht noch mögliche – Verfolgung der Bestandteile des Gemenges, an denen Miteigentum bestand, infolge von Veränderungen mit großen Beweisschwierigkeiten verbunden, die § 371 abschneiden möchte. Richtiger dürfte es sein, § 371 nicht als Regelung der Eigentumsverhältnisse an den vermengten Sachen, sondern als Verneinung der Eigentumsklage wegen Nichterbringung des Eigentumsbeweises zu verstehen[16].

Ein häufiger Anwendungsfall des § 371 ist die Vermischung von Geld verschiedener Eigentümer, das der Inhaber des Gemenges ausgibt oder bei einer Bank einzahlt. Die Aufrechterhaltung des Miteigentums wird hier idR allerdings bereits daran scheitern, dass der Empfänger des Geldes – etwa die Bank – daran Alleineigentum nach der Gutglaubenserwerbsvariante des § 371 (dazu Rz 6/59) erlangt. Der OGH wendet die §§ 371, 415 entsprechend bei Buchgeld, dh bei Girokonten an, auf die Gelder eines Dritten geflossen sind, die im Verhältnis zum Kontoinhaber dem Dritten (zB dem Treugeber) zustehen[17]. **6/26**

Beispiel: A kauft seinem Freund B eine CD ab und zahlt mit einem Zehn-Euro-Schein, den er – wie er B stolz erzählt – aus der Brieftasche seines Vaters V genommen hat. Vermischt B die Geldnote des V, an der er mangels guten Glaubens kein Eigentum erworben hat, mit neun anderen „Zehnern" in seiner Geldbörse und ist nicht mehr feststellbar, welcher von V stammt, entsteht Miteigentum an diesen zehn Geldscheinen zwischen B und V im Verhältnis von 9: 1, uz in der Form des Quantitätseigentums (Rz 6/23); V könnte daher die Ausfolgung einer Banknote aus diesem Gemenge verlangen. Hat B allerdings mit dem Geld Einkäufe getätigt, sind diese Scheine in den Geldkreislauf gelangt und praktisch nicht mehr lokalisierbar. V hat daher sein Miteigentum daran verloren und ist auf einen Verwendungsanspruch gegen B angewiesen.

c) Bauführung

Die §§ 417–419 regeln die Eigentumsverhältnisse an Bauwerken, die auf einem Grundstück mit dem Material und/oder der Arbeitskraft eines vom Grundeigentümer verschiedenen Dritten neu errichtet (5 Ob 222/15f) werden. Unter **Bauwerk** ist eine grundfeste, auf Dauer bestimmte Baulichkeit mit selbständiger Bedeutung und nicht ganz untergeordnetem Wert zu verstehen (OGH RS0011100). Da das Gesetz nur von Bauführung *auf* fremdem Grund spricht, ist die Errichtung unterirdische Bauten iSd § 300 (Kellereigentum; Rz 1/32) nicht erfasst[18]. Grundsätzlich erwirbt der Lie- **6/27**

16 So *Hödl*, Lieferantenpool 47.

17 OGH RS0010924. Zu Recht krit 4 Ob 34/99z, ÖBA 1999, 911; *Ch. Rabl*, ÖBA 2006, 575, 579 ff; *Spitzer*, Bargeld, Buchgeld, Kontokorrent, Jahrbuch Zivilverfahrensrecht 2011, 215.

18 *Zöchling-Jud/Kogler*, Bittner-FS (2018) 873, 891 ff.

genschaftseigentümer das Alleineigentum, weil stets der Grund als Hauptsache und das Bauwerk als Nebensache behandelt wird („superficies solo cedit"). Eine Ausnahme davon sieht § 418 letzter Satz vor.

6/28 Die §§ 417–419 kommen nur bei **Fehlen einer Vereinbarung** über das Schicksal des Bauwerks zur Anwendung[19]. So erhält der Grundeigentümer an dem Gebäude, das er durch einen Baumeister errichten lässt, selbstverständlich Eigentum, ohne dass die Voraussetzungen des § 418 geprüft werden müssten.

Ferner greifen diese Bestimmungen nicht ein, wenn es sich bei dem Bauwerk um ein **Superädifikat** handelt, da hier getrenntes Eigentum entsteht (OGH RS0009946; RS0011062; Rz 1/33).

6/29 Im Einzelnen unterscheidet das Gesetz drei Fälle der Vereinigung von Grund mit fremdem Material oder fremder Arbeitsleistung.

Baut jemand **auf eigenem Grund mit fremdem Material**, so gilt der Grundsatz superficies solo cedit ohne Einschränkung, sodass das Bauwerk immer unselbständiger Bestandteil der Liegenschaft wird. Wenn der Grundeigentümer hinsichtlich der Rechtsverhältnisse am Material redlich ist, muss er dessen gemeinen Wert vergüten, wenn er unredlich ist, hingegen den höchsten am Markt erzielbaren Preis, also den oberen Wert der Bandbreite, aus der der gemeine Wert ermittelt wird (§ 417).

6/30 Auch wenn jemand das Bauwerk **auf fremdem Grund mit eigenem Material** und seiner Arbeitsleistung errichtet, erwirbt der **Grundeigentümer** prinzipiell das Eigentum am Gebäude. Er ist aber dem redlichen Bauführer zur Vergütung des notwendigen und nützlichen Aufwands im Rahmen der objektiven Wertsteigerung, dem unredlichen Bauführer nach den Regeln über die nützliche Geschäftsführung (§§ 1037 f) nur zum Ersatz des Aufwands verpflichtet, der zu seinem klaren und überwiegenden Vorteil gereicht. Der Bauführer ist redlich, wenn er sich ohne jede Fahrlässigkeit für den Eigentümer des Grundes halten oder annehmen konnte, dass er auf Grund einer vom Eigentümer erhaltenen Erlaubnis dort bauen darf (OGH RS0011069; RS0103699). An die ihm zumutbare Vergewisserung stellt die Rsp strenge Anforderungen. Bei beidseitiger Unredlichkeit hat der Bauführer einen Anspruch auf Aufwandersatz wie bei Redlichkeit.

Der OGH gewährt dem Grundeigentümer auch gegen den redlichen Bauführer einen Anspruch auf Beseitigung des Bauwerks nach § 523 und

19 OGH RS0011052; *Jaksch-Ratajczak*, wobl 2009, 333. AA *Ostheim*, Zum Eigentumserwerb durch Bauführung in der Rechtsprechung des Obersten Gerichtshofes (1968) 51.

damit im Ergebnis das Wahlrecht, ob er dem Bauführer Aufwandersatz leisten muss[20].

Eine Ausnahme vom Grundsatz superficies solo cedit gilt jedoch dann, wenn der Grundeigentümer von der Bauführung auf seiner Liegenschaft weiß und sie dem **redlichen Bauführer** nicht sogleich untersagt. Wissen des Grundeigentümers setzt positive Kenntnis aller zur Beurteilung des Falles erforderlichen Begleitumstände voraus. Als Sanktion für dieses unlautere Verhalten des Grundeigentümers sieht § 418 Satz 3 vor, dass der Bauführer Eigentümer des verbauten Grundes und der zur bestimmungsgemäßen Benutzung des Bauwerks unentbehrlichen Fläche wird. Es handelt sich hiebei um einen außerbücherlichen Eigentumserwerb kraft Gesetzes an (einem Teil) der Liegenschaft[21]. Der Grundeigentümer hat Anspruch auf Ersatz des gemeinen Wertes. **6/31**

Die Rsp lässt den Bauführer das Eigentum am bebauten Grund in entsprechender Anwendung des § 418 Satz 3 erwerben, wenn der Liegenschaftseigentümer ihm die Überlassung des Baugrundes zugesagt hat, sie aber in der Folge vorwerfbar vereitelt[22]. Haben Bauführer und Grundeigentümer eine **Vereinbarung** bzgl der Rechtsverhältnisse am Bauwerk geschlossen, ist diese aber wegen Versagung der grundverkehrsbehördlichen Genehmigung **ungültig** oder etwa wegen eines Irrtums mit sachenrechtlicher ex tunc-Wirkung beseitigbar, wendet der OGH § 418 Satz 3 dann an, wenn das Scheitern des Vertrags dem Liegenschaftseigentümer vorwerfbar ist[23]. **6/32**

Ein Sonderproblem stellt der **Grenzüberbau** dar: In dieser Situation, die gesetzlich nicht geregelt ist, wird nur ein Teil des Bauwerks auf fremdem Grund errichtet oder ragt auf diesen hinüber. Nach hA erwirbt der Bauführer hier nach § 418 Satz 3 Eigentum, wenn er redlich war, der Nachbar Kenntnis von dieser Tatsache hatte und die Bauführung dem redlichen Bauführer nicht sogleich untersagt hat. Unter diesen Voraussetzungen überwiegt nämlich das Interesse des Bauführers daran, das Gebäude be- **6/33**

20 1 Ob 519/96, SZ 69/50; 1 Ob 265/01d, EvBl 2002/72. Nur gegen den unredlichen Bauführer: 9 Ob 32/02z; vgl auch RS0011080. Krit *Klicka/Reidinger* in Schwimann[4] § 418 Rz 13; *Mader*, bbl 1998, 111.

21 Diese Rechtsfolge kann nicht durch Vereinbarung herbeigeführt werden, vgl *Jaksch-Ratajczak*, wobl 2009, 342; *Karner* in Rummel/Lukas[4] § 418 Rz 7. AA *Ostheim*, Eigentumserwerb durch Bauführung 34, 51 f.

22 OGH RS0009923; RS0011120; vgl auch *Jaksch-Ratajczak*, wobl 2009, 340 ff. AA *F. Bydlinski*, Das Recht der Superädifikate (1982) 26; *Eccher/Riss* in KBB[5] § 418 Rz 3.

23 6 Ob 23/00a, NZ 2001, 305; 9 Ob 100/04b, JBl 2005, 714; vgl auch *Ostheim*, Eigentumserwerb durch Bauführung 54. Krit *Jaksch-Ratajczak*, wobl 2009, 333.

stehen lassen und nutzen zu können, jenes des Eigentümers, dem nur noch ein Wertausgleichsanspruch zusteht (1 Ob 96/16y). Was in den übrigen Fällen gelten soll, ist umstritten. Nach der einen Ansicht liegt durch die Grundstücksgrenze real geteiltes Eigentum am Überbau vor. Die neuere und zutreffende Meinung[24] wendet § 415 entsprechend an: Es entsteht daher grundsätzlich außerbücherliches Miteigentum an dem Gebäude und der verbauten Fläche mit Wahlrecht des Schuldlosen bzw desjenigen, dessen Anteil mehr wert ist (vgl Rz 6/21). Wenn jedoch der überbaute Teil des Nachbargrundstücks nur von unbedeutendem Wert ist, erwirbt der Bauführer am Gebäude und an dieser Fläche Alleineigentum (§ 416 analog)[25].

Beispiel: A lässt eine Garage auf seinem Grundstück errichten. Es stellt sich heraus, dass der von A beauftragte Bauunternehmer B dabei die Grundstücksgrenze überschritten hat, sodass die Garage auf einer Länge von 7m um 20 cm auf die Nachbarliegenschaft des C hinüberragt. Ein Erwerb dieses Grundstreifens durch A nach § 418 Satz 3 kommt nicht in Betracht, weil das Versehen des B bei der Nichtbeachtung der Grundstücksgrenze dem A zuzurechnen ist und dieser daher unredlicher Bauführer ist. Allerdings ist die Inanspruchnahme fremden Grundes nur geringfügig (1,4 m^2), sodass der Grundstreifen in entsprechender Anwendung des § 416 als Nebensache anzusehen ist und A an dem betreffenden Teil des Grundstücks des C – gegen Ersatz des höchsten am Markt erzielbaren Preises (§ 417) – Eigentum erwirbt.

Von **Eigengrenzüberbau** spricht man, wenn die Grundstücke, über deren Grenze sich das Bauwerk erstreckt, demselben Eigentümer gehören. Eigentumsrechtliche Probleme treten hier erst dann auf, wenn eine der Liegenschaften veräußert wird. Es entsteht dann entsprechend den Regeln beim Grenzüberbau Miteigentum, soweit nicht § 416 analog anzuwenden ist.

6/34 Wird **auf fremdem Grund mit fremdem Material** gebaut, fällt nach § 419 das Eigentum am Bauwerk an den Grundeigentümer und im Verhältnis zwischen diesem und dem Bauführer gilt § 418, im Verhältnis zwischen Bauführer und Materialeigentümer § 417. Die hA wendet auch § 418 Satz 3 entsprechend an, was deswegen zutreffend ist, weil es keine Rolle spielen kann, ob das Material von vornherein dem Bauführer gehört oder dieser dem Eigentümer dafür eine Vergütung nach § 417 leisten muss.

Str ist, ob die in § 419 genannten Anspruchsbeziehungen abschließend sind oder ob auch ein Verwendungsanspruch des Materialeigentümers gegen den Grundeigentümer in Betracht kommt, wenn dieser Eigentümer des Bauwerks wird. Die überwA bejaht dies. Eine Ausnahme ist aber entsprechend den Regeln beim gutgläubigen Eigentumserwerb dann zu

24 *Jabornegg*, Eichler-FS (1977) 287, 305 ff; *Mader*, bbl 1998, 111; *Twaroch*, NZ 1996, 80; vgl auch 3 Ob 516/90, SZ 63/100; 4 Ob 266/97i, SZ 70/185.

25 *Jabornegg*, Eichler-FS 307 f. OGH RS0108464. Zum Beseitigungsanspruch des Nachbarn OGH RS0115858, der diesen uU wegen Rechtsmissbrauchs verneint.

machen, wenn der Grundeigentümer nicht wissen musste, dass das Material nicht dem Bauführer gehört[26].

d) Säen und Pflanzen

Wenn die gesetzten Pflanzen Wurzeln schlagen bzw der Samen ausgesät wurde, werden die Pflanzen und der Samen Zuwachs und damit unselbständige Bestandteile des Grundes. Gehören die Pflanzen oder Samen einem anderen als dem Grundeigentümer oder wurden sie von einem anderen gesetzt bzw ausgesät, richten sich die Vergütungsansprüche nach den §§ 417–419 (§ 420). Das Eigentum fällt aber immer dem Grundeigentümer zu. **6/35**

C. Zweiseitiger Erwerb

I. Derivativer Erwerb

§ 423 spricht zwar vom mittelbaren Erwerb, meint aber den derivativen Erwerb von Sachen, da auf die rechtliche Art der Übergabe durch den Eigentümer abgestellt wird. Voraussetzung des derivativen Eigentumserwerbs sind nach den §§ 380, 423 und 425 ein Titel und die rechtliche Übergabe und Übernahme. **6/36**

Als **Titel** kommen ein-, zwei- oder mehrseitige Rechtsgeschäfte (zB Auslobung, Kauf, Gesellschaftsvertrag), letztwillige Verfügungen, richterliche Entscheidungen (zB Teilungsurteil) oder das Gesetz selbst (zB Kondiktion, Schadenersatzanspruch) in Betracht, sofern die Übertragung von Eigentum an einer Sache geschuldet ist. **6/37**

Der Titel muss **objektiv gültig** sein. Wird er wegen Willensmangels mit sachenrechtlicher ex tunc-Wirkung angefochten oder infolge Geltendmachung eines relativen Nichtigkeitsgrundes (zB Wucher) unwirksam, ist er so zu behandeln, als wäre er von Anfang an nicht gültig gewesen. Das Eigentum ist daher als gar nicht übergegangen anzusehen. Die Beseitigung des Titelgeschäfts mit sachenrechtlicher ex nunc-Wirkung – etwa durch Rücktritt nach den §§ 918 ff oder durch Wandlung gem § 932 – lässt hingegen die bereits erfolgte Übereignung unberührt. Zur Rückabwicklung bedarf es dann der Wiederverschaffung des Eigentums, für die die Leistungskondiktion (§ 1435, III/15/9) der Titel ist. Diese Unterscheidung ist vor allem bedeutsam, wenn der Anspruch auf die Sache gegen einen mittlerweile insolventen Erwerber gerichtet ist: Schuldrechtliche Ansprüche

26 OGH RS0110365; *Holzner*, JBl 1999, 547 f.

auf Rückübereignung werden idR als Insolvenzforderung nur gekürzt befriedigt, während ein auf das Eigentumsrecht gestützter Herausgabeanspruch zur Aussonderung berechtigt (§ 44 IO).

6/38 Für den **Umfang des Eigentumserwerbs** ist der im Titelgeschäft zum Ausdruck kommende Wille der Parteien entscheidend; das gilt auch für die Veräußerung einer Liegenschaft. Erstreckt sich die Vereinbarung auf das ganze Grundstück und ist dieses noch nicht im Grenzkataster enthalten (vgl Rz 3/7), sind nicht die in der digitalen Katastralmappe ausgewiesenen „Papiergrenzen", sondern die tatsächlichen Grenzen maßgeblich[27]. Richtet sich hingegen der Parteiwille auf die Papiergrenzen, entscheiden diese über den Umfang der angestrebten Rechtsübertragung (2 Ob 81/14x).

Ist das Titelgeschäft **aufschiebend bedingt**, wirkt sich dies auch auf die Übertragung des Eigentums aus. Zu beachten ist, dass beim Kauf unter Eigentumsvorbehalt nicht der Titel, sondern das Verfügungsgeschäft bedingt ist (Rz 8/8).

6/39 Der Begriff „**Modus**" wird oft in verschiedenen Bedeutungen verwendet. Nach der einen Terminologie bezeichnet man damit die rechtliche Übergabe und Übernahme iSd § 425; der Modus setzt sich dann aus einem rechtsgeschäftlichen Teil, dem Verfügungsgeschäft, und einem realen Teil, der Übergabe gem §§ 426 ff, zusammen. Andere verstehen unter Modus nur diesen faktischen Vollzugsakt. IdS wird der Begriff „Modus" auch im Folgenden verwendet.

6/40 Das **Verfügungsgeschäft** ist die dinglich wirkende Einigung zwischen Überträger und Übernehmer der Sache, dass das Eigentum übergehen soll. Es kann vorweg – etwa bereits bei Abschluss des Titelgeschäfts – geschlossen werden und ist nach in Österreich hA nicht einseitig widerrufbar[28]. Regelmäßig kommt es aber im Zeitpunkt der Übergabe der Sache konkludent zustande, weil typischerweise erst in diesem Zeitpunkt der Veräußerer das Eigentum an der Sache aufgeben und der Erwerber es erlangen möchte. Das gilt insb auch bei Gattungskäufen, bei denen die Parteien oft zunächst den Kaufvertrag abschließen und erst später die Sache konkretisieren. Nach einer verbreiteten Gegenmeinung[29] kommt allerdings diese dingliche

---

27 OGH RS0011236; *Feil/Marent/Preisl*, GrundbuchsR² § 1 Rz 20 f; *Spielbüchler*, JBl 1980, 169, 173; *Twaroch*, NZ 1994, 54, 57.

28 Für die Widerrufbarkeit bis zur Übergabe *Riss*, ÖBA 2010, 215.

29 *F. Bydlinski* in Klang² IV/2, 370; *Spielbüchler*, Der Dritte im Schuldverhältnis (1973) 101; *ders*, ABGB-FS II (2011) 1433, 1435 ff; vgl auch *Holzner*, JBl 2010, 674; OGH RS0011124; RS0107162. Dagegen zutreffend *Bollenberger*, Irrtum über die Zahlungsunfähigkeit (1995) 67 ff; ferner *Kieweler*, NZ 2013, 257, 260; *Schoditsch*, Eigentumsvorbehalt und Insolvenz (2009) 147 ff.

Einigung normalerweise gleichzeitig mit dem Titelgeschäft zustande, sodass die Übergabe nur mehr aus einem Realakt besteht.

Im Ergebnis sind die Unterschiede zwischen diesen beiden Meinungen nicht besonders groß. Eine wesentliche Abweichung besteht allerdings: Nimmt man das Verfügungsgeschäft erst bei der Übergabe an, kann der Verkäufer auch ohne Vereinbarung eines Eigentumsvorbehalts das Eigentum trotz Übergabe der Sache zurückbehalten („einseitiger Eigentumsvorbehalt"; dazu Rz 8/3). Geht man mit der Gegenmeinung vom Abschluss des Verfügungsgeschäfts gleichzeitig mit dem Titelgeschäft aus und sieht man dieses als unwiderrufbar an, bleibt der einseitig erklärte Eigentumsvorbehalt sachenrechtlich unwirksam. Dabei wird aber übersehen, dass die Übergabe in einem zweiseitigen Besitzerwerb besteht und dafür der Traditionswille des Veräußerers erforderlich ist (vgl § 315; so auch OGH RS0011132), der aber eindeutig fehlt, wenn dieser sich weigert, sein Eigentum und damit auch seinen (mittelbaren) Besitz aufzugeben. Außerdem kann der einseitige Eigentumsvorbehalt, der vor allem im Zusammenhang mit der Unsicherheitseinrede (§ 1052 Satz 2; II/2/47) vorkommen wird, durchaus interessengerecht sein.

Für den rechtsgeschäftlichen Eigentumserwerb an verbücherten Liegenschaften ist die **Aufsandungserklärung** (vgl Rz 3/24), an nicht verbücherten Liegenschaften und Superädifikaten die Erklärung des Überträgers, in die Hinterlegung der Urkunde einzuwilligen (§§ 434 f), erforderlich (Rz 3/66).

Das Verfügungsgeschäft ist **kausal**, dh dass es nur auf Grund und im Rah- **6/41**
men eines gültigen Titelgeschäfts sachenrechtliche Wirkungen entfalten kann[30]. Titel und Verfügungsgeschäft müssen daher auch bzgl des konkreten Objekts inhaltlich übereinstimmen. Das bedeutet insb, dass der Titel nur den Eigentumsübergang an der in ihm umschriebenen Sache trägt. Allerdings führt nicht jede Abweichung der übergebenen von der vereinbarten Sache dazu, dass der Eigentumserwerb durch den Übernehmer scheitert. Dies gilt vor allem für Mängel der Sache, mögen sie auch wesentlich und unbehebbar sein. Die Grenze ist wohl beim nicht genehmigungsfähigen aliud (vgl § 378 UGB; dazu II/3/69) zu ziehen.

Der **Modus** besteht bei beweglichen Sachen in der Übergabe gem den **6/42**
§§ 426 ff (dazu Rz 2/34 ff). Für den Eigentumserwerb an Liegenschaften bedarf es der Einverleibung im Grundbuch, für Bauwerke und nicht verbücherte Grundstücke der Urkundenhinterlegung (Rz 3/64); die Übergabe ist hier weder erforderlich noch ausreichend. Der Eigentumserwerb tritt

30 *Rummel*, ÖBA 2000, 567.

bereits mit Einlangen des Gesuchs um Einverleibung beim Grundbuchsgericht ein (Rz 3/37); aus Gründen der sachlichen Gleichbehandlung muss dasselbe für die Urkundenhinterlegung gelten.

Ein „außerbücherliches Eigentum" desjenigen, dem die Liegenschaft ohne Eintragung im Grundbuch bloß übergeben wurde, wird heute allgemein verneint. Selbst wenn er die für die Einverleibung erforderlichen Urkunden hat, bleibt der Veräußerer weiter Eigentümer; wird über dessen Vermögen das Insolvenzverfahren eröffnet, bevor der Erwerber den Antrag auf Einverleibung beim Grundbuchsgericht stellt, kann er nicht mehr eingetragen werden (§§ 2, 13 IO; vgl OGH RS0011111; RS0063848).

6/43 Im Falle der **Mehrfachveräußerung** einer beweglichen Sache erwirbt derjenige das Eigentum, dem sie zuerst übergeben wird (§ 430). Bei unbeweglichen Sachen und Bauwerken kommt es darauf an, wer früher bei Gericht das Ansuchen um Einverleibung bzw um Urkundenhinterlegung stellt (§ 440)[31]. Welcher Erwerber als erster einen Titel oder den Besitz erlangt hat, ist sachenrechtlich ohne Bedeutung, kann aber unter dem schadenersatzrechtlichen Aspekt der Verleitung zum Vertragsbruch relevant sein und einen Anspruch des Erstkäufers gegen den bereits einverleibten Zweitkäufer auf Übertragung des Eigentums an der Liegenschaft begründen (III/14/3)[32].

Beispiel: A hat sein Auto dem B verkauft. Bevor es zur Abwicklung des Vertrags kommt, bietet C einen höheren Kaufpreis. A veräußert und übergibt das Auto daraufhin dem C. Dieser wird daher Eigentümer des Autos und B ist auf Nichterfüllungsansprüche gegen A verwiesen (vgl auch das Beispiel in VIII/Fall 66).

6/44 Derivativ kann Eigentum nur vom **Eigentümer** (vgl § 442) oder von demjenigen erworben werden, den der Eigentümer zu einer solchen Verfügung über die Sache ermächtigt hat. Der **Verfügungsberechtigte** schließt das Titelgeschäft im eigenen Namen ab, sodass er Vertragspartner wird, und nimmt auch das Verfügungsgeschäft im eigenen Namen vor. Die Einwilligung des Eigentümers zur Verfügung über die Sache substituiert das dem Verfügungsberechtigten fehlende Eigentum. Diese rechtliche Konstruktion liegt vor allem dem Verkaufsauftrag (§§ 1086 ff; III/1/27) und der Verkaufskommission zugrunde. Ein derivativer Eigentumserwerb vom Nichteigentümer ist auch dann möglich, wenn der Eigentümer dessen Verfügung über seine Sache nachträglich genehmigt (§ 366 Satz 2 analog).

Das Eigentum des Veräußerers muss frei von absolut wirkenden Verfügungsbeschränkungen sein. Als solche kommen vor allem dinglich wirkende Veräußerungs- und Belastungsverbote (Rz 4/30 ff) in Betracht.

31 5 Ob 102/95, wobl 1996, 161 mit Anm *Kletečka*; 7 Ob 225/03v, JBl 2005, 36; 1 Ob 95/11v.

32 OGH RS0083005; *H. Koziol*, Österr Haftpflichtrecht[3] I (1997) Rz 9/27.

II. Eigentumserwerb kraft guten Glaubens

Ist der Veräußerer der Sache weder selbst Eigentümer noch durch den Eigentümer zur Verfügung über die Sache ermächtigt, kommt ein derivativer Erwerb nicht in Betracht (§ 442). Nur wenn der Veräußerer eine dieser beiden Voraussetzungen nachweist, kann der Erwerber sicher sein, dass ihm tatsächlich Eigentum verschafft wird. Da derartige Nachweise jedoch oft nicht ohne weiteres zu erbringen bzw zu überprüfen sind, trägt der Erwerber durchwegs das Risiko, dass der Rechtserwerb scheitert. Eine solche Unsicherheit belastet den Rechtsverkehr naturgemäß schwer und hemmt daher wirtschaftliche Transaktionen. In bestimmten Konstellationen will das Privatrecht daher dem Erwerber dieses Risiko abnehmen, selbst wenn er über keinen Nachweis von Eigentum oder Verfügungsberechtigung verfügt: Er erwirbt jedenfalls Eigentum, auch wenn der Veräußerer nicht ausreichend berechtigt war, ihm dieses zu übertragen. Geschützt wird also sowohl der konkrete Erwerber in seinem Vertrauen auf die Berechtigung des Veräußerers, als auch das überindividuelle Interesse an der Leichtigkeit und Flüssigkeit des Rechtsverkehrs; das bedeutet gleichzeitig, dass der wahre Eigentümer der Sache sein Recht verliert. Unter welchen Voraussetzungen dieser Schutz eingreift, ergibt sich aus jenen Bestimmungen, die einen (originären) Eigentumserwerb vom Nichtberechtigten vorsehen (zB §§ 367, 371, 824; §§ 63 ff GBG). Diese Regeln dienen also einem Ausgleich zwischen dem Vertrauensschutz des Erwerbers und des Rechtsverkehrs einerseits und dem Bestandsinteresse des wahren Berechtigten andererseits. Gemeinsam ist ihnen, dass nur der gutgläubige Erwerber Eigentümer wird, wobei allerdings nicht immer dieselben Anforderungen an die Redlichkeit gelten. 6/45

1. Bewegliche Sachen

a) § 367

Aus § 367 ergeben sich die Voraussetzungen für den gutgläubigen Eigentumserwerb an **beweglichen Sachen**[33], zu denen auch Superädifikate zählen. Nach dieser Bestimmung ist dies nur für körperliche Sachen möglich; obligatorische Rechte können hingegen grundsätzlich nicht gutgläubig erworben werden, weil bei ihnen typischerweise eine Rechtsscheingrundlage (= Besitz) fehlt (zu den Ausnahmen s II/5/49). Das gilt nach hA auch dann, wenn sie mit der Innehabung einer körperlichen Sache verbunden sind, 6/46

33 Grundlegend *Karner*, Gutgläubiger Mobiliarerwerb (2006). Rechtsvergleichend *Prisching*, Gutgläubiger Erwerb an beweglichen Sachen im Rechtsvergleich (2006); *Siehr*, Welser-FS (2004) 997.

weil die Gewahrsame nicht das Bestehen eines bestimmten Rechts indiziert. Für den redlichen Erwerb beschränkter dinglicher Rechte sieht das Gesetz teilweise eigene Tatbestände vor (zB § 456).

6/47 Da § 367 – wenn bestimmte Voraussetzungen vorliegen – nur das Fehlen der an sich erforderlichen Berechtigung des Veräußerers (§ 442; Rz 6/44) substituieren will, müssen die übrigen Voraussetzungen dennoch gegeben sein. Auch der gutgläubige Eigentumserwerb setzt daher einen (objektiv) gültigen **Titel** voraus.

6/48 Der Titel für den Erwerb muss allerdings zudem entgeltlich sein, weil nur solche redlichen Erwerber schutzwürdig erscheinen, die auch ein Vermögensopfer erbracht haben, um die Sache zu erlangen. **Entgeltlichkeit** ist daher in einem weiten Sinn zu verstehen: So kommen als geeignete Verpflichtungsgeschäfte nicht nur zB Kauf und Tausch in Betracht, sondern ebenso der Auftrag zum Erwerb einer Sache im eigenen Namen, unabhängig davon, ob dafür ein Entgelt vereinbart wurde oder nicht. Das adäquate Vermögensopfer des Auftraggebers besteht nämlich im Ersatz der Aufwendungen, die der Auftragnehmer für die Erlangung der Sache getätigt hat (§ 1014; dazu III/5/10).

Dass der Erwerber das Entgelt **bereits gezahlt** hat, ist nach hA nicht Voraussetzung für den Eigentumserwerb. Nach einer Mindermeinung wird der Erwerber hingegen nur in dem Ausmaß Eigentümer, als er den Kaufpreis gezahlt hat; bei Teilzahlungen wird er daher Miteigentümer im entsprechenden Verhältnis, wobei aber der gute Glaube im Zeitpunkt der jeweiligen Zahlung gegeben sein müsse[34].

6/49 Ferner muss die Sache dem Erwerber **übergeben** werden. Nach zutreffender Ansicht reichen dafür die Übergabesurrogate (Besitzkonstitut, Besitzanweisung) nur beim Erwerb in einer öffentlichen Versteigerung (Rz 6/54) und von einem Unternehmer (Rz 6/55) aus, denn bloß dort besteht ein gesteigertes Verkehrsschutzbedürfnis. Hingegen ist in der Vertrauensmannvariante eine tatsächliche Gewahrsamsänderung erforderlich, weil hier die Gefahrenbeherrschung durch den Eigentümer von ausschlaggebender Bedeutung ist und diese die objektive Wahrnehmbarkeit des (drohenden) Rechtsverlusts voraussetzt[35]. Erfolgt die Übergabe unter einer aufschieben-

34 *Bollenberger*, ÖJZ 1995, 649 und ÖJZ 1996, 851; differenzierend *Leupold* in Fenyves/Kerschner/Vonkilch[3] (Klang) § 367 Rz 49 und *Winner* in Rummel/Lukas[4] § 367 Rz 9. Dagegen *Holzner*, ÖJZ 1996, 372 und ÖJZ 1997, 499; *Kerschner* in Jabornegg/Artmann, UGB[2] § OGH RS0116643; krit auch *Karner*, Mobiliarerwerb 58 FN 301.

35 Ausführlich *Karner*, Mobiliarerwerb 361 ff, 379 ff; ablehnend *Holzner*, JBl 2007, 401 und *ders*, JBl 2018, 345. Generell gegen die Wirksamkeit der Übergabssurrogate *F. Bydlinski* in Klang[2] IV/2, 556; *Frotz*, Kastner-FS (1972) 131, 153; *Gschnitzer*, SachenR[2] 113.

den Bedingung, wie insb beim Kauf unter Eigentumsvorbehalt (Rz 8/8), so entsteht das Eigentum beim Erwerber erst mit Eintritt der Bedingung. Dieser hat allerdings bei Vorliegen aller Voraussetzungen des § 367 im Übergabezeitpunkt bereits die Anwartschaft auf das Eigentum erlangt, sodass die Redlichkeit bei Eintritt der Bedingung nicht mehr erforderlich ist[36]. Der Vorbehaltskäufer wird daher nach hA mit Zahlung der letzten Kaufpreisrate auch dann Eigentümer, wenn er in diesem Zeitpunkt bereits von der mangelnden Berechtigung des Verkäufers wissen musste.

Bei **Superädifikaten** sind zwei Konstellationen zu unterscheiden: Einerseits der Erwerb bloß des Bauwerks vom vermeintlichen Eigentümer und andererseits der Erwerb des Eigentums an einer Liegenschaft in der redlichen, aber unzutreffenden Meinung, das darauf befindliche Gebäude sei unselbständiger Bestandteil derselben. In beiden Sachverhalten ist für den Eigentumserwerb an dem Superädifikat prinzipiell die Urkundenhinterlegung erforderlich. Diese wirft im ersten Fall keine besonderen Probleme auf, wird aber im zweiten wegen der Fehlvorstellung des Erwerbers der Liegenschaft typischerweise fehlen, sodass dieser selbst bei Vorliegen der übrigen Voraussetzungen des § 367 nicht auch Eigentümer des Bauwerks werden kann. Nach manchen soll allerdings in solchen Situationen die Einverleibung des Liegenschaftserwerbs im Grundbuch ausreichender Modus auch für den Erwerb des Eigentums am Superädifikat sein[37]. Jedenfalls erlangt der Ersteher der Liegenschaft das Eigentum am (irrtümlich) mitversteigerten Gebäude, wenn er dessen Superädifikatseigenschaft nicht kennen musste (OGH RS0003454), weil hier der Eigentumserwerb bereits mit Zuschlag eintritt (Rz 6/95).

Zentrales Tatbestandselement des § 367 ist die **Redlichkeit** des Erwerbers. **6/50** Dies setzt nach § 368 Abs 1 voraus, dass dem Erwerber nicht einmal leichte Fahrlässigkeit zur Last fällt (so ausdrücklich EB 1058 BlgNR XXII. GP 67), wobei auch die Umstände des konkreten Geschäfts zu berücksichtigen sind[38]. Geben diese zwar Anlass zu weiteren Recherchen, wären dabei aber keine Anhaltspunkte gegen die Berechtigung des Vormannes hervorgekommen, wird der Erwerber auch dann nach § 367 geschützt, wenn er die Nachforschungsobliegenheit verletzt hat[39]. Der gute Glaube muss bis zur Voll-

36 OGH RS0010903; RS0112394; *F. Bydlinski* in Klang² IV/2, 571; *Frotz*, KreditsicherungsR 160. AA *Bollenberger*, ÖJZ 1995, 644.

37 *Eliskases*, Kreditsicherung 77 ff; *Gröll*, ÖBA 1989, 1182, 1189; *Holzner*, JBl 1994, 587, 595; vgl auch *Zib*, NZ 2011, 235, 236.

38 Zum Gebrauchtwagenkauf 2 Ob 227/06f, EvBl 2007/133; 8 Ob 78/07i, ecolex 2008, 316 mit Anm *Friedl*.

39 *Bartels*, AcP 205 (2005) 687, 705 ff; *Holzner*, JBl 2007, 403; *Iro*, Besitzerwerb durch Gehilfen (1982) 137 f. AA *Karner*, Mobiliarerwerb 412 ff mwN.

endung des Erwerbsaktes (dazu Rz 6/58), also auch noch im Zeitpunkt der Übergabe vorliegen[40]. Entsprechend der allgemeinen Vermutungsregel (§ 328) ist im Zweifel von Redlichkeit auszugehen; die Beweislast für den fehlenden guten Glauben trifft also den Eigentümer (§ 368 Abs 2; vgl Rz 2/25). Bei Superädifikaten ist § 20 UHG zu beachten (vgl Rz 3/68).

Inhaltlich muss sich der gute Glaube grundsätzlich auf das **Eigentum des Veräußerers** beziehen.

6/51 Auch das **Vertrauen auf die Verfügungsberechtigung** wird allerdings geschützt, wenn ein Erwerb von einem Unternehmer im gewöhnlichen Betrieb seines Unternehmens vorliegt (§ 368 Abs 1). Darüber hinaus kommt ganz allgemein bei Übergabe einer Sache zum Verkauf im eigenen Namen (Verkaufsauftrag) ein Eigentumserwerb kraft guten Glaubens gem § 1088 in Frage, wenn der Beauftragte die Grenzen der ihm erteilten Verfügungsermächtigung (Rz 6/44) überschreitet, indem er etwa die Sache unter dem vom Eigentümer vorgegebenen Mindestpreis verkauft. Voraussetzung hiefür ist, dass der Käufer auf eine Verfügungsmacht in diesem Umfang vertrauen durfte[41], was ähnlich wie bei der Anscheinsvollmacht (zu dieser I/9/25) objektiv erkennbare, dem Eigentümer zurechenbare Anhaltspunkte voraussetzt.

Beispiel: A befindet sich in einem Liquiditätsengpass und muss daher ihre Perlenkette verkaufen. Da sie um ihren guten Ruf fürchtet, bittet sie B, dies für sie zu tun und dabei im eigenen Namen aufzutreten; sie müsse aber mindestens € 20.000 dafür bekommen. B verkauft die Kette dem C im eigenen Namen um den angemessenen Preis von € 15.000, wobei sie ihm erklärt, dass die Kette nicht ihr gehöre, der wahre Eigentümer aber nicht genannt werden möchte. Der Kaufvertrag ist zwischen B und C zustande gekommen, sodass dieser nur auf Grund einer Verfügungsermächtigung der B derivativ das Eigentum erlangen kann. Eine solche ist zwar gegeben, doch deckt sie nur einen Verkauf um mindestens € 20.000. Da C in Anbetracht der Bemerkung der B diese nicht für die Eigentümerin der Kette halten durfte, kommt nur ein gutgläubiger Erwerb im Vertrauen auf eine entsprechende Verfügungsmacht (§ 1088) in Betracht. Ein solcher wird zu bejahen sein, weil sich der Kaufpreis im Rahmen des Üblichen hält.

6/52 Tritt der Veräußerer **im Namen des Eigentümers** auf, fehlt ihm aber die Vertretungsmacht, geht es nicht um ein Problem des § 367, da ja das Eigentum vom Vertretenen, dem wirklichen Eigentümer, erworben werden soll. Der Grund für das Scheitern des Eigentumserwerbs liegt vielmehr in der Unwirksamkeit des Titels, wenn keine Anscheinsvollmacht angenommen werden kann (OGH RS0010872).

---

40 *Holzner* in Kletečka/Schauer, ABGB-ON 1.04 § 367 Rz 5.

41 10 Ob 347/97w, RdW 1998, 394; *F. Bydlinski*, JBl 1967, 355, 356; *Karner*, JBl 2004, 486, 490; *Pollak*, JBl 1985, 646, 654.

Schließlich hängt der gutgläubige Eigentumserwerb noch davon ab, ob einer der drei in § 367 angeführten Fälle gegeben ist. Nur in diesen Situationen hält das Gesetz den gutgläubigen Rechtsverkehr für schutzwürdiger als das Bestandsinteresse des Eigentümers (vgl Rz 6/45): Der Erwerber muss die Sache in einer öffentlichen Versteigerung, von einem Unternehmer im gewöhnlichen Betrieb dessen Unternehmens oder von jemandem, dem sie der Eigentümer anvertraut hat, erlangen. **6/53**

Öffentliche Versteigerungen sind solche im Zuge einer gerichtlichen oder verwaltungsbehördlichen Exekution, wohl aber auch freiwillige Feilbietungen nach den §§ 87a ff NO oder Versteigerungen durch dazu befugte Gewerbsleute (§ 158 GewO). Die Versteigerung muss ordnungsgemäß angekündigt und durch das funktionell zuständige Organ nach den jeweiligen Bestimmungen (insb §§ 272 ff EO) durchgeführt werden. § 367 gilt auch bei freihändigem Zwangsverkauf durch einen Handelsmäkler, ein Kreditinstitut, ein Versteigerungshaus oder ein Vollstreckungsorgan (§ 269 EO). Internet-Versteigerungen, die nach § 274 Abs 2 EO der Gerichtsvollzieher oder eine von diesem bestellte Person mit entsprechender Gewerbeberechtigung vornimmt, sind ebenfalls öffentliche Versteigerungen iS des § 367, idR nicht aber Online-Auktionen, bei denen nur ein „Marktplatz" oder eine „Handelsplattform" zur Verfügung gestellt wird; hier handelt es sich um Privatversteigerungen[42]. **6/54**

Unternehmer ist, wer ein Unternehmen iSe auf Dauer angelegten Organisation selbständiger wirtschaftlicher Tätigkeit betreibt (§ 1 UGB; vgl auch § 1 Abs 2 KSchG). Auf eine Gewinnerzielungsabsicht kommt es genauso wenig an wie auf einen bestimmten Umfang des Betriebs. Auch die Ausübung eines freien Berufs (Rechtsanwalt, Notar, Steuerberater usw) und der Forst- und Landwirtschaft fällt darunter[43]. Der Erwerb muss **im gewöhnlichen Betrieb des Unternehmens** erfolgen, wodurch ein schutzwürdiges Vertrauen des Erwerbers bei betriebsfremden oder -untypischen Geschäften ausgeschlossen wird. Daher wird primär ein gutgläubiger Erwerb von Unternehmern, die mit Waren handeln, in Betracht kommen, von einem Spediteur, Lagerhalter oder Freiberufler hingegen nur in Ausnahmefällen. Weiters wird zu fordern sein, dass der Veräußerer tatsächlich ein Unternehmen betreibt, also nicht bloß Scheinunternehmer (§ 3 UGB) ist[44]. **6/55**

---

42 S dazu *Karner*, Mobiliarerwerb 282 FN 1441 mwN; *Krachler*, Online-Auktionen (2011) 13 ff; *Mohr*, ecolex 2008, 117. AA wohl *Stolz*, Verbraucherschutz bei Online-Auktionen (2006) 65.

43 EB 1058 BlgNR XXII. GP 6 ff.

44 *Karner*, Mobiliarerwerb 336 f; *ders*, RdW 2004, 139. AA *Schauer* in Krejci, RK ABGB §§ 367, 368 Rz 16.

6/56 Das in der 3. Variante geforderte **Anvertrauen** der Sache liegt dann vor, wenn der Eigentümer die Sache jemandem freiwillig in die ausschließliche Gewahrsame überträgt in der erkennbaren Erwartung, dass dieser sie ihm nach einiger Zeit wieder zurückstellen wird. Die Begründung von Mitgewahrsame oder die Überlassung der Sache an einen Besitzdiener, der mit ihr in der Machtsphäre und unter Aufsicht des Eigentümers in einer bestimmten Weise verfahren soll, stellt kein Anvertrauen dar. Dass der Eigentümer die Sache dem Veräußerer irrtümlich oder infolge von List übergeben hat, schließt dieses Tatbestandsmerkmal nicht aus; sehr wohl ist Anvertrauen aber zu verneinen, wenn die Übergabe der Sache durch Drohung oder mit Gewalt erzwungen wird. Geschützt wird auch der Erwerb von demjenigen, dem der Vertrauensmann seinerseits die Sache anvertraut hat (Vertrauensmannkette), sowie vom Erben des Vertrauensmannes[45].

Obwohl das Anvertrauen ein Realakt ist, muss der Anvertrauende zu Verfügungen über die konkrete Sache ausreichend – Minderjährige im Rahmen des § 170 – **geschäftsfähig** sein, weil der Schutz des Geschäftsunfähigen dem Verkehrsschutz vorgeht. Auf Seiten des Vertrauensmannes genügt nach hA beschränkte Geschäftsfähigkeit[46].

6/57 Hat der Eigentümer die Sache auf Grund eines unwirksamen oder anfechtbaren Veräußerungsgeschäfts übergeben, so liegt streng genommen kein Anvertrauen vor, da er die Sache endgültig weggeben wollte und daher keine aktuelle Rückgabeerwartung hatte. Dennoch sind solche Fälle des **Erwerbs vom Einzelrechtsnachfolger** des Eigentümers entsprechend zu behandeln: Das Risiko der unwirksamen Veräußerung der Sache soll derjenige tragen, der sie freiwillig – also nicht bei Vertragsschluss unter Drohung oder Gewaltanwendung – aus der Hand gegeben hat, nicht hingegen der redliche Verkehr[47].

6/58 Liegen die allgemeinen Voraussetzungen und eine der drei soeben angeführten Varianten vor, tritt mit Setzung des Modus (Rz 6/49), im Falle der Zwangsversteigerung mit Zuschlag (s Rz 6/96), **originärer Eigentumserwerb** ein. Der frühere Eigentümer hat keinerlei Ansprüche gegen den Erwerber, insb auch keinen Verwendungsanspruch (dazu III/15/19). Er muss sich an den unbefugten Veräußerer halten. Der gutgläubige Erwerber erlangt zwar das volle Eigentum, das er im derivativen Weg einem Dritten übertragen kann; nach zutreffender Ansicht gilt das aber nicht für die

45 *Reischauer*, JBl 1973, 589, 590; *Winner* in Rummel/Lukas[4] § 367 Rz 16 f; 4 Ob 1596/95; 1 Ob 230/11x.

46 Dazu *Reischauer*, JBl 1973, 597; ferner *Karner*, Mobiliarerwerb 271 ff. Krit *Leupold* in Fenyves/Kerschner/Vonkilch[3] (Klang) § 367 Rz 83 ff.

47 *Welser/Kletečka* I[15] Rz 1045; *Reischauer*, JBl 1973, 589.

(Rück-)Veräußerung an den schlechtgläubigen Vormann, sodass in diesem Fall das Recht des früheren Eigentümers wieder auflebt[48].

b) §371

§371 normiert zum einen den Eigentumserwerbstatbestand kraft Vermischung ununterscheidbarer Sachen (dazu Rz 6/25). Zum anderen sieht §371 – wie sich aus dem Passus „... aus denen der Geklagte wissen musste ...“ ergibt – auch eine besondere Gutglaubenserwerbsvorschrift für Geld und „auf den Überbringer lautende Schuldbriefe“ vor. Es geht hiebei um Wertpapiere, die zwar – etwa durch eine Nummer – individualisierbar sind, sich aber durch erhöhte **Umlauf- und Verkehrsfähigkeit** auszeichnen, wie zB Schuldverschreibungen, Aktien, Inhaberschecks oder Bitcoins[49], nicht hingegen Sparbücher, selbst wenn sie auf eine andere Bezeichnung als den Namen des identifizierten Kunden lauten (§31 BWG). **6/59**

Die **Abweichung von §367** besteht vor allem darin, dass keine der drei dort verlangten Varianten gegeben sein muss (1 Ob 173/14v). Gerechtfertigt ist diese Erleichterung deswegen, weil hinsichtlich der von §371 erfassten Sachen ein besonders eminentes Interesse des Verkehrs besteht, dass deren Verkehrs- und Umlauffähigkeit gesichert ist; dies lässt sich aber nur erreichen, indem der Erwerb solcher Sachen auch dann Bestand hat, wenn sie dem wahren Berechtigten abhandengekommen sind. Erforderlich sind aber jedenfalls ein gültiger Titel und die Übergabe. Ob der Erwerb entgeltlich sein muss, ist umstritten, aber zu bejahen[50]. Bzgl der Redlichkeit des Erwerbers sprechen gute Gründe dafür, diese erst bei grober Fahrlässigkeit zu verneinen: Nach Art 16 WechselG, Art 21 ScheckG und §365 UGB, der auf Art 16 WechselG verweist, ist der Erwerber eines abhanden gekommenen Wechsels, Schecks oder einer Anweisung eines Unternehmers nur dann zur Herausgabe verpflichtet, wenn er zumindest grob fahrlässig vorgegangen ist; das muss umso mehr für die noch „umlauffreudigeren“ Inhaberpapiere und Banknoten gelten[51]. **6/60**

---

48 *Spielbüchler*, ÖBA 2000, 361; vgl auch *Leupold* in Fenyves/Kerschner/Vonkilch³ (Klang) §367 Rz 101 ff. AA 6 Ob 108/98w, SZ 72/72.

49 *Vonkilch/Knoll*, JBl 2019, 139, 148 f.

50 *Karollus*, JAP 1990/1991, 228, 230; *Leupold* in Fenyves/Kerschner/Vonkilch³ (Klang) §371 Rz 41; *Winner* in Rummel/Lukas⁴ §371 Rz 13. AA 4 Ob 569/88, ÖBA 1989, 428 mit Anm *Kerschner*; *Ehrenzweig* I/2, 190; *Frotz*, Kastner-FS 147; *Hoyer*, Welser-FS (2004) 295, 297.

51 *Frotz*, Kastner-FS 153; *Iro*, Besitzerwerb 152; *Karner*, Mobiliarerwerb 397; *S.-F. Kraus*, JBl 2018, 568.

c) Gutgläubiger lastenfreier Erwerb

6/61 Wird eine Sache veräußert, die mit dem Recht eines Dritten (zB Pfandrecht, Anwartschaftsrecht des Eigentumsvorbehaltskäufers) belastet ist, bleibt dieses weiter bestehen, es sei denn, es liegt ein Fall des gutgläubigen lastenfreien Erwerbs vor. Ein solcher kommt allerdings bei **obligatorischen Rechten** genauso wenig in Betracht wie der gutgläubige Erwerb des Rechts selbst, weil es normalerweise an der Rechtsscheingrundlage (= Besitz) fehlt (vgl Rz 6/46). Daher bleibt das Pfandrecht an einer Forderung auch dann aufrecht, wenn deren Käufer ausnahmsweise – etwa bei einem gesetzlichen Pfandrecht – nichts von der Last wissen musste.

Für **bewegliche körperliche Sachen** enthält § 367 Abs 2 eine Regelung des lastenfreien Erwerbs kraft guten Glaubens. Danach erlischt das auf der Sache haftende Recht des Dritten, wenn der redliche Erwerber der Sache von diesem Recht nichts wissen musste.

6/62 Diese Bestimmung ist in zweifacher Hinsicht missglückt[52]. Erstens muss ein gutgläubiger lastenfreier Erwerb nicht zwangsläufig mit einem originären Gutglaubenserwerb der Sache selbst Hand in Hand gehen; dieses Problem stellt sich nämlich genauso, wenn der Eigentümer selbst seine Sache veräußert (derivativer Erwerb), diese aber mit dem Recht eines Dritten belastetet ist und er den Käufer darauf nicht hinweist. Zweitens hängt nach § 367 Abs 2 der lastenfreie Erwerb nur vom guten Glauben bzgl des Nichtbestehens des Rechts des Dritten ab. Damit setzt sich aber diese Bestimmung in Widerspruch zu § 367 Abs 1, nach dem noch eine der drei Voraussetzungen – Erwerb in einer Versteigerung, von einem Unternehmer oder dem Vertrauensmann des Eigentümers – vorliegen muss. Es besteht nämlich kein einsichtiger Grund, den redlichen Erwerber hinsichtlich der Lastenfreiheit der Sache unter geringeren Voraussetzungen als bzgl des Eigentums des Vormannes zu schützen.

6/63 Daher wird § 367 Abs 2 korrigierend so auszulegen sein: Die Lastenfreiheit kraft guten Glaubens kann nur herbeigeführt werden, wenn der Erwerb der belasteten Sache unter den **drei alternativen Umständen** des § 367 Abs 1 stattfindet, also in einer öffentlichen Versteigerung, von einem Unternehmer im Rahmen dessen Betriebs oder von einem Vertrauensmann desjenigen, zu dessen Gunsten das auf der Sache haftende Recht besteht[53].

---

52 Dazu ausführlicher *Iro*, RdW 2006, 675; ferner *Engel*, JAP 2008/2009, 173, 177. AA *Schauer* in Krejci, RK ABGB §§ 367, 368 Rz 9.

53 Ebenso *Engel*, JAP 2008/2009, 177; *Holzner* in Kletečka/Schauer, ABGB-ON 1.04 § 367 Rz 11. Zur früheren Rechtslage zB *Klang* in Klang[2] II 512; 7 Ob 117/70, SZ 43/120.

Das ist jedoch nicht Voraussetzung für den gutgläubigen lastenfreien Erwerb von Geld und Inhaberpapieren (§ 371; oben Rz 6/60).

Beispiele: A hat bei Händler B ein Fernsehgerät auf Kredit und unter Eigentumsvorbehalt gekauft. Er bringt das Gerät dem B zur Reparatur. B veräußert dieses dem C. C erwirbt zwar das Eigentum derivativ, jedoch mit der Einschränkung durch die auflösende Bedingung der Kaufpreiszahlung durch A. Musste C allerdings das Anwartschaftsrecht des A nicht bekannt sein, so erlangt er das Eigentum ohne diese Last kraft guten Glaubens nach § 367 Abs 2, da A die Sache dem B anvertraut hat; außerdem ist B Unternehmer.

Hat A das Gerät seinem Freund D zur Reparatur gegeben, der es dem redlichen C veräußert, wird dieser unbelasteter Eigentümer; hier liegt sowohl ein gutgläubiger Erwerb des Eigentums am Gerät (Vertrauensmannkette B – A – D) als auch ein gutgläubiger lastenfreier Erwerb – nämlich ohne das Anwartschaftsrecht des A – vor, weil D Vertrauensmann des A ist.

2. Liegenschaften

a) Überblick

Die zentrale Regelung des gutgläubigen Erwerbs von Rechten an Liegenschaften findet sich etwas versteckt in der Einkleidung der spezifisch grundbuchsrechtlichen Institute Löschungsklage und Streitanmerkung (§§ 28, 61 ff GBG). Diese Bestimmungen behandeln allerdings nur die Variante, in der jemand im Vertrauen auf eine ursprünglich unrichtige bücherliche Eintragung ein Recht erwirbt (zB Kauf von jemandem, der aufgrund eines ungültigen Vertrages erworben hat). Die Fälle, dass ein wirksam begründetes Recht nachträglich durch außerbücherliche Vorgänge erlischt (zB Eigentumsverlust infolge Ersitzung) oder dass das Grundbuch unvollständig ist (zB Ersitzung einer Servitut), werden hingegen von § 1500 erfasst. Es ist daher im Folgenden zwischen der ursprünglichen Unrichtigkeit des Grundbuchs einerseits (Rz 6/70 ff) und dem Unrichtigwerden und der Unvollständigkeit des Grundbuchs andererseits zu unterscheiden (Rz 6/74 ff). Gemein ist beiden Fällen, dass der Erwerber redlich sein muss, was auch nach denselben Maßstäben zu beurteilen ist. **6/64**

Ausgeschlossen ist ein Gutglaubensschutz generell bei exekutivem und bei **unentgeltlichem Erwerb**[54] bücherlicher Rechte.

b) Redlichkeit

Gutgläubig ist derjenige, der bei gehöriger Sorgfalt die Unrichtigkeit der betreffenden Eintragung im **Hauptbuch** nicht erkennen konnte; bereits leichte Fahrlässigkeit schadet, wofür aber derjenige beweispflichtig ist, der **6/65**

54 OGH RS0060708; RS0117411; *Karollus*, JAP 1990/1991, 228; *Rechberger/Bittner*, GrundbuchsR² Rz 171; *Vonkilch*, NZ 2003, 321. AA *Ehrenzweig* I/2, 118; *Hoyer*, Welser-FS 299; *Kodek* in Kodek, GrundbuchsR² § 63 GBG Rz 10.

die Unrichtigkeit des Grundbuchs geltend macht (OGH RS0034776; RS0034837). Tatsächliche Einsichtnahme ist nicht Voraussetzung; es kann sich aber niemand auf die Unkenntnis der Eintragungen im Hauptbuch und im Verzeichnis der gelöschten Eintragungen berufen. Dabei kommt nur den eingetragenen Rechtsverhältnissen an der Liegenschaft Bedeutung zu, nicht aber den Tatsachenangaben, wie etwa der Grundstücksgröße oder Benützungsart, oder den persönlichen Verfügungsbeschränkungen des Eigentümers. Zu den sich aus der Katastralmappe ergebenden Grenzen s Rz 3/8 und 17.

6/66 Die **Urkundensammlung** ist für den guten Glauben insofern von Bedeutung, als im Hauptbuch auf sie verwiesen wird (§ 5 GBG). Ferner muss in sie auch dann Einsicht genommen werden, wenn es verkehrsüblich ist, wie zB bzgl Nebenbestimmungen des Titelgeschäfts (Erfüllungsort, Zahlungsbedingungen uä), oder wenn konkrete Umstände vorliegen, die den Verdacht einer Divergenz zwischen Hauptbuch und Urkundensammlung nahelegen (OGH RS0060205).

Die Einsichtnahme in das Grundbuch genügt ferner dann nicht, wenn die **Besichtigung der Liegenschaft** verkehrsüblich ist. So muss sich der Erwerber einer Liegenschaft auf diese Weise davon überzeugen, dass keine außerbücherlich erworbenen Rechte bestehen; das gilt nach stRsp vor allem für Dienstbarkeiten, weil diese nicht immer lückenlos verbüchert werden und daher das Grundbuch von vornherein geringere Aussagekraft genießt (OGH RS0011669). Im Übrigen kann man sich auf die Richtigkeit und Vollständigkeit des Hauptbuchs verlassen.

6/67 Der gute Glaube muss nicht nur im Zeitpunkt des Abschlusses des Verpflichtungsgeschäfts, sondern auch **bei Einreichung des Gesuchs** beim Grundbuchsgericht gegeben sein[55]. Auf diesen Zeitpunkt kommt es nach hA auch dann an, wenn die Eintragung eines Rechts im Rang einer Anmerkung der Rangordnung (dazu Rz 3/51) beantragt wird[56].

6/68 Ist der Grundbuchsstand unrichtig, begründet dies demnach bis zu dessen Korrektur ein schutzwürdiges Vertrauen Dritter. Diese Korrektur ist im Rechtsweg mit Klage auf Löschung oder auf Einwilligung in die Einverleibung durchzusetzen. Bis dahin besteht das Risiko, dass Dritte im Ver-

---

55 OGH RS0011323; RS0034776. Beim Erwerb durch Miteigentümer müssen alle gutgläubig sein, 5 Ob 27/14b, wobl 2015, 81 mit Anm *Gusenleitner-Helm*.

56 3 Ob 14/87, NZ 1988, 113 mit Anm *Hofmeister* (117); *Kodek* in Kodek, GrundbuchsR^2 § 63 GBG Rz 23; *Welser*, NZ 1994, 72, 77. AA *Spielbüchler*, JBl 1997, 138: Übergabe des Rangordnungsbeschlusses und der einverleibungsfähigen Urkunden an den Erwerber maßgebend; ebenso *Kletečka*, immolex 1997, 113.

trauen darauf gutgläubig Rechte erwerben. Diese Gefahr kann der wahre Berechtigte aber ausschalten, indem er das Vertrauen auf den (noch unrichtigen) Grundbuchsstand zerstört. Dazu stellt ihm das Grundbuchsrecht das Institut der **Streitanmerkung** (§ 61 GBG) zur Verfügung. Sie dient der Kenntlichmachung des Umstands, dass bzgl einer Eintragung die Löschungsklage erhoben wurde.

Die **Löschungsklage** setzt voraus, dass ein bücherlich – nicht bloß obligatorisch – Berechtigter, der durch eine Einverleibung in seinem Recht verletzt wird, diese wegen ihrer Ungültigkeit im Prozessweg bestreitet und die Wiederherstellung des früheren Buchstandes begehrt. Ein stattgebendes Urteil wirkt auch gegen Personen, deren Ansuchen um Eintragung eines bücherlichen Rechts der Streitanmerkung **im Range nachfolgt** (§ 61 Abs 2, § 71 GBG). Die (schlichte) Löschung des zu Unrecht Eingetragenen lässt die verdrängte Eintragung von selbst mit Wirkung ex tunc wieder aufleben (3 Ob 32/13x).

Nach hA ist die Streitanmerkung grundsätzlich nur bei Klagen auf Löschung **ursprünglich ungültiger Eintragungen** zulässig; dies ist insb der Fall, wenn der zugrunde liegende Kaufvertrag wegen Dissens, Geschäftsunfähigkeit, Gesetz- oder Sittenwidrigkeit von Anfang an unwirksam ist, wegen eines Wurzelmangels (zB Irrtum, List) mit sachenrechtlicher ex tunc-Wirkung angefochten oder vor dem Ansuchen um Einverleibung durch Rücktritt, Wandlung uä beseitigt wird[57]. Kommt es hingegen erst nach Stellung des Einverleibungsbegehrens zu einer sachenrechtlich bloß ex nunc wirkenden Aufhebung des Kaufvertrags (zB durch Rücktritt, Wandlung), ändert sich dadurch an der Eigentümerstellung des Käufers nichts. Der Verkäufer kann daher keine Löschungsklage erheben, sondern hat nur einen schuldrechtlichen Anspruch auf Rückübereignung der Liegenschaft, den er mit einer einstweiligen Verfügung sichern kann (§ 382 Abs 1 Z 6 EO). **6/69**

In bestimmten Fällen sieht das Gesetz eine Streitanmerkung aber auch bei **nachträglicher Unrichtigkeit** des Grundbuchs vor, nämlich dann, wenn auf Löschung eines bücherlichen Rechts wegen Verjährung oder auf Zuerkennung eines ersessenen Rechts geklagt wird (§§ 69 f GBG)[58]. Im letztgenannten Fall handelt es sich ausnahmsweise nicht um eine Löschungsklage, sondern um eine Klage gegen den Buchberechtigten – idR

57 2 Ob 522/95, JBl 1998, 41 mit Anm *Holzner*; 2 Ob 325/98b, JBl 1999, 537 mit Anm *Rummel*; 7 Ob 253/02k, JBl 2003, 307 mit Anm *Pfersmann* und *Rummel*.

58 Nicht aber bei außerbücherlichem Eigentumserwerb nach § 418, 3 Ob 127/13t, oder bei nachträglichem Erlöschen eines Pfandrechts, OGH RS0060556; *Holzner*, NZ 2000, 294.

den Eigentümer der Liegenschaft – auf Einwilligung in die (deklaratorisch wirkende) Einverleibung des ersessenen Rechts.

c) Ursprüngliche Unrichtigkeit

6/70 Geschützt wird nur derjenige, der im **Vertrauen auf eine unrichtige bücherliche Eintragung** ein Recht erwirbt, nicht hingegen der zu Unrecht Verbücherte selbst. Daher kann der Käufer das Eigentum an der Liegenschaft trotz Einverleibung im Grundbuch nicht gutgläubig erlangen, wenn der Kaufvertrag ungültig ist: Er erwirbt ja vom bücherlichen Vormann, der zu Recht eingetragen ist; was hier fehlt, ist ein gültiges Titelgeschäft. Die Eintragung ändert somit nichts an den Eigentumsverhältnissen. Dasselbe gilt für den Universalsukzessor des Eingetragenen, weil dieser vollinhaltlich an dessen Stelle tritt.

6/71 Daher kann derjenige, der durch eine ungültige Eintragung in seinen bücherlichen Rechten verletzt wird, die **Löschung des Eingetragenen** und dessen Universalsukzessors während der ganzen Verjährungszeit verlangen, die für die Geltendmachung des Ungültigkeitsgrundes zur Verfügung steht (§ 62 GBG). In diesem zeitlichen Rahmen muss auch der **schlechtgläubige Einzelrechtsnachfolger** (zB Käufer, Pfandnehmer uä) des zu Unrecht Eingetragenen weichen (§ 63 GBG). Das Verstreichen der Verjährung macht die Eintragung unanfechtbar und bewirkt damit den Eigentumserwerb des Eingetragenen unabhängig von seiner Redlichkeit (OGH RS0011270; RS0060447).

Beispiel: A hat dem B seine Liegenschaft verkauft, weil ihm dieser mit einer Anzeige wegen Steuerhinterziehung gedroht hat. B verkauft die Liegenschaft kurz danach dem C, der vom erpresserischen Vorgehen des B Kenntnis hat. A kann B binnen drei Jahren ab Wegfall der Zwangslage (§ 1487) auf Aufhebung des Vertrags klagen; da diese Anfechtung sachenrechtlich ex tunc wirkt, steht A auch die Löschungsklage gegen B sowie gegen den schlechtgläubigen C zu. Sollte die Frist für die Anfechtung des Kaufvertrags ungenützt verstreichen, haben B und in der Folge C das Eigentum endgültig erworben.

6/72 Ist der **Einzelrechtsnachfolger gutgläubig**, kommt es zunächst darauf an, ob das Grundbuchsgericht den in seinen bücherlichen Rechten Beeinträchtigten von der Eintragung seines unmittelbaren Nachmannes verständigt hat (durch Zustellung des Beschlusses; § 119 GBG). Wenn dies – etwa infolge eines Zustellungsmangels – unterblieben ist, kann die Löschungsklage gegen den Einzelrechtsnachfolger des zu Unrecht Eingetragenen binnen drei Jahren („Schreijahre“) ab dem Zeitpunkt des Ansuchens um Eintragung des Letzteren erhoben werden (§ 64 GBG; 1 Ob 210/68).

6/73 Wurde der in seinen bücherlichen Rechten Verletzte verständigt, so ist die Löschungsklage gegen den redlichen Einzelrechtsnachfolger, der bereits um Einverleibung seines Rechts angesucht hat, nur unter bestimmten Voraussetzungen erfolgreich: Der in seinen bücherlichen Rechten Verletzte muss innerhalb der Rekursfrist (§ 123 GBG) ab der ungültigen Eintragung des unmittelbaren Nachmannes um Streitanmerkung ansuchen und längstens binnen weiterer 60 Tage ab Ablauf der Rekursfrist die Löschungsklage einbringen (§ 63 GBG). Hat der Einzelrechtsnachfolger hingegen die Einverleibung seines Rechts erst nach Einlangen des Gesuchs des Löschungsklägers um Streitanmerkung beim Grundbuchsgericht beantragt, ist er schlechtgläubig; sein Vertrauen auf den unrichtigen Grundbuchsstand ist daher nicht mehr geschützt, was sich darin äußert, dass das über die Löschungsklage ergehende Urteil ohne weiteres gegen ihn wirkt (§ 61 Abs 2 GBG).

Beispiel: Musste im obigen Beispiel C von den Umständen des Vertragsschlusses zwischen A und B nichts wissen, ist er dann vor der Löschungsklage sicher, wenn im Zeitpunkt des Ansuchens des C um Einverleibung seit der ordnungsgemäß erfolgten Verständigung des A von der Eintragung des B 30 (bzw 60 oder 90) Tage (vgl § 123 GBG) verstrichen sind, ohne dass A um Streitanmerkung angesucht hat.

d) Nachträgliche Unrichtigkeit und Unvollständigkeit

Ist die Eintragung eines bücherlichen Rechts **nachträglich unrichtig** geworden (zB infolge Ersitzung des Eigentums an der Liegenschaft), kann ein redlicher Dritter dennoch im Vertrauen auf dessen Bestehen Rechte erwerben. Ausdrücklich geregelt ist dies für den Fall, dass jemand das Eigentum oder ein Pfandrecht von einer Person erwirbt, die noch als Eigentümer eingetragen ist, dieses Recht aber bereits durch Ersitzung oder Verjährung verloren hat (§ 1500). Dieselben Grundsätze sind aber entsprechend auf andere außerbücherliche Vorgänge anzuwenden, die sich auf verbücherte Rechte auswirken[59]. Anders als bei der ursprünglich unrichtigen Eintragung bestehen für die Unanfechtbarkeit des Rechtserwerbs keine weiteren Voraussetzungen, wie etwa das Verstreichen der Rekursfrist (vgl Rz 6/73), weil ja die Eintragung zunächst zutreffend war. **6/74**

Entsprechendes gilt, wenn das Grundbuch infolge des außerbücherlichen Erwerbs von Rechten (dazu Rz 3/38) **unvollständig** wird, wie zB bei Ersitzung einer Dienstbarkeit. Solange nicht um Eintragung des Rechts angesucht wird, kann ein redlicher Dritter ohne Einschränkung durch dieses an der Liegenschaft Rechte im Vertrauen auf den Grundbuchsstand erwerben, also zB das Eigentum ohne die ersessene Dienstbarkeit. Es handelt sich hiebei also um einen **gutgläubigen lastenfreien Erwerb** einer Liegenschaft. **6/75**

59 OGH RS0034955; *Mader/Janisch* in Schwimann[4] § 1500 Rz 2.

6/76 Zur Verhinderung eines gutgläubigen Erwerbs sollte derjenige, dessen Recht durch den unrichtigen oder unvollständigen Grundbuchsstand verletzt wird, entsprechende Maßnahmen zur Richtigstellung setzen. Das kann in manchen Fällen relativ einfach und schnell erfolgen (vgl § 237 Abs 1 EO), doch wird zB derjenige, der Rechte an der Liegenschaft ersessen hat, idR erst den als Eigentümer Eingetragenen im Rechtsweg zwingen müssen, in die Einverleibung seines Rechts einzuwilligen (§ 1498)[60]. Damit ein Dritter in der Zwischenzeit nicht im Vertrauen auf den unrichtigen Grundbuchsstand bücherliche Rechte erwerben kann, sieht das Gesetz in zwei praktisch wichtigen Fallkonstellationen die Möglichkeit einer **Streitanmerkung** vor (§ 69 GBG: Verjährung eines verbücherten Rechts; § 70 GBG: Ersitzung eines dinglichen Rechts), obwohl es sich um Fälle der nachträglichen Unwirksamkeit handelt (vgl Rz 6/69). Es ist ratsam, gleichzeitig mit der Klage um **Streitanmerkung** anzusuchen, weil diese sofort das Vertrauen Dritter auf den Grundbuchsstand zerstört und damit einen gutgläubigen Erwerb verhindert; dies bringt das Gesetz zum Ausdruck, indem es der Streitanmerkung Wirkung gegenüber allen später einlangenden Grundbuchsgesuchen zuerkennt (§ 71 GBG). In den anderen Fällen nachträglicher Unrichtigkeit, in denen das Gesetz keine Streitanmerkung vorsieht, kommt eine einstweilige Verfügung nach § 382 Abs 1 Z 6 EO in Betracht, die von Amts wegen im Grundbuch anzumerken ist (§ 384 Abs 2 EO).

3. § 824

6/77 Nach § 824 wird der rechtsgeschäftliche Erwerb beweglicher oder unbeweglicher Sachen vom Scheinerben geschützt (dazu VI/6/35). Substituiert wird hier das **mangelnde Erbrecht** des Vormannes. War hingegen bereits der Verstorbene nicht Eigentümer der Sache, geht es um keinen Fall des § 824, sondern um einen des § 367 bzw § 371 oder der §§ 63 ff GBG, § 1500.

III. Übergabe im Wege des Streckengeschäfts

6/78 Sollen Rechte an einer Sache hintereinander auf Grund einer Kette von Verträgen übertragen oder eingeräumt werden, ist es nicht nötig, dass die Sache von einem Glied der Kette zum nächsten weitergegeben wird. Vielmehr ist eine Abkürzung in der Weise möglich, dass der erste Überträger die Rechtsposition dem Letzterwerber durch **direkte Übergabe** der Sache

60 Dazu *Sprung/Köllensperger*, Rechberger-FS (2005) 623, 654.

verschafft. In der einfachsten Konstellation wird also eine Sache von A dem B und von diesem dem C verkauft; dabei kann C auf Grund der unmittelbaren Übergabe der Sache von A an ihn – also ohne Übergabe an B – Eigentümer werden.

Dieses Ergebnis lässt sich relativ einfach dadurch verwirklichen, dass für die Leistung des A an C und den damit verbundenen Eigentumserwerb des C eine **unmittelbare Rechtsgrundlage** zwischen diesen Personen geschaffen wird. In Betracht kommt hiefür die Zession des Anspruchs des B gegen den A auf Lieferung der Sache an den C oder eine (kumulative oder privative) Übernahme der Schuld des B gegenüber C durch den A (dazu II/5/79 ff). Weiters wäre auch möglich, dass der Kaufvertrag zwischen A und B als (echter) Vertrag zugunsten Dritter (= des C) ausgestaltet wird (§ 881), sodass dieser direkt von A die geschuldete Sache fordern kann (dazu II/6/11). Schließlich könnte A auf die Schuld des B gegenüber dem C hin an diesen leisten, der auf Grund dieses Titels das Eigentum an der Sache erlangt; dafür bedarf es jedoch entweder der Zustimmung des B oder des C (§ 1423). **6/79**

Unter sachenrechtlichen Gesichtspunkten besonders erörterungswürdig ist die Variante, dass B einerseits den A **anweist**, die Sache im eigenen Namen, aber auf Rechnung des B zu liefern, und andererseits den C ermächtigt, die Sache im eigenen Namen und auf Rechnung des B entgegenzunehmen. Damit wird erreicht, dass die direkte Abwicklung A – C zugleich als Erfüllung der Verträge A – B (Deckungsverhältnis) und B – C (Valutaverhältnis) wirkt. Umstritten sind allerdings einerseits die dogmatische Begründung für den Eigentumserwerb des C und andererseits die Rechtsfolgen, wenn in einem Glied der Vertragskette Mängel vorliegen, wie etwa Unwirksamkeit oder Anfechtbarkeit des Vertrags. **6/80**

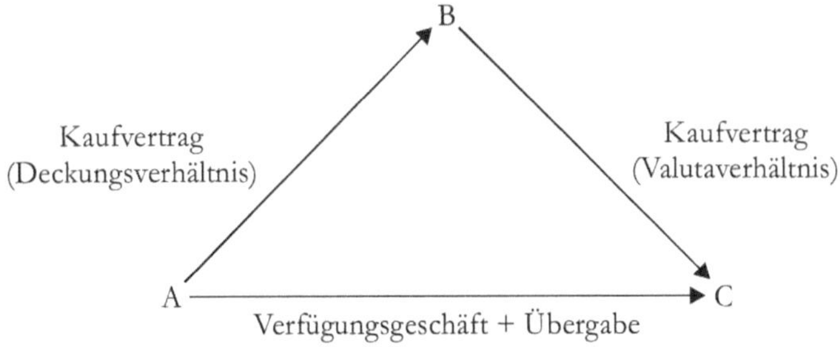

Genauso wie bei einer Abwicklung „im langen Weg“ ist Grundvoraussetzung für einen derivativen Erwerb des letzten Abnehmers, dass eine geschlossene Kette von gültigen Titelgeschäften vorliegt (im Beispiel: A – B und B – C). Schwieriger zu beantworten ist die Frage nach dem **Verfü-** **6/81**

gungsgeschäft und der Übergabe. Wenn man die dingliche Einigung nicht bereits bei Abschluss des Titelgeschäfts, sondern im Übergabezeitpunkt annimmt (vgl Rz 6/40), wird das Verfügungsgeschäft offensichtlich direkt zwischen A und C geschlossen[61]: Soll C gemäß seinem Vertrag mit B Eigentümer werden, handelt er dabei im eigenen Namen und erwirbt durch die Übergabe Eigentum. Soll hingegen B das Eigentum an der Sache erhalten und C bloß ein obligatorisches (zB Miete, Leasing) oder beschränktes dingliches Recht (zB Pfandrecht) bzw die Stellung eines Vorbehaltskäufers[62] erlangen, schließt er das auf Eigentumsübergang gerichtete Verfügungsgeschäft im Namen des B. Die Vollmacht dazu ergibt sich (konkludent) aus der ihm von B erteilten Ermächtigung, die Sache auf seine Rechnung entgegenzunehmen. Eine Offenlegung ist idR nicht erforderlich, weil es dem A typischerweise egal ist, ob nach dem Verhältnis B – C der eine oder der andere das Eigentum an der Sache erlangen soll. In derartigen Fällen erwirbt somit B das Eigentum.

Soweit C ein beschränktes dingliches Recht (zB Pfandrecht) an der Sache erwerben soll, ist dafür noch ein weiteres Verfügungsgeschäft (zB Einigung über den Pfandrechtserwerb) notwendig. Dieses wird hier wegen des Umstandes, dass zwischen B und C keine Übergabe stattfinden soll, ausnahmsweise bereits bei Abschluss des Titelgeschäfts (zB des Pfandbestellungsvertrags) anzunehmen sein oder, wenn die Abwicklung nicht von vornherein so geplant war, konkludent dadurch zustande kommen, dass B dem C eine Ermächtigung zur Entgegennahme der (Pfand-)Sache erteilt und C von dieser Gebrauch macht.

6/82 Ist eines der **Vertragsverhältnisse unwirksam** oder mit sachenrechtlicher ex tunc-Wirkung aufhebbar, kommt nach richtiger Ansicht ein derivativer Eigentumserwerb des C mangels geschlossener Titelkette nicht in Betracht. Ob C gutgläubig Eigentum an der Sache erwerben kann, hängt davon ab, in welcher Vertragsbeziehung der Mangel vorliegt[63]. Ist das **Deckungsverhältnis** (A – B) betroffen, so ist zwar § 367 nicht unmittelbar anwendbar, weil B nicht Besitzer der Sache ist und es daher an dieser Rechtsscheingrundlage (= Besitz; Rz 6/46) fehlt, auf die C vertrauen kann. Jedoch kann § 367 analog herangezogen werden, weil die Befolgung der Anweisung durch A bei C den Eindruck erweckt, dass B auf Grund eines gültigen Deckungsverhältnisses über die Sache wirksam disponieren kann. Dies begründet aus der Warte des C einen Rechtsschein, der dem durch den Besitz des B vermittelten durchaus gleichzuhalten ist. Auch die Redlichkeit des Erwerbers C ist in dieser Konstellation daher nicht im Hinblick auf das

61 *Bollenberger*, Zahlungsunfähigkeit 72; *Iro*, Besitzerwerb 69 f; *H. Koziol*, JBl 1977, 617.

62 Zur Wirkung eines Eigentumsvorbehalts im Verhältnis A – B gegenüber C vgl 3 Ob 84/02b, JBl 2003, 445 mit Anm *Spielbüchler*.

63 *Karner*, Mobiliarerwerb 356 ff; vgl auch *Hager*, Festgabe 50 Jahre Bundesgerichtshof I (2000) 786 ff. Zum Verhältnis der sachen- und bereicherungsrechtlichen Ansprüche *Spielbüchler*, JBl 2001, 38.

Eigentum des B zu prüfen, sondern auf die Gültigkeit des Deckungsverhältnisses[64].

Ebenso wenig lässt sich hier das von § 367 geforderte Tatbestandselement „Erwerb vom **Vertrauensmann**" (Rz 6/56) unmittelbar anwenden: A hat dem B die Sache nämlich nicht anvertraut. Führt A die Anweisung des B trotz Ungültigkeit des Deckungsverhältnisses aus, so liegt darin aber ein Mangel in seiner Sphäre, der dem Anvertrauen gleichzuhalten ist und daher den Schutz des Vertrauens des redlichen C rechtfertigt. Voraussetzung eines gutgläubigen Erwerbs nach § 367 ist noch ein gültiges Titelgeschäft (Rz 6/47), was bei Wirksamkeit des Vertrags zwischen B und C erfüllt ist.

Ist hingegen das Deckungsverhältnis gültig und das **Valutaverhältnis** **6/83** (B – C) ungültig, so fehlt es jedenfalls an einem gültigen Titel; ein gutgläubiger Eigentumserwerb des C nach § 367 kommt somit nicht in Frage. In diesem Fall bleibt A Eigentümer der Sache, da C sie normalerweise nicht für B entgegennehmen will und daher im Verhältnis zwischen A und B keine Übergabe stattgefunden hat[65]. B hat daher weiterhin den Anspruch gegen A auf Verschaffung der Sache, den A am einfachsten dadurch erfüllen kann, dass er den C anweist, die Sache dem B auszufolgen.

Selbstverständlich ist ein gutgläubiger Eigentumserwerb des C ebenso wenig möglich, wenn beide Grundverhältnisse unwirksam sind.

Beispiel: Der Händler B hat C einen Kühlschrank verkauft. B bestellt beim Großhändler A ein derartiges Gerät, das der Großhändler prompt und direkt an C liefern soll. Dabei kommt es zwischen A und B zu einem Dissens bzgl des Preises. A, dem das nicht bewusst ist, liefert den Kühlschrank an C aus. Da der Kaufvertrag A – B unwirksam ist und somit keine geschlossene Titelkette vorliegt, kann C nicht derivativ Eigentum erwerben. C ist allerdings in entsprechender Anwendung des § 367 Eigentümer geworden, weil er von der Ungültigkeit des Vertrags A – B nichts wissen musste und A ihm auf Anweisung des B hin geleistet hat; dies ist nämlich einerseits dem Besitz als Rechtsscheingrundlage (Rz 6/46) und andererseits dem Anvertrauen iSd § 367 gleichzuhalten. Läge der Dissens dagegen im Verhältnis B – C vor, könnte C das Eigentum am Kühlschrank auch gutgläubig nicht erwerben, weil es ihm an einem gültigen Titel fehlt.

Hat A die **Anweisung angenommen** (dazu II/5/70 f), entsteht dadurch ein **6/84** abstraktes Schuldverhältnis zwischen A und C, das nach hA auch dann ausreichender Titel für den Eigentumserwerb des C ist, wenn Deckungs- und Valutaverhältnis mangelhaft sind[66].

---

64 *Welser/Kletečka* I[15] Rz 1026; *Spielbüchler*, Schuldverhältnis 147. Unzutreffend *Klicka/Reidinger* in Schwimann[4] § 425 Rz 8, die den Inhalt des guten Glaubens mit der Rechtsscheingrundlage verwechseln.

65 *Bollenberger*, Zahlungsunfähigkeit 73; *H. Koziol*, JBl 1977, 617, 626.

66 *Aicher* in Rummel/Lukas[4] § 1061 Rz 16; *F. Bydlinski* in Klang[2] IV/2, 310; *H. Koziol*, JBl 1977, 617.

Es ist jedoch problematisch, C das Eigentum an der Sache unabhängig davon erlangen zu lassen, welche Rechtsposition er auf Grund des Valutaverhältnisses (B – C) erhalten soll. Das würde in keiner Weise dem Willen des B entsprechen, wenn er etwa die Sache dem C unter Eigentumsvorbehalt verkauft oder gar nur vermietet hat. Die Annahme der Anweisung ist daher wohl so zu verstehen, dass A sich gegenüber C zur Verschaffung derjenigen Rechtsposition an der Sache verpflichtet, die dieser erwerben soll. Dafür sind der Inhalt der Anweisung, aber auch die Rechtsbeziehung zwischen B und C (Valutaverhältnis) maßgebend. Soll danach C nur Mieter der Sache sein, so erwirbt nicht er, sondern B durch die Übergabe der Sache das Eigentum, wenn das Deckungsverhältnis in Ordnung ist.

Ob das auch dann gilt, wenn das Valutaverhältnis mangelhaft ist oder fehlt, ist sehr zweifelhaft. Es spricht viel für die Ansicht, dass die Annahme der Anweisung zwar das Durchschlagen von Mängeln im Deckungsverhältnis ausschließt, aber inhaltlich nur das Versprechen des A bedeutet, die von B dem C geschuldete Leistung zu erbringen[67]. Daraus folgt, dass C ohne wirksames Zuwendungsverhältnis trotz Annahme der Anweisung das Eigentum an der ihm von A übergebenen Sache nicht erwerben kann. Von dieser sachenrechtlichen Problematik sind etwaige Bereicherungsansprüche im Verhältnis B – C und, falls auch das Deckungsverhältnis unwirksam ist, A – B zu unterscheiden (dazu III/15/42).

D. Ersitzung

6/85 Das ABGB kennt die Möglichkeit, Rechte durch **langjährige Ausübung** im guten Glauben zu erwerben. Es regelt die Ersitzung als Kehrseite der Verjährung (vgl § 1452), was jedoch in dieser Form nicht stimmt, weil die Verjährung in keinem Fall Voraussetzung für die Ersitzung ist. Es handelt sich vielmehr um jeweils eigenständige Rechtsinstitute mit unterschiedlichen Voraussetzungen und Rechtsfolgen (zur Verjährung vgl I/3/31 ff). Dass im Falle der Ersitzung zugleich der wirklich Berechtigte sein Recht verliert, ist nicht auf die Verjährung zurückzuführen – so ist zB das Eigentum unverjährbar –, sondern einfach die Reflexwirkung des Rechtserwerbs des Ersitzenden.

Das ersessene Recht wird genauso wie etwa nach den §§ 367, 371 **originär** erworben. Im Verhältnis zu diesen Fällen kommt der Ersitzung eine Art Auffangfunktion zu: Wenn der redliche Besitzübernehmer wegen des Fehlens einer der übrigen Voraussetzungen zB nach § 367 (kein gültiger Titel; keine Entgeltlichkeit; keine der drei Varianten) nicht sofort das Recht erlangt, kann er es durch ununterbrochenen Besitz während der im Gesetz vorgesehenen Zeit erwerben.

6/86 Für die Ersitzung kommen nur solche **Sachen** in Betracht, an denen Privatrechte möglich sind und die besessen werden können (§ 1455)[68]. Staatliche

67 Dazu ausführlich *Spielbüchler*, JBl 2003, 825, 828 ff.

68 OGH RS0109028; *Gusenleitner*, Ersitzung als allgemeiner Rechtserwerbstatbestand (2004) 130 ff.

Hoheitsrechte (§ 1456), Familienrechte und Rechte eines eingetragenen Partners (§ 1458) sowie Persönlichkeitsrechte (§ 1459) scheiden daher aus. Kraft besonderer gesetzlicher Anordnung sind regulierte Wald- und Weideservituten, das öffentliche Wassergut (§ 4 Abs 6 WRG), Jagdrechte sowie Teile eines in den Grenzkataster aufgenommenen Grundstücks von der Ersitzung ausgeschlossen. Nicht ersitzungsfähig sind ferner das Erbrecht und das Liegenschaftspfandrecht[69], da es sich um besitzlose Rechte handelt, sowie Forderungsrechte, selbst wenn ein entsprechender Rechtsbesitz möglich ist (zB Bestandrechte)[70], weil die Besitzausübung hier nicht zur inhaltlichen Individualisierung der erworbenen Rechtsposition ausreicht. Ersessen werden können daher vor allem Eigentum, Miteigentumsanteile (OGH RS0010128), Dienstbarkeiten, Reallasten, Baurechte[71], Fischereirechte und Wassernutzungsrechte an Privatgewässern.

Für die Ersitzung genügt nicht die bloße (punktuelle) Besitzerlangung, sondern ist die kontinuierliche **Besitzausübung** während der gesamten Ersitzungszeit erforderlich (§ 1460). Der seit Beginn der Ersitzungszeit ausgeübte Besitz bestimmt Inhalt und Umfang des ersessenen Rechts. Zur Ersitzung des Eigentums müssen die Besitzhandlungen die volle Zugehörigkeit der Sache zum Ausübenden iSd § 312 für den Ersitzungsgegner erkennbar zum Ausdruck bringen (OGH RS0010135); bei geringerer Intensität der Bewirtschaftung wird idR bloß eine Grunddienstbarkeit ersessen (OGH RS0010142). Für jede Ausdehnung des Besitzes oder Änderung seines Inhalts läuft von diesem Zeitpunkt an eine neue Ersitzungszeit (3 Ob 213/00y: Wegeservitut). **6/87**

Der ausgeübte Besitz muss qualifiziert sein (dazu Rz 2/29). Dabei ist die **Rechtmäßigkeit** des Besitzes nur für die erforderliche Ersitzungszeit von Bedeutung. Dem unrechtmäßigen Besitzer und seinem Universalsukzessor kommt nämlich nur die **uneigentliche Ersitzung** (8 Ob 96/14x; dazu Rz 6/91) zustatten. Für den redlichen Einzelrechtsnachfolger des unrechtmäßigen Besitzers gilt jedoch die **eigentliche Ersitzung**, soweit er seinerseits den Besitz auf Grund eines gültigen Titels erlangt hat (§ 1462). **6/88**

Weiters erforderlich ist der **gute Glaube** des Ersitzenden, zu der Rechtsausübung berechtigt zu sein und dadurch nicht in entgegenstehende **6/89**

69 Schon aber das Faustpfand (zB Bestellung eines Pfandes durch den Dieb), *Apathy*, JBl 1999, 205, 206; *Eicher*, Ausgewählte Probleme des Mobiliarpfandrechts (1999) 200; *Gusenleitner*, Ersitzung 184 ff.

70 Krit *Kodek*, Die Besitzstörung (2002) 120 ff. Für eine Ersitzung an existenten obligatorischen Rechten *Gusenleitner*, Ersitzung 261 ff.

71 *Ehrenzweig* I/2, 62; *Gschnitzer*, SachenR² 119; *Gusenleitner*, Ersitzung 228. AA *Klang* in Klang² VI 573.

fremde Rechte einzugreifen (§ 1463). Die Redlichkeit muss während der gesamten Ersitzungszeit vorliegen, sie geht allerdings nur verloren, wenn der Ersitzungsbesitzer von der mangelnden Berechtigung oder wenigstens von solchen Umständen, die zu Zweifeln Anlass geben, positive Kenntnis erlangt[72]. Damit wird die Ersitzung unterbrochen. Bei Besitzausübung durch eine Mittelsperson muss auch diese redlich sein (vgl Rz 2/24).

Die für den **Einzel- oder Gesamtrechtsnachfolger** maßgebliche Ersitzungszeit hängt von der Redlichkeit des Vormanns ab: War dieser unredlich, beginnt sie neu zu laufen (§ 1463), wobei die eigentliche Ersitzungszeit bei beweglichen Sachen verdoppelt wird (§ 1476). War der Besitz des Vormanns hingegen redlich und echt (dazu gleich), wird die von ihm bereits zurückgelegte Ersitzungszeit immer in die seines Rechtsnachfolgers eingerechnet (§ 1493); das gilt auch für den Ersteher einer Liegenschaft bezüglich der vom Verpflichteten begonnenen Ersitzung einer Dienstbarkeit (OGH RS0034412).

6/90 Wurde der Besitz **unecht** erlangt, kommt eine Ersitzung nicht in Betracht (§ 1464), uz auch nicht bei der uneigentlichen Ersitzung[73], obwohl § 1477 die Echtheit nicht erwähnt. Der Einzelrechtsnachfolger eines unechten Besitzers kann in der eigentlichen Ersitzungszeit, die sich allerdings verdoppelt (§ 1476), ersitzen, nicht aber der Erbe (§ 1464); dieser muss die uneigentliche Ersitzungszeit abwarten.

6/91 Die **Ersitzungszeit** beträgt bei der eigentlichen Ersitzung[74] beweglicher Sachen drei Jahre (§ 1466), bei Liegenschaften und dinglichen Rechten daran dreißig Jahre (§§ 1468, 1470). Richtet sich die Ersitzung gegen den Staat, eine Kirche oder sonstige juristische Personen des privaten oder öffentlichen Rechts, so verlängert sich die erforderliche Zeit wegen der typischen Schwerfälligkeit bei der Wahrnehmung und Verhinderung von Rechtsanmaßungen Dritter auf sechs bzw vierzig Jahre (§ 1472); diese Erstreckung gilt auch für physische Personen, die mit einer der begünstigten Personen „in Gemeinschaft stehen" (§ 1473), also etwa für Miteigentümer der zu ersitzenden Sache.

Die uneigentliche Ersitzung erfordert generell dreißig, gegenüber juristischen Personen vierzig Jahre (§ 1477).

---

72 OGH RS0034103; RS0010184; *Apathy*, JBl 1999, 221 f.

73 AA aber *Kodek*, Besitzstörung 511 ff.

74 Das ABGB spricht von der gemeinen ordentlichen Ersitzungszeit (vgl § 1472) und bezeichnet die davon abweichenden Ersitzungszeiten (§§ 1472 ff) – darunter auch die uneigentliche Ersitzung (§ 1477) – als außerordentliche.

Die Ersitzungszeit kann aus bestimmten Gründen durch **Hemmung** verlängert werden: Ist der Ersitzungsgegner **freiwillig**, aber schuldlos mindestens ein Jahr außerhalb des Bundeslandes, in dem sich die Sache befindet, abwesend, wird diese Zeit nur zur Hälfte gerechnet, ohne dass sich dadurch aber die Höchstdauer von dreißig bzw vierzig Jahren verlängert (§ 1475). Bei **unfreiwilliger** Abwesenheit (zB wegen Zivil- oder Präsenzdienstes) wird die Ersitzung gehemmt (§ 1496). **6/92**

Kann der Ersitzungsgegner wegen einer psychischen Krankheit oder einer vergleichbaren Störung der Entscheidungsfähigkeit seine Rechte nicht durchsetzen, beginnt die Ersitzung erst, wenn er die Entscheidungsfähigkeit wieder erlangt oder ein gesetzlicher Vertreter seine Rechte wahrnehmen kann (§ 1494 Abs 1). Tritt dieser Zustand beim Ersitzungsgegner erst nach Beginn der Ersitzung ein, endet die Ersitzungszeit frühestens zwei Jahre nach Wegfall des Hindernisses (§ 1494 Abs 2). Zwischen Ehegatten oder eingetragenen Partnern (§ 2 EPG) sowie zwischen gesetzlichen Vertretern einerseits und den von ihnen vertretenen Personen andererseits kann während der Ehe oder eingetragenen Partnerschaft bzw der Dauer des Vertretungsverhältnisses die Ersitzung prinzipiell weder anfangen noch fortgesetzt werden (§ 1495).

Unterbrechung der Ersitzung bedeutet, dass – im Gegensatz zur Hemmung – die bisher aufgelaufene Ersitzungszeit unbeachtlich ist. Diese Rechtsfolge greift ein, wenn der Ersitzende – auch bloß deklaratorisch – das Recht des Ersitzungsgegners anerkennt oder dieser Klage auf Unterlassung der Besitzausübung erhebt und dabei obsiegt (§ 1497). Der Erwerb einer Liegenschaft im Vertrauen auf das Grundbuch macht nicht nur eine vollendete Ersitzung von nicht eingetragenen Rechten an ihr wirkungslos (vgl Rz 6/75), sondern unterbricht auch eine noch laufende Ersitzung[75]. **6/93**

Der Ersitzende muss die Vollendung der Ersitzungszeit und seinen Besitz am Beginn und Ende beweisen. Behauptet der Ersitzungsgegner die Unredlichkeit oder Unechtheit des Besitzes, einen zwischenzeitigen Besitzverlust oder die Unterbrechung der Ersitzung, trifft ihn dafür die **Beweislast**. **6/94**

75 OGH RS0034754; 5 Ob 233/08p, NZ 2009, 245; *Apathy*, JBl 1999, 219; *M. Bydlinski* in Rummel[3] § 1500 Rz 4. AA *Klang* in Klang[2] VI 660.

E. Zuschlag in der Zwangsversteigerung

6/95 Bei exekutiver Versteigerung von **Liegenschaften** erwirbt der Ersteher **mit Zuschlag** außerbücherlich Eigentum, das durch die Nichterfüllung der Versteigerungsbedingungen auflösend bedingt ist[76]. Erst mit Rechtskraft des Zuschlags und nach Erfüllung der Versteigerungsbedingungen wird er endgültig Eigentümer; er hat damit Anspruch auf Übergabe der Liegenschaft und Einverleibung seines Eigentums (§ 156 Abs 2, § 237 Abs 1 EO). Das gilt auch für den Zuschlag in der exekutiven Versteigerung einer Liegenschaft im Zuge einer Zivilteilung (§ 352 EO; 5 Ob 95/09w).

Die Erteilung des Zuschlags ist von Amts wegen im Grundbuch anzumerken, wodurch der Ersteher das Recht erhält, die Löschung aller Eintragungen zu verlangen, die Dritte danach gegen den noch als Eigentümer eingetragenen Verpflichteten erwirkt haben (§ 72 GBG; 5 Ob 303/02y). Gefahr, Nutzungen und Lasten gehen ebenfalls mit Zuschlag auf den Ersteher über (§ 156 Abs 1 EO). Soweit jedoch die Lasten nicht nach §§ 150, 223 ff EO zu übernehmen sind, erlöschen sie mit Erlag des Meistbots.

Der gutgläubige Ersteher erwirbt die Liegenschaft samt den vom Beschluss über die Zuschlagserteilung mitumfassten bzw nach dem Versteigerungsedikt mitversteigerten Zubehörstücken und selbständigen Bestandteilen, auch wenn diese nicht dem Verpflichteten gehören, und unbelastet von nicht verbücherten Rechten Dritter, wenn sie nicht vor Beginn der Versteigerung angemeldet wurden (§ 170a Z 1 EO)[77].

6/96 An **beweglichen Sachen** erwirbt der Ersteher nach hA ebenfalls mit **Zuschlag** das durch den Erlag des Meistbots bedingte Eigentum[78]. Gehören sie nicht dem Verpflichteten, ist ein gutgläubiger Erwerb gem § 367 möglich (Rz 6/54).

F. Enteignung

6/97 Die Enteignung ist der dem öffentlichen Recht unterliegende Akt, durch den das **Eigentum** oder ein anderes Privatrecht aus öffentlichem Interesse ganz oder durch Einräumung von Befugnissen zugunsten Dritter bzw der

76 OGH RS0117693; RS0123680; *Angst* in Angst/Oberhammer, EO^3 § 156 Rz 2 ff; *Karollus*, JBl 1989, 23, 24; *Sailer*, Koziol-FS (2010) 385, 397 ff; *ders*, JBl 2010, 613, 621 ff. AA *Schaar*, Rechte und Pflichten des Erstehers bei exekutivem Liegenschaftserwerb (1993) 6.

77 Dazu *Schaar*, Rechte und Pflichten des Erstehers 36; *Sailer*, JBl 2010, 620; OGH RS0002856; RS0002863.

78 *Heller/Berger/Stix*, EO^4 II 1768 f; *Mohr* in Angst/Oberhammer, EO^3 § 278 Rz 8.

Allgemeinheit teilweise **entzogen** wird[79]. Sie bewirkt den Verlust oder die Einschränkung des Rechts beim Enteigneten und den originären Rechtserwerb desjenigen, zu dessen Gunsten die Enteignung erfolgt (Enteigner). Davon werden Eigentumsbeschränkungen, bei denen ein Rechtsübergang nicht stattfindet, die aber dem Eigentümer wesentliche Funktionen und Nutzungen seines Rechts entziehen, wie etwa durch Änderung des Flächenwidmungsplans, unterschieden („materielle Enteignung“)[80].

Eine Enteignung kann nur **auf Grund eines Gesetzes** erfolgen (Art 5 Satz 2 StGG; Art 1 des 1. ZPMRK; Art 17 Charta der Grundrechte der EU, ABl 2010 C 83, 389), wobei aber nach der hA § 365 für sich keine ausreichende Grundlage darstellt. Sie muss im **öffentlichen Interesse** liegen, dh es ist ein konkreter öffentlicher Bedarf erforderlich, der anders als durch die Enteignung der Sache nicht gedeckt werden kann; überdies muss sie verhältnismäßig sein. Umstritten ist, ob die Gewährung einer **Entschädigung** ebenfalls Erfordernis einer Enteignung ist. Während die hL die Pflicht zur Entschädigung aus Art 5 StGG iVm § 365 ableitet, stützt sie der VfGH und ihm folgend der OGH im Einzelfall auf den Gleichheitsgrundsatz, der eine entsprechende Verteilung von Belastungen im öffentlichen Interesse verlange[81]. Die meisten Enteignungsgesetze sehen allerdings ohnedies eine umfassende Entschädigungspflicht vor, weil sie die subsidiäre Geltung des EisbEG anordnen (§ 20 BStG, § 118 WRG, § 20 StarkstromwegeG); danach ist der Enteignete für alle durch die Enteignung verursachten vermögensrechtlichen Nachteile gem § 365 schadlos zu halten (§ 4 Abs 1 EisbEG). Eine solche Pflicht ist auch ausdrücklich in Art 17 EU Grundrechte-Charta vorgesehen, die bei Durchführung von Unionsrecht von den Mitgliedstaaten zu beachten ist (Art 51 Abs 1 EU Grundrechte-Charta)[82]. Geringfügigere Eigentumsbeeinträchtigungen, wie etwa Einschränkungen der Bebauungsmöglichkeit, sind nach hA entschädigungslos möglich[83].

79 4 Ob 544/95, SZ 68/121; *Postl*, Eigentum und Enteignung (1996) 78 ff; *Winner* in Rummel/Lukas[4] § 365 Rz 1.

80 Dazu 4 Ob 89/99p, bbl 1999, 197 mit Anm *Auer*; *Aicher*, Grundfragen der Staatshaftung bei rechtmäßigen hoheitlichen Eigentumsbeeinträchtigungen (1978) 137 ff; ferner *Schwaighofer*, bbl 2005, 230.

81 Vgl 2 Ob 52/99g, bbl 1999, 161 mit Anm *Auer*; 5 Ob 30/08k, JBl 2009, 116. Zur Lehre etwa *Aicher*, Grundfragen 32 ff; *Korinek* in Korinek/Pauger/Rummel, Handbuch des Enteignungsrechts (1994) 28 ff.

82 Dazu VfGH JBl 2012, 503 mit Anm *Potac*; *Müller*, ÖJZ 2012, 159; *Prückner/Brenn*, ÖJZ 2012, 149, 151.

83 8 Ob 35/09v, RdU 2010, 66 mit Anm *Wagner*; *Korinek* in Korinek/Pauger/Rummel, Handbuch 37 ff; ferner *Hauer*, bbl 2002, 235; *Berka*, Zak 2009, 63.

6/98 Die Enteignung wird in einem Verwaltungsverfahren ausgesprochen, das sich nach dem jeweiligen Enteignungsgesetz, subsidiär nach dem EisbEG richtet (vgl etwa § 57 Abs 6 GaswirtschaftsG 2011). Der Enteignungsbescheid ist normalerweise nur der Titel, der **Eigentumserwerb** durch den Enteigner tritt zB nach § 35 Abs 1 EisbEG mit der einvernehmlichen oder zwangsweisen Erlangung des Besitzes an der enteigneten Sache ein. Bei Liegenschaften kommt es also zu einem außerbücherlichen Eigentumserwerb (5 Ob 108/12m). Verwendet der Enteigner das Objekt nicht für den Zweck der Enteignung, kann dem Enteigneten ein Anspruch auf Rückübereignung zustehen (§ 20a BStG; § 37 EisbEG).

6/99 Die zu leistende **Entschädigung**[84] wird, sofern keine Einigung zwischen Enteignetem und Enteigner erzielt wird, meist in einem eigenen außerstreitigen Verfahren festgesetzt (vgl §§ 22 ff EisbEG). Die Feststellung der enteignungsbedingten Nachteile hat die individuellen Verhältnisse des Enteigneten unter Heranziehung eines objektiven Maßstabs bei der Wertermittlung im Zeitpunkt des Eintritts der Rechtskraft des Enteignungsbescheides zu berücksichtigen (OGH RS0053657). Dabei sind auch Nachteile Dritter mitzuberücksichtigen, die ein dingliches oder obligatorisches Nutzungs- oder Gebrauchsrecht an der enteigneten Sache haben (§ 5 EisbEG; OGH RS0057994). Diese Rechte erlöschen nämlich idR ebenfalls durch den originären Eigentumserwerb des Enteigners, ohne dass die Nutzungsberechtigten gegen diesen einen direkten Anspruch haben; sie werden vom EisbEG an den Enteigneten verwiesen[85]. Dasselbe gilt für Pfandrechte; die Hypothekargläubiger sind wie bei einer Zwangsversteigerung aus der Entschädigung zu befriedigen, es sei denn, die dem Enteigneten verbleibenden Liegenschaftsteile bieten noch eine nach § 1374 ausreichende Sicherheit (§ 22 Abs 3, § 34 EisbEG)[86].

Die Entschädigung umfasst den Ankaufswert der Liegenschaft und auch eine etwaige Wertminderung der Restliegenschaft (§ 6 EisbEG), soweit sie nicht auf den Bau oder Betrieb des Enteignungsprojekts (zB einer Straße) zurückzuführen ist[87]. Die Entschädigung soll den Enteigneten in die Lage versetzen, ein dem enteigneten Objekt gleichwertiges zu erwerben; sie hat daher auch die Kosten der Vertragserrichtung und -abwicklung sowie der Einverleibung für ein entsprechendes Grundstück zu vergüten

84 *Rummel* in Korinek/Pauger/Rummel, Handbuch 193 ff. Zum Verfahren *Kathrein*, ZVR 2006, 70; *Killmann*, ÖJZ 2005, 928.

85 Dazu *Schlager*, Enteignungsentschädigung insbesondere für Mieter und Pächter (2017) insb 75 ff.

86 S *Lunzer*, NZ 2003, 208.

87 7 Ob 39/13f, JBl 2014, 523 mit Anm *Schlager*. AA *Kerschner*, JBl 2009, 555.

(OGH RS0053314; RS0053616). Nicht zu berücksichtigen sind der Wert der besonderen Vorliebe und die Werterhöhung der enteigneten Liegenschaft als Folge des Eisenbahn- bzw Straßenbaus (§ 7 EisbEG)[88].

G. Verlust des Eigentums

Das Eigentum geht normalerweise dadurch verloren, dass ein anderer es – derivativ oder originär – erwirbt (relativer Eigentumsverlust). Ein „absoluter“ Eigentumsverlust ist im Falle des Untergangs der Sache oder bei Dereliktion durch den bisherigen Eigentümer möglich. Hingegen sind das Eigentumsrecht und die darauf beruhenden Befugnisse, wie zB die Eigentumsfreiheitsklage (§ 523), unverjährbar (vgl § 1459)[89]. **6/100**

Die **Preisgabe (Dereliktion)** einer beweglichen Sache erfolgt dadurch, dass sie mit dem Willen, sie nicht mehr als die seinige zu behalten, „verlassen“ wird (§ 386)[90]. Es handelt sich dabei um eine Willensbetätigung (dazu I/4/9), die durch die Aufgabe der Gewahrsame nach außen in Erscheinung tritt; da sie die Beendigung einer Rechtsposition bezweckt, ist entsprechende Geschäftsfähigkeit des Derelinquierenden erforderlich[91]. IZw ist nicht Dereliktion, sondern Verlust der Sache anzunehmen (§ 386 Satz 2). Fehlt es an einem wirksamen Aufgabewillen, ist die Sache nicht herrenlos. **6/101**

Auch eine Dereliktion von Grundstücken ist möglich, wegen der Pflichten gegenüber den anderen Teilhabern aber nicht bei Wohnungseigentum oder schlichtem Miteigentum (OGH RS0110725); sie erfolgt durch die Eintragung des Erlöschens des Eigentums im Grundbuch[92]. Jedermann kann sich sodann das Grundstück mittels eines entsprechenden Antrags beim Grundbuchsgericht aneignen.

Die an der Sache haftenden Lasten erlöschen durch die Dereliktion nicht. Ein gutgläubiger lastenfreier Erwerb ist mangels einer gesetzlichen Regelung genauso wenig möglich wie ein gutgläubiger Erwerb nur scheinbar derelinquierter Sachen.

---

88 4 Ob 213/10t, NZ 2012, 50; *Rummel*, JBl 1998, 20; ferner *Kerschner*, JBl 2006, 355.
89 OGH RS0124364; *Dehn* in KBB[5] § 1479 Rz 1.
90 Zur Dereliktion von Humanmaterial *P. Steiner*, RdM 2002, 175.
91 *Mader* in Kletečka/Schauer, ABGB-ON 1.02 § 386 Rz 1; *Winner* in Rummel/Lukas[4] § 386 Rz 2.
92 OGH RS0110726; *Hoyer*, Brauneder-FS (2008) 181, 186.

§ 7. Klagen aus dem Eigentum

A. Herausgabe- und Räumungsklage (rei vindicatio)

I. Voraussetzungen

7/1 Die rei vindicatio ist die Klage des **(Mit-)Eigentümers** gegen den Inhaber, der ihm die Sache vorenthält, auf Herausgabe der beweglichen Sache bzw auf Räumung der Liegenschaft (§ 366)[1]. Sie kann mit einem schuldrechtlichen Anspruch, zB auf Rückstellung der Sache aus einem Verwahrungs- oder Leihvertrag oder auf Grund einer Kondiktion nach § 1431 konkurrieren.

7/2 Wer die rei vindicatio erhebt, muss die Sache individualisieren (§ 370; zur Ausnahme der Quantitätsvindikation Rz 6/23) sowie einerseits sein Eigentum und andererseits die **Gewahrsame des Beklagten** beweisen (§ 369).

Hat dieser die Sache für einen anderen (den „Vormann") inne, kann er sich von der Beklagtenposition befreien, indem er diesen namhaft macht (§ 375; „Auktorbenennung", vgl OGH RS0109371). Die genauere Regelung der prozessualen Vorgangsweise findet sich in den §§ 22–24 ZPO: Danach kann der Besitzer (Auktor) mit Zustimmung des beklagten Inhabers an dessen Stelle in den Prozess eintreten, wobei aber die Entscheidung auch gegen diesen wirkt. Übernimmt der Auktor das Verfahren nicht, bleibt der Inhaber Beklagter, er kann sich jedoch durch Befriedigung des Anspruchs von der Klage befreien. Inwieweit er dem Besitzer daraus schadenersatzpflichtig wird, richtet sich nach dem zwischen ihnen bestehenden Rechtsverhältnis.

7/3 Hat der Kläger sein Eigentum nachgewiesen, kann der Beklagte die Verurteilung zur Herausgabe der Sache noch dadurch abwenden, dass er ein **Recht zum Besitz** einwendet. Ein solches steht dem Beklagten aus einer dinglichen oder obligatorischen Rechtsposition zu, die ihn zur Innehabung der Sache berechtigt, wie zB Pfandrecht, Fruchtgenuss, Bestandrecht, Kaufvertrag (4 Ob 180/15x) uä. Entscheidend ist, dass dieses Recht (auch) gegenüber dem Eigentümer Wirksamkeit entfaltet. Daher muss das Rechts-

---

1 Grundlegend *Picker*, Bydlinski-FS (2002) 269, 282 ff. Es handelt sich grundsätzlich um eine Holschuld, *Picker* aaO 288; 2 Ob 179/12f, immolex 2014/71 mit Anm *Klein*.

verhältnis, aus dem der Beklagte ein obligatorisches Recht bzgl der Sache ableitet, mit dem Eigentümer bestehen: Der Mieter kann dem Eigentümer dann ein Recht zum Besitz entgegenhalten, wenn er den Mietvertrag mit diesem abgeschlossen hat, nicht aber, wenn er die Sache vom Dieb oder Finder gemietet hat.

Allerdings muss die schuldrechtliche Beziehung nicht direkt zwischen Eigentümer und Inhaber vorliegen; auch eine geschlossene Titelkette verschafft dem Inhaber gegenüber dem Eigentümer ein Recht zum Besitz.

Beispiel: Der Hauseigentümer A hat B eine Wohnung vermietet, der sie weiter an C (Untermieter) vermietet. Obwohl zwischen A und C kein Vertragsverhältnis bzgl der Benützung der Wohnung besteht, kann A von C nicht deren Räumung verlangen, weil er den Gebrauch der Wohnung B überlassen hat und dieser im Rahmen seines Rechts (§ 1098) C die Benützung erlaubt hat; es liegt somit eine geschlossene Kette an Titelgeschäften vor, die C gegenüber A ein Recht zum Besitz gewähren. Das gilt allerdings nicht, wenn einer der beiden Mietverträge aufgelöst wird (RS0020641 [T5, 6]). Ebenso besteht nach zutreffender Ansicht ein Räumungsanspruch des A gegen C, wenn er B wirksam die Weitergabe der Wohnung an Dritte verboten hat, weil dann die Gebrauchsüberlassung an C nicht mehr vom Mietrecht des B gedeckt ist[2] und somit A nicht entgegengehalten werden kann.

Die Eigentumsklage kann auch **publizianisch** erhoben werden (§ 372; vgl Rz 2/68).

II. Umfang des Herausgabeanspruchs

Der Anspruch ist auf Herausgabe der **Sache samt Zuwachs** gerichtet. Ist die Sache infolge Verbrauchs oder Zerstörung nicht mehr vorhanden, geht die rei vindicatio ins Leere. Hat der Besitzer die Sache zu seinem Nutzen verwendet, kommt gegen ihn in Fortsetzung des Eigentums ein Verwendungsanspruch in Betracht. Dies gilt nach hA auch für den redlichen Besitzer, der aber bei Untergang der Sache nicht schadenersatzpflichtig wird (vgl § 329: „ohne Verantwortung"). **7/4**

An den **Früchten** erlangt der **redliche Besitzer** (dazu Rz 2/21 f) mit Absonderung das Eigentum (§ 330). Ebenso gehören ihm die Zivilfrüchte, die während seines Besitzes fällig geworden sind und von ihm tatsächlich eingehoben wurden. Fraglich ist jedoch, ob der Eigentümer gegen ihn auch insofern einen bereicherungsrechtlichen Ausgleichsanspruch hat[3]. Für verbrauchte oder nicht gezogene Früchte ist der redliche Besitzer jedenfalls nicht schadenersatzpflichtig. Allerdings muss er nach hA den durch den **Gebrauch** der Sache erlangten Nutzen vergüten. **7/5**

---

2 *Winner* in Rummel/Lukas[4] § 366 Rz 13; prinzipiell ebenso OGH RS0010416. AA *Spitzer*, ÖJZ 2010, 10, 13.

3 Dazu III/15/32; ferner *Fischer-Czermak*, ABGB-FS II (2011) 955, 966 ff.

7/6 Der **unredliche Besitzer** wird nicht Eigentümer der **Früchte** und hat sie daher herauszugeben. Soweit er sie verbraucht hat, trifft ihn eine umfassende bereicherungsrechtliche Ausgleichspflicht. Außerdem haftet er dem Eigentümer für allen durch seinen Besitz verursachten Schaden (§ 335), soweit die Adäquanz gegeben ist[4]. Er hat daher nicht nur für Beeinträchtigungen der Sache und der Früchte **schadenersatzrechtlich** einzustehen, sondern auch für sonstige Nachteile aus der Vorenthaltung der Sache, wie insb für die dem Eigentümer entgangene Fruchtziehungs- und Nutzungsmöglichkeit oder für Nachforschungskosten. Nur soweit der unredliche Besitzer einen erheblichen eigenen Beitrag zur Erzielung von Vorteilen aus der Sache (zB Veräußerungserlös, Fruchtziehung) geleistet hat, kann er einen entsprechenden Teil behalten[5].

7/7 Ab **Klagszustellung** ist der redliche Besitzer bzgl Nutzungen, Schäden und getätigter Aufwendungen wie ein unredlicher zu behandeln, wenn er im Prozess unterliegt. Für zufällige Beschädigungen, die die Sache beim Eigentümer nicht getroffen hätten, haftet er aber nur im Falle der mutwilligen Prozessführung (§ 338). Mit dieser Regelung möchte das Gesetz einerseits die mit einem rechtsstaatlichen Verfahren verbundene Verzögerung bei der Rückstellung der Sache nicht zum Nachteil des Eigentümers ausschlagen lassen, andererseits aber dem redlichen Besitzer nicht durch weitreichende Haftungsfolgen de facto das Recht nehmen, die wahren Rechtsverhältnisse gerichtlich klären zu lassen[6].

III. Gegenansprüche des Besitzers

7/8 Dem **redlichen Besitzer** steht gegen denjenigen, der bei Erhebung der rei vindicatio Eigentümer ist (vgl 4 Ob 114/01w), ein Ersatzanspruch für notwendige und nützliche **Aufwendungen** in der tatsächlich getätigten Höhe und begrenzt durch den noch fortdauernden Wert zu. Die Gefahr des Wegfalls des Nutzens geht daher zu seinen Lasten, so als ob er Eigentümer wäre, für den er sich ja hält. Unnütze Aufwendungen sind nicht zu vergüten, sondern können vom Besitzer weggenommen werden, wenn es ohne Schaden für die Sachsubstanz möglich ist (§§ 331 f). Der Besitzer ist auch dann als redlicher zu behandeln, wenn er die Sache mit Wissen und Willen

4 *Apathy*, NZ 1989, 137, 142; *Iro*, Besitzerwerb durch Gehilfen (1982) 117 f. AA *Karollus*, Funktion und Dogmatik der Haftung aus Schutzgesetzverletzung (1992) 389 f; *Oberhofer*, JBl 1996, 152, 156; *Holzner* in Rummel/Lukas[4] § 335 Rz 1.

5 OGH RS0107346; *Bollenberger*, Das stellvertretende Commodum (1999) 322 mwN.

6 Dazu ausführlich *Fidler*, wobl 2012, 309, 316. Ferner *Geroldinger*, Der mutwillige Rechtsstreit (2017) 322 ff.

des Eigentümers innehat, obwohl beiden die Ungültigkeit des zugrunde liegenden Vertrags bekannt sein muss (OGH RS0010233).

Für den **unredlichen Besitzer** verweist § 336 bzgl des **Aufwandersatzes** auf die Bestimmungen über die Geschäftsführung ohne Auftrag. Das würde bedeuten, dass der unredliche Besitzer einen notwendigen Aufwand auch dann ersetzt bekäme, wenn dieser fehlschlägt (§ 1036), und daher besser gestellt wäre als der redliche Besitzer. Da dies nicht sachgerecht wäre, ist mit der hA auch beim unredlichen Besitzer der Aufwandersatzanspruch mit dem gegenwärtigen Wert zu begrenzen[7]. Die Nützlichkeit eines Aufwands ist nach § 1037 zu ermitteln, also subjektiv nach dem klaren, überwiegenden Vorteil des Eigentümers (dazu III/16/3). Fehlt es daran, so hat der Besitzer nur ein Wegnahmerecht (§ 1040). **7/9**

Der Besitzer kann für das **Entgelt**, das er einem Dritten für die Sache gezahlt hat, vom Eigentümer keine Vergütung verlangen (§ 333). **7/10**

Sowohl dem redlichen als auch dem unredlichen Besitzer steht für seinen Aufwandersatzanspruch das **Zurückbehaltungsrecht** gem § 471 zu (vgl Rz 14/4).

IV. Herausgabepflichten und Gegenansprüche des Rechtsbesitzers

Die §§ 329 ff gelten grundsätzlich auch für den Rechtsbesitzer. Allerdings ist zu berücksichtigen, dass dieser sich generell nicht für berechtigt halten darf, die Sache zu zerstören oder zu verbrauchen; hinsichtlich solcher Handlungen kann der Rechtsbesitzer daher niemals redlich sein. Auch hinsichtlich der **Nutzung** und Fruchtziehung sind die Bestimmungen des Rechtsinstituts zu beachten, das mit dem ausgeübten Besitz korreliert: Nur wenn sich der Besitzer innerhalb der dadurch gesteckten Grenzen hält, kann er redlich sein. So darf zB derjenige, der sich als Gebrauchsberechtigter geriert, nur die zur Deckung seines persönlichen Bedarfs erforderlichen Früchte beziehen (§§ 505 f); auf diese beschränkt sich auch sein Eigentumserwerb gem § 330. **7/11**

Mit dem Anspruch auf **Aufwandersatz** gegen den vindizierenden Eigentümer kann ein vertraglicher Anspruch auf Vergütung aus dem Verhältnis des Rechtsbesitzers zum Dritten, der ihm das Recht eingeräumt hat, konkurrieren. So hat zB derjenige, dem eine Sache vom nicht dazu Befugten vermietet wurde, einen Aufwandersatzanspruch gegen diesen für die notwendigen und nützlichen Investitionen (§ 1097).

7 *Ehrenzweig* I/2, 295; *Iro*, Besitzerwerb 125, 144; *Welser/Kletečka* I[15] Rz 1091.

B. Eigentumsfreiheitsklage

7/12 Wird das Eigentum an der Sache nicht entzogen, sondern nur durch die Anmaßung eines Rechts – insb einer Servitut – oder auf sonstige Weise durch einen Dritten **gestört**, steht dem Eigentümer gegen den Störer die Eigentumsfreiheitsklage (actio negatoria; § 523) zu, wenn entweder nachteilige Folgen zurückgeblieben sind oder Wiederholungsgefahr besteht. Die bloße Behauptung eines Rechts ist noch keine Anmaßung iSd § 523; hier ist daher keine actio negatoria (sogleich Rz 7/14) möglich, sondern nur eine negative Feststellungsklage (OGH RS0106909).

Geht es um die zuletzt genannten Fälle, in denen auf Feststellung des **Nichtbestehens einer Dienstbarkeit** geklagt wird, und steht die angeblich dienende Liegenschaft im Miteigentum, sind nur alle Mit- bzw Wohnungseigentümer gemeinsam aktivlegitimiert, hingegen nicht etwa die Eigentümergemeinschaft. Ebenso ist umgekehrt die Klage gegen alle Mit- bzw Wohnungseigentümer der Liegenschaft zu richten, für die die strittige Servitut in Anspruch genommen wird[8]. Zu Klagen von Miteigentümern wegen sonstiger Störungen s Rz 5/6.

7/13 Wird ein fremdes Recht nicht bloß behauptet, sondern liegt eine **Anmaßung oder Störung** iSd § 523 vor, steht dem Eigentümer die actio negatoria zu. Sie richtet sich gegen den **Störer**; das ist jeder, der sich ein Recht an der Sache anmaßt oder sie sonst rein faktisch in Anspruch nimmt. Darüber hinaus hat auch ein Dritter für dessen Handeln einzustehen (mittelbarer Störer), wenn er dieses durch Handlungen oder Unterlassungen veranlasst hat (zB Anlegung eines Weges oder einer Schiabfahrt über ein fremdes Grundstück, 2 Ob 134/01x) oder die rechtliche Möglichkeit gehabt hätte, dieses zu verhindern bzw abzustellen (OGH RS0012110; RS0103058), sowie für eigene Sachen und Anlagen, von denen Störungen des fremden Eigentums ausgehen[9], nicht hingegen für Störungen, die auf Naturereignisse zurückzuführen sind.

7/14 Die actio negatoria geht auf

- **Unterlassung** weiterer Eingriffe, wenn Wiederholungsgefahr besteht. Ist noch keine Störung erfolgt, steht aber eine solche unmittelbar bevor, kann auch vorbeugend Unterlassung begehrt werden (OGH RS0009357).

8 Einheitliche Streitpartei iSd § 14 ZPO: OGH RS0012106 (Klage auf Feststellung des Bestehens einer Servitut); RS0101793 (actio confessoria; Rz 15/42); *Perner*, ÖJZ 2010, 5, 7.

9 Vgl *P. Bydlinski*, ÖJZ 1998, 641, 650 f.

- **Beseitigung** von nachteiligen Folgen der Störung, die in natura wieder rückgängig gemacht werden können (Wiederherstellung des vorherigen Zustandes; vgl Rz 4/16). Hiefür ist im Gegensatz zu Schadenersatzansprüchen Verschulden des Störers keine Voraussetzung; da allerdings der Beseitigungsanspruch mit einem Schadenersatzanspruch inhaltlich oft beinahe deckungsgleich ist, bestehen Abgrenzungsprobleme[10].
- **Löschung** eines zu Unrecht im Grundbuch Eingetragenen[11].
- **Schadenersatz** bei Verschulden des Störers.

Der Kläger muss sein Eigentum, den Eingriff und die Wiederholungsgefahr bzw die nachteilige Veränderung **beweisen**. Der Beklagte kann sich durch Dartuung eines Rechts zum Eingriff zur Wehr setzen, nicht dagegen durch Fehlen eines Verschuldens oder einer Störungsabsicht (OGH RS0012169).

Die Eigentumsfreiheitsklage kann auch **publizianisch** erhoben werden (§ 372; vgl Rz 2/68 ff), wie zB durch den Wohnungseigentumsbewerber, dem die zugesagte Wohnung übergeben wurde (5 Ob 173/08i).

---

10 Dazu *H. Koziol*, Grundfragen des Schadenersatzrechts (2010) 27 ff; *L. Schmid*, JBl 2017, 69; siehe auch *E. Wagner*, Unterlassungsansprüche im Zivilrecht (2006) 316 f.

11 5 Ob 2090/96f, JBl 1997, 235 mit Anm *Spielbüchler*.

§ 8. Eigentumsvorbehalt

A. Einfacher Eigentumsvorbehalt

I. Zulässigkeit und Zustandekommen

8/1 Hat der Verkäufer den Kaufpreis kreditiert, sodass das Entgelt nicht wie sonst bei Übergabe fällig ist, erlangt der Käufer dennoch sofort mit Übergabe das Eigentum (§ 1063); der Kreditkauf weicht also vom schuldrechtlichen Grundmodell der Zug um Zug-Abwicklung von Austauschverträgen (§ 1052) ab. Das kann für den Verkäufer vor allem im Falle der Insolvenz des Käufers nachteilig sein, weil dann seine Kaufpreisforderung nur in der Höhe der Insolvenzquote befriedigt wird. Besser gesichert wäre er in dieser Situation, wenn er trotz Übergabe das Eigentum an der Sache behielte (s § 44 Abs 1, § 46 Z 4 IO)[1].

8/2 In der Kautelarpraxis hat sich daher der Eigentumsvorbehalt entwickelt: Bei Kreditkäufen vereinbaren die Vertragsparteien regelmäßig, dass der Verkäufer bis zur vollständigen Zahlung des Kaufpreises trotz Übergabe der Sache Eigentümer bleiben soll; damit steht das Verfügungsgeschäft unter der aufschiebenden Bedingung, dass der Käufer den Kaufpreis vollständig bezahlt (vgl Rz 8/20). Das vorbehaltene Eigentum sichert nach hA sowohl die Kaufpreisforderung als auch den Rückforderungsanspruch des Vorbehaltsverkäufers im Fall der Aufhebung des Vertrags[2]. Aus sachenrechtlicher Sicht erhält allerdings der Verkäufer eine **publizitätslose Sicherheit**, was in einem Spannungsverhältnis zum strengen Faustpfandprinzip (Rz 10/4) steht[3]: Nach diesem Grundsatz genügt das Besitzkonstitut als

1 Dazu *Duursma-Kepplinger*, Eigentumsvorbehalt und Mobilienleasing in der Insolvenz (2002) 41 ff; *Riedler*, Bankvertragsrecht IX Rz 3/3, 29; *Schoditsch*, Eigentumsvorbehalt und Insolvenz (2009).

2 *Aicher* in Rummel/Lukas[4] § 1063 Rz 32; *F. Bydlinski* in Klang[2] IV/2, 457; *Frotz*, KreditsicherungsR 132. Zum Austausch der Vorbehaltssache 5 Ob 507/96, RdW 1997, 67; 3 Ob 308/97h, JBl 2000, 32.

3 *Riedler*, ABGB-FS II (2011) 1365, 1385.

Modus nicht, was nach hA bei der Sicherungsübereignung analog gilt (Rz 14/11). Um diese Verschiedenbehandlung von Sicherungsübereignung und Eigentumsvorbehalt sachlich zu rechtfertigen, werden zwei Argumente vorgebracht: Zum einen ist die Kaufpreisforderung durch die gekaufte Sache selbst gesichert; zum anderen geht vom Eigentumsvorbehalt eine geringere Täuschungsgefahr für den Verkehr aus, weil mit einem solchen eher zu rechnen ist. Will sich der Verkäufer erst **nachträglich** absichern, also nach bereits erfolgter unbedingter Übereignung der Kaufsache, greifen diese Erleichterungen aber nicht mehr. Um die sachenrechtliche Wirkung zu erreichen, müssen die Parteien daher die Übergabeerfordernisse einer Sicherungsübereignung durch die Rückstellung der Sache an den Verkäufer einhalten (vgl Rz 14/11)[4].

Der Eigentumsvorbehalt muss vereinbart werden (dazu III/1/8). Allerdings ist nach der hier vertretenen Meinung (vgl Rz 6/40) auch ein **„einseitiger" Eigentumsvorbehalt** möglich, indem der Verkäufer ohne diesbezügliche Vereinbarung bei der Übergabe der Sache erklärt, das Eigentum nicht übertragen zu wollen. Auf diese Weise verhindert er das Zustandekommen des Verfügungsgeschäfts bzw des Traditionsbesitzes des Käufers und damit den Eigentumsübergang. Er handelt dabei allerdings idR obligationswidrig, weil er aus dem Kaufvertrag zur sofortigen Verschaffung des Eigentums verpflichtet ist (§ 1063; zur Ausnahme bei der Unsicherheitseinrede nach § 1052 vgl Rz 6/40), und kann vom Käufer gerichtlich zur Übereignung gezwungen werden. **8/3**

Ferner hat der Verkäufer auch dann das Recht auf Zurückbehaltung des Eigentums, wenn keine Kreditierung des Kaufpreises vereinbart ist und der Verkäufer in der Erwartung seine Leistung erbringt, dass der Käufer seinerseits unverzüglich den Kaufpreis zahlt, dies aber nicht geschieht. Die Leistung des Verkäufers ist hier im Hinblick auf das nicht abbedungene Zug um Zug-Prinzip so zu verstehen, dass das Eigentum trotz Übergabe der Sache erst mit der Erbringung der Gegenleistung auf den Käufer übergehen soll (**„kurzfristiger Eigentumsvorbehalt"**)[5]. **8/4**

Als **Gegenstand des Eigentumsvorbehalts** eignen sich vor allem bewegliche körperliche Sachen. Bei Liegenschaften liegt die Schwierigkeit darin, dass § 8 GBG eine aufschiebend bedingte Eintragung bloß in Form der Vormerkung kennt. Diese ist aber gem § 35 GBG nur bei Fehlen ganz be- **8/5**

4 OGH RS0020348; *F. Bydlinski* in Klang² IV/2, 477; *Riedler*, Bankvertragsrecht IX Rz 3/42. AA *Frotz*, KreditsicherungsR 136.

5 *Bollenberger*, Irrtum über die Zahlungsunfähigkeit (1995) 76; *F. Bydlinski* in Klang² IV/2, 376; *Schoditsch*, Eigentumsvorbehalt 157.

stimmter Voraussetzungen möglich, nicht jedoch wenn die Parteien den sofortigen Eigentumserwerb abbedungen haben (vgl Rz 3/22 und 3/25). Hat der Liegenschaftsverkäufer den Kaufpreis kreditiert, kann er sich daher auf folgende zwei Arten absichern: (i) Er übereignet die Liegenschaft unbedingt und der (restliche) Kaufpreisanspruch wird durch die gleichzeitige Eintragung einer Hypothek auf der Liegenschaft sichergestellt. (ii) Die Einverleibung des Käufers wird bis zur Zahlung des Kaufpreises aufgeschoben; um dem Käuferinteresse an einer gesicherten Position hinsichtlich des Erwerbs der Liegenschaft Rechnung zu tragen, lässt der Verkäufer die Rangordnung für die beabsichtigte Veräußerung anmerken und folgt dem Käufer den Rangordnungsbeschluss aus (dazu Rz 3/54). In beiden Varianten wickelt meistens ein Treuhänder die dafür erforderlichen Vorgänge ab. Für die Veräußerung von Superädifikaten unter Eigentumsvorbehalt kommen entsprechende Vorgangsweisen in Form der Urkundenhinterlegung in Betracht, sofern man nicht die Hinterlegung des Kaufvertrags mit der Vorbehaltsklausel zur Verschaffung aufschiebend bedingten Eigentums für zulässig hält[6].

Auch **Unternehmen** können Gegenstand eines Eigentumsvorbehalts sein; dabei beschränkt sich dessen sachenrechtliche Wirksamkeit jedoch praktisch auf die beweglichen körperlichen Bestandteile des Unternehmens[7].

II. Sachenrechtliche Seite des Eigentumsvorbehalts

8/6 Der Eigentumsvorbehalt modifiziert die schuldrechtliche Situation zwischen den Vertragspartnern, wie zB die Erfüllungspflicht und Gefahrtragung; vor allem aber wirkt er sich im sachenrechtlichen Bereich aus, nicht zuletzt deswegen, weil er auf eine insolvenzfeste Absicherung des Vorbehaltsverkäufers abzielt.

8/7 Der **Vorbehaltsverkäufer** ist nach der Übergabe weiterhin Sachbesitzer und Eigentümer, aber nur mehr bis zur Zahlung des Kaufpreises. Er kann über das Eigentum an der Vorbehaltssache verfügen; das spielt insb im Falle der Drittfinanzierung eine Rolle, weil hier oft das vorbehaltene Eigentum an die kreditgewährende Bank übertragen wird (dazu III/1/40). Als Übergabeform kommt normalerweise nur die Besitzanweisung an den innehabenden Vorbehaltskäufer in Betracht (s Rz 2/40). Da diese so zu verste-

6 So *Eliskases*, Kreditsicherung durch Superädifikate (2008) 86 ff, 103. Zum Eigentumsvorbehalt des Bauunternehmers bei Errichtung eines Superädifikats s 3 Ob 38/90, ÖBA 1991, 56 mit Anm *Gröll*; *Eliskases* aaO 105.

7 *Binder/Spitzer* in Schwimann[4] § 1063 Rz 24; OGH RS0009999.

hen ist, dass durch die Eigentumsübertragung dessen Rechtsstellung nicht verschlechtert werden soll, geht das vorbehaltene Eigentum nur unter Aufrechterhaltung des Anwartschaftsrechts über[8]. Daher erlischt das Eigentum des Erwerbers (zB der Bank) mit Zahlung des Kaufpreises, es sei denn, er hat die Vorbehaltssache gutgläubig lastenfrei erlangt (dazu Rz 6/61). Das ist aber kaum möglich, solange sie der Vorbehaltskäufer in Händen hat.

Der **Vorbehaltskäufer** ist Rechtsbesitzer, da er die Sache (noch) nicht für sich haben, sondern an ihr nur Nutzungsrechte ausüben will (vgl Rz 2/10). Materiellrechtlich steht ihm ein Anwartschaftsrecht zu, das zwar kein dingliches Recht, aber eine rechtlich gesicherte Erwerbsposition vermittelt: Solange der Kaufvertrag aufrecht ist, hängt der Eigentumsübergang nur mehr von der Erfüllung der aufschiebenden Bedingung der Kaufpreiszahlung ab und der Vorbehaltskäufer kann sich gegenüber einem Herausgabeverlangen des Vorbehaltsverkäufers auf sein Recht zum Besitz berufen, es sei denn, dieser hat sich wirksam die Rücknahme der Sache im Falle eines Zahlungsverzugs auch ohne Rücktritt vom Vertrag ausbedungen („Entziehungsklausel")[9]. Als qualifizierter Rechtsbesitzer ist der Vorbehaltskäufer nach § 372 geschützt und zur Erhebung von Herausgabe- und negatorischen Ansprüchen berechtigt[10]. 8/8

Bei Beschädigung oder Zerstörung der Sache hat er Schadenersatzansprüche[11], bei Ge- oder Verbrauch der Sache Verwendungsansprüche gegen den Eingreifer. Dabei ist aber zu berücksichtigen, dass dem Vorbehaltskäufer zwar die Nutzung der Sache, die Substanz aber nur insofern (wirtschaftlich) zugewiesen ist, als er bereits Kaufpreiszahlungen erbracht hat; der restliche Substanzwert steht noch dem Vorbehaltsverkäufer sicherungshalber zu. Gegen exekutive Zugriffe auf die Sache durch Gläubiger des Vorbehaltsverkäufers kann sich der Vorbehaltskäufer wehren: Ist er nicht zur Herausgabe bereit, kann die Pfändung nicht vollzogen werden (§ 262 EO); wenn sich die Sache beim Vorbehaltsverkäufer befindet, kann der Vorbehaltskäufer exszindieren (§ 37 EO).

Das Anwartschaftsrecht ist vererblich und nach sachenrechtlichen Grundsätzen, also insb durch Übergabe der Vorbehaltssache, **übertragbar und verpfändbar**[12]; es kann auch gepfändet werden. Sobald der Vorbehaltskäu- 8/9

8 Dazu ausführlich *F. Bydlinski* in Klang² IV/2, 663; vgl auch *Haberl*, RdW 2006, 549.
9 Dazu OGH RS0020714; *Spitzer*, ÖBA 2013, 473.
10 *Binder/Spitzer* in Schwimann⁴ § 1063 Rz 36; *F. Bydlinski* in Klang² IV/2, 559 ff, 572 ff. *Spielbüchler*, JBl 1981, 505, 508 f: dingliches Recht.
11 *F. Bydlinski* in Klang² IV/2, 603 ff; *H. Koziol*, JBl 1968, 493; *Thoss*, JBl 2003, 277.
12 *Binder/Spitzer* in Schwimann⁴ § 1063 Rz 38; *F. Bydlinski* in Klang² IV/2, 587; *Wolkerstorfer*, Das Pfandrecht des Unternehmers (2012) 54 ff.

fer den Kaufpreis bezahlt (= Bedingungseintritt), entsteht dann das Eigentum (bzw das Pfandrecht) an der Sache selbst bei demjenigen, der das Anwartschaftsrecht (bzw das Pfandrecht daran) erworben hat (dazu gleich Rz 8/11 f).

III. Verarbeitung und Weiterveräußerung der Vorbehaltssache

1. Verarbeitung; Vermengung

8/10 Wenn der Vorbehaltskäufer die Vorbehaltssache verarbeitet oder untrennbar mit einer ihm gehörenden Sache verbindet, entsteht **Miteigentum** entsprechend den §§ 414 f[13]. Davon können die Beteiligten durch Parteienvereinbarung zwar abweichen (Rz 6/18); wenn aber danach dem Vorbehaltsverkäufer das Alleineigentum oder ein größerer Miteigentumsanteil zugewiesen werden soll, als ihm nach § 415 zustünde, zielt die Vereinbarung auf eine Sicherungsübereignung ab. Diese bedarf zu ihrer Wirksamkeit grundsätzlich der körperlichen Übergabe der verarbeiteten oder vereinigten Sache an den Vorbehaltsverkäufer (vgl Rz 14/11).

Wurden einem Unternehmer Sachen unter Eigentumsvorbehalt geliefert, kann es durch Vermengung mit eigenen Waren des Unternehmers oder wegen dessen mangelhafter Buchführung unmöglich sein festzustellen, welche noch vorhandenen Sachen dem Lieferanten zuzuordnen sind. Dieser erwirbt dann Miteigentum an allen derartigen Waren entsprechend dem Mengenverhältnis der unter Eigentumsvorbehalt gelieferten und der dem Unternehmer gehörenden Sachen dieser Gattung (§ 415)[14].

2. Weiterveräußerung

a) Veräußerung des Anwartschaftsrechts

8/11 Veräußert der Vorbehaltskäufer sein Anwartschaftsrecht, erwirbt der Zweitkäufer diese Rechtsposition nach sachenrechtlichen Grundsätzen („**weitergeleiteter Eigentumsvorbehalt**")[15]. Wenn dem Veräußerer das behauptete Anwartschaftsrecht in Wahrheit nicht zusteht, scheitert daher ein derivativer Erwerb (§ 442). Ein gutgläubiger Erwerb (§ 367) kommt ebenfalls nicht in Betracht, da die Innehabung der Sache keine Rechtsscheingrundlage (dazu Rz 6/46) für das Bestehen eines Anwartschafts-

---

13 2 Ob 210/97i, JBl 1998, 300 mit Anm *Holzner*; *F. Bydlinski* in Klang² IV/2, 624 ff; *Spielbüchler*, JBl 1968, 589, 595 ff. AA *Ch. Rabl*, Koziol-FS (2010) 341, 355: Erlöschen des Eigentumsvorbehalts.

14 *Harnoncourt/Spitzer*, ÖJZ 2014, 488. Zu den Problemen bei einer Vielzahl von Lieferanten s *Hödl*, Der Lieferantenpool (2010).

15 *F. Bydlinski* in Klang² IV/2, 586 ff, 635, 688.

rechts bietet[16]. Davon zu unterscheiden ist der Fall, dass sich jemand als Eigentümer einer Sache ausgibt und sie unter Eigentumsvorbehalt verkauft (dazu Rz 8/13 ff).

Veräußert der Vorbehaltskäufer sein Anwartschaftsrecht, kann dies mit **8/12** einem **Vertragseintritt** des Zweitkäufers kombiniert werden, der dann Vertragspartner des Vorbehaltsverkäufers wird und diesem den restlichen Kaufpreis schuldet. Liegt die dafür erforderliche Zustimmung des Vorbehaltsverkäufers nicht vor (vgl II/5/95), bleibt weiterhin der Vorbehaltskäufer diesem gegenüber berechtigt und verpflichtet. In diesem Fall erstarkt das auf den Zweitkäufer übertragene Anwartschaftsrecht erst dann zum Eigentum, wenn der Vorbehaltskäufer den noch ausstehenden Kaufpreis zahlt. Die damit verbundene Unsicherheit für den Zweitkäufer lässt sich etwa dadurch verringern, dass er das dem Vorbehaltskäufer geschuldete Entgelt nicht an diesen zahlt, sondern sich verpflichtet, dessen Kaufpreisschuld durch Leistung an den Vorbehaltsverkäufer zu tilgen (Erfüllungsübernahme, II/5/92), was als Teil des Entgelts im Verhältnis zwischen Vorbehaltskäufer und Zweitkäufer berücksichtigt wird. Sollte auch eine solche Vereinbarung nicht zustande kommen, kann der Zweitkäufer die restliche Kaufpreisschuld des Vorbehaltskäufers bezahlen, wenn der Vorbehaltsverkäufer damit einverstanden ist (§ 1423), dabei die Einlösung verlangen (§ 1422) und in der Folge die eingelöste Forderung des Vorbehaltsverkäufers aufrechnungsweise dem Kaufpreisanspruch des Vorbehaltskäufers entgegenhalten.

Beispiel: B hat vom Händler A einen Computer gekauft. Der Kaufpreis soll in zwölf Monatsraten á € 100 gezahlt werden; A behält sich das Eigentum vor. Nachdem B drei Raten entrichtet hat, wird er arbeitslos. Wegen Zahlungsproblemen verkauft er den Computer dem C, dem er vom Eigentumsvorbehalt erzählt. Wegen dieser Offenlegung wird der Vertrag zwischen B und C so zu verstehen sein, dass Gegenstand des Kaufvertrags das Anwartschaftsrecht des B sein soll. In dieser Situation bietet sich zB eine Vereinbarung zwischen B und C an, dass C die Begleichung der Schuld des B gegenüber A übernimmt und die dafür aufgewendeten € 900 vom vereinbarten Kaufpreis, der € 1000 beträgt, abgezogen werden, sodass B letztlich nur den wirtschaftlichen Wert des Anwartschaftsrechts erhält.

b) Veräußerung des Eigentums

Erklärt der Vorbehaltskäufer, das Eigentum an der Sache zu veräußern, **8/13** kommt es entscheidend darauf an, ob er vom Vorbehaltsverkäufer dazu ermächtigt wurde oder nicht[17].

16 *F. Bydlinski* in Klang[2] IV/2, 572. AA *Gusenleitner*, Ersitzung als allgemeiner Rechtserwerbstatbestand (2004) 298.

17 Vgl auch *Bollenberger*, ÖJZ 1995, 641, 642 ff. Zum Eigentumsvorbehalt beim Streckengeschäft 3 Ob 84/02b, JBl 2003, 445 mit Anm *Spielbüchler*; *Holzner*, ÖBA 2004, 944, 953.

8/14 Wenn der Vorbehaltsverkäufer der Veräußerung durch den Vorbehaltskäufer im eigenen Namen (vorweg) zugestimmt hat, liegt darin die Erteilung einer **Verfügungsermächtigung** (dazu Rz 6/44). Das kann auch konkludent geschehen und ist vor allem dann anzunehmen, wenn der Vorbehaltskäufer gewerbsmäßig mit solchen Waren handelt und daher ihre Widmung zum Weiterverkauf dem Vorbehaltsverkäufer erkennbar ist. Anderes gilt nur dann, wenn der Vorbehaltsverkäufer nach den konkreten Umständen damit rechnen durfte, dass der Vorbehaltskäufer den Eigentumsvorbehalt weiterleiten werde (vgl Rz 8/11), was allerdings im normalen Geschäftsverkehr eher die Ausnahme sein wird. Die Verfügungsermächtigung erfasst iZw nur Weiterveräußerungen im ordentlichen Geschäftsbetrieb, also insb nicht unentgeltliche oder solche zu Schleuderpreisen. Verkäufe auf Kredit mit üblichen Zahlungsfristen werden idR zulässig sein[18].

Veräußert der Vorbehaltskäufer die Sache im Rahmen seiner Verfügungsermächtigung, erlangt der Zweitkäufer das Eigentum **derivativ** (OGH RS0020345). Der Vorbehaltsverkäufer verliert damit seine Sicherheit und wird daher versuchen, einen Ersatz dafür zu erhalten (dazu unten beim „verlängerten Eigentumsvorbehalt", Rz 8/22).

8/15 Verkauft der Vorbehaltskäufer die Sache auf Kredit weiter, ist es üblich, dass er sich gegenüber dem Zweitkäufer „sein" Eigentum vorbehält (**nachgeschalteter Eigentumsvorbehalt**). Das ist so zu verstehen, dass der Zweitkäufer nicht sogleich mit vollständiger Kaufpreiszahlung durch den Vorbehaltskäufer Eigentümer werden soll, sondern erst, wenn er seinerseits die Kaufpreisforderung des Vorbehaltskäufers erfüllt hat. Anders als bei Barzahlung durch den Zweitkäufer bleibt hier der Vorbehaltsverkäufer vorerst Eigentümer. Bezahlt der Vorbehaltskäufer seine Kaufpreisschuld, erwirbt er das Eigentum, das allerdings durch das Anwartschaftsrecht des Zweitkäufers eingeschränkt ist. Befriedigt jedoch der Zweitkäufer den Vorbehaltskäufer, bevor dieser seinerseits an den Vorbehaltsverkäufer leistet, geht das Eigentum sofort auf den Zweitkäufer über. Denn die Verfügungsermächtigung des Vorbehaltsverkäufers muss so verstanden werden, dass er auch in diesem Fall sein Eigentum zugunsten des Zweitkäufers aufgeben möchte, da er dann genauso wie bei einem Barverkauf durch den Vorbehaltskäufer steht.

8/16 Veräußert der Vorbehaltskäufer das Eigentum an der Sache, **ohne eine Verfügungsermächtigung** vom Vorbehaltsverkäufer erhalten zu haben, kommt nur ein gutgläubiger Eigentumserwerb im Vertrauen auf das Eigen-

18 3 Ob 84/02b. *Winner* in Rummel/Lukas[4] § 358 Rz 37; *Aicher* in Rummel/Lukas[4] § 1063 Rz 113.

tum nach § 367 Abs 1 in Betracht. Dabei stellt die Rsp strenge Anforderungen an die Redlichkeit des Erwerbers: Er muss normalerweise in Rechnungen und Zahlungsbelege Einsicht nehmen, weil mit einem Eigentumsvorbehalt zu rechnen ist (8 Ob 73/16t: Gebrauchtwagenkauf). Das gilt allerdings nicht für Letztabnehmer, die Sachen im Rahmen des ordentlichen Geschäftsbetriebs eines Unternehmers erwerben[19].

Ob der unredliche Zweitkäufer wenigstens das Anwartschaftsrecht des Vorbehaltskäufers erlangt und damit so wie beim weitergeleiteten Eigentumsvorbehalt (Rz 8/11) gestellt ist, richtet sich nach dem Titelgeschäft: Ergibt die Auslegung des (zweiten) Kaufvertrags, dass das Anwartschaftsrecht gegenüber dem Eigentum ein aliud ist – was wohl die Regel sein wird –, deckt er den Übergang des Anwartschaftsrechts nicht (vgl II/3/69); andernfalls handelt es sich um einen (bloßen) Rechtsmangel, der dem Erwerb des Anwartschaftsrechts durch den Zweitkäufer nicht entgegensteht, diesem aber Gewährleistungs- und Irrtumsbehelfe eröffnet.

Behauptet der Vorbehaltskäufer, eine entsprechende Verfügungsermächtigung vom Vorbehaltsverkäufer zu haben, kann der Zweiterwerber **gutgläubig Eigentum** an der Sache nur auf Grund eines Tatbestands **erlangen**, nach dem das Vertrauen auf die Verfügungsmacht geschützt wird, also beim Erwerb von einem Unternehmer im gewöhnlichen Betrieb dessen Unternehmens (§ 368 Abs 1 Satz 2; dazu Rz 6/51). Da hier dem Zweitkäufer erkennbar ist, dass er von einem Vorbehaltskäufer erwirbt, wird er nur dann geschützt, wenn er nach den konkreten Umständen mit der Einwilligung des Vorbehaltsverkäufers rechnen darf. **8/17**

Auch in den Fällen der mangelnden Verfügungsmacht ist ein **nachgeschalteter Eigentumsvorbehalt** möglich. Hier kommt es bei Vorliegen der Voraussetzungen der §§ 367 f zu einem gutgläubigen Erwerb des Anwartschaftsrechts, wobei nach hA die Redlichkeit nur im Zeitpunkt der Sachübergabe vorliegen muss[20]. Der Vorbehaltsverkäufer behält zwar das Eigentum, verliert es aber, sobald der Zweitkäufer dem Vorbehaltskäufer den Kaufpreis zahlt, selbst wenn jener dessen mangelnde Berechtigung inzwischen erkannt hat (Rz 6/49). **8/18**

Beispiel: Wenn B den C im vorherigen Beispiel nicht vom Bestehen eines Eigentumsvorbehalts informiert, wird dieser davon ausgehen, dass B Eigentümer des Computers ist. Der Kaufvertrag ist hier daher nicht auf Übertragung der Anwartschaft, sondern des Eigentums gerichtet. Dazu ist aber B nicht in der Lage, sodass nur ein gutgläubiger Erwerb des C in Betracht kommt. Soll C den Kaufpreis vereinbarungsgemäß erst in einem Monat zahlen und

19 7 Ob 693/87, JBl 1988, 314 mit Anm *Czermak*; 4 Ob 536/92, ÖBA 1993, 156 mit Anm *Bollenberger*.

20 AA *Bollenberger*, ÖJZ 1995, 649 ff.

hat sich B „sein" Eigentum vorbehalten, liegt ein nachgeschalteter Eigentumsvorbehalt vor. Wenn C gutgläubig ist, erlangt er mit Zahlung des Kaufpreises an B auch dann nach § 367 Abs 1 das Eigentum am Computer, wenn im Verhältnis A – B noch ein Teil des Kaufpreises ausständig ist.

IV. Erlöschen des Eigentumsvorbehalts

8/19 Die Modifikation des Verfügungsgeschäfts durch die Vereinbarung eines Eigentumsvorbehalts kann aus verschiedenen Gründen wegfallen, wobei hier die sachenrechtlichen Wirkungen von vordringlichem Interesse sind.

8/20 Mit **Zahlung** des Kaufpreises tritt die aufschiebende Bedingung ein und die Verfügung wird zu einer unbedingten, sodass der Käufer Eigentümer wird. Das gilt auch für Zahlungssurrogate wie Aufrechnung, Hinterlegung oder Hingabe an Zahlungs statt, nicht aber im Falle der **Verjährung** der Kaufpreisforderung. Hier kommt es zu einer Perpetuierung des sachenrechtlichen Schwebezustandes, wenn man nicht dem Vorbehaltsverkäufer das Recht zum Rücktritt vom Kaufvertrag gewährt[21]. Ebenso wenig wird der Vorbehaltskäufer Eigentümer, wenn ein Dritter die (restliche) Kaufpreisforderung begleicht und damit gem § 1358 oder § 1422 einlöst; das vorbehaltene Eigentum ist dem Dritten dann zu übertragen bzw geht nach aA automatisch auf ihn über.

8/21 Hinfällig wird der Eigentumsvorbehalt bei **Vereinigung** der Position des Vorbehaltskäufers und -verkäufers etwa durch Erbgang, bei Untergang der Sache und gutgläubigem lastenfreien Erwerb durch einen Dritten. Wird hingegen der Kaufvertrag zB durch Rücktritt des Vorbehaltsverkäufers gem § 918 oder einvernehmlich aufgelöst, ist ein Eigentumserwerb des Vorbehaltskäufers nicht mehr möglich und der Vorbehaltsverkäufer wird wieder freier Eigentümer.

B. Sonderformen des Eigentumsvorbehalts

I. Verlängerter Eigentumsvorbehalt

8/22 Ist die unter Eigentumsvorbehalt verkaufte Sache erkennbar zur Weiterveräußerung bestimmt, kann der Vorbehaltsverkäufer sein Eigentum möglichst lange dadurch zu sichern trachten, dass er einen Verkauf der Sache nur unter Weiterleitung des Eigentumsvorbehalts zulässt (dazu Rz 8/11).

21 *Aicher* in Rummel/Lukas[4] § 1063 Rz 100; *F. Bydlinski* in Klang[2] IV/2, 622.

Auf eine solche Konstruktion wird sich allerdings der Zweitkäufer im normalen Geschäftsverkehr nicht einlassen, weil sein Eigentumserwerb dann von der Zahlung des Kaufpreises durch den Vorbehaltskäufer abhängt. Will der Vorbehaltsverkäufer daher den Warenumsatz nicht behindern, muss er sich mit dem Verlust des Eigentums vor Erhalt des gesamten Kaufpreises abfinden. Er kann aber mit dem Vorbehaltskäufer vereinbaren, dass dieser ihm ein **Surrogat für das Eigentum** verschafft. Dafür bietet sich je nachdem, ob der Vorbehaltskäufer die Sache gegen Barzahlung oder auf Kredit weiterverkauft, das von ihm eingenommene Geld oder die Kaufpreisforderung gegen den Zweitkäufer an.

Ist vereinbart, dass der Vorbehaltskäufer dem Vorbehaltsverkäufer das Eigentum am **Erlös** aus der Weiterveräußerung der Sache im Umfang der noch offenen Kaufpreisschuld verschaffen muss, kann dies durch ein antizipiertes Besitzkonstitut geschehen (Rz 2/39): Der Vorbehaltskäufer erklärt vorweg, den entsprechenden Teil des eingenommenen Geldes für den Vorbehaltsverkäufer innehaben zu wollen. Mit der Entgegennahme des Geldes durch den Vorbehaltskäufer erhält der Vorbehaltsverkäufer das (Mit-)Eigentum. Da es sich hiebei um die Erfüllung der Kaufpreisschuld und nicht um eine bloße Sicherungsübereignung handelt, ist das Besitzkonstitut eine wirksame Übergabeform. Allerdings ist das Eigentum des Vorbehaltsverkäufers am Geld ständig in Gefahr, durch absichtliche oder irrtümliche Vermischung nach § 371 unterzugehen (dazu Rz 6/25). Da es ferner zu einem Durchgangserwerb beim Vorbehaltskäufer kommt[22], fällt das von ihm vereinnahmte Entgelt in die Insolvenzmasse, wenn über sein Vermögen bereits das Insolvenzverfahren eröffnet wurde. **8/23**

Der Vorbehaltsverkäufer (A) kann sich ferner vom Vorbehaltskäufer (B) die Kaufpreisforderung gegen Abnehmer (C), die die Vorbehaltssache auf Kredit erwerben, vorweg abtreten lassen. Diese **Zession** erfolgt regelmäßig zahlungshalber, sodass die Zahlung des Zweitkäufers an den Vorbehaltsverkäufer (C an A) nicht nur dessen Forderung gegen den Vorbehaltskäufer erfüllt (A gegen B), sondern ebenso die Forderung des Vorbehaltskäufers gegen den Zweitkäufer (B gegen C). Solange die Kaufpreisforderung des Vorbehaltsverkäufers gegen den Vorbehaltskäufer (A gegen B) nicht befriedigt ist, bezweckt die Abtretung an ihn auch die Besicherung dieser Forderung. Es handelt sich daher um eine Sicherungszession, die zu ihrer Wirksamkeit eines Publizitätsakts bedarf (vgl Rz 14/19). Erst mit dessen Setzung erwirbt der Vorbehaltsverkäufer die Forderung. Bis dahin ist er **8/24**

22 *Aicher* in Rummel/Lukas[4] § 1063 Rz 133; *F. Bydlinski* in Klang[2] IV/2, 695. AA *Holzner* in Rummel/Lukas[4] § 428 Rz 8.

der Gefahr ausgesetzt, dass der Vorbehaltskäufer die Forderung ein zweites Mal zediert. Wenn für diese Abtretung kein Publizitätsakt erforderlich ist (zB bei Verkauf der Forderung an einen Dritten)[23] oder der Zweiterwerber nur von dieser Zession – zB an einen Kreditgeber – verständigt wird, scheitert der Forderungserwerb durch den Vorbehaltsverkäufer und hat dieser keine Ersatzsicherheit für das Eigentum erlangt.

8/25 Normalerweise ist die dem Vorbehaltskäufer erteilte **Verfügungsermächtigung** im Falle eines verlängerten Eigentumsvorbehalts eingeschränkt: Sie gilt nur dann, wenn dem Vorbehaltsverkäufer gleichzeitig die vereinbarte Position (Eigentum am Erlös oder Rechtszuständigkeit an der Kaufpreisforderung gegen den Zweitkäufer) verschafft wird; kommt es nicht dazu, kann der Zweitkäufer das Eigentum nicht derivativ erlangen[24]. Allerdings wird der Zweitkäufer das Eigentum in vielen Fällen gutgläubig erwerben (§ 367), weil er von der genauen Ausgestaltung der Vereinbarung zwischen seinem Veräußerer und dessen Vormann nichts wissen muss. Er erwirbt dann das Eigentum an der Sache, obwohl der Vorbehaltsverkäufer die Forderung gegen ihn nicht erhalten hat.

II. Erweiterter Eigentumsvorbehalt

8/26 Der Vorbehaltsverkäufer könnte ein Interesse daran haben, das vorbehaltene Eigentum nicht nur zur **Sicherung** der offenen Kaufpreisforderung, sondern auch **anderer Forderungen** gegen den Vorbehaltskäufer zu verwenden. Zu diesem Zweck liegt eine Vereinbarung zwischen den Parteien nahe, dass der Eigentumsvorbehalt nicht mit Zahlung des Kaufpreises, sondern erst mit Begleichung bestimmter anderer oder aller Schulden des Vorbehaltskäufers gegenüber dem Vorbehaltsverkäufer erlöschen soll.

8/27 Eine solche Erweiterungsabrede ist aber nach hA sachenrechtlich **unwirksam**[25], weil es sich in Wahrheit um eine publizitätslose Sicherungsübereignung handelt. Sie kann nur als obligatorische Verpflichtung des Vorbehaltskäufers umgedeutet werden, im Falle eines Zahlungsverzugs mit einer der anderen Verbindlichkeiten die Vorbehaltssache unter Aufrechterhaltung des Kaufvertrags an den Vorbehaltsverkäufer zur Begründung von Sicherungseigentum zu übergeben. Auch von §§ 1415 f abweichende

---

23 Vgl *Iro*, ÖBA 1990, 259.

24 *Bollenberger*, ÖJZ 1995, 643.

25 *Binder/Spitzer* in Schwimann[4] § 1063 Rz 26; *F. Bydlinski* in Klang[2] IV/2, 678; *Mayrhofer*, ÖJZ 1969, 197, 198; *Riedler*, Bankvertragsrecht IX Rz 3/32 f. 8 Ob 55/17x: geltungserhaltende Reduktion zu einem einfachen Eigentumsvorbehalt möglich.

Tilgungsabreden, durch die Zahlungen des Vorbehaltskäufers zuerst auf nicht vom Eigentumsvorbehalt gesicherte Forderungen des Vorbehaltsverkäufers angerechnet werden sollen, sind jedenfalls in AGB nach § 879 Abs 3 unwirksam, da sie einen ähnlichen Effekt wie der erweiterte Eigentumsvorbehalt haben[26].

26 *Binder/Spitzer* in Schwimann[4] § 1063 Rz 27; *F. Bydlinski* in Klang[2] IV/2, 681.

Dritter Teil: Pfandrecht

§ 9. Grundsätze und Inhalt des Pfandrechts

A. Definition des Pfandrechts

Das Pfandrecht ist das **beschränkte dingliche Recht**, sich aus einer Sache zu befriedigen, wenn die gesicherte Forderung bei Fälligkeit nicht erfüllt wird (§ 447). Es gewährt kein Recht an der Substanz der Pfandsache, sondern nur auf **bevorzugte Befriedigung** durch Verwertung der Sache bzw ihrer Erträgnisse. Relevant wird dieses Privileg des Pfandgläubigers vor allem dann, wenn der verfügbare Haftungsfond nicht ausreicht, um alle Gläubiger voll zu befriedigen: Grundsätzlich kann der Gläubiger zur Befriedigung seiner Forderung zwar auf das gesamte Vermögen des Schuldners greifen (persönliche Haftung). Dieser Haftungsfond ist jedoch flüchtig, vor allem kann er wegen Befriedigung anderer (in der Rechtsverfolgung schnellerer) Gläubiger bereits aufgezehrt sein, sodass der Schuldner nicht mehr über ausreichend verwertbares Vermögen verfügt (Präventionsprinzip). Unter bestimmten Voraussetzungen wird in einer solchen Situation das Insolvenzverfahren über das Vermögen des Schuldners eröffnet (vgl § 66 IO). Dies führt immerhin dazu, dass schnellere Gläubiger nicht mehr im Vorteil sind; vielmehr erlangen alle Gläubiger aus dem vorhandenen Haftungsfond gleichmäßig, dh in Höhe der Insolvenzquote, Befriedigung (Grundsatz der Gläubigergleichbehandlung; § 50 IO). Jedenfalls aber droht dem Gläubiger ein Forderungsausfall, weil sein Befriedigungsrecht mit denen aller anderen Gläubiger konkurriert. Dem beugt ein bevorzugtes Befriedigungsrecht vor. 9/1

Das Pfand kann vom Schuldner der besicherten Forderung selbst bestellt werden oder von einem Dritten, der persönlich nicht für die besicherte Forderung haftet (Drittpfandbestellung; Rz 10/3). Im Gegensatz zu obligatorischen Sicherungsrechten, wie Bürgschaft und Garantie, entsteht aus dem Sicherungsgeschäft keine persönliche Haftung des dritten Sicherungsgebers. Das Pfandrecht führt also nur zu einer Sachhaftung.

Üblicherweise wird es durch die nachfolgend zu erörternden Prinzipien charakterisiert[1].

B. Prinzipien des Pfandrechts

I. Akzessorietätsprinzip

9/2 Unter **Akzessorietät** des Pfandrechts versteht man die rechtliche Verknüpfung mit der besicherten Forderung: Das Entstehen und Bestehen des Pfandrechts setzt voraus, dass die besicherte Forderung existiert (§ 449). Das Pfandrecht erlischt daher grundsätzlich automatisch mit der Forderung (§ 469 Satz 1; Rz 12/8). Besteht das Pfandrecht an einer Liegenschaft (Hypothek), bleibt es noch bis zur Löschung im Grundbuch formell aufrecht (dazu Rz 12/10 ff).

9/3 Ein Pfandrecht kann nur für eine **objektiv gültige Forderung** wirksam eingeräumt werden; dabei ist es aber gleichgültig, ob Schuldner der besicherten Forderung der Pfandbesteller oder ein Dritter ist. Auch für Naturalobligationen ist die Bestellung eines Pfandes möglich, es sei denn, der hinter der Unklagbarkeit stehende Gesetzeszweck verbietet dies (so zB bei Spielschulden, vgl § 1271)[2]. Ein Pfand kann auch betagte und aufschiebend bedingte Forderungen sichern, ebenso zukünftige Forderungen, wenn sie zumindest bestimmbar sind[3] (dazu gleich beim Spezialitätsprinzip); der Rang des Pfandrechts richtet sich auch hier nach dem Zeitpunkt des Bestellungsaktes. Schließlich muss die zu sichernde Forderung Geldwert haben oder von den Parteien durch Vereinbarung einer Konventionalstrafe in Geld bewertet werden, da nur dann eine Befriedigung durch Verwertung des Pfandes möglich ist. Aus dem Akzessorietätsprinzip folgt ferner, dass der (Dritt-)Pfandbesteller dieselben Einwendungen gegen die besicherte Forderung erheben kann, die dem persönlichen Schuldner zustehen (OGH RS0011308).

---

1 Dazu de lege ferenda *Hinteregger* in Fischer-Czermak/Hopf/Kathrein/Schauer (Hrsg), ABGB 2011 (2008) 167.

2 *Hinteregger* in Schwimann[4] § 449 Rz 4. AA *Eicher*, Ausgewählte Probleme des Mobiliarpfandrechts (1999) 42 ff.

3 *Apathy*, ÖBA 2000, 1033; *H. Koziol*, ÖBA 2003, 809, 811, 814. Bezüglich Hypotheken OGH RS0011287. AA *Janser/Schreier*, NZ 1988, 2, 6; *Kurzbauer*, Die Höchstbetragshypothek (1999) 101 ff. Zur Akzessorietät bei Besicherung von Konsortialkrediten s *Ch. Rabl*, ÖBA 2012, 674, 679; *Riedler*, Bankvertragsrecht IX Rz 6/52 ff.

Das Pfand haftet nicht nur für die Forderung selbst, sondern auch für die gesetzlichen oder vertraglichen **Zinsen**[4]; allerdings genießen nur die nicht länger als drei Jahre rückständigen Zinsen – gerechnet von der Erteilung des Zuschlags – denselben Rang wie die Hauptforderung (§ 216 Abs 2, § 286 Abs 4, § 307 Abs 2 EO; vgl auch § 17 GBG). Ebenso kommt den gerichtlich bestimmten Prozess- und Exekutionskosten der Rang der Kapitalforderung zu (§ 16 GBG; § 216 Abs 2 EO). Schließlich deckt das Pfandrecht nach hA iZw auch Schadenersatzansprüche wegen Nicht- oder Schlechterfüllung der Forderung und daraus resultierende Vertragsstrafen. 9/4

In Betracht kommt auch eine **reine Sachhaftung**. Der Gläubiger kann dann nicht auf einen persönlich haftenden Schuldner greifen, sondern sich nur aus dem Pfand befriedigen. Zu dieser rechtlichen Situation kommt es kraft Vereinbarung der Parteien oder in seltenen Fällen kraft Gesetzes. So haftet nur mehr das Pfand bei Verjährung der durch ein Faustpfand gesicherten Forderung (§ 1483) und nach hA bei gutgläubigem Erwerb einer getilgten, im Grundbuch aber nicht gelöschten Hypothek (vgl Rz 10/42). 9/5

II. Recht an fremder Sache

Normalerweise steht die Sache, die als Pfand dient, im Eigentum einer anderen Person als des Pfandnehmers. Doch gibt es auch Fälle, in denen der Sacheigentümer ein **Pfandrecht an der eigenen Sache** hat, so zB bei der forderungsbekleideten Eigentümerhypothek (§ 1446, vgl Rz 12/18 f) oder beim gesetzlichen Pfandrecht des Einkaufskommissionärs am Kommissionsgut (§ 397 UGB). Ferner ist anerkannt, dass der Eigentumsvorbehaltsverkäufer bei aufrechtem Kaufvertrag an der Vorbehaltssache ein exekutives Pfandrecht für die vollstreckbare Kaufpreisforderung erwerben kann[5]. 9/6

III. Spezialitätsgrundsatz

Die pfandrechtliche Spezialität besteht in zweierlei Hinsicht: einerseits hinsichtlich der besicherten Forderung, andererseits bzgl der als Sicherheit dienenden Sache. 9/7

Die **besicherte Forderung** muss so umschrieben sein, dass sie spätestens im Zeitpunkt der Pfandverwertung eindeutig bestimmt werden kann; dafür

4 Zu variablen Zinssätzen vgl OGH RS0003169; *Kurzbauer*, Höchstbetragshypothek 53 ff.

5 *Apathy/Perner* in KBB[5] § 1063 Rz 15; *F. Bydlinski* in Klang[2] IV/2, 640; *Gschnitzer*, SachenR[2] 238; vgl auch 8 Ob 184/00t, RdW 2001, 727. AA *Duursma-Kepplinger*, Eigentumsvorbehalt und Mobilienleasing in der Insolvenz (2002) 10 f.

sind idR Angaben über Gläubiger und Schuldner sowie den Rechtsgrund erforderlich. Der Forderungsbetrag braucht nicht von vornherein festzustehen. Jedoch können Hypotheken nur für eine ziffernmäßig bestimmte Geldsumme (§ 14 Abs 1 GBG; Verkehrs- oder Festbetragshypothek) oder für einen Höchstbetrag (§ 14 Abs 2 GBG; Höchstbetrags- oder Maximalhypothek) einverleibt werden; ein ohne ziffernmäßigen Geldbetrag eingetragenes Pfandrecht ist mit unheilbarer Nichtigkeit behaftet und daher von Amts wegen zu löschen (5 Ob 260/04b). Hypotheken können auch zur Sicherung von Forderungen bestellt werden, die auf die Währung eines Staates, der Mitglied der EU oder des EWR ist, lauten; Währungen, die durch den Euro ersetzt wurden, sind aber anlässlich einer Änderung der bücherlichen Eintragung in Euro umzurechnen (Art I § 5 1. Euro-JuBeG). Die Eintragung einer Wertsicherungsklausel ist nach hA nicht zulässig[6].

9/8 Pfandobjekt kann nur eine **bestimmte Sache** sein, die spätestens bei der Begründung des Pfandrechts individualisiert werden muss. Eine scheinbare Ausnahme bildet die Verpfändung künftiger Forderungen, wie zB aller Forderungen eines Unternehmers gegen seine Kunden. Doch entsteht das Pfandrecht an der Forderung erst mit deren Existentwerden, sodass es sich auch hier immer nur auf ein ganz bestimmtes Objekt bezieht.

Bei Verpfändung von Sachgesamtheiten (zB Warenlager, Briefmarkensammlung) entsteht das Pfandrechts nur, wenn der jeweils erforderliche Modus eingehalten wird; daher erfasst das Pfandrecht nur die einzelnen Sachen, auf die sich der Modus bezieht (dazu Rz 10/4).

IV. Ungeteilte Pfandhaftung

9/9 Grundsätzlich bleibt das Pfandrecht bis zur gänzlichen Tilgung aller besicherten Forderungen samt Nebengebühren in vollem Umfang aufrecht. Der Pfandbesteller hat daher **keinen Anspruch auf Freigabe** einzelner Pfandgegenstände oder von Teilen der Pfandsache, solange ein auch noch so geringfügiger Forderungsrest aushaftet. Damit wird eine – uU beträchtliche – Überdeckung der noch offenen Forderung des Gläubigers bis zur Grenze des Rechtsmissbrauchs in Kauf genommen[7]. Beim Geldpfand wird allerdings eine Teilfreigabeverpflichtung entsprechend der Verminde-

---

6 OGH RS0112610; *Ertl*, Inflation, Wertsicherung und Privatrecht (1980) 127 mwN. AA *Kodek* in Kodek, GrundbuchsR[2] § 14 GBG Rz 13; *Kurzbauer*, Höchstbetragshypothek 77 ff; *Rechberger*, Wagner-FS (1987) 299, 302.

7 OGH RS0011341; RS0011311. Zur Freigabepflicht vgl *Iro/Kellner/Riss*, Bankvertragsrecht[3] I Rz 1/363 ff; *Rombach*, Die anfängliche und nachträgliche Übersicherung bei revolvierenden Globalsicherheiten (2001) mwN.

rung der besicherten Forderung bejaht, weil hier keine Gefahr der Unterdeckung besteht. Vgl auch §§ 41, 96, 263 EO.

Der Hypothekarschuldner hat bei Tilgung eines Teils der Forderung einen Anspruch auf Ausstellung einer sog Teillöschungsquittung (Rz 12/12). Darin liegt aber keine Durchbrechung des Prinzips der ungeteilten Pfandhaftung, da die gesamte Liegenschaft weiterhin für die noch offene, im Grundbuch entsprechend verringerte Forderung haftet.

C. Gegenstand des Pfandrechts

Alle **selbständigen Sachen** iSd § 285, „die im Verkehr stehen" (§ 448), also verwertbar sind, kommen grundsätzlich als Pfandgegenstand in Betracht[8]. Es scheiden daher Zuwachs vor der Abtrennung von der Muttersache und unselbständige Bestandteile ebenso aus wie Sachen, die regulärer Weise nicht verwertet werden können (zB Ausweise und Typenscheine). An solchen Sachen ist aber ein Zurückbehaltungsrecht möglich (Rz 14/3). **9/10**

Hypotheken können vom Alleineigentümer nur am ganzen Grundbuchskörper bestellt werden (§ 13 Abs 1 GBG). Bei beweglichen Sachen ist hingegen nach hA auch die **Verpfändung einer Quote** durch den Alleineigentümer zulässig[9]. Im Falle des Miteigentums ist jeder Teilhaber zur Verpfändung seines Anteils berechtigt (vgl § 13 Abs 1 GBG). Werden Miteigentumsanteile mit unterschiedlichen Belastungen in einer Hand vereinigt, bleiben sie im Verhältnis zu den jeweiligen Pfandgläubigern weiter aufrecht. **9/11**

An **vertretbaren Sachen**, wie insb Geld, kann ein normales Pfandrecht begründet werden, wenn der Pfandgläubiger die ursprünglichen Stücke wieder zurückstellen oder entnommene Stücke sofort durch andere ersetzen muss (Summenpfand). Der Pfandbesteller bleibt dann Eigentümer. Soll hingegen der Pfandgläubiger durch Vermischung der vertretbaren Sachen mit eigenen Eigentümer werden und bloß zur Rückstellung entsprechender Sachen verpflichtet sein, spricht man von einem **unregelmäßigen Pfand**, bei Geld auch von einer Barkaution (OGH RS0010942). Dieses besteht nach hA am obligatorischen Rückforderungsanspruch des Pfandbestellers und ist daher ein Pfandrecht an einem Recht. Die Befriedigung **9/12**

8 Zur Verpfändbarkeit öffentlich-rechtlicher Bewilligungen, wie zB Gewerbeberechtigung und Mobilfunkkonzession, *Schwartz*, wbl 2000, 450; von Unternehmen als Gesamtsache *Wolkerstorfer*, Das Pfandrecht des Unternehmers (2012) 122.

9 *Eicher*, Mobiliarpfandrecht 62; *Frotz*, KreditsicherungsR 65. Dagegen *Welser/Kletečka* I[15] Rz 1180.

erfolgt einfach durch Aufrechnung der besicherten Forderung mit dem Rückforderungsanspruch des Pfandbestellers (OGH RS0011282).

9/13 Als Pfandobjekt kommen ferner **Forderungsrechte**, Immaterialgüterrechte[10], wie Patentrechte (vgl § 34 PatG), Marken- und Musterrechte, und an diesen begründete Lizenzen in Betracht; ebenso Optionsrechte[11], Gesellschaftsanteile[12], Versicherungspolizzen[13], Internet-Domains[14], aber auch beschränkte dingliche Rechte, wie der Fruchtgenuss, das Baurecht (vgl §§ 7 ff BauRG) und das Pfandrecht selbst (zum Afterpfandrecht s Rz 10/10 ff). Ferner können Forderungen gegen den Pfandgläubiger diesem verpfändet werden[15]; so lassen sich etwa Banken auch gegen sie bestehende Ansprüche des Kunden für ihre Forderungen gegen diesen als Pfand bestellen.

Auch aus einem Rechtsverhältnis **laufend entstehende Forderungen** sind verpfändbar (zB auf Mietzins, vgl aber § 42 Abs 2 MRG). Das vertragliche Pfandrecht an fortlaufenden Bezügen erfasst nur solche, die nach dem Zeitpunkt der Geltendmachung durch den Pfandgläubiger fällig werden (§ 300 a Abs 2 EO)[16]. Die bis dahin fällig werdenden Bezüge können daher von Dritten gepfändet und diesen überwiesen werden.

Unzulässig sind aber sicherungsweise Gehaltsabtretungen durch Verbraucher an Unternehmer zur Sicherung oder Befriedigung noch nicht fälliger Forderungen (§ 12 KSchG). Entsprechendes gilt nach hA für die Verpfändung solcher Forderungen, wenn dem Unternehmer vorweg die Befugnis zur außergerichtlichen Verwertung der Forderung eingeräumt wird[17]. Ein Verstoß dagegen führt aber nicht zur Unwirksamkeit der Vereinbarung.

9/14 Werden nur die **Früchte** einer Sache verpfändet, besteht das Pfandrecht zwar an der Sache selbst, die Befriedigung ist allerdings auf die stehenden

---

10 *B. Koch*, Bankvertragsrecht IX Rz 7/90 ff; *G. Koziol*, Lizenzen als Kreditsicherheiten (2011); *dies*, Iro-FS (2013) 365; *Wolkerstorfer*, Pfandrecht des Unternehmers 180 ff.

11 *Schauer*, ÖZW 1984, 75, 80.

12 OGH RS0107695; *B. Koch*, Bankvertragsrecht IX Rz 7/3 ff; *H. Torggler*, ÖBA 1998, 430; *Wolkerstorfer*, Pfandrecht des Unternehmers 154 ff.

13 OGH RS0011319. Die Versicherungspraxis kennt noch die sog Vinkulierung von Versicherungspolizzen, die prinzipiell in einer Zahlungssperre zugunsten des Vinkulargläubigers (zB des Kreditgebers) besteht; dazu OGH RS0113295. Zur Vinkulierung von Geschäftsanteilen 6 Ob 4/15d, EvBl 2016/1 mit Anm *Endl*.

14 *B. Koch*, Bankvertragsrecht IX Rz 7/127; *Oberkofler*, MR 2001, 185.

15 *Hirsch*, ÖBA 2002, 496; *Iro/Kellner/Riss*, Bankvertragsrecht^3 I Rz 1/337 ff.

16 Näheres bei *Reischauer*, JBl 2001, 548; *Zechner*, Forderungsexekution (2000) § 300 a Rz 4.

17 OGH RS0108387; *H. Koziol*, ÖBA 1994, 92; *Spitzer*, Die Pfandverwertung im Zivil- und Handelsrecht (2004) 61.

und künftigen Früchte, sobald sie von der Hauptsache abgesondert werden, beschränkt (so zB bei der „Revenuenhypothek"; vgl § 457; § 85 Abs 3 GBG).

An noch **nicht vorhandenen Sachen** ist kein gegenwärtiges Pfandrecht möglich. Das gilt auch für künftige Mietzinsforderungen aus einem Bestandvertrag, da diese nach hA erst mit Eintritt ihrer Fälligkeit entstehen (OGH RS0110552). Allerdings können das Verpflichtungs- und Verfügungsgeschäft (dazu Rz 10/1 ff) vorweg vorgenommen werden und damit der Rang des künftigen Pfandrechts fixiert werden. Der Modus lässt sich vor allem bei der Verpfändung von Forderungen durch Verständigung des künftigen Schuldners relativ leicht im Voraus setzen (dazu Rz 10/8). In solchen Fällen entsteht das Pfandrecht gleichzeitig mit dem Existentwerden der Sache, wenn der Pfandbesteller Verfügungsmacht über sie hat. **9/15**

Beispiel: Der Autohändler A verpfändet der Bank B zur Besicherung eines Betriebsmittelkredites alle Forderungen, die aus der Veräußerung von Kfz im Rahmen seines Betriebs stammen. Er verständigt den Stammkunden C von der Verpfändung an B. Damit ist der Modus bzgl solcher zukünftig dem A gegen C erwachsenden Forderungen gesetzt, sodass mit deren Entstehen das Pfandrecht der B ohne weiteres wirksam wird.

Für eine Forderung können auch mehrere Pfänder in der Weise bestellt werden, dass jedes von ihnen für die ganze Forderung und nicht bloß für einen bestimmten Teil haftet. Zu den Besonderheiten und Problemen des **Gesamtpfandes** s unten bei der Simultanhypothek (Rz 13/14 ff), die den wichtigsten Anwendungsfall darstellt. Die dort geltenden Grundsätze sind auf Fälle des Gesamtpfandes an beweglichen Sachen entsprechend anzuwenden[18]. **9/16**

Nicht verpfändbar ist das Gebrauchsrecht (§ 504), da es nur zur Befriedigung der Bedürfnisse des Begünstigten dient. Ebenso wenig verpfändbar sind Grunddienstbarkeiten und Reallasten wegen ihrer untrennbaren Verbindung mit der herrschenden Liegenschaft (vgl Rz 15/8), das Urheberrecht sowie das Wiederkaufs- und Vorkaufsrecht wegen ihrer Unübertragbarkeit (§ 23 UrhG; §§ 1070, 1074), die eine Verwertung nicht zulässt. **9/17**

Ferner gibt es Vorschriften, nach denen die Verpfändung bzw Pfändung von bestimmten Sachen ausgeschlossen ist: So sind Ansprüche auf Abgeltung der Mitwirkung eines Ehegatten im Erwerb des anderen (§ 98) nur dann verpfändbar, wenn sie vertraglich anerkannt oder gerichtlich geltend gemacht worden sind (§ 99). Die Verpfändung von Mietzinsforderungen aus Mietverträgen, die dem MRG-Vollanwendungsbereich unterliegen, ist nur zur Sicherung eines zur ordnungsgemäßen Erhaltung oder notwendi-

18 *Hoyer*, JBl 1987, 764, 771.

gen oder nützlichen Veränderung aufgenommenen Darlehens wirksam (§ 42 Abs 2 MRG). Vgl ferner zB § 98 ASVG.

9/18 Die Begründung von Pfandrechten im Zwangsvollstreckungsverfahren (Pfändung; dazu Rz 10/25 ff) ist aus Gründen des Schuldnerschutzes besonders eingeschränkt: Bestimmte Forderungen (zB Pflegegeld, Mietzins- und Familienbeihilfen, Stipendien uä) sind der Exekution zur Gänze entzogen (§ 290 EO). Auf andere Forderungen, wie zB Einkünfte aus Arbeitsverhältnissen, Ruhebezüge, Versehrtenrente, Arbeitslosengeld, Abfertigungen, kann nur in beschränktem Umfang Exekution geführt werden (§§ 290 a ff EO). Soweit solche **Pfändungsverbote** bestehen, ist auch die rechtsgeschäftliche Einräumung eines Pfandrechts nicht wirksam (§ 293 Abs 2 EO)[19]. Ferner ist die Pfändung bestimmter körperlicher Sachen (zB dem persönlichen Gebrauch oder dem Haushalt dienende Gegenstände für eine bescheidene Lebensführung, Nahrungsmittel und Heizstoffe für vier Wochen, Haustiere, medizinische Hilfsmittel) unzulässig (§§ 250 f EO). Diese Sachen können aber grundsätzlich verpfändet werden.

D. Inhalt und Umfang des Pfandrechts

I. Pfandbestellungsvertrag

1. Beschaffenheit und Inhalt

9/19 Soweit es sich nicht um ein gesetzliches oder durch Gerichtsentscheid festgelegtes Pfandrecht handelt, ergeben sich Inhalt und Umfang der Pfandhaftung aus der Parteienvereinbarung. Diese bezeichnet das ABGB als Pfandvertrag, der als Realkontrakt konstruiert ist (§ 1368). Der gesetzlichen Konzeption kommt jedoch heute praktisch nur mehr geringe Bedeutung zu, da die Verpfändung nach zutreffender Ansicht auch im Wege eines Konsensualvertrags, der üblicherweise **Pfandbestellungsvertrag** genannt wird, vereinbart werden kann[20]. Dessen zentraler Inhalt ist die Verpflichtung des Pfandschuldners, zur Besicherung einer zumindest bestimmbaren (Rz 9/7) Forderung ein Pfand zu bestellen. Daneben können zusätzliche Vereinbarungen enthalten sein, wie vor allem über den Gebrauch der Pfandsache durch den Pfandnehmer oder die Verwertung des Pfandes.

---

19 Dazu *H. Koziol*, RdW 1986, 262.
20 *Eicher*, Mobiliarpfandrecht 101 ff.

Der Pfandbestellungsvertrag bedarf keiner Form. Das gilt richtiger Ansicht nach auch dann, wenn das Pfand eine fremde Schuld sichern soll; hier scheint die Situation auf den ersten Blick zwar mit einer Bürgschaft ähnlich, dennoch sieht das Gesetz mit guten Gründen keine Formvorschrift wie in § 1346 Abs 2 vor[21]: Für den Interzedenten sind die Gefährlichkeit und damit dessen Warnbedürfnis nämlich nicht vergleichbar. Während der Pfandbesteller sofort einen genau umrissenen Vermögenswert dem Gläubiger zur eventuellen Befriedigung überlässt und wegen des Erfordernisses eines Modus sinnfällig vor Augen geführt bekommt, dass er die Sache, aber auch nur diese, verlieren kann, geht der Bürge eine Verpflichtung zu Lasten seines gesamten zukünftigen Vermögens ein, deren vollen Tragweite er sich oft nicht richtig bewusst ist. **9/20**

Ob auf den Pfandbestellungsvertrag die Kategorien entgeltlich – unentgeltlich angewendet werden können, ist umstritten. § 1369 bezeichnet ihn als zweiseitig verbindlich, womit nach der Diktion des ABGB **entgeltlich** gemeint ist. Wird jedoch ein Pfand bestellt, ohne dass dazu eine Verpflichtung aus der Kreditierungsabrede besteht oder dem Schuldner daraus zB in Form einer Herabsetzung der Verzinsung der Forderung ein Vorteil entsteht, kann richtiger Ansicht nach nicht von einer Gegenleistung gesprochen werden. Die Frage der Entgeltlichkeit hat etwa für die Auslegung des Pfandbestellungsvertrags (§ 915), den Gutglaubenserwerb nach § 456, die Gewährleistungspflicht nach § 458 und für die Anfechtbarkeit der Pfandeinräumung nach § 3 AnfO und § 29 IO Bedeutung.

Auf eine Pfandbestellung durch nahe Angehörige sind §§ 25c und 25d KSchG sowie die Sittenwidrigkeitserwägungen für Bürgschaften durch mittellose Angehörige (dazu II/6/27) nach der Rsp grundsätzlich nicht entsprechend anzuwenden[22]. Allerdings trifft einen Kreditgeber allgemein die Pflicht, einen potenziellen Interzedenten – dazu zählt auch ein Drittpfandbesteller – vor der drohenden Zahlungsunfähigkeit des Kreditnehmers zu warnen, wenn er davon Kenntnis hat (OGH RS0026488).

2. Verbotene Bestimmungen

§ 1371 erklärt alle Bedingungen und Nebenverträge für unwirksam, die der Natur des Pfandvertrags, also dessen Sicherungs- und Befriedigungs- **9/21**

21 OGH RS0032359; *Hofmeister*, NZ 1981, 115; *B. A. Koch* in KBB[5] § 1368 Rz 2; *W. Faber* in Schwimann[4] §§ 1368–1369 Rz 2; *Oberhammer/Domej* in Kletečka/Schauer, ABGB-ON 1.03 §§ 1368, 1369 Rz 3. AA *P. Bydlinski* in KBB[5] § 1346 Rz 12; *Vollmaier*, JBl 2005, 545, 553 ff: § 1346 Abs 2 analog.

22 OGH RS0116829. AA *Apathy*, JBl 2003, 49; *P. Bydlinski*, ÖBA 2002, 932. Differenzierend *Böhler*, Bankvertragsrecht VIII Rz 1/155; *Bollenberger*, ÖBA 2008, 650, 656.

zweck, entgegenstehen. Diese Sanktion erfasst ihrem Schutzzweck entsprechend nur die betreffende Nebenbestimmung. Das Gesetz zählt demonstrativ einzelne unerlaubte Vereinbarungen auf (§§ 1371 f); daneben gelten auch die sonstigen Unwirksamkeitsgründe, wie etwa wegen Sittenwidrigkeit oder verbotener Einlagenrückgewähr (vgl § 82 GmbHG)[23].

9/22 Die sog **Verfallsklausel** (lex commissoria) sieht vor, dass das Pfand nach Fälligkeit der besicherten Forderung dem Pfandgläubiger zufallen soll. In verdeckter Form wird dieses Ergebnis auch dadurch erzielt, dass dem Gläubiger das Recht eingeräumt wird, die Sache nach seinem Gutdünken oder zu einem im Voraus bestimmten Preis zu behalten. Verpönt ist die Verfallsklausel nicht wegen der damit idR verbundenen Bereicherung des Gläubigers, sondern weil der Pfandgläubiger dadurch die Leichtfertigkeit des Schuldners ausnutzt, der sich mit dieser nachteiligen Bestimmung in der Erwartung, die Sache durch rechtzeitige Begleichung der Schuld auslösen zu können, einverstanden erklärt (OGH RS0075180). Daher wird die vor oder nach Fälligkeit der Forderung vereinbarte unbedingte Überlassung der Pfandsache an Zahlungs statt für wirksam angesehen, sofern dadurch nicht der Wuchertatbestand des § 879 Abs 2 Z 4 erfüllt ist[24].

Eine Ausnahme vom Verbot der Verfallsklausel besteht bei Finanzsicherheiten[25]. Das sind Barsicherheiten (Kontoguthaben; Sichteinlagen), Finanzinstrumente (Aktien, Schuldverschreibungen uä) oder Kreditforderungen von Kreditinstituten gegen größere Unternehmer (§§ 1, 3 Abs 1 Z 1–5 FinSG); Voraussetzung ist, dass sowohl der Sicherheitengeber als auch der Sicherheitennehmer einer der in § 2 Abs 1 FinSG aufgezählten Personengruppen angehören; dazu zählen insb professionelle Teilnehmer am Finanzmarkt sowie juristische Personen, Einzelunternehmer und Personengesellschaften.Dabei können die Parteien vorweg vereinbaren, dass der Sicherungsnehmer im Verwertungsfall die Finanzinstrumente sich aneignen bzw Kreditforderungen an Zahlungs statt verwenden darf, wobei er aber den Wert der Finanzsicherheit mit der besicherten Verbindlichkeit verrechnen muss. Weiters ist dafür Voraussetzung, dass die Sicherungsvereinbarung die Bewertung der Finanzinstrumente bzw Kreditforderungen ermöglicht (§ 5 FinSG), wobei insb auch auf Schätz-, Markt- oder Kurswerte der Finanzsicherheiten Bedacht zu nehmen ist (§ 10 Satz 2 FinSG).

9/23 Ungültig ist weiters die Vereinbarung, dass der Gläubiger die Pfandsache nach Willkür, zu einem **im Voraus bestimmten Preis** oder bestmöglich verkaufen darf. Das gilt auch dann, wenn er vom Hypothekenbesteller eine umfassende Vollmacht zum Verkauf der Liegenschaft erhalten hat (OGH RS0116128). Für zulässig wird eine Verwertungsabrede nur unter der Voraussetzung angesehen, dass sie auf den Marktpreis bzw Schätzwert

23 Dazu 6 Ob 29/11z, ÖBA 2012, 460 mit Anm *Bollenberger*; *Böhler*, Bankvertragsrecht VIII Rz 1/176 ff.

24 OGH RS0032396; *W. Faber* in Schwimann[4] §§ 1371, 1372 Rz 4; *K. Hofmann* in Rummel[3] § 1371 Rz 3; *Spitzer*, Pfandverwertung 3 ff.

25 Dazu *Eder/Zwitter-Tehovnik*, ÖBA 2003, 345; *Kathrein*, ÖBA 2004, 172; *Mätzler/Hebein*, ÖBA 2011, 624; *Zahradnik/Krumhuber*, FinSG[2] (2012).

im Zeitpunkt der Veräußerung des Pfandes abstellt (OGH RS0032402); dass der Pfandbesteller das Recht hat, selbst einen Käufer namhaft zu machen, genügt alleine nicht (9 Ob 11/11z). Diese Grundsätze sind auch bei der Verwertung der unter Eigentumsvorbehalt gekauften Sache durch den Vorbehaltsverkäufer bei Zahlungsverzug des Käufers zu beachten[26].

Verboten ist auch die Abrede, dem Pfandgläubiger die **Fruchtnießung** der Pfandsache zu überlassen (§ 1372). Dies soll die Gefahr einer (verdeckten) Bewucherung von Realkreditnehmern sowie „verwickelte Rechnungs-Prozesse" und „wucherliche Untersuchungen" zur „Vermeidung allen Wucherverdachtes" vermeiden (vgl HfD JGS 1816/1305). Solche Vereinbarungen sind daher wohl auch bei vorweg bestimmbarem Fruchtbezug bzw trotz Verrechnungsabrede hinsichtlich der gezogenen Früchte prinzipiell unwirksam[27]. **9/24**

Die Vereinbarung, dass der Schuldner die verpfändete Liegenschaft keinem anderen „verschreiben", also **keine weiteren Pfandrechte** an dieser bestellen dürfe, ist deswegen ungültig, weil dadurch die Verfügungsfreiheit des Liegenschaftseigentümers ohne schutzwürdiges Interesse des Pfandgläubigers eingeschränkt wird. **9/25**

Zum Schutz des Pfandgläubigers ist die Abrede, dass er nach Fälligkeit die **Veräußerung der Pfandsache** nicht verlangen dürfe, unwirksam. Unzulässig ist es aber nur, die Pfandverwertung gänzlich auszuschließen; sie auf eine bestimmte Verwertungsart – etwa die Zwangsverwaltung – einzuschränken, ist hingegen möglich. **9/26**

II. Rechte und Pflichten des Pfandgläubigers vor der Pfandreife

1. Pflichten

Der Pfandgläubiger hat das Faustpfand sorgfältig zu **verwahren** (§§ 459, 1369 iVm § 961). Dabei handelt es sich, wie § 1369 zeigt, um eine Nebenpflicht aus dem Pfandbestellungsvertrag. Für unverschuldete Beeinträchtigungen hat der Pfandnehmer nicht einzustehen, außer im Falle der Afterverpfändung (vgl Rz 10/10). **9/27**

Bei verpfändeten Rechten hat der Pfandgläubiger für die **Erhaltung des Rechts** zu sorgen, soweit es ihm möglich und zumutbar ist. So ist der Pfandgläubiger nicht nur berechtigt, sondern auch verpflichtet, die ver-

26 9 Ob 11/11z, ÖBA 2013, 520; dazu *Spitzer*, ÖBA 2013, 473.
27 *Spitzer*, Pfandverwertung 52. AA *Graf*, ÖBA 1990, 798, 806.

pfändete Forderung einzutreiben, wenn sie vor Pfandreife fällig wird[28]. Das Pfandrecht erfasst dann das Realisat. Sind Gesellschaftsanteile verpfändet, stehen die damit verbundenen Verwaltungsrechte, wie insb das Stimmrecht in der Gesellschaft, grundsätzlich weiterhin dem Pfandbesteller zu[29].

9/28 Bei der Bestellung eines Faustpfandes hat der Pfandnehmer einen **Pfandschein** auszustellen, der eine Beschreibung des Pfandes und die Pfandbedingungen enthält (§ 1370; vgl auch § 155 Abs 2 GewO). Es handelt sich dabei um eine Beweisurkunde, die aber insofern Legitimationsfunktion hat, als der Pfandgläubiger das Pfand dem Inhaber des Pfandscheins herausgeben darf, ohne dessen Berechtigung überprüfen zu müssen.

Der Pfandschein wird von der hA als Urkunde, „wodurch das Eigentum dargetan wird" (§ 427), angesehen. Daher ist die Übergabe des Pfandscheins eine – nur subsidiär zulässige – Übergabe der Pfandsache durch Zeichen (Rz 2/35 f); selbst wenn sich diese beim Pfandgläubiger befindet und ihre körperliche Übergabe nicht möglich ist, kann so Eigentum bzw ein nachrangiges Pfandrecht daran übertragen bzw eingeräumt werden.

9/29 Schließlich trifft den Pfandnehmer die zentrale Pflicht, im Falle der Begleichung der besicherten Forderung dem Verpfänder das **Faustpfand zurückzustellen** bzw beim Grundpfand eine **Löschungsquittung** auszustellen, die den Liegenschaftseigentümer in die Lage versetzt, die Hypothek im Grundbuch löschen zu lassen (§ 1369). Dabei geht es bloß um die faktische bzw bücherliche Rückabwicklung des Pfandbestellungsvertrags. Der Schuldner muss nur Zug um Zug gegen Rückgabe des Faustpfandes bzw Ausstellung der Löschungsquittung zahlen (§ 469).

2. Recht auf ein Ersatzpfand

9/30 Wird die **Pfandsache** aus welchem Grund immer **zerstört**, erlischt gem § 467 zwangsläufig das Pfandrecht an ihr (vgl Rz 12/2). Jedenfalls unberührt bleibt aber die besicherte Forderung, uz über den missverständlichen letzten Satz des § 459 hinaus auch dann, wenn den Pfandgläubiger ein Verschulden am Untergang der Pfandsache trifft. Ob dieser Anspruch auf Gewährung eines anderen Pfandes hat, richtet sich primär nach dem Pfandbestellungsvertrag. IZw kann er ein Ersatzpfand nur dann verlangen, wenn einer der beiden Fälle des § 458 gegeben ist.

28 *Böhler*, Die Verpfändung von Sparbüchern (1992) 105 ff, 115; wohl auch *Frotz*, KreditsicherungsR 239 f. Vgl aber *Graf* in Harrer/Mader, Die HGB-Reform in Österreich (2005) 71, 95; *Reischauer*, JBl 2001, 544.

29 *Frotz*, KreditsicherungsR 239; *H. Torggler*, ÖBA 1998, 434 f.

Der erste Fall, die Verschlechterung des Pfandes aus **Verschulden des Pfandschuldners**, ist schadenersatzrechtlicher Natur. Er spielt bei beweglichen Sachen praktisch nur dann eine Rolle, wenn sich die Pfandsache beim Pfandschuldner befindet. Das setzt meist voraus, dass das Faustpfandprinzip (Rz 10/4 ff) durchbrochen ist, was an sich nur bei körperlichen Sachen, die nicht von Hand zu Hand übergeben werden können (§ 452), und bei unkörperlichen Sachen in Betracht kommt. Bei Hypotheken hat die vom Pfandbesteller verschuldete Beeinträchtigung der Pfandsache größere Bedeutung, weil der Eigentümer hier weiterhin die volle Einwirkungsmöglichkeit auf die Pfandsache hat. **9/31**

Verschlechterungen der Pfandsache, die nicht im Rahmen der ordentlichen Wirtschaftsführung liegen, widersprechen der Pflicht des Pfandschuldners, die im Pfandbestellungsvertrag umschriebene Sicherheit zu gewähren. Der Pfandgläubiger kann sich dagegen mit einer Unterlassungsklage zur Wehr setzen. Wenn er damit zu spät kommt, hat er einen schadenersatzrechtlichen Anspruch auf **Naturalrestitution** in Form eines Ersatzpfandes, wofür aber Verschulden des Pfandbestellers Voraussetzung ist. **9/32**

Mangels abweichender Vereinbarung trifft den Pfandschuldner keine Verpflichtung, die Pfandsache zu versichern oder nach einer zufälligen Beschädigung wiederherzustellen. Wurde aber eine Gebäudeversicherung abgeschlossen, erstreckt sich das Pfandrecht auch auf die Entschädigungsforderung gegen den Versicherer (§ 100 VersVG)[30].

Als zweiten Fall nennt § 458 das Offenbarwerden eines **Mangels der Pfandsache**. Es geht hier also darum, dass die Sache im Zeitpunkt der Pfandbestellung einen Rechts- oder Sachmangel hat, von dem der Pfandnehmer nichts weiß. § 458 enthält somit gewährleistungsrechtliche Sonderregeln für den Pfandbestellungsvertrag, die nach der hA nur für „entgeltliche" Pfandbestellungen gelten[31]. Die §§ 922 ff sind wohl ergänzend heranzuziehen. Bzgl des Beginns der Verjährungsfristen des § 933 ist aber zu beachten, dass der Pfandgläubiger zur Benützung der Sache nicht berechtigt ist und daher Mängel der Sache, die sich erst beim Gebrauch zeigen, typischerweise nicht entdecken kann. **9/33**

Beispiel: A hat der Bank B für einen Kredit eine Hypothek auf seiner Liegenschaft bestellt. Infolge Nichterfüllung von behördlichen Auflagen treten aus einem dort befindlichen Tank größere Mengen Erdöl aus, die die Liegenschaft kontaminieren und dadurch stark entwerten. Trifft den A ein Verschulden daran, so kann B von ihm ein zusätzliches Pfand – vorzugsweise an einer anderen Liegenschaft – nach dem ersten Fall des § 458 verlangen. Sollte

30 Dazu *Grassl-Palten*, Feuerversicherung und Realkredit (1992) 53 ff.
31 *Ehrenzweig* I/2, 456; *Gschnitzer*, SachenR[2] 208; *K. Hofmann* in Rummel[3] § 458 Rz 3.

die Verseuchung der Liegenschaft bereits aus der Zeit vor ihrer Verpfändung stammen, hat B ebenfalls Anspruch auf ein weiteres Pfand, diesmal aber nach dem zweiten Fall des § 458.

9/34 Für beide in § 458 geregelten Fälle ist weiters Voraussetzung, dass der **Wert der Sache nicht** mehr zur Bedeckung der Schuld **ausreicht**. Das ist so zu verstehen, dass der Pfandschuldner die Sicherheit durch Bestellung eines anderen angemessenen Pfandes wertmäßig auf das vereinbarte Ausmaß ergänzen muss.

§ 458 gilt nur für das Vertragspfand. Beim **exekutiven Pfand** besteht ohnedies die Möglichkeit, auf weitere Vermögensobjekte des Schuldners zu greifen.

III. Umfang

9/35 Nach § 457 erfasst das Pfandrecht an der Hauptsache automatisch auch **Zubehörstücke und selbständige Bestandteile**, die im Eigentum des Verpfänders stehen. Diese Bestimmung ist besonders für Nebensachen von Liegenschaften wichtig, weil sie iVm der Unbeweglichkeitsfiktion des § 293 Satz 2 (vgl Rz 1/15) den Pfandrechtserwerb an den Nebensachen durch Einverleibung der Hypothek im Grundbuch bewirkt. Selbstverständliche Voraussetzung ist aber, dass sich der Pfandbestellungsvertrag auf diese Sachen erstreckt, was iZw anzunehmen sein wird. Das Pfandrecht an Zubehör und selbständigen Bestandteilen erlischt mit Verlust der Eigenschaft als Nebensache (dazu Rz 1/29).

9/36 Stehende **Naturalfrüchte und unselbständige Bestandteile** werden notwendigerweise vom Pfandrecht erfasst, da sie nicht sonderrechtsfähig sind. Mit Absonderung der Früchte erlischt aber das Pfandrecht an diesen mangels einer abweichenden Vereinbarung. Der Eigentümer kann daher vom Faustpfandgläubiger die Herausgabe der Früchte verlangen. **Zivilfrüchte**, wie zB Zinsen, Dividenden, Gewinnanteile, gelten nach hA iZw nicht als mit der Hauptsache (zB verzinsliche Forderung, Aktie) mitverpfändet[32].

32 3 Ob 261/05m, JBl 2006, 376; 2 Ob 142/07g, immolex 2009/1 mit Anm *Cerha*; *Frotz*, KreditsicherungsR 87; *K. Hofmann* in Rummel³ § 457 Rz 4. AA *Ehrenzweig* I/2, 400; *H. Torggler*, ÖBA 1998, 434.

§ 10. Erwerb und Übertragung des Pfandrechts

A. Rechtsgeschäftlicher Erwerb

I. Derivativer Erwerb

1. Titel- und Verfügungsgeschäft

Für das Pfandrecht gilt wie für alle dinglichen Rechte der Grundsatz der Kausalität des Verfügungsgeschäfts (vgl Rz 6/41). Für seine Begründung sind daher ein Titel und der Pfandbestellungsakt erforderlich[1]. **10/1**

Der **Titel** für den rechtsgeschäftlichen Erwerb eines Pfandrechts ist nicht die zu sichernde Forderung, sondern eine eigene Abrede (vgl §§ 449, 451 Abs 1). Dabei kann es sich um einen Pfandvertrag gem § 1368, also um einen Realkontrakt, oder – üblicherweise – um einen **Pfandbestellungsvertrag** handeln (Rz 9/19).

Zur wirksamen Pfandbestellung ist ferner ein **Verfügungsgeschäft** erforderlich, das gleichzeitig mit Abschluss des Titelgeschäfts oder später bei Übergabe der Pfandsache zustande kommen kann. Dieses besteht in der dinglichen Einigung der Parteien, dass hiemit das Pfandrecht begründet wird (vgl Rz 6/40). Bei Liegenschaften bedarf es der Aufsandungserklärung (vgl §§ 433, 451 Abs 1; Rz 3/24), bei unverbücherten Liegenschaften und bei Superädifikaten der Erklärung des Pfandbestellers, dass er in die Hinterlegung der Pfandbestellungsurkunde einwillige (§ 451 Abs 2 aE). Das auf Verpfändung einer Forderung gerichtete Verfügungsgeschäft darf nicht mit der Zession (§§ 1392 ff), die ja zur Übertragung der Forderung führt, verwechselt werden; auch die Zession kann aber einen Sicherungszweck verfolgen (Rz 14/17 ff). **10/2**

Aus den allgemeinen sachenrechtlichen Grundsätzen (Rz 6/44) ergibt sich ferner, dass der Verpfänder Eigentümer der Pfandsache sein oder die vor- **10/3**

---

1 Zum anwendbaren Recht bei grenzüberschreitenden Sicherungsgeschäften *Schwartze*, Bankvertragsrecht VIII Rz 6/30 ff.

weg erteilte Einwilligung bzw nachträgliche Genehmigung des Eigentümers zur Verpfändung der Sache (Verfügungsermächtigung) haben muss. Sonst kommt ein derivativer Pfandrechtserwerb nicht in Betracht. Nicht erforderlich ist hingegen, dass das Titel- und Verfügungsgeschäft mit dem Personalschuldner der zu besichernden Forderung zustande kommen; vielmehr kann ein Pfand auch zur Besicherung der Schuld eines anderen bestellt werden (**Drittpfandbestellung**).

2. Modus

10/4 **Bewegliche körperliche Sachen** müssen nach den strengen Anforderungen der §§ 451 f übergeben werden. Das Gesetz verlangt grundsätzlich die körperliche Übergabe der Sache an den Pfandgläubiger[2] (§ 451: „in Verwahrung nehmen"). Damit verwirklicht das ABGB das sog **Faustpfandprinzip**. Nach hA soll dieses Erfordernis gewährleisten, dass das Vertrauen des Verkehrs in den Haftungsfond einer bestimmten Person in besonders effektiver Weise geschützt ist[3]: An Sachen, die diese Person in ihrer Gewahrsame hat, soll prinzipiell kein Pfandrecht bestehen. Das aus dem Pfandrecht resultierende bevorzugte Befriedigungsrecht des Pfandgläubigers bewirkt nämlich, dass die Sache nicht mehr Teil des allgemeinen, allen Gläubigern zur Verfügung stehenden Haftungsfonds des Schuldners ist (vgl Rz 9/1). Solange aber der Schuldner die Sache in seiner Gewahrsame hat, vertraut der Verkehr darauf, dass sie zu seinem allgemeinen Haftungsfond gehört. Die Begründung des Pfandrechts und damit den Entzug der Sache aus dem allgemeinen Haftungsfond ermöglicht das ABGB deshalb nur unter der Voraussetzung, dass der Schuldner auch die Gewahrsame daran aufgibt und so dem Vertrauen des Verkehrs die Grundlage entzieht[4]. Die Gefahr der Vertrauensenttäuschung besteht aber auch dann nicht, wenn sich die Sache bereits bei einem Dritten befindet. Deshalb wird von der hA die Übergabe mittels Besitzauflassung oder Besitzanweisung als tauglicher Modus für die Verpfändung angesehen, **nicht** aber die Übergabe durch **Besitzkonstitut**.

Beispiel: A verpfändet dem B zur Besicherung einer offenen Schuld sein Auto. Da A es aber beruflich dringend braucht, soll er es zwar weiterhin benützen dürfen, doch auf dem Armaturenbrett einen deutlichen Hinweis auf das Pfandrecht des B anbringen. B erwirbt hier kein Pfandrecht, weil bei einem Auto eine körperliche Übergabe durchaus möglich und

---

2 Krit zum Publizitätsprinzip *Riedler*, ABGB-FS II (2011) 1365, 1369. Zur Diskussion um die Einführung eines Pfandregisters s *W. Faber*, JBl 2012, 341, 349; *Gruber*, ÖJZ 2007, 437; *B. Koch*, Koziol-FS (2010) 197, 206; *Schauer* (Hrsg), Ein Register für Mobiliarsicherheiten im österreichischen Recht (2007).

3 Dazu *Migsch*, Welser-FS (2004) 711, 730; *Spitzer*, JBl 2014, 556, 557 ff.

4 Krit zu dieser Deutungsweise *Riss*, Iro-FS (2013) 401, 409 ff.

tunlich ist und daher die bloß subsidiäre Übergabe durch Zeichen nicht ausreicht; dass die Nichtverfügbarkeit des Autos für A mit Nachteilen verbunden ist, ändert daran nichts. Auch die Deutung der vereinbarten Übergabe als Besitzkonstitut hilft nicht weiter, weil dieses grundsätzlich nicht für die Verpfändung von Fahrnis ausreicht.

Für die Verpfändung von körperlichen Sachen, deren Übergabe von Hand zu Hand aus faktischen oder wirtschaftlichen Gründen untunlich ist, lässt § 452 unter Hinweis auf § 427 die symbolische Übergabe genügen. Es geht hiebei vor allem um umfangreiche Warenlager oder fest verankerte, große Maschinen, also um Objekte, bei denen die für den Gewahrsamswechsel erforderliche Ortsveränderung einen unverhältnismäßig hohen Aufwand verursachen würde[5]. Insofern gilt also das **Publizitätsprinzip**, das den Schutz des Verkehrs durch entsprechende Kennzeichnung oder Vorrichtungen zu verwirklichen versucht. Dafür genügt grundsätzlich die Anbringung einer ausreichenden Anzahl von Schildern entsprechender Größe in einem für jeden Interessierten erkennbaren Zusammenhang mit der verpfändeten Sache, die auf das Bestehen des Pfandrechts an der Sache hinweisen; ob auch der Pfandgläubiger angegeben werden muss, ist umstritten[6]. **10/5**

Allerdings verlangt der OGH bei der symbolischen Übergabe eines Warenlagers überdies, dass dieses dem Zugriff des Schuldners so weit wie möglich entzogen werden müsse[7]; dies ist konsequent, weil ja der vom Faustpfandprinzip geforderte Gewahrsamswechsel (Rz 10/4) ebenso dazu führt, dass die Pfandsache faktisch der Disposition des Gläubigers entzogen ist[8]. Dies kann in der Weise geschehen, dass eine Vertrauensperson des Pfandgläubigers als Pfandhalter bestellt wird und ihr sämtliche Schlüssel zum Lager ausgefolgt werden. Der Pfandbesteller kann nur unter Aufsicht des Pfandhalters und mit dessen Zustimmung Waren aus dem Lager entnehmen, wobei häufig deren Ersetzung durch neu hinzukommende Waren vereinbart wird[9].

Wird die Sache nicht körperlich übergeben oder – wenn die symbolische Übergabe zulässig ist – nicht mit einer ausreichenden Kennzeichnung versehen, entsteht kein Pfandrecht. Der Pfandgläubiger hat aber auf Grund **10/6**

5 3 Ob 2442/96f, ÖBA 1998, 216 mit Anm *Spielbüchler*; RS0011185. Großzügiger aber *Fidler* in Fenyves/Kerschner/Vonkilch³ (Klang) § 467 Rz 42.

6 Dafür *Aigner*, ÖJZ 2016, 293, 296. Dagegen *P. Bydlinski*, ÖBA 2014, 618.

7 OGH RS0011137; so auch *Eicher*, Ausgewählte Probleme des Mobiliarpfandrechts (1999) 155, 195; *Riss*, Iro-FS 416; *Sailer*, ÖBA 2001, 214; *Spielbüchler*, ÖBA 1998, 219. Krit *Migsch*, Welser-FS 714, 735 ff. Nach *Eicher* aaO 198 schadet das heimliche Zurückbehalten eines Schlüssels. AA *Ehrenzweig* I/2, 70, 409 FN 14.

8 *Riss*, FS Iro 401, 416 f.

9 3 Ob 45/94, SZ 67/78; 3 Ob 2442/96f, ÖBA 1998, 216 mit Anm *Spielbüchler*; *Eicher*, Mobiliarpfandrecht 186 ff; *Frotz*, KreditsicherungsR 50.

des Pfandbestellungsvertrags weiterhin den Anspruch gegen den Pfandschuldner auf Verschaffung des Pfandrechts.

10/7 Das **Pfandrecht an einer Liegenschaft** entsteht durch Einverleibung der Hypothek im Lastenblatt des betreffenden Grundbuchskörpers. Über den Pfandbestellungsvertrag ist eine den §§ 26 f und §§ 31 ff GBG entsprechende Urkunde zu errichten, die die zu besichernde Forderung und den betroffenen Grundbuchskörper genau bezeichnen muss; dadurch wird idR auch der Bestand oder das künftige Entstehen der Forderung gegenüber dem Grundbuchsgericht ausreichend nachgewiesen[10].

Fehlt eine der besonderen Voraussetzungen für die Einverleibung des Pfandrechts, wie zB die Beglaubigung der Unterschriften oder die Aufsandungserklärung, kann eine Vormerkung (Rz 3/25 ff) stattfinden, wenn die allgemeinen Voraussetzungen erfüllt sind, also eine unbedenkliche Urkunde mit Angabe des Rechtsgrundes vorgelegt wird (§§ 26 f GBG), und die zu sichernde Forderung hinlänglich bescheinigt ist (§ 36 GBG; § 453).

Nicht verbücherte Liegenschaften und Superädifikate werden durch Urkundenhinterlegung verpfändet (§ 451 Abs 2)[11], in das Schiffsregister aufgenommene Schiffe durch Eintragung in diesem Register (§§ 3, 8 G über Rechte an eingetragenen Schiffen, DRGBl I 1940/196; 6 Ob 126/03b).

10/8 Die Entstehung des **Pfandrechts an Rechten** setzt eine symbolische Übergabe nach § 452 voraus, wobei aber hinsichtlich der erforderlichen Zeichen nach der Art des Rechts zu unterscheiden ist. Bei bloßen **Forderungsrechten** besteht der Modus in der – auch im Voraus möglichen[12] – Verständigung des Schuldners durch seinen Gläubiger (= den Pfandschuldner) oder durch den Pfandgläubiger[13] unter genauer Angabe der betroffenen Forderung und des Pfandgläubigers. Wenn ein sorgfältiger Verkehrsteilnehmer damit rechnen muss, dass der Pfandschuldner buchführungspflichtiger Unternehmer ist, kann dieser die Verpfändung alternativ[14] durch einen

---

10 OGH RS0011360; *Kodek* in Kodek, GrundbuchsR² § 13 GBG Rz 73 ff.

11 Dazu *Eliskases*, immolex 2014, 74.

12 6 Ob 116/05k, ÖBA 2007, 735 mit Anm *Riedler*; 10 Ob 29/07y, ÖBA 2008, 56 mit Anm *König*; *Beig*, Die Zession künftiger Forderungen (2008) 89; *Kaller*, Sicherungszession von Buchforderungen unter besonderer Berücksichtigung der Publizität (2007) 165 ff; *Wiesinger*, ÖJZ 2009, 395, 398. Einschränkend *Apathy*, Bankvertragsrecht IX Rz 5/20; *Iro*, RdW 1989, 357; *Spitzer*, Zak 2007, 47.

13 *Apathy*, Bankvertragsrecht IX Rz 5/27; *Wolkerstorfer*, Das Pfandrecht des Unternehmers (2012) 41 ff mwN. Kenntnisnahme der Verständigung verlangen *Kaller*, Sicherungszession 157; *Spitzer*, JBl 2005, 695, 698; *Wiesinger*, ÖJZ 2009, 396; *Wolkerstorfer*, JBl 2011, 288, 290. AA 4 Ob 100/04s, ÖBA 2004, 867 mit Anm *H. Koziol*.

14 OGH RS0121560; *Apathy*, ÖJZ 2008, 253, 256; *Beig*, Zession 87; *Kaller*, Sicherungszession 173; *Karollus*, ÖBA 1999, 327; *Lurger*, Welser-FS (2004) 639, 642; *Spitzer*, Zak 2007,

Vermerk in seinen Büchern bei der betreffenden Forderung vornehmen; bei automationsunterstützt geführter Buchhaltung ist dieser Vermerk nach der Rsp, die vor allem zur Sicherungszession (vgl Rz 14/19) ergangen ist, nicht nur beim betreffenden Kundenkonto, sondern auch in der Offene-Posten-Liste zu setzen[15]. Die Unveränderbarkeit des Buchhaltungsprogramms oder Kontroll- und Sicherungsvorkehrungen, die Änderungen in EDV-Buchführungssystemen nachprüfbar gestalten, sind kein Erfordernis für die Wirksamkeit des Buchvermerks; das gilt auch für die Angabe des Datums der Setzung des Buchvermerks[16]. Ein Buchvermerk für künftige Forderungen ist nach der hA in Form eines Generalvermerks möglich[17].

Die **Verpfändung von Geschäftsanteilen** an einer GmbH erfordert nach hA eine symbolische Übergabe gem § 452, für die idR die Verständigung der Gesellschaft in Betracht kommt[18].

In Wertpapieren verkörperte Rechte werden symbolisch durch Übergabe des Papiers, die nach den Regeln des § 451 Abs 1 zu erfolgen hat, verpfändet; das gilt auch für Guthaben aus Sparbüchern[19]. Das für die Übertragung von Orderpapieren erforderliche Indossament kann einen die Verpfändung ausdrückenden Vermerk enthalten (vgl Art 19 WG). An **verbücherten Rechten** (zB Fruchtgenuss, Baurecht) wird das Pfandrecht durch Einverleibung auf diesem Recht im Grundbuch, an Patentrechten durch Eintragung im Patentregister erworben (§ 43 Abs 1 PatG). **10/9**

Für die Bestellung von Finanzsicherheiten (dazu Rz 9/22) sehen § 3 Abs 1 Z 16 und § 4 Abs 2 FinSG spezielle Bestimmungen vor, die den ABGB-Regelungen vorgehen (§ 11 FinSG). Dafür genügt etwa bei Wertpapieren, die von einer Wertpapiersammelbank verwahrt werden, die Buchung auf dem von dieser geführten Depotkonto (Effektengiroverkehr) bzw die Eintragung in einem dafür vorgesehenen Register. Über die Bestellung muss ein schriftlicher bzw elektronisch aufgezeichneter Nachweis erstellt werden, der auch die Individualisierung der erfassten Finanzsicherheiten ermöglicht (§ 4 Abs 1 FinSG).

47; *Wiesinger*, ÖJZ 2009, 396. Für die alleinige Wirksamkeit des Buchvermerks *Riedler*, ÖBA 2003, 415, 423; *Wolkerstorfer*, JBl 2011, 225.

15 OGH RS0108639; vgl auch *Apathy*, Bankvertragsrecht IX Rz 5/29; *Riedler*, ABGB-FS II 1380; *Sailer*, ÖBA 2001, 211.

16 OGH RS0126674; dazu *Kaller-Pröll*, ZIK 2011, 82.

17 5 Ob 2155/96i, JBl 1998, 105; 6 Ob 174/00g, SZ 73/132; *Apathy*, ÖJZ 2008, 257; *Beig*, Zession 91; *Bollenberger*, Iro-FS (2013) 289; *Kaller*, Sicherungszession 126; *Riedler*, ÖBA 2003, 425.

18 OGH RS0107695; *B. Koch*, Bankvertragsrecht IX Rz 7/53 ff; *Madl*, ecolex 1998, 306; *Sailer*, ÖBA 2001, 219; *H. Torggler*, ÖBA 1998, 433.

19 *Apathy*, Bankvertragsrecht[2] II Rz 3/74; *Böhler*, Die Verpfändung von Sparbüchern (1992) 16 ff; *Eicher*, Bankvertragsrecht IX Rz 1/8; 6 Ob 244/00a, ÖBA 2002, 488 mit Anm *Hirsch*.

3. Besonderheiten des Afterpfandrechts

10/10 Auch das Pfandrecht selbst kann verpfändet werden; es entsteht dann ein **Afterpfandrecht**, das in §§ 454 f und in § 13 Abs 2 GBG geregelt wird. Soweit es nicht durch Gesetz (vgl § 155 Abs 2 GewO) oder Vereinbarung untersagt ist, darf der Pfandgläubiger das Pfand weiterverpfänden, doch haftet er dann für zufällige Pfandverschlechterungen, die die Sache bei ihm nicht getroffen hätten (§§ 454, 460). Ein Afterpfandrecht kann auch durch Pfändung des Pfandrechts entstehen (§ 320 EO).

10/11 Das Afterpfandrecht besteht nach hM am Pfandrecht und an der durch dieses gesicherten Forderung. Diese **Doppelwirkung** ist aber richtiger Ansicht nach nicht zwingend[20]. Die Parteien können auch vereinbaren, dass nur das Pfandrecht verpfändet werden soll, doch sind damit für den Afterpfandgläubiger mehrere Nachteile verbunden.

Der Afterverpfänder B ist dann nämlich in der Lage, die besicherte Forderung gegen den Schuldner A einem Dritten zum Pfand zu bestellen oder unbelastet zu zedieren. Da A jedoch nur einmal zahlen muss, kann es zu einem Konflikt zwischen dem Afterpfandgläubiger C und dem Dritten kommen, der entsprechend der Priorität des jeweiligen Rechtserwerbs zu lösen sein wird. Außerdem stünde C im Falle des Untergangs der Pfandsache ohne Sicherung da, während er sonst immerhin noch das Pfandrecht an der Forderung des B gegen A hätte.

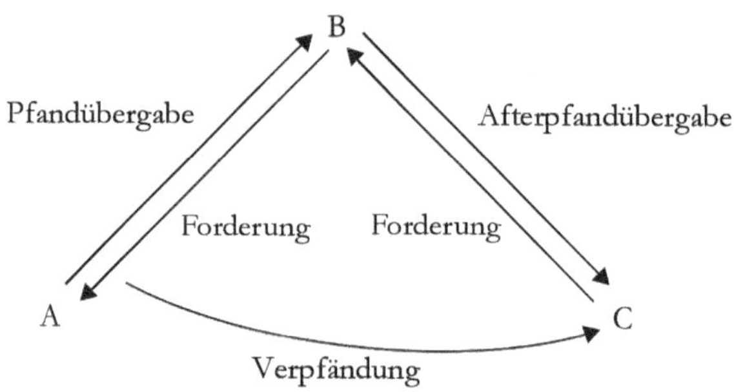

10/12 An **beweglichen Sachen** wird das Afterpfandrecht durch Übergabe der Pfandsache an den Afterpfandgläubiger nach den Regeln der §§ 451 f begründet (§ 454). Die **Verständigung** des Eigentümers, wie sie § 455 vorsieht, ist nach hA nicht Voraussetzung für das Entstehen des Afterpfandrechts, sondern hat nur für die schuldbefreiende Wirkung der Zahlung des Hauptpfandschuldners (A) Bedeutung: Wurde er von der Afterverpfändung verständigt und begleicht er seine Schuld gegenüber dem Pfandgläu-

20 *Apathy*, JBl 1979, 518; *Eicher*, Bankvertragsrecht IX Rz 1/56; *Iro*, Bankvertragsrecht IX Rz 2/97; aus grundbuchsrechtlichen Erwägungen auch *Holzner*, JBl 2010, 750, 763. AA etwa *Oberhammer/Domej* in Kletečka/Schauer, ABGB-ON 1.03 §§ 454, 455 Rz 5 mwN.

biger (B) ohne Einverständnis des Afterpfandgläubigers (C), erlischt dessen Pfandrecht nicht und dieser kann sich aus der Forderung des B, die ihm gegenüber als weiter bestehend behandelt wird, und der dafür haftenden Pfandsache befriedigen (§ 455). Entsprechendes gilt nach hA in Fällen, in denen der Afterverpfänder an der Tilgung seiner Schuld auf andere Weise als durch Zahlung mitwirkt (zB durch Aufrechnung[21], Verzicht). Diese Erlöschenstatbestände wirken ohne Einverständnis des Afterpfandgläubigers ihm gegenüber nicht, schon aber auf Zufall beruhende Endigungsgründe, wie zB Unmöglichkeit nach § 1447.

Allerdings wird man der Verständigung des Hauptpfandschuldners (A) doch insofern konstitutive Wirkung zuschreiben müssen, als auch die gegen ihn bestehende Forderung des Afterpfandbestellers (B) vom Afterpfandrecht erfasst werden soll, weil dafür der Modus bei der Forderungsverpfändung (Rz 10/8) eingehalten werden muss[22]. **10/13**

Ist der Hauptpfandschuldner (A) nicht zugleich der Personalschuldner, so sollten beide von der Afterverpfändung benachrichtigt werden: Durch die Verständigung des Personalschuldners wird einerseits die Verpfändung der gegen ihn bestehenden Forderung an den Afterpfandgläubiger (C) bewirkt, andererseits verhindert die Verständigung, dass der Hauptpfandschuldner (A) und der Personalschuldner durch Zahlung an den Afterpfandbesteller (B) ihre Schuld bzw die Pfandhaftung zum Erlöschen bringen können.

Beispiel: B hat von seinem Schuldner A dessen Münzsammlung als Pfand bekommen. Als B seinerseits in einen Liquiditätsengpass gerät und sich bei C eine größere Geldsumme ausborgt, verpfändet er diesem in Ermangelung anderer tauglicher Sicherungsobjekte (i) seine Forderung gegen A durch dessen Verständigung und (ii) das Pfandrecht an der Münzsammlung mittels körperlicher Übergabe. Insofern hat die Verständigung des A keine konstitutive Bedeutung, sie bewirkt aber, dass dieser nicht mehr mit schuldbefreiender Wirkung an B zahlen kann. Sie verhindert jedoch nicht das Dahinfallen des Pfandrechts des B und des Afterpfandrechts des C infolge Akzessorietät, wenn die Schuld des A zB auf einem Kaufvertrag beruht und dieser infolge Wandlung aufgehoben wird.

An **Hypotheken** entsteht das Afterpfandrecht durch Eintragung im Grundbuch. Für die Verpfändung der besicherten Forderung ist aber ein entsprechender Publizitätsakt, wie etwa die Verständigung des Schuldners, wohl auch dann zu setzen, wenn dieser Eigentümer der Pfandliegenschaft ist. Denn die Verbücherung des Afterpfandrechts gibt keine verlässliche Auskunft darüber, ob auch die Forderung verpfändet wurde, es sei denn, man vertritt die Auffassung, dass das Afterpfandrecht an einer Hypothek **10/14**

21 Krit *Iro*, ABGB-FS II (2011) 1077, 1095 ff.
22 Vgl dazu *Iro*, ABGB-FS II 1086 ff.

notwendigerweise die besicherte Forderung mitumfasst[23]. Um eine Beeinträchtigung des Afterpfandrechts infolge Zahlung an den Afterverpfänder (B) zu verhindern, wird zwar eine Benachrichtigung des Hypothekarschuldners (A) gem § 455 nicht erforderlich sein, weil dieser ohnedies vom Grundbuchsgericht zu verständigen ist (§ 119 Z 3 GBG), wohl aber des bloß persönlich haftenden Schuldners[24]. Zahlt A trotz Einverleibung der Afterhypothek ohne Einverständnis des Afterpfandgläubigers (C) an B, kann zwar die Hypothek gelöscht werden, aber nur mit dem Zusatz, dass die Rechtswirkung der Löschung bzgl der Afterhypothek erst mit deren Löschung eintritt (§ 51 Abs 1 GBG)[25]. Bei Höchstbetragshypotheken umfasst das Afterpfandrecht die im Zeitpunkt der Geltendmachung bestehenden, durch die Höchstbetragshypothek besicherten Forderungen[26].

II. Gutgläubiger Pfandrechtserwerb

1. Überblick

10/15 Ein gutgläubiger Erwerb eines Pfandrechts ist in zwei Ausprägungen denkbar: Der vermeintliche Eigentümer der Sache räumt ein Pfandrecht ein („konstitutiver Erwerb“) oder ein angeblich bereits bestehendes Pfandrecht wird weitergegeben („translativer Erwerb“). Der zweite Fall wird unten bei der Übertragung des Pfandrechts behandelt (Rz 10/40 ff).

Geschützt wird der gute Glaube nur bei **rechtsgeschäftlicher Begründung** des Pfandrechts, nicht hingegen beim Erwerb eines exekutiven oder gesetzlichen Pfandrechts (vgl aber § 367 UGB)[27]. Allgemeine Voraussetzung ist daher das Vorliegen eines gültigen Titels (= Pfandbestellungsvertrag; Rz 10/1).

10/16 Den Eigentümer, dessen Sache durch ein gutgläubig erworbenes Pfandrecht belastet wird, trifft eine **bloße Sachhaftung**, nicht anders als bei rechtsgeschäftlicher Bestellung eines Pfandes für eine fremde Schuld. Gegen den unberechtigten Verpfänder hat er einen Verwendungsanspruch und, wenn diesen ein Verschulden trifft, einen Schadenersatzanspruch, der

---

23 So zB *K. Hofmann* in Rummel[3] § 454 Rz 2; *Klang* in Klang[2] II 448; *Kodek* in Kodek, GrundbuchsR[2] § 13 GBG Rz 163. AA *Apathy*, JBl 1979, 518; *Feil/Marent/Preisl*, GrundbuchsR[2] § 13 Rz 44; vgl auch Rz 10/35.

24 *Iro*, Bankvertragsrecht IX Rz 2/363 f mwN. AA *Reischauer*, JBl 2001, 541, 546; *Holzner*, JBl 2010, 761.

25 § 51 GBG ist zB auch auf ein verpfändetes Fruchtgenussrecht anwendbar, 5 Ob 1/07v, NZ 2007, 312 mit Anm *Hoyer*.

26 OGH JB 234 (GlUNF 7492); 3 Ob 228/98w, ÖBA 1999, 739.

27 *Hinteregger* in Schwimann[4] § 456 Rz 2.

primär auf Naturalherstellung gerichtet ist, also auf die Auslösung des Pfandes.

2. Pfand an beweglichen Sachen

Die Neubegründung eines Pfandrechts an **körperlichen beweglichen Sachen** durch jemanden, der weder Eigentümer der Sache noch über sie verfügungsberechtigt ist, wird vor allem in § 456 geregelt, der seinerseits auf §§ 367 f verweist. Daraus ergibt sich, dass die Voraussetzungen des gutgläubigen Eigentumserwerbs, wie insb gültiger Titel und guter Glaube an das Eigentum des Pfandbestellers, erfüllt sein müssen. Auch das Entgeltlichkeitserfordernis ist zu beachten (vgl Rz 9/20). **10/17**

Von den drei Varianten des § 367 Abs 1 kommt der öffentlichen Versteigerung keine Bedeutung zu, da Pfandrechte nicht auf diese Weise erworben werden können. Umstritten ist, ob sich der zweite Fall, der Erwerb von einem **Unternehmer** im gewöhnlichen Betrieb seines Unternehmens, auf § 456 anwenden lässt[28]. Jedenfalls aber ist ein gutgläubiger Pfandrechtserwerb vom **Vertrauensmann** des Eigentümers der Sache möglich. **10/18**

Diese Tatbestandselemente spielen allerdings bei der Verpfändung von Geld und auf den Überbringer lautenden **Wertpapieren** keine Rolle, weil in diesem Fall § 456 iVm § 371 (vgl Rz 6/60) entsprechend anzuwenden ist; wegen des allgemeinen Interesses an der besonderen Umlauffähigkeit solcher Sachen muss daher keine der Alternativen des § 367 gegeben sein.

Der gutgläubige Erwerb eines Pfandrechts an einem **Superädifikat** richtet sich ebenfalls nach § 456. Dabei ist allerdings eine Urkundenhinterlegung (Rz 3/62 ff) erforderlich; bzgl der Redlichkeit ist zudem § 20 UHG zu beachten (dazu Rz 3/68). Erwirbt jemand eine Hypothek an einer Liegenschaft in der Annahme, dass das darauf befindliche Gebäude, bei dem es sich in Wahrheit um ein Superädifikat handelt, mitverpfändet sei, dann ist umstritten, ob für den redlichen Pfandrechtserwerb am Superädifikat die Einverleibung der Hypothek als Modus genügt[29]. **10/19**

28 Dafür *Hinteregger* in Schwimann[4] § 456 Rz 7; *Iro*, RdW 2006, 739; *B. A. Koch* in KBB[5] § 456 Rz 1. Dagegen *Schauer* in Krejci, RK ABGB § 456 Rz 4; *Wolkerstorfer*, Pfandrecht des Unternehmers 70.

29 So *Eicher*, Mobiliarpfandrecht 250 ff; *ders*, Bankvertragsrecht IX Rz 1/120. AA 2 Ob 242/05k, immolex 2007/170; *Eliskases*, Kreditsicherung durch Superädifikate (2008) 133; *Holzner*, JBl 1994, 587, 598. Vgl auch Rz 6/49. Zum umgekehrten Fall der Verpfändung eines Scheinsuperädifikats s 6 Ob 38/14b, ÖBA 2015, 753 mit Anm *Rechberger/Kieweler*; *Graf*, immolex 2014, 78.

10/20 Zugunsten der Oesterreichischen Nationalbank sieht § 77 Abs 3 NBG Sonderregelungen vor, nach denen ua nur die „deutliche Erkennbarkeit" der wahren Eigentumsverhältnisse, also grobe Fahrlässigkeit, den Pfanderwerb verhindert.

Ein Pfandrechtserwerb kraft guten Glaubens vom Scheinerben ist nach den Regeln des § 824 (s Rz 6/77) möglich.

10/21 Wird eine Sache, die bereits mit einem Pfandrecht oder einem anderen dinglichen Recht belastet ist, verpfändet, so geht das neue Pfandrecht der bereits bestehenden Last im Range nach. Etwas anderes gilt aber, wenn der Erwerber des Pfandrechts von dem früher eingeräumten Recht an der Sache nichts wissen musste. Dann kann er **gutgläubig den besseren Rang** für sein Pfandrecht erlangen (§ 456 Abs 2). Diese Bestimmung muss in zweifacher Weise korrigierend ausgelegt werden (s bereits Rz 6/62): Zum einen ist sie analog anzuwenden, wenn der Eigentümer selbst die Sache verpfändet und der Pfandgläubiger hinsichtlich des erworbenen Ranges gutgläubig ist; zum anderen muss als Tatbestandsvoraussetzung zudem verlangt werden, dass der Erwerb des Pfandes von einem Unternehmer im Rahmen seines gewöhnlichen Betriebs oder einem Vertrauensmann des Berechtigten aus der vorrangigen Last erfolgt[30].

Diese Einschränkung gilt aber nicht für Geld oder auf den Überbringer lautende Wertpapiere (§ 371 analog; vgl Rz 10/18).

Beispiel: B hat dem A sein Auto verpfändet und übergeben. Unter einem Vorwand verschafft er sich Zutritt zum Auto. Bevor A noch eingreifen kann, nimmt B dieses in Betrieb und fährt fort. B verpfändet das Auto kurz danach dem C durch körperliche Übergabe. Da das Pfandrecht des A durch den eigenmächtigen Entzug des Autos nicht beseitigt wurde (Rz 12/4) und nach der zeitlichen Abfolge den Vorrang vor dem des C genießt, entsteht das Pfand des C im zweiten Rang. Ein gutgläubiger Erwerb des ersten Ranges nach § 456 Abs 2 kommt nicht in Betracht, weil A dem B das Auto nicht anvertraut hat, es sei denn, B ist Unternehmer und nimmt die Verpfändung im gewöhnlichen Betrieb seines Unternehmens vor.

10/22 Wie der gutgläubige Eigentumserwerb scheidet auch der gutgläubige Erwerb eines Pfandrechts immer dann aus, wenn es an einer entsprechenden **Rechtsscheingrundlage fehlt** (vgl Rz 6/46). Da demnach auch der Redliche die Rechtszuständigkeit **an einer Forderung** nicht vom Nichtberechtigten erwerben kann, kann er umso weniger das Pfandrecht gutgläubig von diesem erwerben; ebenso ausgeschlossen ist der gutgläubige Erwerb eines besseren Rangs des Pfandrechts. Nur wenn eine ausreichende Rechtsscheingrundlage ausnahmsweise besteht, kommt ein gutgläubiger Pfandrechtserwerb in Betracht; dies ist etwa der Fall bei verbrieften Rechten (vgl

30 *Iro*, RdW 2006, 676. Zur früheren Rechtslage 7 Ob 599/85, SZ 58/166; *Böhler*, Verpfändung 55 ff.

Art 16 WechselG; Art 21 ScheckG; § 365 Abs 1 UGB; § 62 Abs 1 AktG)[31], beim Erwerb vom Scheinerben (§ 824; VI/6/35) oder bei Vortäuschung eines Forderungsrechts, indem sich zwei Personen gegenüber einem Dritten als Gläubiger und Schuldner gebärden (§ 916 Abs 2).

3. Liegenschaftspfand

Ist der im Grundbuch als Eigentümer Eingetragene etwa wegen der Ungültigkeit des Erwerbstitels nicht der wahre Berechtigte, kommt ein **gutgläubiger Erwerb einer Hypothek** nur nach den Bestimmungen der §§ 28, 63 ff GBG in Betracht (dazu Rz 6/70 ff). Ist das Grundbuch infolge eines außerbücherlichen Rechtserwerbs unrichtig (zB wegen Ersitzung des Eigentums an der Liegenschaft), genießt ein redlicher Dritter den Schutz nach § 1500 (Rz 6/74 ff): Der als Eigentümer (noch) Eingetragene kann ihm das Pfandrecht wirksam einräumen. **10/23**

Für den guten Glauben des Erwerbers einer Hypothek genügt grundsätzlich die Einsichtnahme im Grundbuch; eine Besichtigung der Liegenschaft ist nach hA nicht erforderlich.

Auch bei unbeweglichen Sachen kann es zu einem **gutgläubigen Erwerb der Priorität des Pfandrechts** vor nicht verbücherten Rechten an der Liegenschaft nach § 1500 kommen. **10/24**

Beispiel: A hat an der Liegenschaft des B die Dienstbarkeit des Gehwegs ersessen, die aber im Grundbuch nicht aufscheint. B verpfändet die Liegenschaft dem C. Dieser erwirbt die Hypothek im Vertrauen auf den Grundbuchsstand im Rang vor der Servitut des A.

B. Richterliches Pfandrecht

Ein Pfandrecht kann auch auf Antrag des Gläubigers mit Bewilligung des Gerichts zwangsweise an Sachen des Schuldners begründet werden. **10/25**

Bei **beweglichen Sachen** entsteht das Pfandrecht durch Pfändung (§ 256 Abs 1 EO). Diese erfolgt durch pfandweise Beschreibung, also Verzeichnung und Beschreibung der Sache im Pfändungsprotokoll (§ 253 EO). Zugunsten anderer Gläubiger, die später auf die bereits gepfändeten Sachen ebenfalls greifen, geschieht die Pfändung durch Anmerkung im bereits vorhandenen Pfändungsprotokoll (§ 257 EO). Der Rang ihres Pfandrechts richtet sich nach diesem Zeitpunkt (§ 286 Abs 3 EO). Entsprechendes gilt

31 Vgl *Böhler*, Verpfändung 48 ff mwN. Zu Sparbüchern 7 Ob 128/04f, ÖBA 2005, 408 mit Anm *Apathy*.

für die Pfändung von nicht verbücherten Liegenschaften und von Superädifikaten[32] (§§ 87, 90 ff EO).

10/26 **Unbewegliche Sachen** werden durch Eintragung einer Zwangshypothek im Grundbuch gepfändet, wobei die besicherte Forderung als vollstreckbar zu bezeichnen ist (§§ 87 f EO). Für sie kann dann auch gegen jeden späteren Erwerber der Liegenschaft oder des Liegenschaftsanteils Exekution geführt werden (§ 88 Abs 3 EO).

Vor Vollstreckbarkeit der Forderung ist die Vormerkung einer Zwangshypothek im Wege der Exekution zur Sicherstellung möglich (§ 374 EO, § 38 lit b GBG).

10/27 Die zwangsweise Begründung eines Pfandrechts **an einem Recht** richtet sich nach dessen Art. Geldforderungen[33] und sonstige Ansprüche auf Herausgabe oder Leistung körperlicher Sachen werden durch Zustellung eines Zahlungsverbots an den Schuldner des Verpflichteten („Drittverbot") gepfändet; dadurch ändert sich dessen Rechtsstellung hinsichtlich Einwendungen und Gegenforderungen nicht (OGH RS0003914). Zusätzlich wird gegen den Verpflichteten ein Verfügungsverbot erlassen (§§ 294, 325 EO). Andere Vermögensrechte, wie zB Miteigentumsanteile an beweglichen Sachen, Gesellschaftsanteile, Patentrechte, Muster- und Markenrechte, werden durch Erlassung eines Verfügungsverbotes an den Verpflichteten gepfändet. Wenn das zu pfändende Recht auf Leistung durch eine bestimmte Person gerichtet ist, erfolgt die Pfändung durch Zustellung des Verbots an diese Person, dem Verpflichteten die Leistung zu erbringen (§ 331 EO)[34]. Zur Pfändung von Wertpapieren vgl § 296 EO[35].

C. Gesetzliches Pfandrecht

10/28 In bestimmten Fällen entsteht das Pfandrecht bereits auf Grund des Gesetzes.

Zum Bestandgeberpfandrecht s III/8/58.

Kommissionär, Spediteur, Lagerhalter und Frachtführer haben ein gesetzliches Pfandrecht für ihre Aufwandersatz- und Entgeltansprüche (§§ 397, 410, 421, 440 UGB;

32 Vgl *Angst* in Angst/Oberhammer, EO³ § 87 Rz 9/1.

33 Zur Pfändung von Bankkonten *Kodek*, ÖBA 2010, 19. Die Pfändung von Bankkonten in grenzüberschreitenden Rechtssachen ist in der Europäischen Kontenpfändungsverordnung (VO 655/2014) geregelt.

34 Zur Pfändung von Internet-Domains *Burgstaller*, RdW 2001, 258; *Jakusch*, RdW 2001, 580; *Kilches*, RdW 2001, 390; *Thiele*, ecolex 2001, 38; von GmbH-Geschäftsanteilen *Trenker*, JBl 2012, 281.

35 Näheres bei *Schumacher*, Zwangsvollstreckung auf Wertpapiere (1995) 33 ff.

s auch § 29 EisbBFG). Das Pfandrecht kann unter den Voraussetzungen des § 456 auch kraft guten Glaubens entstehen (§ 367 UGB)[36]. Zum gesetzlichen Pfandrecht des **Rechtsanwalts** an den für seinen Mandanten eingehenden Barschaften und dessen Kostenersatzforderungen vgl §§ 19 f RAO (OGH RS0116394); zum „unbedingten Vorzugsrecht" der **Nationalbank** an den in ihre Innehabung gelangten Sachen ihrer Schuldner vgl § 77 NBG.

Auf Liegenschaften, auf denen sich ein dem MRG unterliegendes Mietobjekt befindet, haftet gem **§ 42a MRG** ein Vorzugspfandrecht für Forderungen aus der Finanzierung von sog „privilegierten" Erhaltungsarbeiten iSd § 3 Abs 3 Z 2 MRG. Nach **§ 27 WEG** lastet auf jedem Miteigentumsanteil schon kraft Gesetzes ein Vorzugspfandrecht zugunsten der Forderungen der Eigentümergemeinschaft gegen den betreffenden Wohnungseigentümer und bestimmter Rückgriffsansprüche eines anderen Wohnungseigentümers, der für jenen Verbindlichkeiten im Zusammenhang mit der Verwaltung der Liegenschaft erfüllt hat. Damit das Pfandrecht die Forderung auch tatsächlich sichert, muss diese innerhalb von sechs Monaten gerichtlich geltend gemacht und die Anmerkung der Klage beim Miteigentumsanteil beantragt werden[37]. Zur Behandlung dieses Vorzugspfandrechts in der Zwangsversteigerung des Miteigentumsanteils vgl § 216 Abs 1 Z 3 EO und § 27 Abs 3 WEG[38].

Gesetzliche Pfandrechte gibt es auch für **Steuern und öffentliche Abgaben**, wie zB für Zollschulden (§ 69 Zollrechts-DurchführungsG), die Grundsteuer (§ 11 GrundsteuerG), Wasser-, Kanal- und Müllabfuhrabgaben nach verschiedenen Landesgesetzen (vgl auch § 216 Abs 1 Z 2 EO) oder Beiträge zu Wassergenossenschaften (§ 80 WRG).

Bisweilen räumt das Gesetz bloß ein **Recht auf Sicherstellung** ein (zB §§ 343, 520, 834, 1245, 1365). Der Sicherstellungsberechtigte kann dann primär ein Faustpfand oder eine Hypothek verlangen, subsidiär eine Bürgschaft (§ 1373; für prozessuale Sicherheitsleistungen gilt hingegen § 56 ZPO). Eine Pfandsache muss der Gläubiger nur dann als Sicherstellung annehmen, wenn sie doppelt so viel an Wert aufweist, wie die zu sichernde Forderung (§ 1374). **10/29**

Da das Insolvenzrisiko in der Baubranche besonders hoch ist, besteht für Bauverträge eine Sonderregelung: Der Werkunternehmer hat das unabdingbare Recht, vom Vertragspartner (Werkbesteller) die Sicherstellung des noch ausstehenden Werklohns bis zur Höhe von 20 % des vereinbarten Entgelts zu verlangen (§ 1170b). Das gilt nicht nur für Planungs- und Errichtungsmaßnahmen zur Herstellung oder Bearbeitung eines Bauwerks (zB Renovierungs-, Installations- und Malerarbeiten), sondern auch für Arbeiten an Teilen des Bauwerks oder an Außenanlagen (gärtnerische Gestaltung, Bau eines Schwimmbeckens). Nicht erfasst sind hingegen Verträge über die Lieferung von Baumaterialien, es sei denn, diese sollen vom Lieferanten auch eingebaut werden und das werkvertragliche Element überwiegt (EBzRV 1058 BlgNR XXII. GP 72).

36 Dazu *Schauer* in Krejci, RK UGB § 367 Rz 2 f; *Wolkerstorfer*, Pfandrecht des Unternehmers 10 ff.

37 *Hoyer*, NZ 2011, 33, 38; *Reckenzaun*, immolex 2002, 121; *Stabentheiner*, wobl 1999, 285, 303; *Wehrberger*, Vorzugspfandrechte im WEG 2002 (2003) 56 ff; 3 Ob 179/10k, wobl 2011, 44 mit Anm *T. Hausmann*.

38 Dazu *Räth*, immolex 2015, 142.

Bei Bauleistungen, die innerhalb von drei Monaten zu erfüllen sind, erhöht sich die Obergrenze für die Sicherstellung auf 40 % des vereinbarten Entgelts; hier ist eine Verrechnung von Teilleistungen nämlich nicht praktikabel und daher das Insolvenzrisiko besonders groß. Betraut ein Generalunternehmer einen Subunternehmer mit baulichen Arbeiten, kann der Subunternehmer von diesem Sicherstellung verlangen, nicht aber vom Bauherrn, mit dem er in keiner vertraglichen Beziehung steht[39]. Kein Sicherstellungsrecht hat der Werkunternehmer gegenüber juristischen Personen des öffentlichen Rechts (§ 1170b Abs 3), weil an ihrer Zahlungsfähigkeit keine Zweifel bestehen; ebenso wenig kann er von Verbrauchern Sicherstellung verlangen, obwohl gerade bei diesen die Gefahr der finanziellen Überforderung groß ist.

Als Sicherungsmittel nennt das Gesetz neben Bankgarantie oder Versicherung auch Bargeld, Bareinlagen und Sparbücher; die Auswahl ist dem Werkbesteller überlassen. Aus den EB lässt sich ableiten, dass diese Aufzählung nicht taxativ ist, sondern auch andere vergleichbare Sicherungsformen in Betracht kommen (zB Bürgschaft)[40]. Fallen für die Sicherstellung Kosten an, wie etwa bei einer Bankgarantie oder Versicherung, hat diese der Werkunternehmer bis zur Höhe von 2 % des besicherten Betrages zu tragen, soweit sie nicht durch unberechtigte Einwendungen des Werkbestellers gegen den Entgeltanspruch verursacht werden. Die Sicherstellung ist innerhalb der vom Werkunternehmer festgesetzten Frist, die angemessen sein muss, zu leisten.

Kommt der Werkbesteller der Sicherstellungspflicht nicht oder nicht im gesetzlich vorgesehenen Ausmaß nach, kann der Werkunternehmer sein Recht nicht durchsetzen, sondern nur seine Leistung zurückhalten und/oder unter Setzung einer angemessenen Nachfrist die Aufhebung des Vertrags nach § 1168 Abs 2 erklären (§ 1170b Abs 2). Die Sicherheitsleistung wird also wie eine bloße Mitwirkungsobliegenheit des Werkbestellers behandelt (III/3/17).

Ein Sonderfall des gesetzlichen Pfandrechts findet sich in § 1321: Derjenige, der durch fremdes Vieh geschädigt wurde, hat das Recht, so viele Tiere zu pfänden, als zur Sicherstellung seines Ersatzanspruchs notwendig sind. Auch hier gibt zwar das Gesetz den Titel für das Faustpfand, dieses entsteht jedoch nicht durch Einräumung seitens des Verpflichteten, sondern durch Privatpfändung (vergleichbar dem Bestandgeberpfandrecht nach § 1101). Der Geschädigte muss sich aber binnen acht Tagen mit dem Vieheigentümer über den Ersatz einigen oder gegen ihn Klage erheben, sonst erlischt das Pfandrecht.

D. Übertragung des Pfandrechts

I. Titel und Modus

10/30 Das Pfandrecht ist grundsätzlich übertragbar, allerdings nur zusammen mit der besicherten Forderung, da es ohne diese nicht bestehen kann (Akzessorietät; dazu Rz 9/2 ff). Es ist auch eine teilweise Weitergabe des Pfandrechts

39 *M. Bydlinski* in KBB[5] § 1170b Rz 2; *Schopper*, JAP 2006/2007, 53, 54.

40 *Bollenberger*, RdW 2006, 199, 200 ff; vgl auch *Högl/Wiesinger*, JBl 2009, 155, 157. AA *Jud*, ecolex 2004, 12; *Schopper*, JAP 2006/2007, 56; *Schauer* in Krejci, RK ABGB § 1170b Rz 13 f.

für einen quotiell oder ziffernmäßig bestimmten Teil der Forderung möglich (vgl § 13 Abs 2 GBG).

Titel für die Übertragung des Pfandrechts ist das Kausalverhältnis, das dem Übergang der besicherten Forderung zugrunde liegt, also zB ein Kaufvertrag. Aus diesem ist der Verkäufer verpflichtet, dem Käufer die volle Gläubigerposition zu verschaffen (vgl § 1394), wozu auch die für die Forderung bestellten Sicherheiten gehören. Für das **Verfügungsgeschäft** gelten die Ausführungen zur Begründung des Pfandrechts entsprechend (vgl Rz 10/2). Der bisherige Pfandgläubiger muss bei verbücherten Liegenschaften die Aufsandungserklärung abgeben und bei nicht verbücherten Liegenschaften und Superädifikaten in die Urkundenhinterlegung einwilligen. **10/31**

Die Übertragung des Pfandrechts bedarf aber beim rechtsgeschäftlichen Erwerb noch eines **Modus**[41]. Für bewegliche Sachen ist eine der Übergabeformen der §§ 426 ff erforderlich, wobei hier – anders als bei Pfandrechtsbegründung – auch das Besitzkonstitut wirksam ist, weil nicht mehr die Gefahr besteht, dass das Vertrauen des Verkehrs auf den Haftungsfonds des Pfandschuldners enttäuscht wird (dazu Rz 10/4). Hypotheken gehen durch Einverleibung der Übertragung des Pfandrechts im Grundbuch[42], Pfandrechte an nicht verbücherten Liegenschaften und Superädifikaten durch Urkundenhinterlegung über. Das Pfandrecht an Rechten, wie etwa an bloßen Forderungen, wird nach hA mittels symbolischer Übergabe übertragen (Verständigung des Schuldners, Vermerk in den Geschäftsbüchern des Pfandbestellers). **10/32**

Aus demselben Grund, aus dem für den Übergang des Pfandrechts an beweglichen körperlichen Sachen das Besitzkonstitut ausreicht, müsste jedoch ein Pfandrecht an Rechten durch bloße Erklärung weitergegeben werden können. Der für die Pfandbestellung erforderliche Publizitätsakt (oben Rz 10/8) macht nämlich bereits ausreichend kund, dass das betreffende Recht verpfändet ist. Das Interesse des aus dem verpfändeten Recht Verpflichteten, nicht an den falschen Pfandgläubiger zu leisten, wird ohnehin durch den zessionsrechtlichen Schuldnerschutz (§ 1395 Satz 2) gewahrt.

Im Falle der **Legalzession** und der notwendigen Zession der besicherten Forderung insb nach §§ 1358, 1422 ist der Titel für die Übertragung des Pfandrechts die betreffende Norm, die den Forderungsübergang samt Nebenrechten anordnet. Nach hA bedarf es hier aber für Pfandrechte an körperlichen beweglichen Sachen keiner sachenrechtlichen Übergabeakte; vielmehr gehen diese ex lege auf den Zessionar über. Das gilt in Durch- **10/33**

41 *Gschnitzer*, SachenR[2] 206 f; *K. Hofmann* in Rummel[3] § 449 Rz 8. AA *F. Bydlinski* in Klang[2] IV/2, 651; *Reischauer*, ÖJZ 1989, 193, 232, 236 f.

42 5 Ob 126/10f, NZ 2011, 190 mit Anm *Hoyer* (192) mwN; 5 Ob 50/15m, ÖBA 2015, 844. AA *Kundi*, Zession hypothekarisch gesicherter Forderungen (2003) 40 ff, 76 ff.

brechung des Eintragungsgrundsatzes auch für Hypotheken[43]; die Einverleibung des Zessionars im Grundbuch hat daher nur die deklaratorische Funktion einer Richtigstellung.

II. Übertragung der besicherten Forderung

10/34 Wenn die Forderung ohne das Pfandrecht zediert wird, **erlischt** dieses; das folgt aus dem Akzessorietätsprinzip (Rz 9/2 ff). Nach einer anderen Meinung ruht das Pfandrecht bloß, bis Forderungsberechtigung und Pfandgläubigerstellung wieder in derselben Person zusammenfallen[44].

10/35 Umstritten ist die Frage, ob der Gläubiger seine hypothekarisch gesicherte Forderung außerbücherlich abtreten kann. Bei **Verkehrshypotheken** ist nach hA eine isolierte Zession der Forderung ausgeschlossen, weil sonst die Gefahr einer Verdoppelung der Forderung bestehe; ein Dritter könnte die Hypothekarforderung nämlich vom weiterhin eingetragenen (Alt-)Gläubiger im Vertrauen auf das Grundbuch erwerben, obwohl diesem mittlerweile keine Rechtszuständigkeit daran mehr zukommt (Rz 10/42 und II/5/49). Daher könne die Forderung nur bücherlich übertragen werden, solange die Hypothek eingetragen ist (OGH RS0015164; RS0011389). Die Rsp billigt allerdings dem außerbücherlichen Zessionar das Recht zu, die Forderung im Exekutionsverfahren bei der Meistbotsverteilung geltend zu machen. Die hA ist jedoch fragwürdig[45], weil der Schuldner ohnedies nur gegen Ausstellung einer Löschungsquittung leisten muss. Zur Ausstellung einer solchen ist aber wegen des Prinzips des bücherlichen Vormanns nur der eingetragene Hypothekargläubiger (= bücherlicher Zessionar) in der Lage, nicht hingegen der außerbücherliche Zessionar, sodass der Schuldner vor einer doppelten Inanspruchnahme geschützt ist. Vgl außerdem § 22 letzter Satz GBG, der vom außerbücherlichen Übergang einer Hypothekarforderung spricht.

Zur Rechtslage bei der **Höchstbetragshypothek** unten Rz 13/9.

43 OGH RS0011276; *Gamerith* in Rummel³ § 1358 Rz 5; *Kundi*, Zession 77; *Wolkerstorfer*, Pfandrecht des Unternehmers 84 ff.

44 *Ehrenzweig* I/2, 438; *Gschnitzer*, SachenR² 206. Für Erlöschen *Klang* in Klang² II 444.

45 *Holzner*, NZ 2000, 300 ff; *Iro*, Bankvertragsrecht IX Rz 2/162 f; vgl ferner *Kundi*, Zession 57 ff, jeweils mwN zur hA.

III. Position des Erwerbers des Pfandrechts

Der Zessionar der besicherten Forderung erwirbt grundsätzlich **dieselbe pfandrechtliche Position**, die dem Zedenten zustand (vgl § 1394). Er erlangt somit das dingliche Sicherungs- und Befriedigungsrecht an der Pfandsache, das vor allem auch gegenüber deren Eigentümer wirkt. Hingegen führt die Übertragung des Pfandrechts nicht dazu, dass der Erwerber des Pfandrechts ex lege in die Verpflichtungen des übertragenden Pfandgläubigers gegenüber dem Pfandschuldner eintritt (anders nach § 1251 BGB). 10/36

Jedoch wird man zwischen Pfandschuldner und dem jeweiligen Pfandgläubiger ein **gesetzliches Schuldverhältnis** annehmen müssen, auf Grund dessen dieser zu sorgfältiger Behandlung und Verwahrung der Pfandsache und zur Rückstellung nach Wegfall der Pfandhaftung verpflichtet ist. Aus dieser Sonderbeziehung resultieren Pflichten, die über die jedermann obliegende Respektierung fremden Eigentums hinausgehen; zu erklären ist dies mit den Einwirkungsmöglichkeiten des Pfandgläubigers, die beim Faustpfand besonders intensiv sind. Auch die §§ 459 und 469, die Verwahrungs- und Rückstellungspflichten des Pfandgläubigers anders als § 1369 ohne Bezug auf den Pfandvertrag normieren, lassen sich dafür ins Treffen führen, weil sie sonst überflüssig wären (vgl auch § 1369 letzter Satz)[46]. 10/37

Dieses gesetzliche Schuldverhältnis ist noch unter einem weiteren Gesichtspunkt bedeutsam: Der Pfandgläubiger hat für die Beschädigung der Pfandsache durch Gehilfen nach § 1313a und nicht bloß nach § 1315 einzustehen und er trägt die Beweislast für das Fehlen eines Verschuldens (§ 1298).

Da der Übernehmer des Pfandrechts nicht in den Pfandbestellungsvertrag eintritt, kann er grundsätzlich auch keine Ansprüche aus diesem geltend machen. Zu denken wäre dabei vor allem an **Gewährleistung** gem § 458, wenn sich die Pfandsache als mangelhaft herausstellt (dazu Rz 9/33). Es wird jedoch dem Parteiwillen entsprechen, dass derartige Rechtsbehelfe konkludent zugleich mit der Übertragung des Pfandrechts abgetreten werden, was die hA bei unselbständigen Gestaltungsrechten für zulässig ansieht (dazu II/5/20). 10/38

Vor dem Erlöschen des Pfandrechts infolge **Zahlung an den Altgläubiger** ist der Zessionar jedenfalls dann sicher, wenn eine Verständigung des Schuldners von der Abtretung der besicherten Forderung stattgefunden 10/39

46 So auch *Böhler*, Bankvertragsrecht VIII Rz 1/274 f.

hat (§ 1396; II/5/30 f). Bei **Übertragung einer Hypothek** ist der neue Gläubiger bereits ab Einbringung des Einverleibungsansuchens bei Gericht geschützt. Der Schuldner muss sich nämlich vor Zahlung durch Einsichtnahme im Grundbuch vergewissern, wer der wahre Gläubiger ist[47].

IV. Gutgläubiger Erwerb eines nicht bestehenden Pfandrechts

1. Pfand an beweglichen Sachen

10/40 Der Fall, dass sich jemand fälschlich als Pfandgläubiger ausgibt und sein bloß behauptetes Pfandrecht übertragen will, ist im Gesetz nicht ausdrücklich geregelt. Ein gutgläubiger Erwerb des Pfandrechts kommt hier wegen des Akzessorietätsprinzips (Rz 9/2 ff) jedenfalls dann nicht in Betracht, wenn die angeblich besicherte **Forderung nicht existiert.**

Überträgt aber ein Gläubiger eine gültige Forderung samt **Pfandrecht an einer körperlichen Sache,** das in Wahrheit nicht besteht, kann der Zessionar dieses nach einem Teil der Lehre[48] in Analogie zu § 367 erwerben. Voraussetzung wäre somit neben dem guten Glauben des Erwerbers an das Bestehen des Pfandrechts, dass die „Pfandsache" dem Zedenten vom Eigentümer anvertraut wurde (§ 367 Abs 1). Diese Ansicht ist jedoch problematisch, wenn man mit der hA annimmt, dass der Besitz einer Sache nur das Eigentum indiziert (vgl §§ 367, 456). Dann fehlt nämlich für eine andere Rechtsposition an der Sache, wie eben ein Pfandrecht, die Rechtsscheingrundlage, was aber stets Voraussetzung für einen gutgläubigen Erwerb nach § 367 ist (Rz 6/46). Eine solche kann auch nicht in der besicherten Forderung erblickt werden, weil diese nach außen nicht in Erscheinung tritt.

10/41 Ein nicht bestehendes **Pfandrecht an einer Forderung** kann mangels Rechtsscheingrundlage grundsätzlich genauso wenig kraft guten Glaubens erworben werden wie eine nicht existente Forderung (II/5/49; vgl ferner Rz 10/22).

2. Liegenschaftspfand

10/42 Auf die **Übertragung einer** verbücherten, aber materiellrechtlich nicht bestehenden **Hypothek** sind je nachdem, ob es sich um eine ursprüngliche oder nachträgliche Unrichtigkeit des Grundbuchs handelt, die §§ 63 ff GBG bzw § 1500 anwendbar (dazu Rz 6/64). Danach ist der gutgläubige

---

47 AA *Reischauer*, JBl 2001, 546.
48 *Frotz*, KreditsicherungsR 99; *K. Hofmann* in Rummel³ § 456 Rz 6.

Erwerb eines Pfandrechts im Vertrauen auf den Grundbuchsstand möglich, auch wenn die zu besichernde Forderung nie begründet wurde oder bereits erloschen ist[49]. Nach hA kommt es dadurch aber bloß zu einer dinglichen Haftung des Liegenschaftseigentümers[50].

Die **inhaltliche Ausgestaltung** des gutgläubig erworbenen Pfandrechts ergibt sich vor allem aus der Vereinbarung zwischen dem Pfandbesteller und dem ersten Pfandnehmer, der Pfandbestellungsurkunde. Daher muss der Erwerber nicht nur in das Hauptbuch, sondern auch in die Urkundensammlung Einsicht nehmen, damit er in seinem Vertrauen auf den Bestand der Pfandforderung geschützt wird[51].

In Betracht kommt auch der **Erwerb eines besseren Ranges** kraft guten Glaubens. **10/43**

Beispiel: Variiert man das Beispiel in Rz 10/24 dahin gehend, dass C beim Ansuchen um Einverleibung der Hypothek die von A ersessene Dienstbarkeit gekannt hat, erwirbt er die Hypothek im Rang nach der Servitut des A. Wenn C die Hypothekarforderung dem D veräußert, der von der außerbücherlichen Dienstbarkeit des A nichts wissen muss, tritt diese in Analogie zu § 1500 hinter die Hypothek zurück.

49 AA *Steininger*, NZ 1998, 385. Gegen diesen zutreffend *Holzner*, NZ 2000, 289.

50 *Holzner*, NZ 2000, 290; *K. Hofmann* in Rummel³ § 469 Rz 1. AA *Ehrenzweig* I/2, 476; *Iro*, Bankvertragsrecht IX Rz 2/169 ff; ferner *Kundi*, Zession 108 ff im Fall der Doppelzession der besicherten Forderung.

51 Ebenso *Holzner*, NZ 2000, 299; *Wolkerstorfer*, Pfandrecht des Unternehmers 77. Nach *Reischauer*, JBl 2001, 548 FN 29 reicht nicht einmal die Einsichtnahme in die Urkundensammlung.

§ 11. Schutz und Verwertung des Pfandrechts

A. Schutz des Pfandrechts

I. Pfandklage

11/1 Das Pendant zur rei vindicatio des Eigentümers ist die Pfandklage des Faustpfandgläubigers. Sie ist auf **Herausgabe der beweglichen körperlichen Pfandsache** gerichtet und dringt wegen der absoluten Wirkung des Pfandrechts gegen jedermann durch. Befindet sich die Sache bei einer vom Eigentümer verschiedenen Person (zB Fruchtnießer, Bestandnehmer) und wurde das Pfandrecht mittels **Besitzanweisung** begründet, kann der Pfandnehmer die Sache allerdings nicht von dem Dritten herausverlangen. Denn die Besitzanweisung ist so zu verstehen, dass dieser die Sache vorbehaltlich seines Rechts an ihr (Fruchtgenuss, Mietrecht) auch für den Pfandgläubiger innehaben soll[1].

Die Pfandklage kann auch **publizianisch** erhoben werden (§ 372, vgl Rz 2/68).

11/2 Gegen die rei vindicatio des Eigentümers der Pfandsache kann sich der Pfandgläubiger auf sein **Recht zum Besitz**, das auf dem Pfandrecht beruht, berufen.

II. Devastationsklage

11/3 Aus der absoluten Wirkung des Pfandrechts folgt das Recht des Pfandgläubigers gegenüber jedermann auf **Unterlassung von Eingriffen** in seine rechtliche Position; es handelt sich nach hA um einen Anwendungsfall der aus § 523 abgeleiteten actio negatoria (dazu Rz 7/12 ff). Diesen Schutz genießen nicht nur die rechtliche Seite, das Pfandrecht und der Pfandrang, sondern auch das reale Substrat, also das Pfandobjekt bzw der darin ver-

---

1 Dazu vor allem *F. Bydlinski* in Klang[2] IV/2, 657 ff.

körperte Vermögenswert. Dem Pfandnehmer steht daher gegen den Pfandbesteller und jeden Dritten die Unterlassungsklage zu, wenn durch deren Verhalten eine Pfandverschlechterung droht („Devastationsklage"). Ist die Beeinträchtigung schon eingetreten, kann der Pfandnehmer deren **Beseitigung** verlangen, sofern sie sich in natura rückgängig machen lässt.

Während die überwiegende Rsp diese Ansprüche nur bei Vorliegen von Rechtswidrigkeit bzw Verschulden gewährt (OGH RS0011434; RS0011436), steht die hL auf dem Standpunkt, dass die Devastationsklage **verschuldensunabhängig** ist[2]. Dieser Ansicht ist zu folgen, da jeder Eingriff in ein absolutes Recht dessen Zuweisungsgehalt widerspricht und daher zu unterlassen ist, ohne dass es auf ein Verhaltensunrecht oder Verschulden des Störers ankommt.

Ein Sonderproblem in diesem Zusammenhang stellt die **Inbestandgabe der verpfändeten Liegenschaft** durch den Eigentümer dar, wenn sie zu sehr ungünstigen Konditionen (niedriger Mietzins, extrem lange Bindungsdauer) erfolgt. Derartige Verträge über eine Liegenschaft zielen oft darauf ab, ihre exekutive Verwertung zu vereiteln; an sich ist der Ersteher nämlich an das Bestandverhältnis gebunden (§ 1121; § 2 Abs 1 Satz 4 MRG), sodass der erzielbare Erlös stark reduziert ist. Doch räumt in diesen Fällen die überwiegende Rsp dem Pfandgläubiger vor Abschluss des Bestandvertrags einen Unterlassungsanspruch und nach Vertragsschluss einen auf Auflösung des Vertrags gerichteten Beseitigungsanspruch gegen den Bestandnehmer ein, wenn diesem die Beeinträchtigung des Pfandrechts durch den nachteiligen Bestandvertrag bekannt oder zumindest erkennbar war; dabei verlangt der OGH bei entsprechenden Verdachtsmomenten auch die Einsichtnahme des Bestandnehmers in das Grundbuch (OGH RS0113348). 11/4

Beispiel: A hat der Bank B für die Finanzierung des Erwerbs einer Eigentumswohnung an seinem Miteigentumsanteil eine Hypothek bestellt. Als A in Zahlungsschwierigkeiten kommt, vermietet er die Wohnung dem C auf 15 Jahre um einen Mietzins, der den laufenden Betriebskosten entspricht; zudem ist die Vorauszahlung des Mietzinses für die gesamte Mietdauer vereinbart, was im Grundbuch gem § 1102 ersichtlich gemacht wird (vgl 8 Ob 254/99g). C müsste hier wegen dieser grundlos günstigen Mietkonditionen Verdacht schöpfen und bei Einsichtnahme in das Grundbuch erkennen, dass damit nur die Vereitelung der exekutiven Verwertung des Objekts durch B als Pfandgläubigerin bezweckt ist.

Nach Anmerkung der Einleitung des Versteigerungsverfahrens im Grundbuch vom Eigentümer abgeschlossene Bestandverträge sind den Gläubigern und dem Ersteher gegenüber unwirksam, wenn sie nicht zur ordentlichen Verwaltung gehören (§ 138 Abs 2 EO).

2 *Graf*, ÖBA 2002, 777, 779 f; *Karollus*, ÖBA 1991, 164, 166 f; *Reidinger*, wobl 1990, 122, 124 f, 129 f; *Rummel*, ÖBA 1987, 418. AA *K. Hofmann* in Rummel[3] § 458 Rz 6.

B. Verwertung des Pfandes

I. Bedeutung des Ranges

11/5 **Mehrfachverpfändungen** kommen vor allem bei Liegenschaften vor, sodass auf ihnen häufig mehrere Hypotheken haften. Auch Forderungen lassen sich durch entsprechende Verständigung des Schuldners oder Eintragung in den Geschäftsbüchern an verschiedene Gläubiger verpfänden. Bei beweglichen körperlichen Sachen ist eine derartige Situation wegen des Faustpfandprinzips eher selten, aber nicht ausgeschlossen: An einer bereits verpfändeten Sache kann anderen Gläubigern durch Besitzanweisung an den innehabenden Pfandgläubiger ein Pfandrecht eingeräumt werden. Ferner unterliegen etwa beförderte Sachen oft mehreren gesetzlichen Pfandrechten, nämlich für den Spediteur (§ 410 UGB) und für jeden beteiligten Frachtführer (§ 440 UGB).

11/6 In den Fällen der Mehrfachverpfändung kann jeder Pfandgläubiger Befriedigung aus der Sache suchen. Wenn ihr Wert zur Deckung aller Forderungen nicht ausreicht, erhebt sich die Frage nach dem Verhältnis der Pfandrechte zueinander, nach dem **Rang**. Dieser richtet sich nach dem Zeitpunkt der Setzung des letzten für die Begründung des Pfandrechts erforderlichen Aktes, also idR des Modus: Bei Hypotheken ist das die Einverleibung im Grundbuch, die auf das Einlangen des Ansuchens beim Grundbuchsgericht zurückwirkt (§ 29 GBG); das gilt auch für den exekutiven Erwerb gem § 88 EO. Der Rang von Pfandrechten an beweglichen körperlichen Sachen bestimmt sich nach dem der Übergabe bzw der pfandweisen Beschreibung im Exekutionsverfahren (§§ 253, 256 EO), an Forderungen nach der Verständigung des Drittschuldners oder der Vornahme des Buchvermerks, bei Zwangspfandrechten nach der Zustellung des Zahlungsverbots an den Drittschuldner (§ 294 Abs 3 EO). Für den Rang gesetzlicher Pfandrechte kommt es darauf an, wann ihr Entstehungstatbestand vollendet wurde.

11/7 Solange der Schuldner die offenen Forderungen bezahlt, spielt der **Pfandrang** keine besondere Rolle. Bedeutung erlangt er aber im Falle der Verwertung des Pfandes. Der Gläubiger, dessen Pfandrecht den besseren Rang genießt, hat nämlich Anspruch auf vorrangige Begleichung seiner Forderung aus der Pfandsache. Die nachfolgenden Gläubiger müssen sich mit dem verbleibenden Erlös aus der Zwangsverwaltung oder Verwertung des Pfandes begnügen (§ 125 Abs 1, § 216 Abs 1 Z 4, § 286 Abs 3, § 307 Abs 2 EO). Haben mehrere Pfandrechte den gleichen Rang, wie etwa bei gleichzeitigem Einlangen der Ansuchen verschiedener Gläubiger um Einverleibung ihres Pfandrechts beim Grundbuchsgericht (§ 29 Abs 2 GBG), und reicht der Erlös nicht zur Befriedigung dieser Gläubiger, ist er unter ihnen im Verhältnis der durch die Pfandsache gesicherten Forderungen aufzuteilen.

II. Pfandrang im Verwertungsverfahren

1. Pfand an Fahrnis und Rechten

Bei beweglichen körperlichen Sachen hängt die Möglichkeit der Verwertung des Pfandes davon ab, in wessen Gewahrsame es sich befindet. Dies wird idR derjenige Pfandgläubiger sein, dem die Sache zuerst verpfändet wurde. **11/8**

Im Zwangsvollstreckungsverfahren ist ein **innehabender Pfandgläubiger** nicht verpflichtet, die Exekution in die Sache zugunsten eines anderen Pfandgläubigers zuzulassen (§ 262 EO). Der nicht innehabende Pfandgläubiger hat daher unabhängig von seinem Rang keine exekutionsrechtliche Möglichkeit, sich aus dem Pfand zu befriedigen.

Allerdings kann sich aus der materiellen Rechtslage eine Pflicht des innehabenden Gläubigers ergeben, die Verwertung zu ermöglichen. Wurde das weitere Pfandrecht rechtsgeschäftlich durch Besitzanweisung an den ersten Pfandgläubiger eingeräumt, entsteht es an sich nur unter Vorbehalt der Rechtsstellung des Angewiesenen[3]. Der **innehabende vorrangige Pfandgläubiger** ist daher nicht verpflichtet, das Pfand einem nachrangigen Gläubiger zum Zwecke des Verkaufs herauszugeben. Umgekehrt wird aber ein besser berechtigter Pfandgläubiger gegen einen **nachrangigen Pfandgläubiger** einen Anspruch auf Herausgabe zum Zwecke der Verwertung haben, da jener dessen vorrangiges Befriedigungsrecht respektieren muss[4]. **11/9**

Ein Pfandgläubiger, der nicht die Gewahrsame an der Pfandsache hat, kann deren Pfändung und Verkauf durch einen anderen Berechtigten nicht verhindern. Das sieht § 258 EO für das Exekutionsverfahren ausdrücklich vor, gilt aber mangels eines einsichtigen Grundes für eine unterschiedliche Behandlung auch für die außergerichtliche Pfandverwertung (vgl ferner § 1232 Satz 2 BGB). Der besser berechtigte Pfandgläubiger kann im Bestreitungsfall den betreibenden Gläubiger auf Feststellung seines Anspruchs auf vorzugsweise Befriedigung klagen (**Pfandvorrechtsklage**). **11/10**

3 *A. Burgstaller*, Das Pfandrecht in der Exekution (1988) 70 f; *Frotz*, KreditsicherungsR 68 f.

4 *A. Burgstaller*, Pfandrecht 86 f, 117; *Holzner*, ÖBA 2007, 940, 945. AA *Graf* in Harrer/Mader, Die HGB-Reform in Österreich (2005) 71, 91; *Schauer* in Krejci, RK ABGB § 466b Rz 2.

Allerdings hat jeder Pfandgläubiger das Recht, die Forderung des die außergerichtliche Verwertung betreibenden Gläubigers nach § 462 einzulösen (§ 466b Abs 1 letzter Satz). Damit wird dieses Einlösungsrecht, das nach dem Gesetzeswortlaut und der hA nur im Versteigerungsverfahren über unbewegliche Sachen gilt (näher Rz 11/13), auf den außergerichtlichen Pfandverkauf beweglicher körperlicher Sachen ausgedehnt.

11/11 Bei mehreren Pfandrechten an Forderungen und sonstigen Rechten bestehen diese Schwierigkeiten nicht, da hier auch der nachrangige Pfandgläubiger ohne weiters die Verwertung betreiben kann.

2. Liegenschaftspfand

11/12 Haften an einer Liegenschaft mehrere Pfandrechte, bereitet die Verwertung durch einen nachrangigen Hypothekargläubiger keine Schwierigkeiten; da es sich um ein besitzloses Pfand handelt, folgen – anders als beim Fahrnispfand (Rz 11/8) – aus der Innehabung keine Hindernisse. Allerdings können andere Pfandgläubiger doch ein Interesse haben, es noch nicht zur Zwangsversteigerung der Liegenschaft kommen zu lassen, etwa weil sie auf Grund der momentanen Marktsituation befürchten, dass ihre Forderung im Erlös keine Deckung finden wird. Das Gesetz hat diesem Anliegen mit dem Einlösungsrecht gem § 462 Rechnung getragen.

11/13 Jeder Hypothekargläubiger kann vor Feilbietung der Liegenschaft die Forderung einlösen, derentwegen die **Versteigerung beantragt** wurde (§ 462). Dadurch soll jeder vor- oder nachrangige Pfandgläubiger die Möglichkeit haben, die Einstellung des Exekutionsverfahrens zu beantragen (§ 200 Z 2 EO) und einen günstigeren Zeitpunkt für die Verwertung der Liegenschaft abzuwarten.

11/14 Die **Einlösung** erfordert die volle Befriedigung des betreibenden Gläubigers einschließlich der in § 216 Abs 2, § 217 Abs 1 EO angeführten Nebengebühren und der dem Verpflichteten zur Last fallenden Kosten (§ 200 Z 2 EO). Damit gehen die Forderung und die für sie bestellte Hypothek auf den Zahler über. Das Einlösungsrecht erleichtert damit die Möglichkeit einer Legalzession, die an sich nur unter den Voraussetzungen der §§ 1358, 1422 in Betracht kommt: Hier braucht es weder eine Haftung des Einlösenden für die Forderung des betreibenden Gläubigers (§ 1358) noch dessen Zustimmung oder die des Schuldners (§ 1423).

11/15 Das Einlösungsrecht steht auch einem betreibenden Gläubiger zu, der nur ein Befriedigungsrecht hat (§ 200 Z 2 EO). Die hA gewährt das Recht des § 462 außerdem **Berechtigten aus Dienstbarkeiten, Reallasten und ver-**

bücherten Bestandverhältnissen, die auf das Meistbot verwiesen sind (§§ 150, 227 EO; § 1121), sowie dem gem § 364c im Grundbuch eingetragenen Verbotsberechtigten[5].

Das Einlösungsbegehren kann nach hA erst nach **Einleitung des Versteigerungsverfahrens** gestellt werden. Beizupflichten ist aber der Meinung, die das Einlösungsrecht bereits ab dem Zeitpunkt bejaht, in dem der Gläubiger vom Hypothekarschuldner Bezahlung seiner Forderung unter Androhung der Exekution in die Liegenschaft verlangt, weil dadurch überflüssige Verfahrenskosten vermieden werden[6]. **11/16**

Vgl auch das Einlösungsrecht des Insolvenzverwalters nach § 120 Abs 1 IO, das aber der Erleichterung der Verwertung der Pfandsache dient.

III. Befriedigung aus dem Pfand

1. Das Befriedigungsstadium im Allgemeinen

Die Verwertung des Pfandes ist grundsätzlich erst nach **Fälligkeit** der besicherten Forderung zulässig (§§ 447, 461, 466b Abs 1)[7]. **11/17**

Ausnahmsweise darf eine körperliche bewegliche Pfandsache – als eine solche sind auch Inhaber- oder Orderpapiere anzusehen – schon vor Fälligkeit der Forderung nach den §§ 466a ff außergerichtlich verwertet werden, wenn sie zu verderben oder auf Dauer so stark an Wert zu verlieren droht, dass die Sicherheit des Pfandgläubigers gefährdet wird (§ 460a): Das Pfandrecht haftet dann am Verkaufserlös, der auf Verlangen des Pfandgebers gerichtlich zu hinterlegen ist. Sofern dies nach den Umständen für den Pfandgläubiger tunlich ist, muss dieser vor der Verwertung dem Pfandbesteller die Möglichkeit geben, eine andere Sicherheit einzuräumen.

Für die Befriedigung aus dem Pfandobjekt sieht das Gesetz allgemein die gerichtliche Verwertung nach der EO (§ 461; Rz 11/19 ff) vor. Bei körperlichen beweglichen Sachen kommt alternativ auch ein außergerichtlicher Verkauf in Betracht (§§ 466a ff; dazu Rz 11/26 ff). **11/18**

Der Pfandgläubiger kann bei Nichtbezahlung der **fälligen** Schuld sogleich die Pfandhaftung in Anspruch nehmen, ohne vorher die Eintreibung der besicherten Forderung versuchen zu müssen (§ 466); er ist aber grund-

---

5 OGH RS0010749; *Aschauer*, Das rechtsgeschäftliche Veräußerungs- und Belastungsverbot bei Liegenschaften (1998) 176.
6 *Hoyer*, Demelius-FS (1973) 349, 361 ff; ferner *Holzner*, ÖBA 2007, 946.
7 Das gilt auch in der Insolvenz des Hauptschuldners, 2 Ob 31/05f, NZ 2006, 213.

sätzlich nicht dazu verpflichtet[8]. Er hat bei der Verwertung auf die Interessen des Pfandgebers angemessen Rücksicht zu nehmen. Das ordnet zwar § 466a Abs 2 nur für die außergerichtliche Feilbietung an, doch lässt sich ein solcher Grundsatz auch aus verschiedenen Bestimmungen der EO (zB §§ 263, 264a EO) und allgemein aus dem Rechtsverhältnis zwischen Pfandgläubiger und -schuldner ableiten.

Ein bloßer Pfandschuldner, der nicht persönlich haftet und vom Gläubiger zur Zahlung aufgefordert wird, hat gegen diesen einen Anspruch nach § 1366 auf Auskunft und Rechnungslegung hinsichtlich der besicherten Forderung sowie idR auf Einsichtgewährung in die betreffenden Buchungsvorgänge (OGH RS0032321).

2. Exekutive Verwertung

11/19 Für die Geltendmachung und Verwertung des Pfandrechts sieht § 461 die Einschaltung des Gerichts vor. Das gilt auch, nachdem über den Pfandschuldner das Insolvenzverfahren eröffnet wurde: Zwar bewirkt die Insolvenzeröffnung grundsätzlich eine Exekutionssperre (§ 10 Abs 1 IO), doch ist davon das Absonderungsrecht des Pfandgläubigers nicht betroffen (§ 11 Abs 1 IO; s aber die Absonderungssperre nach § 11 Abs 2 IO und die Modifikationen bei der Verwertung nach § 120 IO)[9]; der Rang mehrerer absonderungsberechtigter Pfandgläubiger richtet sich nach den Grundsätzen der EO (§ 49 Abs 2 IO).

Wenn der **Pfandbesteller auch Personalschuldner** ist, hat ihn der Pfandgläubiger auf Zahlung zu klagen und sich damit einen Exekutionstitel (§ 1 EO) zu verschaffen; damit kann auf das gesamte Vermögen des Schuldners Exekution geführt werden. Bei Hypotheken kann der Gläubiger auf Grund des Exekutionstitels die bücherliche Anmerkung der Vollstreckbarkeit verlangen (§ 89 EO). Besteht das Pfandrecht an einer beweglichen körperlichen Sache oder an einer Geldforderung, muss der Gläubiger die **Pfändung** nach §§ 253 bzw 294 ff EO bewirken[10] (vgl Rz 10/25 ff) und sodann im Verwertungsverfahren sein Vertragspfandrecht geltend machen (vgl § 286 Abs 3, § 300a Abs 2, § 307 EO).

8 OGH RS0118187. Schon zB bei drohendem Wertverlust oder bei Mittellosigkeit des Schuldners s *Böhler*, Bankvertragsrecht VIII Rz 1/299; *H. Koziol*, Schimansky-FS (1999) 355, 363 ff; ferner *Spitzer*, Die Pfandverwertung im Zivil- und Handelsrecht (2004) 117 ff.

9 Dazu OGH RS0106142; *Apathy* in Buchegger, Österreichisches Insolvenzrecht[4] I (2000) § 10 KO Rz 11, § 11 KO Rz 7; *Riss*, Iro-FS (2013) 401.

10 Vgl 10 Ob 531/94, SZ 67/195; 3 Ob 180/14p, ecolex 2015, 207 mit Anm *Oberhammer*; *K. Hofmann* in Rummel[3] § 461 Rz 4; *Klang* in Klang[2] II 485. AA *Frotz*, KreditsicherungsR 77 f; *Spitzer*, Pfandverwertung 66 ff: Exekutionstitel und Pfändung für Verwertung des Pfandes nicht erforderlich.

Sind **Personalschuldner und Pfandschuldner verschiedene Personen,** kann der Pfandgläubiger zum einen mit der Schuldklage die persönliche Haftung des Personalschuldners geltend machen und in der Folge auf dessen gesamtes Vermögen greifen. Daneben oder stattdessen steht ihm die **Pfandrechtsklage** gegen den Realschuldner, dh gegen den jeweiligen Eigentümer der Pfandsache offen; beim Liegenschaftspfand spricht man von der Hypothekarklage. Das Klagebegehren der Pfandrechtsklage ist auf Bezahlung der Pfandforderung bei sonstiger Exekution in den Pfandgegenstand gerichtet. Das stattgebende Urteil ist der Exekutionstitel für die Zwangsvollstreckung in die Pfandsache, nicht aber in das sonstige Vermögen des bloßen Pfandschuldners. **11/20**

Die **Hypothekarklage** kann im Grundbuch mit der Wirkung angemerkt werden, dass die Exekution unmittelbar gegen jeden Eigentümer der Liegenschaft geführt werden kann (§ 60 GBG). Das entspricht der Wirkung der Anmerkung der Vollstreckbarkeit (§ 89 EO; Rz 11/19), die allerdings auf die Dauer des betreffenden Exekutionsverfahrens beschränkt ist.

Die **Verwertung** erfolgt bei Liegenschaften, Superädifikaten[11] und Baurechten durch Zwangsverwaltung oder Versteigerung (§§ 97 ff und §§ 133 ff EO), bei sonstigen beweglichen körperlichen Sachen grundsätzlich durch Versteigerung, die auch in einem Versteigerungshaus, einer Auktionshalle oder über das Internet stattfinden kann (§§ 270, 276 EO). Gegenstände, die einen Börsepreis haben, sind im Wege des Freihandverkaufs durch einen Handelsmakler, ein Vollstreckungsorgan oder – bei Wertpapieren – ein Kreditinstitut zu versilbern (§ 268 EO). Auch bzgl anderer Sachen kann ein Verkauf aus freier Hand bewilligt werden, wenn dies allen Beteiligten offenbar zum Vorteil gereicht (§ 271 a EO, s ferner § 280 Abs 1 EO). Der Schuldner, der im Exekutionsverfahren verpflichtete Partei genannt wird, ist vom Bieten – auch im fremden Namen – ausgeschlossen (§ 180 Abs 1, § 278 Abs 1 EO; § 463). **11/21**

Zum Eigentumserwerb des Erstehers vgl Rz 6/95. An die Stelle der Pfandsache tritt der Erlös, aus dem die Forderungen samt Zinsen und Verfahrenskosten aller Pfandgläubiger in der Reihenfolge ihres Pfandranges zu befriedigen sind (§§ 216, 285 f EO); Forderungen eines betreibenden Gläubigers, der kein Pfandrecht erworben hat, sind im Rang seines Ansuchens um Anmerkung der Einleitung des Versteigerungsverfahrens zu berücksichtigen (§ 138 Abs 1 EO). Ein etwa verbleibender Rest ist dem **11/22**

11 Auf diese sind die Regelungen über die Verwertung von Liegenschaften anzuwenden, *Angst* in Angst/Oberhammer, EO[3] § 97 Rz 2, § 134 Rz 25 f; *Eliskases*, Kreditsicherung durch Superädifikate (2008) 144 ff; *Mini*, immolex 2014, 70.

vormaligen Pfandeigentümer auszufolgen (§ 464; § 217 Abs 2, § 283 Abs 4 EO)[12].

11/23 Auf den **exekutiven Freihandverkauf** sind die Regeln über den Kauf entsprechend anzuwenden (§ 1089), soweit die EO keine abweichenden Bestimmungen enthält (§§ 268 f, 280 EO). Für den Eigentumserwerb ist die Übergabe durch das Vollstreckungsorgan erforderlich[13] und ausreichend. An die Stelle der Pfandsache tritt der Erlös (Pfandrechtswandlung, vgl Rz 12/2), sodass der Käufer sie ohne Belastung durch Pfandrechte erwirbt[14].

11/24 Gepfändete **Geldforderungen** werden dem betreibenden Gläubiger auf dessen Antrag entweder zur Einziehung oder an Zahlungs statt bis zur Höhe der vollstreckbaren Forderung überwiesen (§ 303 EO). Mit der Überweisung an Zahlungs statt erwirbt der betreibende Gläubiger die Forderung in dem seiner vollstreckbaren Forderung entsprechenden Umfang; er ist damit als befriedigt anzusehen (§ 316 EO). Bei der Überweisung zur Einziehung wird der betreibende Gläubiger ermächtigt, namens des Verpflichteten die Zahlung zu verlangen und in Empfang zu nehmen, die Fälligkeit der gepfändeten Forderung allenfalls durch Kündigung herbeizuführen (zB bei einem Bausparvertrag) und alle zur Erhaltung und Ausübung des Forderungsrechts notwendigen Handlungen (wie zB Präsentation des Wertpapiers, Klageführung gegen den Drittschuldner) vorzunehmen (§§ 308 ff EO). Anteile an einer Personengesellschaft sind durch Ermächtigung des betreibenden Gläubigers zur Einleitung des Auseinandersetzungsverfahrens (§ 333 Abs 1 EO) und GmbH-Anteile durch öffentliche Versteigerung zu verwerten (§§ 331 f EO)[15].

11/25 Um ein **Afterpfandrecht** zu realisieren, muss der Afterpfandgläubiger die Pfandrechtsklage gegen den Afterpfandbesteller erheben. Auf Grund des erwirkten Exekutionstitels kann der Afterpfandgläubiger dessen Forderung pfänden und sie sich überweisen lassen; sodann kann er an Stelle des Afterpfandbestellers die Pfandrechtsklage gegen dessen Pfandschuldner erheben[16].

---

12 Dazu *Hoyer*, Fenyves-FS (2013) 157.

13 OGH SZ 9/30; *Aicher* in Rummel/Lukas⁴ § 1089 Rz 4 mwN; *Heller/Berger/Stix*, EO⁴ II 1770; *Mini* in Burgstaller/Deixler-Hübner, Kommentar zur EO (2008) § 268 Rz 6. AA 8 Ob 179/63, JBl 1964, 265; *Mohr* in Angst/Oberhammer, EO³ § 268 Rz 12. Zur Versteigerung gepfändeter Sachen im Internet *Mohr*, Zak 2015, 144.

14 *Hinteregger* in Schwimann⁴ § 467 Rz 1; *Klang* in Klang² II 519; vgl auch § 466c Abs 3. AA wohl 1 Ob 84/54, SZ 27/47; *Heller/Berger/Stix*, EO⁴ II 1771 f: nur bei gutgläubigem lastenfreiem Erwerb nach § 269 EO iVm § 367 Abs 2.

15 *H. Torggler*, ÖBA 1998, 430, 437; *Trenker*, JBl 2012, 281.

16 3 Ob 228/98w, ÖBA 1999, 739; *Hinteregger* in Schwimann⁴ § 455 Rz 3.

3. Außergerichtliche Verwertung

Bei **beweglichen körperlichen Sachen**[17], zu denen auch Inhaber- und Orderpapiere zählen, ist alternativ zur exekutiven Verwertung ein außergerichtlicher Pfandverkauf zulässig (§§466a ff). Das gilt nicht nur für vertragliche, sondern auch für gesetzliche Pfandrechte (§466a Abs 1). Unternehmer können sich überdies auch aus solchen Sachen befriedigen, an denen ihnen ein Zurückbehaltungsrecht nach §§369f UGB zusteht, wenn sie einen vollstreckbaren Titel gegen den Eigentümer haben (§371 Abs 2 und 3 UGB). **11/26**

Soweit tunlich hat der Pfandgläubiger dem Pfandbesteller den **Verkauf der Pfandsache anzudrohen** und zugleich anzugeben, in welcher Höhe die besicherte Forderung noch aushaftet. Damit der Pfandbesteller die Möglichkeit hat, die Schuld zu begleichen, muss der Pfandgläubiger mit dem Verkauf sodann einen Monat – im Falle einer Verpfändung zwischen Unternehmern im Rahmen der von ihnen betriebenen Unternehmen eine Woche (§368 Abs 1 UGB) – zuwarten; ist die Androhung des Verkaufs untunlich, beginnt diese Frist mit der Fälligkeit der besicherten Forderung. Sofern an der Pfandsache noch andere Pfandrechte bestehen, muss der zur Verwertung schreitende Pfandgläubiger den Verkauf überdies auch den anderen Pfandgläubigern ankündigen, die dessen Forderung nach §462 einlösen und damit den Verkauf (vorläufig) verhindern können (§466b Abs 1; vgl Rz 11/12 ff). Dasselbe gilt wohl auch für Gebrauchs- und Fruchtgenussberechtigte[18]. **11/27**

Der Pfandverkauf hat im Wege einer **öffentlichen Versteigerung** durch einen zur Versteigerung beweglicher Sachen befugten Gewerbetreibenden (§§155, 158 GewO) bzw bei Wertpapieren oder börsenmäßig gehandelten Waren durch einen Börsesensal (§64 Abs 3 BörseG 2018) zu erfolgen (§466b Abs 2). Zeit und Ort der Versteigerung sind öffentlich bekannt zu machen und dem Pfandbesteller sowie Dritten, denen Rechte an der Sache zustehen, gesondert zur Kenntnis zu bringen. Wahlweise kann der Pfandgläubiger Sachen mit einem Börsen- oder Marktpreis ohne Versteigerungsverfahren mindestens zu diesem Preis selbst oder über einen dazu befugten Unternehmer **„aus freier Hand" verkaufen**. Da diese Verwertungsart im Vergleich zu einer Versteigerung idR einen höheren Erlös bei geringeren Kosten verspricht, wird der Pfandgläubiger normalerweise von ihr Ge- **11/28**

17 Wohl nicht Superädifikate (aA *Schauer* in Krejci, RK ABGB §466a Rz 2), da diese hinsichtlich der Verwertung sonst den Liegenschaften gleichgestellt werden (vgl §§87, 133 EO; ferner §2 NotAktG).

18 *Holzner*, ÖBA 2007, 946.

brauch machen müssen, will er nicht dem Pfandbesteller wegen Verstoßes gegen das Rücksichtnahmegebot (§ 466a Abs 2; Rz 11/18) schadenersatzpflichtig werden; bei der Interessenabwägung sind aber zugunsten des Gläubigers keine zu strengen Maßstäbe anzuwenden (6 Ob 111/10g). Die Befriedigung aus verpfändeten Wertpapieren mit einem Börsen- oder Marktpreis und Sparurkunden ist nur durch freihändigen Verkauf oder Einziehung der verbrieften Forderung gem § 466e[19], nicht aber durch Versteigerung zulässig (§ 466b Abs 4).

11/29 Die versteigerte bzw freihändig verkaufte Pfandsache darf dem Erwerber nur gegen Entrichtung des Kaufpreises übergeben werden (§ 466c Abs 1). Dieses **Barzahlungsgebot** soll sicherstellen, dass an die Stelle der Pfandsache sofort der Erlös tritt (Pfandrechtswandlung; vgl Rz 11/23 und Rz 12/2) und nicht bloß eine möglicherweise uneinbringliche Forderung gegen den Erwerber. Bei einem Verstoß gegen das **Barzahlungsgebot** muss sich der die Verwertung Betreibende vom Pfandgeber, vom Personalschuldner und von anderen Pfandgläubigern so behandeln lassen, als hätte er das Entgelt erhalten (§ 466c Abs 1). Ihnen gegenüber gilt daher seine besicherte Forderung als getilgt und er muss für einen (rechnerischen) Überschuss des Erlöses aufkommen; er hat aber weiterhin den Kaufpreisanspruch gegen den Erwerber.

Der Pfandgläubiger hat den Pfandbesteller unverzüglich von dem Verkauf und dem erzielten Erlös zu verständigen (§ 466c Abs 2).

11/30 Beim Pfandverkauf agiert der Pfandgläubiger prinzipiell im eigenen Namen[20]; es kommt daher zwischen ihm und dem Erwerber ein Kaufvertrag iSd §§ 1053 ff zustande. Das Eigentum an der Pfandsache kann der Pfandgläubiger dem Erwerber verschaffen, weil sich aus § 466a Abs 1 eine **Verfügungsermächtigung** (vgl Rz 6/44) ableiten lässt. Dabei erlöschen alle an der Sache bestehenden Pfandrechte; sonstige dingliche Rechte (zB Nießbrauch an der Sache) erlöschen hingegen nur unter der Voraussetzung, dass ihnen nicht die Priorität vor dem Pfandrecht zukommt, das von allen Pfandrechten den besten Rang hat (§ 466c Abs 3; ähnlich § 150 EO). Allerdings können auch solche an sich weiterbestehende Rechte nach den Grundsätzen über den gutgläubigen lastenfreien Erwerb (Rz 6/61) erlöschen.

Die an der Sache gem § 466c Abs 3 **erloschenen Rechte** setzen sich nicht am Erlös fort (§ 466c Abs 4). Der Pfandgläubiger wird daher mit der

19 Vgl dazu auch *Holzner*, ÖBA 2007, 942 f.

20 Vgl EBzRV 1058 BlgNR XXII. GP 70. Feilbietung im Namen des Eigentümers kann vereinbart werden, vgl *Iro/Kellner/Riss*, Bankvertragsrecht[3] I Rz 1/394. AA *Graf* in Harrer/Mader, HGB-Reform 89 ff.

Verwertung Alleineigentümer des Erlöses[21]; allerdings hat der Pfandbesteller gegen ihn einen obligatorischen Anspruch auf Herausgabe des Betrages, der nach Abzug der gesicherten Forderung und der angemessenen Kosten einer zweckentsprechenden Verwertung übrig bleibt (Hyperocha). Die anderen Pfandrechte und sonstigen dinglichen Lasten, die durch den Verkauf der Sache untergegangen sind, haften auf diesem Anspruch des Pfandbestellers; heikel ist dabei, dass nach den Mat offenbar der veräußernde Pfandgläubiger die Befriedigung dieser Berechtigten vor Herausgabe der Hyperocha an den Pfandbesteller vornehmen muss (EBzRV 1058 BlgNR XXII. GP 70).

Verstößt der Pfandgläubiger bei der Verwertung **gegen Vorschriften der §§ 466a ff**, ist der Verkauf nicht von seiner gesetzlichen Verfügungsermächtigung gedeckt und er kann daher dem Erwerber nicht derivativ das Eigentum verschaffen. Ein **gutgläubiger Erwerb** nach § 367 kommt nicht in Betracht: Dem Erwerber ist die Position des Veräußerers als Pfandgläubiger nämlich idR bekannt, sodass kein Vertrauen auf dessen Eigentümerposition besteht. Das Vertrauen bloß auf die Verfügungsmacht ist aber grundsätzlich nicht geschützt (Rz 6/50), es sei denn, der gutgläubige Dritte erwirbt das Recht von einem Unternehmer im gewöhnlichen Betrieb seines Unternehmens (§ 368 Abs 1; Rz 6/51); bei Pfandverwertung unter diesen Umständen ist ein gutgläubiger Erwerb daher nach § 367 möglich. Damit aber auch in anderen Fällen ein Gutglaubenserwerb vom Pfandgläubiger möglich ist, sieht das Gesetz vor, dass hier für die Redlichkeit des Erwerbers iSd § 367 ausnahmsweise das Vertrauen auf die Verfügungsbefugnis des Pfandgläubigers genügt (§ 466d). Nach den EBzRV (1058 BlgNR XXII. GP 70) soll offenbar bei jedem Verstoß gegen die gesetzlichen Regelungen die Verfügungsmacht fehlen und nur ein Gutglaubenserwerb nach § 466d in Betracht kommen. Die EBzRV führen dazu den Fall an, dass eine Sache ohne Markt- oder Börsenpreis freihändig verkauft wird, wo das Überschreiten der Verfügungsmacht einsichtig ist; nicht sachgerecht scheint diese Konsequenz jedoch, wenn zB bloß die Androhung des Verkaufs (§ 466b Abs 1) unterbleibt. Hier sollte der Erwerber auch dann das Eigentum an der Sache erlangen, wenn er davon wissen musste oder sogar gewusst hat[22]. Überdies wird ein Erwerber, der auf die 11/31

21 Zur Sachwidrigkeit dieser Konstruktion *Holzner*, ÖBA 2007, 944, 947; *Spitzer*, RdW 2006, 678.

22 *Hinteregger* in Schwimann[4] § 466d Rz 2. AA unter Berufung auf die Mat *Eicher*, Bankvertragsrecht IX Rz 1/100; *Oberhammer/Domej* in Kletečka/Schauer, ABGB-ON 1.03 § 466d Rz 8: weniger strenge Beurteilung der Redlichkeit.

Verfügungsmacht des Veräußerers vertraut, auch dann zu schützen sein, wenn dieser in Wirklichkeit kein Pfandgläubiger ist[23].

11/32 Wurden **Inhaber- oder Orderpapiere** als Pfand gegeben, kann sich der Pfandgläubiger aus ihnen durch Einziehung der durch sie verkörperten Forderung befriedigen. Muss diese bei Pfandreife erst durch Kündigung fällig gestellt werden, ist der Pfandgläubiger dazu berechtigt. Andernfalls bleibt ihm nur die Möglichkeit einer Feilbietung nach § 466b, die bei Wertpapieren mit einem Markt- oder Börsenpreis im Wege des Freihandverkaufs erfolgen muss. Wird die verbriefte Forderung vor der durch das Wertpapier gesicherten Forderung fällig, darf der Pfandgläubiger sie trotz fehlender Pfandreife einziehen; sein Pfandrecht besteht dann an dem Erlös weiter, der – sofern er in Geld besteht – nach den Vorschriften der §§ 215 ff anzulegen ist (§ 466e).

11/33 Die Parteien können eine von den §§ 466a ff **abweichende Vorgangsweise** vereinbaren (§ 466a Abs 3). Steht einem Dritten ein Recht an der Pfandsache zu, das durch die Veräußerung erlischt (§ 466c Abs 3; Rz 11/30), ist für die Wirksamkeit der Vereinbarung auch dessen Zustimmung erforderlich (§ 466c Abs 5). Unklar ist das Verhältnis dieser Gestaltungsfreiheit der Parteien zu der bisher aus § 1371 abgeleiteten Möglichkeit, einen Freihandverkauf zu vereinbaren, sofern jede Willkür des Pfandgläubigers bei der Verwertung ausgeschlossen wird (Rz 9/23). UE sind derartige Abreden auch bei Sachen ohne Markt- oder Börsepreis weiterhin zulässig, weil § 466b Abs 2 (Verkauf in einer öffentlichen Versteigerung) nicht zwingend ist[24].

11/34 Auf die Verwertung von verpfändeten **Forderungen** und **Liegenschaften** sind die §§ 466a ff nicht anwendbar. Es kommt daher zur gerichtlichen Feilbietung nach § 461. Fraglich ist, ob auch bei Liegenschaften ein freihändiger Verkauf zum Schätzwert vereinbart werden kann. Für diese zusätzliche Möglichkeit spricht vor allem § 1371, der nicht zwischen beweglichen und unbeweglichen Sachen differenziert[25]. Dabei käme auch in Betracht, dass der Pfandbesteller den Pfandgläubiger (unwiderruflich) dazu bevoll-

23 *Eicher*, Bankvertragsrecht IX Rz 1/101; *Holzner*, ÖBA 2007, 950; *Oberhammer/Domej* in Kletečka/Schauer, ABGB-ON 1.03 § 466d Rz 3.

24 9 Ob 11/11z, EvBl 2011/145; *Holzner*, ÖBA 2007, 941, 943. AA wohl *Schauer* in Krejci, RK ABGB § 466a Rz 6. Zur Frage, ob zulässigerweise vereinbart werden kann, dass nur Gebote von Unternehmern zu berücksichtigen sind (so 9 Ob 11/11z, ÖBA 2013, 520), krit *Holzner*, ÖBA 2007, 947 f; *Spitzer*, ÖBA 2013, 480 f.

25 OGH RS0032399; 5 Ob 295/01w, SZ 2002/2; *Ehrenzweig* I/2, 448; *K. Hofmann* in Rummel[3] § 1371 Rz 1; *Klang* in Klang[2] VI 257. AA *Holzner*, ÖBA 2004, 945.

mächtigt die Liegenschaft zu verkaufen[26] oder sie durch Feilbietung nach §§ 87a ff NO im Namen des Pfandbestellers zu verwerten. Die außergerichtliche Verwertung von Liegenschaften hat allerdings den wesentlichen Nachteil, dass der Erwerber prinzipiell alle auf der Liegenschaft haftenden dinglichen Rechte Dritter übernehmen muss, weil hier – anders als nach § 150 EO und § 466c Abs 3 (vgl Rz 11/30) – nicht vorgesehen ist, dass diese erlöschen (s auch § 87b Abs 1 Z 1 NO).

Eine **außergerichtliche Pfandverwertung kraft Gesetzes** ist ferner etwa vorgesehen für im Rahmen von Börsenhandels- und Abwicklungssystemen gestellte Kautionen (§ 49 BörseG 2018), für das Vorzugsrecht der Nationalbank (§ 77 Abs 3 NBG) und für Pfandleiher (§ 155 Abs 1 GewO). **11/35**

Für **Finanzsicherheiten** (s Rz 9/22) bestehen wiederum Erleichterungen: Sie können jedenfalls ohne Versteigerung verwertet werden (§ 5 FinSG); ebenso wenig muss der Gläubiger die Verwertung androhen oder eine Wartefrist verstreichen lassen (§ 6 FinSG).

26 Vgl 5 Ob 258/09s, wobl 2010, 232 mit Anm *Holzner*; RS0116128; *Kiechl*, ecolex 2010, 742.

§ 12. Erlöschen des Pfandrechts

12/1 Neben den bereits erwähnten Fällen der Beendigung des Pfandrechts, wie bei gutgläubigem lastenfreien Erwerb der Pfandsache durch einen Dritten oder Enteignung, werden im Gesetz noch spezielle Erlöschensgründe angeführt.

A. Untergang der Pfandsache

12/2 Die Zerstörung der Pfandsache führt notwendigerweise zum Erlöschen des Pfandrechts (§ 467), soweit nicht das Gesetz eine **Pfandrechtswandlung** vorsieht. Darunter versteht man eine Situation, in der das Pfandobjekt ausgewechselt wird, wobei aber das Pfandrecht weiterhin besteht und seine Identität aufrecht bleibt (so zB § 10 BauRG; § 100 VersVG[1]; § 297 Abs 2 EO). Dasselbe gilt bei einem rechtlichen Untergang der Pfandsache, wie zB dann, wenn sie unselbständiger Bestandteil einer Hauptsache wird (s aber Rz 1/38, 17/7).

B. Verzicht des Pfandgläubigers auf das Pfandrecht

12/3 Der Gläubiger kann entweder auf die besicherte Forderung verzichten, wodurch es wegen des Akzessorietätsprinzips (Rz 9/2 ff) automatisch zum Erlöschen des Pfandrechts kommt (§ 469; Rz 12/8), oder bloß auf das Pfandrecht unter Weiterbestand der Forderung (§ 467).

Der Verzicht ist ein **Verfügungsgeschäft**, durch das ein Recht aufgehoben wird. Er bedarf wegen des Grundsatzes der Kausalität eines Verpflichtungsgeschäfts, für das auch im Falle der Unentgeltlichkeit die Einwilligung des anderen Teils, also des Pfandbestellers, erforderlich ist (II/4/49).

---

1 Dazu *Grassl-Palten*, Feuerversicherung und Realkredit (1992) 53 ff.

Hypotheken erlöschen überdies erst mit Einverleibung der Löschung des Pfandrechts im Grundbuch (§ 4 GBG).

Zum **Verzicht des Afterverpfänders** gegenüber dem Hauptpfandbesteller vgl Rz 10/12.

C. Rückstellung des Faustpfandes; Beseitigung des Zeichens

Nach § 467 erlischt das Pfand an einer beweglichen Sache, wenn der Pfand- **12/4** nehmer diese **„ohne Vorbehalt" zurückstellt**. Im Umkehrschluss müsste daher bei Zurückstellung mit erklärtem Vorbehalt das Pfandrecht bestehen bleiben. Diese Konsequenz widerspricht jedoch eindeutig dem Faustpfandprinzip, das eine Verpfändung durch Besitzkonstitut strikt ausschließt (§§ 451 f; Rz 10/4). Trotzdem nimmt die Rsp einen wirksamen Vorbehalt insb bei vorübergehender, zeitweiliger Überlassung der Sache an den Pfandbesteller an[2]. Nach der zutreffenden hL erlischt aber das Pfandrecht bei Rückstellung auf jeden Fall[3]. Der Vorbehalt hat nur die Wirkung, dass der Pfandgläubiger den obligatorischen Anspruch auf (neuerliche) Einräumung des Pfandrechts behält; das neue Pfandrecht kann aber nur im laufenden Rang begründet werden.

Bei **eigenmächtigem Entzug** der Pfandsache durch den Pfandbesteller bleibt das Pfandrecht hingegen aufrecht, nicht aber wenn sie betrügerisch herausgelockt wird[4].

Der Rückstellung der Pfandsache wird die **Beseitigung des Zeichens**, das **12/5** für die Übergabe gem § 452 erforderlich war, gleich gehalten. Die Verpfändung wird dadurch wirkungslos, auch wenn das Zeichen durch ein zufälliges Ereignis oder vom Pfandschuldner entfernt wird[5]. Auch die Beseiti-

2 Vgl auch *Markl/Niedermayer*, ÖJZ 1994, 185; *Vranes*, JBl 1996, 763.

3 *Aigner*, ÖJZ 2016, 293, 297; *P. Bydlinski*, ÖJZ 1986, 327; *Eicher*, Ausgewählte Probleme des Mobiliarpfandrechts (1999) 141 ff; *K. Hofmann* in Rummel³ § 467 Rz 5; *Spitzer*, JBl 2014, 556, 561; *Fidler* in Fenyves/Kerschner/Vonkilch³ (Klang) § 467 Rz 28; *Wolkerstorfer*, Das Pfandrecht des Unternehmers (2012) 100; *Pittl*, Eccher-FS (2017) 885.

4 *P. Bydlinski*, ÖJZ 1986, 333; *Eicher*, Mobiliarpfandrecht 145 mwN. AA *Aigner*, ÖJZ 2016, 298; *Spitzer*, JBl 2014, 562; *Wolkerstorfer*, Pfandrecht des Unternehmers 102; *ders*, RdW 2014, 507, 508.

5 OGH RS0011403; *Eicher*, Mobiliarpfandrecht 141 ff; *Riedler*, ABGB-FS II (2011) 1365, 1370 FN 21; *Sailer*, ÖBA 2001, 220 ff; *Spitzer*, JBl 2005, 695, 700; *ders*, JBl 2014, 563; *Wolkerstorfer*, RdW 2014, 507. Nach *P. Bydlinski*, ÖJZ 1986, 335, 337; *K. Hofmann* in Rummel³ § 467 Rz 4 nur wenn den Pfandgläubiger kein Vorwurf trifft.

gung oder Manipulation des Buchvermerks für die Verpfändung einer Forderung (s Rz 10/8) bewirkt das Erlöschen des Pfandrechts[6].

D. Zeitablauf

12/6 Die Pfandhaftung einer Sache kann durch **Vereinbarung eines Endtermins** oder einer auflösenden Bedingung zeitlich eingeschränkt werden. Ist das Eigentums- oder Verfügungsrecht des Pfandbestellers über die Sache befristet, ergibt sich die gleichlaufende Befristung des Pfandrechts bereits aus dem Grundsatz, dass niemand mehr Rechte einräumen kann, als er selbst hat (§ 442 letzter Satz). Jedoch ist in diesem Fall nach § 468 der Erwerb eines zeitlich nicht beschränkten Pfandrechts kraft **guten Glaubens** möglich, wenn dem Pfandnehmer die Befristung des Rechts des Verpfänders nicht bekannt war oder aus dem Grundbuch bekannt sein konnte.

§ 468 ist dahin gehend zu korrigieren, dass die Befristung auch bei beweglichen Sachen bereits bei leicht fahrlässigem Nichterkennen auf das Pfandrecht durchschlägt. Dafür sprechen die Gleichbehandlung mit bücherlichen Rechten sowie die Analogie zu § 456 Abs 2 und § 527, der eine entsprechende Konstellation bei Dienstbarkeiten betrifft.

12/7 **Richterliche und gesetzliche Pfandrechte** unterliegen oft einer zeitlichen Begrenzung; so erlischt zB das Pfändungspfand an beweglichen Sachen nach zwei Jahren, wenn das Verkaufsverfahren nicht gehörig fortgesetzt wird (§ 256 EO). Mangels gerichtlicher Geltendmachung des gesicherten Anspruchs endet das Pfandrecht gem § 1321 (Rz 10/29) nach acht Tagen, das Bestandgeberpfandrecht nach drei Tagen ab Ausübung des Sperrrechts (§ 1101), das Frachtführerpfandrecht nach drei Tagen ab Ablieferung des Gutes (§ 440 UGB).

E. Tilgung der besicherten Forderung

I. Erlöschen des Pfandrechts

12/8 Aus dem Grundsatz der **Akzessorietät** (Rz 9/2 ff) folgt, dass das Pfandrecht mit Erlöschen der besicherten Forderung aus welchem Grund auch immer – Zahlung, Aufrechnung, Hinterlegung, Verzicht, zufälliges Unmöglichwerden der Leistung (§ 1447) – ebenfalls endet. Ausnahmen davon bestehen beim Erlass der besicherten Schuld unter Vorbehalt des Pfand-

6 OGH RS0126674; *Kaller*, Sicherungszession von Buchforderungen unter besonderer Berücksichtigung der Publizität (2007) 95; *Riedler*, ÖBA 2003, 427; *Spitzer*, JBl 2014, 565.

rechts und im Falle der Verjährung der Forderung, solange der Gläubiger das Faustpfand in Händen hat (§ 1483; vgl Rz 12/20). Hier kommt es zu einer reinen Sachhaftung.

Ist eine Forderung mittels Pfand besichert und bezahlt sie ein Dritter, der für sie haftet (§ 1358) oder ihre Einlösung begehrt (§ 1422), führt dies hingegen nicht zum Erlöschen; vielmehr gehen **Forderung und Pfandrecht** auf den Dritten kraft Gesetzes über (Rz 10/33). Ist der Dritte Eigentümer der für die Schuld eines anderen verpfändeten Liegenschaft, entsteht eine forderungsbekleidete Eigentümerhypothek (Rz 12/18). **12/9**

II. Verfügungsrecht nach § 469

1. Entstehen und Inhalt des Verfügungsrechts

Der Akzessorietätsgrundsatz (Rz 9/2 ff) gilt auch bei Hypotheken. Sie erlöschen daher materiell mit der besicherten Forderung, bleiben jedoch bis zur Löschung im Grundbuch **formell bestehen**. Der Gläubiger hat aber kein Befriedigungs- oder Verfügungsrecht mehr. Er muss dem Eigentümer Zug um Zug gegen Zahlung der besicherten Schuld eine Löschungsquittung ausstellen (§ 1369)[7], auf Grund deren dieser – nicht aber der (frühere) Pfandgläubiger (OGH RS0107989) – um Einverleibung der Löschung der Hypothek im Grundbuch ansuchen kann. Wenn der Eigentümer dies unterlässt, läuft er Gefahr, dass der weiterhin eingetragene Hypothekargläubiger über die an sich erloschene Hypothekarforderung – etwa auf Grund eines Kaufvertrags – verfügt und dem gutgläubigen Erwerber ein wirksames Pfandrecht verschafft (vgl Rz 10/42). **12/10**

Bis zur Löschung der Hypothek im Grundbuch besteht im Rang und im Umfang des materiell erloschenen Pfandrechts eine **„forderungsentkleidete Eigentümerhypothek“**, oder richtiger gesagt das Verfügungsrecht des Eigentümers über diesen Rang. Solange die getilgte Hypothekarforderung noch verbüchert bleibt, wird nämlich das Aufrücken der nachfolgenden Berechtigten verhindert. Der Eigentümer kann unter Vorlage der Löschungsquittung und der für eine Pfandbestellung nötigen Urkunden um Einverleibung einer Hypothek für eine andere Forderung in dem freigehaltenen Rang ansuchen (§ 469 letzter Satz); die neue Forderung darf aber die Höhe der getilgten Forderung nicht überschreiten, wobei auch die Verzinslichkeit bzw unterschiedliche Zinssätze zu berücksichtigen sind. Da- **12/11**

7 Dazu *Holzner*, NZ 2000, 289, 294; *Reischauer*, NZ 2001, 362, jeweils auch zur Tragung der Kosten der Löschungsquittung; *Kodek* in Kodek, GrundbuchsR[2] § 13 GBG Rz 101 ff.

durch, dass der Liegenschaftseigentümer einem neuen Gläubiger einen besseren als den laufenden Rang verschafft, kann er meistens günstigere Konditionen, insb eine niedrigere Verzinsung, erreichen; auf diese Weise wird die Umschuldung erleichtert.

12/12 Bei **teilweiser Tilgung** der besicherten Forderung hat der Hypothekargläubiger eine Teillöschungsquittung auszustellen (OGH RS0011461). Diese Urkunde versetzt den Pfandbesteller in die Lage, über den frei gewordenen Teil der Hypothek gem § 469 zu verfügen; in dem betreffenden Rang geht allerdings die restliche „alte" Hypothek der neu eingeräumten Hypothek vor.

12/13 Der Eigentümer kann von dem Verfügungsrecht Gebrauch machen, bis er sein Eigentum durch Erteilung des Zuschlags in einer Zwangsversteigerung verliert (§ 183 EO) bzw bis die Zwangsverwaltung angemerkt wird (§ 98 EO). Hat er den Rang bis dahin nicht ausgenützt, bleibt die forderungsentkleidete Eigentümerhypothek bei der Verteilung der Erträgnisse bzw des Meistbots unberücksichtigt (§ 470 Satz 1)[8].

2. Rangvorbehalt

12/14 Damit der Liegenschaftseigentümer nicht das Risiko eines gutgläubigen Pfandrechtserwerbs durch einen Dritten auf sich nehmen muss (vgl Rz 12/10), hat er die Möglichkeit, die getilgte Hypothek im Grundbuch löschen zu lassen und gleichzeitig die Anmerkung zu erwirken, dass die Eintragung eines **neuen Pfandrechts im Rang und bis zur Höhe des gelöschten Pfandrechts** vorbehalten bleibt (Rangvorbehalt; § 58 GBG). Das Verfügungsrecht des Eigentümers erlischt dann aber nach drei Jahren ab Bewilligung der Anmerkung (§ 58 Abs 1 GBG).

Bei einem Eigentümerwechsel steht das Verfügungsrecht nach § 469 dem Erwerber zu. Dies gilt auch für den Rangvorbehalt. Die Eintragung eines Pfandrechts im vorbehaltenen Rang ist daher nur dann möglich, wenn es von demjenigen eingeräumt wurde, der im Zeitpunkt des Ansuchens als Eigentümer der Liegenschaft im Grundbuch aufscheint (zum bücherlichen Vormann Rz 3/56).

3. Bedingte Pfandrechtseintragung

12/15 Der Liegenschaftseigentümer hat die Möglichkeit, ein Pfandrecht für eine neue Forderung im Rang einer noch aufrechten Hypothek unter der auf-

8 Dazu *E. Gruber*, JBl 1980, 397.

schiebenden Bedingung eintragen zu lassen, dass innerhalb eines Jahres ab Bewilligung dieses Ansuchens die **Löschung des alten Pfandrechts** einverleibt wird (bedingte Pfandrechtseintragung; § 59 GBG). Geschieht dies, wird der Eintritt der Bedingung im Grundbuch angemerkt und das neue Pfandrecht erlangt Rechtswirksamkeit. Um Löschung der alten Hypothek kann hier auch der Gläubiger ansuchen, zu dessen Gunsten die bedingte Pfandrechtseintragung erfolgt ist; dafür benötigt er aber die Löschungsquittung. Sucht der Gläubiger nicht innerhalb eines Jahres ab Bewilligung der Eintragung um Löschung der alten Hypothek an, ist das neue Pfandrecht samt den damit zusammenhängenden Eintragungen, wie zB Afterpfandrecht, von Amts wegen zu löschen.

Auch die bedingte Pfandrechtseintragung dient dazu, eine Umschuldung zu erleichtern.

4. Beschränkung des Verfügungsrechts

Der Eigentümer kann bei Einräumung einer Hypothek gegenüber dem 12/16
Gläubiger nicht wirksam auf sein (zukünftiges) Verfügungsrecht nach § 469 verzichten (§ 469a Satz 1). Dies soll den Schuldner schützen, weil er als Kreditnehmer typischerweise in einer schwächeren Verhandlungsposition ist. Ein solcher Verzicht würde ihm nämlich eine Umschuldung erschweren: Da es dann zum Nachrücken der nachrangigen Lasten auf der Liegenschaft käme und ein neuer Kreditgeber nur eine Hypothek im laufenden Rang bekäme, wäre es dem Schuldner gar nicht oder nur zu schlechten Bedingungen möglich, einen neuen Gläubiger zu finden.

Dieser Schutzgedanke ist allerdings weitgehend entwertet[9]. Dem Eigentü- 12/17
mer steht das Verfügungsrecht nämlich nur unter bestimmten Voraussetzungen zu: Er muss es sich gegenüber den Buchberechtigten, die auf der Liegenschaft ein Recht gleichrangig mit oder im Rang nach der materiell erloschenen Hypothek rechtsgeschäftlich – also nicht etwa exekutiv – erworben haben, vertraglich vorbehalten und dies im Grundbuch anmerken lassen (§ 469a Satz 2). Der Vorbehalt wirkt nur gegenüber dem Partner dieser Vereinbarung; die anderen Buchberechtigten rücken nach. Mit Zustimmung der nachfolgenden Buchberechtigten kann aber der Liegenschaftseigentümer auch ohne Anmerkung des Vorbehalts über die frei gewordene Pfandstelle verfügen[10]. Da sich Kreditgeber meistens in einer wirtschaftlich

9 Vgl *Hoyer*, NZ 2000, 161.
10 AA 5 Ob 13/09m, JBl 2009, 636 mit krit Anm *Holzner*.

stärkeren Position befinden als der Eigentümer, der Kredit sucht, gelingt es diesem nur selten, einen Vorbehalt des Verfügungsrechts zu vereinbaren.

III. Verfügungsrecht nach § 1446

12/18 Universal- oder Singularsukzession können dazu führen, dass sich die **sachenrechtlichen Positionen** des Hypothekarschuldners und des Hypothekargläubigers vereinigen. Ist der Hypothekarschuldner Drittpfandbesteller, entsteht eine Eigentümerhypothek. Derartige Situationen treten vor allem dann ein, wenn der Realschuldner die besicherte Forderung begleicht und damit gem § 1358 nicht nur diese, sondern auch das damit verbundene Pfandrecht auf ihn übergeht. Denkbar ist aber etwa auch, dass der Gläubiger die Pfandliegenschaft erwirbt oder der Hypothekarschuldner den Gläubiger beerbt.

Beispiel: A hat seine Liegenschaft dem B zur Besicherung von dessen Forderung gegen C verpfändet. Da C bei Fälligkeit nicht zahlen kann, begleicht A dessen Schuld. Damit löst er die Forderung des B gegen C nach § 1358 ein. Die Hypothek auf der Liegenschaft des A haftet nunmehr für eine Forderung des Liegenschaftseigentümers, also dem A selbst.

12/19 Anders als bei der forderungsentkleideten Eigentümerhypothek (Rz 12/11 ff) besteht hier die Forderung (gegen den Personalschuldner), deren Besicherung die Hypothek dient, weiter (**forderungsbekleidete Eigentümerhypothek**); Gläubiger ist nun allerdings derjenige, der diese Forderung auch besichert hat, nämlich der Eigentümer der Pfandliegenschaft. Er kann über die Hypothek verfügen, indem er die auf ihn übergegangene Forderung bücherlich einem Dritten abtritt (§ 1446). Dann fallen Gläubigerstellung und die Person des Pfandbestellers wieder auseinander und es liegt eine normale Hypothek vor. Dasselbe gilt, wenn der Eigentümer die Liegenschaft verkauft.

Aber auch sonst zeigen die gesetzlichen Regelungen, dass eine solche Eigentümerhypothek „werthaltig“ ist: Im Falle der Zwangsverwaltung oder Zwangsversteigerung der Liegenschaft ist der Eigentümer im Rang der Eigentümerhypothek wie ein sonstiger Hypothekargläubiger aus den Erträgnissen bzw aus dem Erlös zu befriedigen, soweit die besicherte Forderung gegen den Personalschuldner noch besteht (§ 470 Satz 2). Gläubiger des Liegenschaftseigentümers können aber auf dessen Hypothekarforderung durch Pfändung und Überweisung nach den §§ 320 ff EO Exekution führen (vgl § 1446) und sich dann aus dem auf die forderungsbekleidete Eigentümerhypothek entfallenden Versteigerungserlös befriedigen.

F. Verjährung des Pfandrechts

Das **Faustpfand** ist unverjährbar, solange es der Gläubiger in Händen hat (§ 1483). Wurde hingegen das Pfandrecht an einer beweglichen Sache durch symbolische Übergabe begründet, greift die allgemeine dreißigjährige Verjährungsfrist ein[11], ebenso wenn der Faustpfandgläubiger die Gewahrsame verliert. Die Frist beginnt mit Fälligkeit der Forderung zu laufen, weil erst dann das Pfandrecht ausgeübt werden kann (§ 1478). **12/20**

Von der Verjährung des Pfandrechts ist die **Verjährung der besicherten Forderung** zu unterscheiden: Sie beseitigt nur die persönliche Haftung des Schuldners, und zwar – entgegen dem Gesetzeswortlaut – in vollem Umfang; hingegen bleibt die Pfandhaftung bestehen (§ 1483). Diese umfasst nach hA nicht die nach § 1480 bereits verjährten Zinsen.

Für die **Verpfändung von Forderungen** im Wege der Drittschuldnerverständigung (Rz 10/8) vertritt die hA, dass § 1483 analog anzuwenden ist, sodass das Pfandrecht unverjährbar ist[12]. Davon zu unterscheiden ist allerdings die Verjährbarkeit der verpfändeten Forderung, die möglich bleibt; dadurch erlischt auch das an ihr bestehende Pfandrecht. **12/21**

Hypotheken unterliegen der dreißigjährigen Verjährung ab Fälligkeit der besicherten Forderung (§§ 1478, 1499). Auch hier ist die Verjährung der besicherten Forderung selbständig zu beurteilen, jedoch nimmt die hA bei solchen Forderungen, die etwa nach § 1486 einer dreijährigen Verjährung unterliegen, eine Verlängerung der Frist auf dreißig Jahre an, wenn sie hypothekarisch sichergestellt sind[13]; dies gilt aber wieder nicht für Zinsen. **12/22**

11 *Mader/Janisch* in Schwimann[4] § 1483 Rz 2; *Wolkerstorfer*, Pfandrecht des Unternehmers 111. AA *Huber*, ÖJZ 1986, 193.

12 *Mader/Janisch* in Schwimann[4] § 1483 Rz 1 mwN. AA *Wolkerstorfer*, Pfandrecht des Unternehmers 114.

13 OGH RS0034150; *Ehrenzweig* I/1, 313; *Mader/Janisch* in Schwimann[4] § 1479 Rz 6. AA *Steininger*, NZ 1998, 395; *Holzner*, NZ 2000, 298.

§ 13. Sonderformen des Grundpfandes

A. Höchstbetragshypothek

13/1 Das Pfandrecht an einer Liegenschaft kann auch mit einem Höchstbetrag zur Besicherung von Forderungen einverleibt werden, die aus einem **bestimmten Grundverhältnis** entstanden sind und noch entstehen können (§ 14 Abs 2 GBG). Das Gesetz nennt vier Fälle, nämlich Forderungen aus Kreditgewährung, Geschäftsführung, Gewährleistung oder Schadenersatz. Diese Aufzählung ist nicht taxativ (OGH RS0102778). Vielmehr können auch andere Ansprüche, wie zB auf Rentenzahlungen oder Bestandzinse, durch eine Höchstbetragshypothek (Maximalhypothek) gesichert werden, wenn nur das Grundverhältnis, aus dem sie entspringen, ausreichend bestimmt ist. Zulässig ist es ebenso, verschiedene Rechtsgründe zusammenzufassen (zB Gewährleistung und Schadenersatz) oder mehrere mögliche Schuldner anzuführen (zB Ehegatten)[1]. Den wohl größten Anwendungsbereich hat die Höchstbetragshypothek bei Kontokorrent- und Rahmenkreditverträgen, bei denen die Höhe der Forderung gegen den Kreditnehmer durch Rückzahlungen einerseits und neuerliche Kreditausnützung bzw Kreditaufnahme andererseits ständig schwankt. Nach der Rsp kann man auch zukünftige Kreditgewährungen mit einer Höchstbetragshypothek besichern[2].

Beispiele: A hat mit der Bank B einen – wiederholt ausnützbaren – Krediteröffnungsvertrag (III/9/10) bis zu € 500.000 geschlossen. Zur Besicherung des jeweils offenen Kreditbetrages wird auf der Liegenschaft des A eine Hypothek bis zum Höchstbetrag von € 600.000 eingetragen.

C hat seine Liegenschaft gegen eine Leibrente an D veräußert. D besichert die monatlichen Zahlungen durch Einverleibung einer Höchstbetragshypothek auf der Liegenschaft. (Nach hA kommt zur Sicherung der Leibrente auch eine Reallast in Betracht, die den Vorteil hat, dass sie wertgesichert eingetragen werden kann, III/11/4).

---

1 5 Ob 292/98x, ÖBA 1999, 738; RS0120618; *Holzner*, ÖBA 2004, 944, 955; *Iro*, RdW 2000, 9.

2 OGH RS0060495; *Apathy*, ÖBA 2000, 1033; *Hoyer*, Strasser-FS (1983) 931, 941. AA *Janser/Schreier*, NZ 1988, 2, 6 ff; *Kodek* in Kodek, GrundbuchsR² § 14 GBG Rz 54; *Kurzbauer*, Die Höchstbetragshypothek (1999) 109 ff.

Der **Höchstbetrag** ist nach hA anders als die bei der Verkehrshypothek angegebene Geldsumme tatsächlich die Obergrenze der Pfandhaftung. In ihm müssen die aus dem Grundverhältnis resultierenden Zinsen, die den gleichen Rang wie das Kapital genießen, auch wenn sie länger als 3 Jahre zurückliegen, und die Nebengebühren Deckung finden[3]. **13/2**

Das Ansuchen um Einverleibung einer Höchstbetragshypothek hat das Grundverhältnis (zB einen bestimmten Pachtvertrag), den Rechtsgrund der zu besichernden Forderungen (zB Pachtzins und Schadenersatz) und den Höchstbetrag anzugeben (vgl § 14 Abs 2 und 3 GBG). Urkundlich nachzuweisen sind nur das Bestehen des Grundverhältnisses (dafür lässt aber die Praxis einen diesbezüglichen Hinweis in der Pfandbestellungsurkunde genügen) und die Pfandbestellung samt Aufsandungserklärung (siehe auch Rz 10/7). **13/3**

Die Höchstbetragshypothek dient der Besicherung des Grundverhältnisses und der daraus entspringenden Forderungen, sofern sie auf dem im Grundbuch angegebenen Rechtsgrund beruhen, bis zur eingetragenen betragsmäßigen Grenze. Sie ist nach hA **zum Grundverhältnis akzessorisch**, nicht aber zu den einzelnen Forderungen[4]. Die fehlende Abhängigkeit von konkreten Forderungen zeigt sich vor allem daran, dass das Pfandrecht auch dann begründet werden kann, wenn es ungewiss ist, ob jemals Forderungen der zu besichernden Art (zB Schadenersatzansprüche) entstehen werden, und dass es aufrecht bleibt, wenn einige oder alle Forderungen aus dem Grundverhältnis getilgt werden. An Hand des Grundbuchs kann somit nicht beurteilt werden, ob die Maximalhypothek aktuell überhaupt bzw in welchem Umfang sie für eine Forderung haftet. Der Pfandgläubiger muss daher im Verwertungsfall dartun, dass ihm Forderungen zustehen, die dem Grundverhältnis entstammen und von der besicherten Art sind. Weiters folgt aus dieser Besonderheit der Höchstbetragshypothek, dass sie nicht im Vertrauen auf das Grundbuch erworben werden kann (dazu Rz 10/42 und 12/10). **13/4**

Solange das **Grundverhältnis aufrecht** ist und daraus Forderungen der besicherten Art noch entspringen können, bleibt die Höchstbetragshypothek bestehen. Der Realschuldner kann daher das (teilweise) Erlöschen der Hypothek ohne Zustimmung des Gläubigers auch nicht dadurch errei- **13/5**

---

3 OGH RS0003456; RS0011351; *Hinteregger* in Schwimann[4] § 449 Rz 25; *K. Hofmann* in Rummel[3] § 451 Rz 11. AA *Hoyer*, Demelius-FS (1973) 349, 350; *Iro*, Bankvertragsrecht IX Rz 2/195; *Kurzbauer*, Höchstbetragshypothek 39 ff; *Ostheim*, JBl 1960, 625.

4 OGH RS0033415; *Reischauer*, ÖJZ 1982, 287, 291 f. AA *Kundi*, Zession hypothekarisch gesicherter Forderungen (2003) 164 ff.

chen, dass er die offenen Forderungen begleicht, selbst wenn diese den Höchstbetrag ausschöpfen (OGH RS0104888; RS0011348).

13/6 Ist das **Grundverhältnis beendet** (zB Fälligstellen des Kredites), können zwar keine neuen Forderungen mehr daraus entstehen, doch haftet die Höchstbetragshypothek so lange weiter, bis das Grundverhältnis abgewickelt ist, also die bereits existent gewordenen Forderungen (zB auf Kreditrückzahlung) getilgt sind. Erst dann hat der Liegenschaftseigentümer Anspruch darauf, dass ihm der Gläubiger eine Löschungsquittung ausstellt (dazu §§ 469, 1369; vgl auch Rz 9/29).

Wenn die aushaftende **Forderung den Höchstbetrag übersteigt**, kann der Personalschuldner die Lastenfreistellung der Liegenschaft nur durch Begleichung der gesamten Schuld erreichen; iSd § 1415 Satz 2 ungewidmete Zahlungen des Schuldners sind zunächst auf den unbesicherten Teil der Schuld anzurechnen (OGH RS0110059). Ein Drittpfandbesteller muss hingegen nach hA[5] die offene Forderung nur bis zum Höchstbetrag begleichen, um die Hypothek materiell zum Erlöschen zu bringen. Dies setzt aber voraus, dass der Gläubiger ihn zumindest außergerichtlich in Anspruch nimmt, weil der Realschuldner dem Gläubiger die Zahlung nicht unter Anrechnung auf den hypothekarisch gesicherten Teil der Forderungen aufdrängen kann.

13/7 Wurde das Grundverhältnis beendet und sind die daraus entspringenden und von der Maximalhypothek besicherten Forderungen getilgt, steht dem Liegenschaftseigentümer das **Verfügungsrecht** nach § 469 zu (dazu Rz 12/10 ff). Er kann diesen Rang dazu verwenden, entweder bis zum eingetragenen Höchstbetrag unter Vorlage der vom Pfandgläubiger ausgestellten Löschungsquittung eine neue Maximalhypothek einzuräumen oder eine Verkehrshypothek für eine bestimmte Forderung zu begründen, die aber inklusive der vertraglichen bzw gesetzlichen Zinsen für 3 Jahre (§ 17 GBG) den Höchstbetrag nicht überschreiten darf (OGH RS0011464).

13/8 Die **Übertragung** der Position des Pfandgläubigers setzt bei einer Höchstbetragshypothek den Übergang der betreffenden Vertragsposition aus dem Grundverhältnis voraus. Dieser kann im Wege der Universalsukzession (zB Erbgang; Verschmelzung gem § 219 AktG) oder der Einzelrechtsnachfolge durch Vertragsübernahme erfolgen, die grundsätzlich der Zustimmung aller Beteiligten bedarf (vgl dazu II/5/95)[6]. Der Gläubigerwechsel

5 OGH RS0011470; *Hoyer*, Demelius-FS 358 ff; *Kurzbauer*, Höchstbetragshypothek 165 f.
6 3 Ob 124/90, ÖBA 1991, 591; 5 Ob 199/04g, ecolex 2005, 371 mit Anm *Sääf*; *Apathy*, ÖBA 2000, 1031; *H. Koziol*, Ostheim-FS (1990) 137 ff; *Iro*, Bankvertragsrecht IX

wird nach zutreffender Ansicht grundbücherlich durch Einverleibung vollzogen, die bei rechtsgeschäftlicher Übertragung der gesicherten Forderung konstitutiv wirkt (Rz 10/32).

Die **außerbücherliche Übertragung** einer durch die Höchstbetragshypothek gedeckten Forderung ist zwar anders als bei einer Verkehrshypothek (Rz 10/35) unbestritten möglich, die Forderung scheidet damit aber nach der Rsp und einem Teil der Lehre aus dem Sicherungsverband aus; die Höchstbetragshypothek haftet weiterhin zur Gänze am Grundverhältnis[7]. Das gilt nach der Rsp auch für die Forderungseinlösung nach den §§ 1358, 1422: Ist etwa eine Forderung durch eine Maximalhypothek und eine Bürgschaft besichert und wird sie vom Bürgen beglichen, geht zwar diese Forderung auf ihn über (§ 1358), nicht aber der auf sie entfallende Teil der Hypothek. Wurde das Grundverhältnis jedoch beendet und beschränkt sich daher die Pfandhaftung auf die bereits daraus entstandenen Forderungen bis zum Höchstbetrag, wandelt sie sich nach der Rsp in diesem Umfang ex lege in eine Festbetragshypothek um und geht auf den Bürgen über. Davon wird iZw ausgegangen, wenn der Gläubiger den Bürgen auf Begleichung aller offenen Forderungen aus dem Grundverhältnis in Anspruch nimmt. Nach der zutreffenden (wenn auch im Detail uneinheitlichen) überwL geht mit rechtsgeschäftlicher Übertragung oder mit Einlösung einer von der Höchstbetragshypothek gesicherten Forderung prinzipiell der auf diese entfallende Teil der Hypothek auf den Erwerber über und wächst mit Erlöschen der Forderung wieder der Höchstbetragshypothek zu[8]. **13/9**

Entsprechendes gilt auch für die **Einlösung** einer Höchstbetragshypothek **nach § 462**, die ja nur einen Sonderfall des § 1422 darstellt (Rz 11/14). Voraussetzung ist auch hier nach der Rsp, dass das Grundverhältnis beendet ist. Der einlösungswillige Pfandgläubiger muss die aus dem beendeten Grundverhältnis noch offenen Forderungen samt Nebengebühren bis zum Höchstbetrag begleichen (OGH RS0011470). Er erwirbt damit die Forderungen und in deren Umfang auch die Hypothek. **13/10**

Eine Höchstbetragshypothek kann im Wege der Einverleibung (5 Ob 10/09w) ganz oder teilweise **in eine Verkehrshypothek** für die aus dem Grundverhältnis bereits entstandenen Forderungen **umgewandelt** wer- **13/11**

Rz 2/234 ff; *Kurzbauer*, Höchstbetragshypothek 132 ff. Zum Schuldnerwechsel vgl *Iro*, ÖBA 1997, 345, 347 ff; *Reischauer*, ÖJZ 1979, 298, 299 ff.

7 OGH RS0033415; *Reischauer*, ÖJZ 1989, 234 f.

8 *Hofmeister*, Wagner-FS (1987) 163, 190; *Hoyer*, NZ 2008, 321; *Iro*, Bankvertragsrecht IX Rz 2/202 ff; *Kundi*, Zession 149 ff, 164 ff; *Kurzbauer*, Höchstbetragshypothek 188 ff; *Wilhelm*, wbl 1987, 295, 296 ff.

den. Damit endet aber noch nicht ohne weiteres das Grundverhältnis (5 Ob 169/05x). Die Hypothek ist dann nach den allgemeinen Regeln (Rz 10/30 ff) übertragbar.

13/12 Kommt es zur **Verwertung der Liegenschaft**, wird der Hypothekargläubiger nur einmal bis zum Höchstbetrag aus dem Erlös befriedigt. Das gilt auch, wenn mehrere Liegenschaften simultan bis zu diesem Höchstbetrag haften; der Gläubiger, dem bereits der Höchstbetrag aus dem Meistbot für eine der Liegenschaften zugewiesen wurde, kann daher seine darüber hinausgehende Forderung nicht aus dem Erlös einer anderen dieser Liegenschaften decken (5 Ob 285/05f). Schöpfen die bereits fälligen Forderungen den Höchstbetrag nicht aus und besichert die Höchstbetragshypothek Ansprüche auf wiederkehrende Leistungen (zB Mietzins) oder aufschiebend bedingte bzw betagte Forderungen, ist dafür nach § 219 Abs 1, § 221 Abs 1, § 223 Abs 3 EO aus der Verteilungsmasse ein Deckungskapital zu bilden. Forderungen, die aus dem Grundverhältnis künftig noch entstehen können, bleiben dabei aber unberücksichtigt.

13/13 Eine Sonderform der Maximalhypothek ist die **Nebengebührensicherstellung**, die zusätzlich zu einer Verkehrshypothek oder einer Höchstbetragshypothek einverleibt werden kann[9]. Sie dient der Besicherung von Nebengebühren, die nicht von Gesetzes wegen im gleichen Rang wie die durch die Haupthypothek gesicherten Forderungen zu befriedigen sind, wie zB länger als drei Jahre zurückliegende Zinsen und außerprozessuale Kosten, bis zu einem anzugebenden Höchstbetrag. Für ihre Eintragung müssen ebenfalls die Voraussetzungen der §§ 14, 26 f GBG vorliegen. Insb ist es erforderlich, die gesicherten Nebengebühren ihrer Art und Höhe nach unter Bezugnahme auf das Grundverhältnis zu präzisieren[10].

B. Simultanhypothek

I. Sonderform des Gesamtpfandes

13/14 Ein Pfandrecht kann **für dieselbe Forderung ungeteilt** auf zwei oder mehreren Grundbuchskörpern oder Hypothekarforderungen mit der Wirkung eingetragen werden, dass der Gläubiger (Simultanhypothekar) die Bezahlung der ganzen Forderung aus jeder Pfandsache verlangen kann (§ 15

---

9 OGH RS0060547; *K. Hofmann* in Rummel[3] § 451 Rz 11; *Kurzbauer*, Höchstbetragshypothek 62 ff.

10 OGH RS0081745; *Kurzbauer*, Höchstbetragshypothek 58 ff.

GBG). Damit entsteht auf der Ebene der Realhaftung eine ähnliche Situation, wie sie die Gesamtschuld auf der Ebene der persönlichen Haftung bewirkt (vgl dazu Rz 13/16)[11]. Eine solche Simultanhypothek entsteht durch Einverleibung des Pfandrechts entweder auf verschiedenen Grundbuchskörpern bzw auf Miteigentumsanteilen an verschiedenen Grundbuchskörpern oder auf mehreren hypothekarisch sichergestellten Forderungen in Form von Afterpfandrechten, nach hA aber auch auf sonstigen bücherlichen Rechten, die verpfändet werden können (zB Fruchtgenussrecht, Baurecht). Möglich sind aber auch Mischformen, wie etwa die Verpfändung einer Liegenschaft und einer Hypothek. Hingegen ist die Verpfändung mehrerer Miteigentumsanteile an *einer* Liegenschaft keine Simultanhypothek iSd § 15 GBG. Auf ein derartiges Gesamtpfand sind jedoch die exekutionsrechtlichen Verteilungsvorschriften für Simultanhypotheken (§ 222 EO) entsprechend anzuwenden (§ 238 Abs 1 EO)[12].

Die für die Simultanhypothek entwickelten Grundsätze sollen hier an Hand des wichtigsten Falls, der Haftung mehrerer Liegenschaften für eine Forderung, dargestellt werden; sie gelten entsprechend für andere simultan haftende bücherliche Rechte.

Simultanhypotheken entstehen durch Verpfändung verschiedener Liegenschaften für dieselbe Forderung, durch Exekutionsführung auf mehrere dem Verpflichteten gehörende Liegenschaften oder kraft Gesetzes, etwa bei der Abschreibung eines Grundstücks von einer verpfändeten Liegenschaft, sofern der Hypothekargläubiger einer Lastenfreistellung nicht zustimmt (§ 3 Abs 1, § 4 Abs 1 LiegTeilG; Rz 3/33). **13/15**

II. Haftungsgrundsätze

Wie für das Gesamtpfand typisch, hat der Gläubiger (Simultanhypothekar) **13/16**
das **Wahlrecht**, aus welcher Pfandsache und in welcher Höhe er Bezahlung seiner Forderung verlangt (§ 15 Abs 2 GBG). Er ist daher weder gegenüber den Pfandbestellern noch gegenüber den im Rang der Simultanhypothek nachfolgenden Buchberechtigten verpflichtet, auf eine gleichmäßige Verteilung der Last auf die einzelnen Pfänder zu achten. Doch wirkt sich die vom Gläubiger gewählte Befriedigung auf die Rechtspositionen dieser Personen aus. Das zeigt sich am deutlichsten dann, wenn der Gläubiger aus einer der Pfandsachen Deckung für seine ganze Forderung begehrt. Hier

11 *Rassi* in Kodek, GrundbuchsR² § 15 Rz 2.
12 OGH RS0003278; *Feil/Marent/Preisl*, GrundbuchsR² § 15 Rz 11; *Hoyer*, Die Simultanhypothek² (1977) 20 ff.

wäre es vom Zufall bzw von der Willkür des Gläubigers abhängig, welcher Liegenschaftseigentümer die Last zu tragen hat. Ebenso wie bei solidarischer Haftung von Personalschuldnern (vgl II/6/6) will die Rechtsordnung eine solche Situation auch bei Realschuldnern möglichst vermeiden. Daher bestehen im Innenverhältnis zwischen den betroffenen Personen Ausgleichsansprüche.

13/17 Gehören die Liegenschaften **verschiedenen Eigentümern**, lässt sich ein Ausgleichsanspruch zwischen diesen mit einer Analogie zu den §§ 896, 1359 begründen, die den Rückersatzanspruch persönlich zur ungeteilten Hand haftender Schuldner regeln: Ein bloßer Realschuldner, der mehr gezahlt hat, als nach dem Innenverhältnis auf ihn entfällt, hat einen **dinglichen Regress** gegen die anderen Pfandbesteller (OGH RS0003559). Dieser besteht darin, dass der Regressberechtigte insoweit in die Simultanhypothek auf den mithaftenden Liegenschaften eintritt, als diese weniger zur Tilgung der Forderung beigetragen haben, als ihrem Anteil nach dem Innenverhältnis entspricht.

13/18 Es ist aber noch zu berücksichtigen, dass jener Teil des Erlöses aus der übermäßig in Anspruch genommenen Pfandsache, der bei verhältnismäßigem Beitrag zur Deckung der besicherten Forderung übrig geblieben wäre, dann nicht dem Eigentümer der Liegenschaft zugefallen wäre, wenn auf dieser weitere Lasten der Simultanhypothek im Rang nachfolgen. Nur der nach Befriedigung dieser Berechtigten verbleibende Rest, die Hyperocha, gehört dem Eigentümer (§ 464; § 217 Abs 2, § 283 Abs 4 EO).

Daher geht die hA davon aus, dass sich die **nachfolgenden Lasten** auf den Rückgriffsanspruch des Liegenschaftseigentümers erstrecken und somit vorrangig vor diesem in die Simultanhypothek auf den vom Gläubiger weniger oder gar nicht in Anspruch genommenen Liegenschaften insoweit eintreten, als sie bei verhältnismäßiger Befriedigung des Simultanhypothekars noch im Erlös aus der „eigenen“ Liegenschaft Deckung gefunden hätten. Die rechtliche Konstruktion ist im Einzelnen umstritten[13].

13/19 Gehören die verpfändeten Liegenschaften **derselben Person**, macht es auf den ersten Blick keinen Unterschied, auf welche der Liegenschaften der Gläubiger greift; es gibt daher keinen dinglichen Regress, sodass die soeben dargestellte Konstruktion versagt. Allerdings können von der Verwertung auch Nachberechtigte (zB weitere Hypothekargläubiger) betroffen sein; deswegen gewährt die hA einen materiellrechtlichen Ausgleichsanspruch

13 6 Ob 620/79, JBl 1980, 203 mit Anm *Hoyer*; *Hoyer*, Simultanhypothek[2] 44: § 457 analog; *Graf*, ÖBA 1989, 574, 583 f: Zession der Regressrechte; *Iro*, Bankvertragsrecht IX Rz 2/264 f: Pfandrechtswandlung.

auch zwischen den Nachberechtigten, was sich aus § 222 EO ableiten lässt (dazu Rz 13/27 ff)[14].

13/20 Als **Aufteilungsschlüssel** gilt im Innenverhältnis nach § 896 iZw die Tragung zu gleichen Teilen. Von diesem Grundsatz weichen die exekutionsrechtlichen Verteilungsvorschriften (§ 222 EO) jedoch ab: Danach haben zur Tilgung der Forderung des Simultanhypothekars alle Liegenschaften anteilig entsprechend dem Erlös beizutragen, der nach Begleichung der Vorlasten übrig bleibt. Dieser Verteilungsmaßstab ist auch außerhalb des Exekutionsverfahrens sachgerecht und daher generell für materiellrechtliche Ausgleichsansprüche maßgeblich; er verdrängt insofern die Zweifelsregel des § 896[15]. Allerdings gilt er nur dann, wenn entweder alle Liegenschaften **derselben Person** gehören oder die Pfandbesteller **nur dinglich haften.**

13/21 Haben hingegen **auch persönlich haftende Mitschuldner** ihre Liegenschaften für die gemeinsame Schuld verpfändet, richtet sich der Rückgriff zwischen ihnen nach § 896, also iZw nach Kopfteilen; das obligatorische Regressverhältnis überlagert das dingliche. Schließlich hat ein **bloßer Realschuldner**, aus dessen Liegenschaft sich der Gläubiger befriedigt hat, vollen Regress gegen den Hauptschuldner. Er löst nämlich gem § 1358 die Forderung gegen diesen ein und erwirbt kraft Gesetzes die dafür bestellten Sicherheiten, also auch die auf der Liegenschaft des Hauptschuldners eingetragene Simultanhypothek in voller Höhe. Umgekehrt hat der Hauptschuldner keinen Rückgriffsanspruch gegen einen bloßen Realschuldner.

13/22 Die Hypothekarschuldner können aber **abweichende Vereinbarungen** über die Verteilung der Schuldenlast im Innenverhältnis treffen, wie etwa die alleinige Tragung durch einen der Mitschuldner. Es liegt dann ein „anderes besonderes Verhältnis" iSd § 896 vor, das den gesetzlichen Aufteilungsschlüssel verdrängt. Solche Vereinbarungen können jemandem, der im Vertrauen auf die gesetzliche Regresssituation ein Pfandrecht im Rang nach der Simultanhypothek erwirbt, nicht entgegen gehalten werden[16].

Hat jemand ein Recht an einer Liegenschaft im Rang nach der Simultanhypothek erworben, steht ihm damit auch bereits ein bedingter Regressanspruch für den Fall zu, dass der Gläubiger (Simultanhypothekar) die

14 Näheres bei *Iro*, Bankvertragsrecht IX Rz 2/266 ff.

15 Vgl *Hoyer*, JBl 1987, 764, 767; *Feil/Marent/Preisl*, GrundbuchsR[2] § 15 Rz 9. AA *Bacher*, Ausgleichsansprüche zwischen mehreren Sicherern einer fremden Schuld (1994) 197 ff; *W. Faber* in Schwimann[4] § 1359 Rz 15.

16 1 Ob 634/86, SZ 59/185; *Graf*, ÖBA 1989, 584; *Hoyer*, Simultanhypothek[2] 46 f; *ders*, NZ 2014, 365, 368 f; *Iro*, Bankvertragsrecht IX Rz 2/271.

Liegenschaft übermäßig in Anspruch nimmt (Rz 13/18). Ändern die Hypothekarschuldner das Innenverhältnis **nachträglich** durch Vereinbarung, wirkt dies nicht zum Nachteil des bedingten Anspruchs des Regressberechtigten[17]. Entsprechendes gilt, wenn der Personalschuldner seine Pfandliegenschaft einem Dritten veräußert: Ein bloß dinglich mithaftender Hypothekarschuldner hat weiterhin den vollen dinglichen Rückgriff nach § 896 (Rz 13/21) und nicht bloß den Anteilsregress nach § 222 EO. Der Erwerber einer mit einem Pfandrecht belasteten Sache muss nämlich damit rechnen, dass diese nicht nur dem ursprünglichen Gläubiger, sondern auch einem etwaigen Legalzessionar voll haftet[18].

13/23 Von derartigen Vereinbarungen ist der Fall zu unterscheiden, dass der Gläubiger (Simultanhypothekar) mit einem der Hypothekarschuldner die **Freigabe** der von diesem bestellten Pfandliegenschaft vereinbart. Dadurch würden die anderen Pfandbesteller benachteiligt, da nunmehr die Schuld unter weniger Regresspflichtigen aufzuteilen wäre. Darüber hinaus ginge dies auch zu Lasten der Nachberechtigten auf den verbleibenden Liegenschaften, weil sich der Simultanhypothekar dann aus diesen in einem größeren Ausmaß befriedigen würde. Unter Berufung auf die § 896 Satz 3, § 1360 letzter Halbsatz und § 1363 Satz 3 leiten Lehre und Rsp das allgemeine Prinzip ab, dass der Gläubiger nicht in bestehende Rückgriffslagen seiner Schuldner und der Nachberechtigten eingreifen darf. Gibt er trotzdem eine der Pfandliegenschaften frei, wird der „entlassene" Hypothekarschuldner zwar im Verhältnis zum Gläubiger befreit, er bleibt aber gegenüber den Eigentümern der mithaftenden Liegenschaften und den darauf eingetragenen Nachberechtigten weiterhin dinglich regresspflichtig[19].

13/24 Auf Grund dieser materiellen Rechtslage können daher bei einer Simultanhypothek die Pfandbesteller und die nachfolgenden Berechtigten prinzipiell auf eine bestehende Rückgriffslage vertrauen: Aus dem Erlös der ihnen gehörenden oder verpfändeten Liegenschaften ist letztlich nicht die ganze simultan besicherte Forderung zu begleichen, sondern nur der Teil, der **dem Innenverhältnis** zwischen den Pfandbestellern **entspricht**. Wählt der Gläubiger (Simultanhypothekar) eine davon abweichende Befriedigung, steht diesen Personen, soweit sie dadurch übermäßig belastet sind, ein dinglicher Rückgriff auf die entlasteten Pfandschuldner zu.

---

17 *Graf*, ÖBA 1989, 585 f; *Iro*, Bankvertragsrecht IX Rz 2/273 ff.

18 1 Ob 54/09m, ÖBA 2009, 918 mit Anm *Riedler*; *Bacher*, Ausgleichsansprüche 76 ff; vgl auch *Riedler*, Koziol-FS (2010) 361, 371 ff. Anders 5 Ob 285/05f, NZ 2006, 362 mit Anm *Hoyer* (367); *Apathy*, ÖJZ 2008, 260.

19 OGH RS0087235; *Graf*, ÖBA 1989, 586 ff; *Hoyer*, JBl 1987, 772 f; *Iro*, Bankvertragsrecht IX Rz 2/279 ff.

III. Exekutive Verwertung der Simultanhypothek

Vor diesem materiellrechtlichen Hintergrund sind die exekutionsrechtlichen Bestimmungen des § 222 EO zu sehen, die primär verfahrensrechtliche Fragen in der Zwangsversteigerung regeln. Für das Verständnis der Vorschrift ist wesentlich, dass sie von einer Situation ausgeht, in der alle simultan haftenden Liegenschaften *einem* Eigentümer gehören. **13/25**

Bzgl der Ermittlung der Haftungsanteile der einzelnen Pfandliegenschaften unterscheidet § 222 EO zwei Konstellationen: Bei **Versteigerung aller Liegenschaften** sollen diese entsprechend den aus ihnen erlösten Verwertungsmassen abzüglich der vorrangig zu befriedigenden Ansprüche verhältnismäßig zur Deckung der Forderung des Simultanhypothekars beitragen (§ 222 Abs 2 EO). Wurden hingegen bis zum Beschluss über die Verteilung des Meistbots (§ 214 EO) **nicht alle Liegenschaften versteigert** und kann daher nicht auf die Verteilungsmassen als Vergleichsbasis abgestellt werden, sind die Einheitswerte iSd LiegenschaftsbewertungsG maßgeblich (§ 222 Abs 4 EO). Die der Simultanhypothek vorangehenden Lasten werden diesfalls nicht erlösmindernd berücksichtigt, weil der Einheitswert einer Liegenschaft wesentlich niedriger angesetzt wird als der Verkehrswert und daher der Restwert der Liegenschaft bei Berücksichtigung der Vorlasten zumeist gegen Null ginge[20]. **13/26**

Beispiel: Die Liegenschaften X, Y und Z haften für eine Forderung von 120.000. Sie werden **gleichzeitig versteigert**. Die Verteilungsmassen betragen 800.000 für X und je 400.000 für Y und Z. Auf den Liegenschaften gehen der Simultanhypothek folgende aus dem Meistbot zu deckende Lasten im Rang vor: auf X 500.000, auf Y 200.000 und auf Z 300.000. Die Restverteilungsmassen betragen daher 300.000, 200.000 und 100.000, sodass sie im Verhältnis von 3:2:1 zur Begleichung der Forderung des Simultanhypothekars beitragen sollten, also mit 60.000, 40.000 und 20.000.

Wird nur die **Liegenschaft X versteigert**, so sind die Einheitswerte maßgebend, die hier mit 200.000, 100.000 und 100.000 angenommen werden. Die Haftungsanteile der Liegenschaften X, Y und Z lauten daher 2:1:1, in absoluten Zahlen also 60.000 für X und je 30.000 für Y und Z.

Für den Fall, dass der Simultanhypothekar Zuweisung aus einer Verteilungsmasse in einem größeren Ausmaß verlangt, als es § 222 Abs 2 oder 4 EO entspräche, sind Ausgleichsmechanismen vorgesehen. Wurden **alle Liegenschaften versteigert**, so haben die Nachberechtigten, deren Ansprüche infolge der unverhältnismäßigen Befriedigung des Simultanhypothekars in „ihrer“ Verteilungsmasse keine (volle) Deckung finden, einen **Ersatzanspruch** zu Lasten der Verteilungsmassen aus den Liegenschaften, die weniger zur Tilgung der simultan besicherten Forderung beigetragen **13/27**

20 Krit *Hoyer*, NZ 1995, 25; *ders*, NZ 2014, 369.

haben, als es § 222 Abs 2 EO entspräche (§ 222 Abs 3 EO). Sie können bis zur Höhe ihres Ausfalls, soweit er durch die Vorgangsweise des Simultanhypothekars entstanden ist, die Zuweisung aus diesen Verteilungsmassen verlangen.

Beispiel: Wird bei **gleichzeitiger Versteigerung der Liegenschaften** die Forderung des Simultanhypothekars von 120.000 zur Gänze aus der Verteilungsmasse X beglichen, stünden für die nachrangige Hypothek des Gläubigers Gx_1 in der Höhe von 220.000 nur mehr 180.000 zur Verfügung, obwohl er mit einer Restmasse von 240.000 (300.000 – 60.000) rechnen konnte. Die Verteilungsmassen Y und Z würden dafür weiterhin 200.000 (statt 160.000) und 100.000 (statt 80.000) betragen. Von diesen bekommt Gx_1 entsprechend dem Verhältnis der Restwerte (2:1) insgesamt 40.000 zugewiesen, die er bei proportionaler Befriedigung des Simultanhypothekars noch aus der Verteilungsmasse X erhalten hätte.

Entsprechendes gilt für die auf der Liegenschaft X nachfolgende Hypothek des Gx_2 für eine Forderung von 50.000, die in der Verteilungsmasse X keine Deckung mehr findet. Gx_2 hat einen Anspruch auf proportionalen Ersatz aus den Verteilungsmassen Y und Z in der Höhe von 20.000 (300.000 – 60.000 – 220.000). Bzgl der restlichen 30.000 geht er leer aus, weil er diesen Betrag auch nach der Verhältnisrechnung des § 222 Abs 2 EO nicht aus der Liegenschaft X erlösen hätte können.

13/28 Kommt es **nicht zur Versteigerung aller Liegenschaften** und befriedigt sich der Simultanhypothekar aus den Verteilungsmassen der versteigerten Liegenschaften zur Gänze oder in einem größeren Maß, als es § 222 Abs 4 EO entspricht, geht dies wieder zu Lasten der nachrangigen Berechtigten. Um dies auszugleichen, gewährt ihnen § 222 Abs 4 EO einen Anspruch auf Einverleibung einer **Ersatzhypothek** auf den nicht versteigerten Liegenschaften bis zu dem Umfang, in dem diese Liegenschaften durch die unverhältnismäßige Befriedigung des Simultanhypothekars aus den Verteilungsmassen entlastet wurden. Die Höhe der Ersatzhypothek richtet sich nach dem Ausfall, den der nachfolgende Berechtigte bei proportionaler Inanspruchnahme aller Liegenschaften nicht erlitten hätte.

13/29 Die Ersatzhypotheken werden **im Rang der Simultanhypothek einverleibt,** wobei jedoch eine noch bestehende Restforderung des Simultanhypothekars Vorrang vor den Forderungen der Ersatzhypothekare hat. Gibt es mehrere unversteigerte Liegenschaften, wird die Ersatzhypothek nach der Rsp nicht als Simultan-, sondern als Einzelhypothek[21] einverleibt, die mangels eines abweichenden Antrags des Nachberechtigten auf die mehreren Liegenschaften im Verhältnis des § 222 Abs 4 EO aufzuteilen ist.

Beispiel: Wird im obigen Beispiel **nur die Liegenschaft X versteigert**, kann Gx_1 für seinen Ausfall von 40.000 Ersatzhypotheken auf den Liegenschaften Y und Z ansprechen, deren Höhe entsprechend dem Verhältnis der Einheitswerte jeweils 20.000 beträgt. Gx_2, der bei der Verteilungsmasse X leer ausgeht, stehen Ersatzhypotheken auf Y und Z von je 10.000 zu, da er bei Aufteilung der Haftung gem § 222 Abs 4 EO 20.000 bekommen hätte. Bzgl der restlichen 30.000 bleibt er weiterhin ungesicherter Gläubiger.

21 OGH RS0003462. AA *Hoyer*, Simultanhypothek[2] 67 f; *ders*, NZ 1995, 27.

IV. Grundbücherliche Behandlung der Simultanhypothek

Wenn die von der Simultanhaftung betroffenen Liegenschaften in die Zuständigkeit verschiedener Grundbuchsgerichte fallen, können Ansuchen um Einverleibung einer Simultanhypothek und alle Anträge, die sich auf ein solches Pfandrecht beziehen, bei jedem Gericht eingebracht werden (§ 18 Abs 2 GUG). Das angerufene Gericht vermerkt den Eingang im Wege der EDV nicht nur im eigenen Tagebuch, sondern auch in den von den anderen Grundbuchsgerichten (Lagegerichten) geführten Tagebüchern jeweils mit der laufenden Tagebuchzahl und trifft und vollzieht die Entscheidung über den Antrag ebenso hinsichtlich der von den Lagegerichten geführten Grundbuchseinlagen unter Berücksichtigung des betreffenden Grundbuchsstandes (§ 18a GUG)[22]. Alle Eintragungen bezüglich der Simultanhypothek sind daher auf jeder haftenden Liegenschaft vorzunehmen, die davon betroffen ist. **13/30**

Die Rangordnung der einzelnen Hypotheken bzw der diese betreffenden Grundbuchseintragungen richtet sich nach dem Zeitpunkt der Eintragung des Ansuchens im Tagebuch des Lagegerichts (§ 18a Abs 3 GUG). In jeder Grundbuchseinlage wird die **Simultanhaftung** mit den jeweils anderen Einlagen **angemerkt** (§ 18b Abs 1 GUG). Wird nachträglich um Einverleibung einer weiteren Hypothek für dieselbe Forderung in einem anderen Grundbuchskörper angesucht, muss der Gläubiger zum Zwecke der Vornahme der Anmerkung der Simultanhaftung die bereits bestehende Hypothek anzeigen. Subsidiär ist der Hypothekarschuldner zum Ansuchen um diese Anmerkung berechtigt bzw hat sie das Grundbuchsgericht von Amts wegen vorzunehmen, wenn es von der anderen Hypothek Kenntnis erlangt (§§ 106 f GBG). **13/31**

C. Teilschuldverschreibung und Pfandbrief

I. Teilschuldverschreibung

Werden über eine Darlehensforderung auf Inhaber lautende oder durch Indossament übertragbare Teilschuldverschreibungen ausgestellt, ist der durch das Papier legitimierte Inhaber Gläubiger eines Teils der Gesamtschuld (zB Anleihe). Sollen die Teilschuldverschreibungen hypothekarisch **13/32**

22 EBzRV 542 BlgNR XXIII. GP 10; *Rassi*, NZ 2008, 231; *Verweijen*, immolex 2009, 10; durch §§ 18a f GUG wurde den § 105, § 107 Abs 2, §§ 108–115 und § 117 GBG materiell derogiert, vgl *Rassi* aaO 232.

besichert werden, sind im Grundbuch an Stelle der Namen der Gläubiger der Gesamtbetrag der Forderung, für die das Pfandrecht bestellt wird, sowie die wesentlichen Bestimmungen der Urkunde über die Ausgabe der Teilschuldverschreibungen anzugeben (§§ 11 f TSchVG, RGBl 1874/49).

Der Erwerber einer Teilschuldverschreibung erlangt automatisch ohne weitere Eintragung im Grundbuch das Pfandrecht in der sich aus der Eintragung der Gesamtforderung ergebenden Rangordnung (§ 13 TSchVG). Bei Übertragung der Teilschuldverschreibung nach wertpapierrechtlichen Grundsätzen geht auch das Pfandrecht auf den Nachmann über.

II. Pfandbrief

13/33 Hypothekenbanken und öffentlich-rechtliche Kreditanstalten (vgl § 1 PfandbriefstelleG) können die für eine Kreditgewährung benötigten Mittel durch die Ausgabe von Pfandbriefen aufbringen (§§ 1, 5a HypBG; § 1 PfandbriefG). Es handelt sich dabei um Schuldverschreibungen, zu deren Deckung primär Hypotheken dienen müssen (§ 6 Abs 1 HypBG, § 2 Abs 1 PfandbriefG), für die zT bestimmte Voraussetzungen gelten (vgl § 11 HypBG)[23].

Bei den Hypotheken ist im Grundbuch einzutragen, dass sie zur Deckung der Pfandbriefe bestimmt sind („Kautionsband“; Art 2 EVHypBG zu § 22 HypBG und Art 5 EVHypBG zu § 3 PfandbriefG). Sie sind sodann von der Bank einzeln in ein Hypotheken- bzw Deckungsregister einzutragen (§ 22 HypBG; § 3 PfandbriefG). Bei jeder Hypothekenbank hat ein Treuhänder darauf zu achten, dass die Eintragung vorgenommen wird und jederzeit die vorschriftsmäßige Deckung für die Pfandbriefe vorhanden ist (§ 30 HypBG).

Zwangsvollstreckung kann in die im Hypotheken- bzw Deckungsregister eingetragenen Hypotheken vor allem wegen Ansprüchen aus Pfandbriefen geführt werden (§ 34a HypBG; § 5 PfandbriefG). Im Falle der Eröffnung des Insolvenzverfahrens über das Vermögen der Bank sind die Forderungen der Pfandbriefgläubiger vorrangig vor denen der anderen Insolvenzgläubiger aus den in das Hypotheken- bzw Deckungsregister eingetragenen Hypotheken zu befriedigen (§ 35 HypBG; § 6 PfandbriefG).

Ähnliche Regelungen bestehen für Schuldverschreibungen von Kreditinstituten mit vorzugsweiser Deckung (sog fundierte Bankschuldverschreibungen; covered bank bonds), soweit es sich um bücherliche Rechte handelt (§ 1 Abs 4, §§ 2 f FBSchVG)[24].

---

23 *Uitz*, Der Pfandbrief nach dem österreichischen Pfandbriefgesetz (2010) 26 ff.

24 Dazu *Borns*, Iro-FS (2013) 307; *B. Koch*, Iro-FS (2013) 345; *Lassen*, ÖBA 2005, 838.

§ 14. Andere Arten von Sachsicherheiten

A. Zurückbehaltungsrecht

Unter Zurückbehaltungsrecht (Retentionsrecht) versteht man allgemein die Befugnis, die **Herausgabe einer Sache** oder Erbringung einer Leistung bis zur Erfüllung eines Anspruchs zu **verweigern**. Als Zurückbehaltungsrecht iwS wird üblicherweise die Einrede des nicht (gehörig) erfüllten Vertrags gem § 1052 bezeichnet (dazu II/2/44). Das hier zu erörternde Zurückbehaltungsrecht ieS ist wegen seines an die Innehabung einer Sache geknüpften Sicherungseffekts im Sachenrecht (§ 471) näher geregelt. Beide Formen des Zurückbehaltungsrechts können miteinander konkurrieren, so zB bei Reparaturarbeiten an einer Sache des Werkbestellers. **14/1**

Das **Retentionsrecht ieS** entsteht entweder kraft Vereinbarung, richterlicher Verfügung (zB durch einstweilige Verfügung nach § 382 Abs 1 Z 3 EO) oder auf Grund des Gesetzes. Derartige Vorschriften finden sich in den §§ 471, 970c und allgemein für Unternehmer in den §§ 369 ff UGB. **14/2**

Das Zurückbehaltungsrecht nach **§ 471** kann nur an **körperlichen Sachen** ausgeübt werden[1]; dass diese einen Vermögenswert haben, ist – anders als beim Pfandrecht (Rz 9/10) – nicht Voraussetzung. Daher ist zB auch ein Zeugnis, Pass oder Typenschein taugliches Objekt des Retentionsrechts. Die Zurückbehaltung von Liegenschaften erfolgt durch Weiterausübung der Gewahrsame bzw durch Nichträumung. **14/3**

Voraussetzung für das Zurückbehaltungsrecht ist das Bestehen eines **fälligen Anspruchs**, der einen bestimmten Bezug zur herauszugebenden Sache aufweist („Konnexität"): Der Anspruch muss sich entweder auf einen **Schaden durch die Sache** oder auf einen **Aufwand für die Sache** **14/4**

---

1 Allerdings wird von manchen die Vinkulierung von Versicherungsforderungen – dazu auch Rz 9/13 – vor allem in der Insolvenz des Versicherungsnehmers wie ein Retentionsrecht behandelt, vgl 7 Ob 75/05p, SZ 2005/71. AA 7 Ob 228/07s, ÖBA 2009, 147 mit krit Anm *Perner*.

gründen. Der Begriff des Aufwands ist nicht eng zu fassen. Darunter fallen nicht nur alle Ausgaben für die Erhaltung oder Verbesserung der Sache, soweit sie auf Grund des Gesetzes oder einer Vereinbarung zu ersetzen sind, sondern auch die Kosten, die dem Inhaber für die Erlangung der Sache entstanden sind (zB Kaufpreis oder Anzahlung)[2]. Für das **Zurückbehaltungsrecht des Unternehmers** (§ 369 UGB) ist zwar Voraussetzung, dass dessen Forderung gegen einen anderen Unternehmer aus einem unternehmensbezogenen Geschäft stammt und die zurückzubehaltende Sache auf Grund eines unternehmensbezogenen Geschäfts in seinen Besitz gelangt ist, doch setzt es keine Konnexität iSd § 471 voraus.

Der durch die Zurückbehaltung gesicherte Anspruch muss grundsätzlich gegen den Herausgabeberechtigten gerichtet sein.

Beispiele: Der 15-jährige A schießt mit seinem Fußball eine Fensterscheibe im Haus des B ein. B muss den Fußball erst nach Ersatz der Kosten für die Neuverglasung herausgeben, da der Schaden durch den Fußball entstanden ist und A dafür haftet. Gehört hingegen der Fußball dem Freund des A, besteht gegenüber dessen rei vindicatio kein Zurückbehaltungsrecht, weil der Ersatzanspruch nicht gegen den Eigentümer der schädigenden Sache gerichtet ist.

14/5 Umstritten ist die Frage, ob ein **gutgläubiger Erwerb** des Retentionsrechts nach § 471 dann möglich ist, wenn die gesicherte Forderung gegen eine andere Person als den Herausgabeberechtigten besteht. Es geht hiebei vor allem um Konstellationen, in denen der Nichteigentümer (zB Mieter, Leihnehmer) eine Sache reparieren lässt und der Werkunternehmer sie dem Eigentümer nur gegen Zahlung des Werklohnes herausgeben möchte. Der OGH bejaht in solchen Fällen das Zurückbehaltungsrecht, das er als dem Pfandrecht verwandt ansieht (vgl § 10 Abs 2 IO; Rz 14/9), in Analogie zu § 367 dann, wenn der Werkbesteller Vertrauensmann des Berechtigten ist[3]. In anderen Entscheidungen stellt der OGH auf die ausdrücklich oder konkludent erteilte Zustimmung des Eigentümers zur Tätigung des Aufwands ab[4]. Weiters findet sich in der Rsp auch der Gesichtspunkt, dass das Retentionsrecht während der Dauer der Innehabung einen Rang verschaffe, der durch nachträgliche Verfügungen über die Sache gegenüber dem Erwerber nicht beeinträchtigt werde, wenn dieser es kannte oder kennen musste (OGH RS0106559). Die überwL lehnt einen gutgläubigen Erwerb des Retentionsrechts mangels dinglicher Natur hingegen ab. Allerdings gewähren manche in der soeben erwähnten Konstellation dem Werkunter-

2 OGH RS0011487; *K. Hofmann* in Rummel[3] § 471 Rz 8.
3 7 Ob 615/90, JBl 1991, 241 mit Anm *Rummel*; 6 Ob 213/08d, JBl 2009, 439; *Holzner* in Rummel/Lukas[4] § 334 Rz 2. Dagegen *Jabornegg*, Zurückbehaltungsrecht und Einrede des nicht erfüllten Vertrages (1982) 281 ff; *Rummel*, JBl 1977, 521.
4 4 Ob 544/88, ÖBA 1989, 82 mit Anm *Apathy*; 1 Ob 215/14w, NZ 2015, 396.

nehmer einen Verwendungsanspruch gegen den Eigentümer, sodass letztlich doch die Voraussetzungen für das Zurückbehaltungsrecht erfüllt sind[5].

Das **unternehmerische Retentionsrecht** kann nur an Sachen, die dem Schuldner gehören oder an denen zwar der Gläubiger Eigentum hat, dieses aber auf den Schuldner rückübertragen muss (zB nach Wandlung eines Kaufvertrags), ausgeübt werden (§ 369 Abs 1 aE und Abs 2 UGB); ein gutgläubiger Erwerb ist ausgeschlossen.

An eigenmächtig oder listig entzogenen, entlehnten und in Verwahrung oder Bestand genommenen Sachen gibt es **kein Zurückbehaltungsrecht** (§ 1440). Besteht eine Verwahrungspflicht bloß als vertragliche Nebenpflicht, schließt dies die Retention dann nicht aus, wenn von vornherein Ansprüche des Herausgabepflichtigen aus dem Rechtsverhältnis zu erwarten waren[6]. Das Zurückbehaltungsverbot bei entzogenen Sachen trifft nach richtiger Ansicht den gutgläubigen Einzelrechtsnachfolger des Entziehers nicht[7]. § 1440 kann abbedungen werden. **14/6**

Auf das **unternehmerische Zurückbehaltungsrecht** ist § 1440 nicht anwendbar, doch besteht es nur an Sachen, die mit Willen des Schuldners in den Besitz des Gläubigers gelangt sind (§ 369 Abs 1 UGB), sodass der Gläubiger eigenmächtig und listig entzogene Sachen ebenfalls nicht zurückbehalten kann. Darüber hinaus ist die Zurückbehaltung ausgeschlossen, wenn diese einer vom Schuldner bei der Übergabe der Sache erteilten Anweisung oder einer vom Gläubiger übernommenen Verpflichtung widerspricht, mit der Sache in einer bestimmten Weise zu verfahren (§ 369 Abs 3 UGB). In solchen Fällen wird man idR auch ein Retentionsrecht nach § 471 kraft Vertragsauslegung verneinen müssen. **14/7**

Das Retentionsrecht **endet** bei freiwilliger, auch bloß vorübergehender Rückstellung der Sache, nicht jedoch bei eigenmächtiger Entziehung (8 Ob 636/93); es lebt bei Wiedererlangung der Gewahrsame durch den Gläubiger nicht wieder auf (OGH RS0015228). Allerdings entsteht dann das Zurückbehaltungsrecht nach § 369 UGB, das keine Konnexität (s Rz 14/4) erfordert, jedes Mal neu, solange der Gläubiger eine aktuell fällige Forderung gegen den Eigentümer der Sache hat und die übrigen Voraussetzungen vorliegen (5 Ob 113/09t). Ferner erlischt das Zurückbehaltungsrecht, wenn der gesicherte Anspruch wegfällt. Der OGH wendet **14/8**

---

5 *Apathy*, Der Verwendungsanspruch (1988) 93 ff; *Prechtl*, ÖJZ 2016, 533, 537; vgl auch *Wilburg*, JBl 1992, 550.

6 OGH RS0116433; *Jabornegg*, Zurückbehaltungsrecht 240 f.

7 *Heidinger* in Schwimann[4] § 1440 Rz 6; *Welser/Kletečka* I[15] Rz 1093. AA 4 Ob 548/82, SZ 55/112.

aber § 1483 analog auf das Zurückbehaltungsrecht an[8], sodass die Verjährung der besicherten Forderung das Retentionsrecht nicht beeinträchtigt.

14/9 Das Zurückbehaltungsrecht ist durch Einrede geltend zu machen und bewirkt, dass die Sache nur **Zug um Zug** gegen Begleichung der besicherten Schuld herausgegeben werden muss. Diese Einrede kann der Retentionsgegner überwinden, indem er eine Sicherheit iSd §§ 1373 f stellt, wofür eine Bürgschaft jedoch nicht ausreicht (§ 471 Abs 2), oder indem er den geschuldeten Betrag bei Vorliegen der Voraussetzungen des § 1425 bei Gericht hinterlegt (OGH RS0015238); er kann aber auch das Eigentum an der Sache aufgeben. Der Retentionsberechtigte hat kein Recht auf Befriedigung aus der Sache[9]; das gilt aber nicht für das unternehmerische Zurückbehaltungsrecht, auf das insofern die pfandrechtlichen Vorschriften (§§ 461, 466a ff) mit Modifikationen Anwendung finden (§ 371 UGB).

Das Zurückbehaltungsrecht hat auch in der **Insolvenz** des Retentionsgegners Bestand und ist dort einem Pfandrecht gleichgestellt (§ 10 Abs 2 IO)[10].

B. Sicherungseigentum

14/10 Die Übereignung einer körperlichen Sache kann auch den Zweck haben, dem Erwerber eine Sicherheit für eine Forderung zu verschaffen. Dieser erhält das Vollrecht an der Sache[11], darf sie aber nur dazu verwenden, um sich aus ihr im Falle der Nichtbegleichung der Forderung zu befriedigen. Diese Beschränkung der Rechtsposition des Sicherungsnehmers ergibt sich aus dem Innenverhältnis, also aus dem der Übereignung zugrunde liegenden Titel, der **Sicherungsabrede**. Funktionell entspricht sie einem Pfandbestellungsvertrag, allerdings wirkt die in ihr vereinbarte Einschränkung der Eigentümerstellung des Sicherungsnehmers nur obligatorisch. Das Sicherungseigentum ist daher ein Fall der eigennützigen Vollrechtstreuhand: Der Sicherungsnehmer ist als Eigentümer zwar rechtlich in der Lage, jede Verfügung über die Sache vorzunehmen (Außenverhältnis), doch verstößt er dadurch gegen die Sicherungsabrede (Innenverhältnis). Das verhindert aber nicht, dass er einem Dritten Rechte an der Sache verschaffen kann, außer der Verstoß gegen das Innenverhältnis war diesem be-

8 OGH RS0102176; *K. Hofmann* in Rummel³ § 471 Rz 7. AA *Jabornegg*, Zurückbehaltungsrecht 256.
9 Zu Erhaltungspflichten des Zurückbehaltenden *Harrer*, Nowotny-FS (2015) 89.
10 Dazu ausführlich *Braumüller*, Das Zurückbehaltungsrecht in Exekution und Insolvenz (1991) 91 ff.
11 AA *Holzner*, Kerschner-FS (2013) 281, 286.

kannt oder zumindest offenkundig[12]; dann ist die Vereinbarung mit dem Dritten unwirksam.

Weil das Sicherungseigentum denselben Zweck verfolgt wie das Pfandrecht und daher die Gefahr einer Umgehung besteht, wendet die hA die meisten **pfandrechtlichen Vorschriften analog** an. Das gilt vor allem für den **Modus** bei der Begründung von Sicherungseigentum an beweglichen Sachen (vgl §§ 451 f; dazu Rz 10/4), sodass das Besitzkonstitut für die Sicherungsübereignung ebenfalls nicht ausreicht[13]. Auch führt die Rückstellung der Sache oder die Entfernung des für die symbolische Übergabe erforderlichen Zeichens zur Unwirksamkeit der Sicherungsübereignung (§ 467; vgl Rz 12/4 f). Weiters gelten die §§ 1371 f für die der Sicherungsübereignung zugrunde liegende Abrede sinngemäß (dazu Rz 9/21 f). **14/11**

Im Gegensatz zum Pfandrecht ist kein **mehrfaches Sicherungseigentum** an einer Sache denkbar. Sollen die Forderungen verschiedener Gläubiger durch eine Sache gesichert werden, kommt vor allem sicherungsweises Miteigentum oder die Bestellung eines Treuhänders für die Gläubiger in Frage. **14/12**

Ferner unterscheidet sich das Sicherungseigentum dadurch vom Pfandrecht, dass es infolge seines Vollrechtscharakters **nicht akzessorisch** ist (dazu Rz 9/2). Daher ist es ohne weiteres möglich, die zu sichernde Forderung durch entsprechende Vereinbarung auszuwechseln. Eine gewisse Abhängigkeit von der besicherten Forderung, die ja an sich dem im Innenverhältnis vereinbarten Sicherungszweck entspricht, kann aber mit den allgemeinen Rechtsinstituten erzielt werden. So wird bei Nichtbestehen der zu sichernden Forderung die Sicherungsabrede und damit auch der Eigentumsübergang regelmäßig unter Berufung auf das Fehlen der Geschäftsgrundlage rückwirkend beseitigt werden können[14], soweit man nicht im Hinblick auf den Sicherungszweck überhaupt Unwirksamkeit annimmt[15]. **14/13**

Die fehlende Akzessorietät wirkt sich aber auch im Falle der **Tilgung der Forderung** aus, weil es nicht automatisch zum Rückfallen des Eigen-

---

12 Vgl *Apathy*, Bankvertragsrecht IX Rz 4/19; *Gruber*, AcP 2002, 435, 456; *Iro/Kellner/Riss*, Bankvertragsrecht[3] I Rz 1/358; *Karner*, ÖBA 2002, 55; *H. Koziol*, Zurechnung ungetreuer Bank-Mitarbeiter (2003) 21 f; s auch 8 Ob 625/92, SZ 66/76. Nur bei Kenntnis OGH RS0010469; *Kletečka*, Ersatz- und Nacherbschaft (1999) 225; *Rubin* in Kletečka/Schauer, ABGB-ON 1.03 § 1002 Rz 193.

13 OGH RS0010394; *Apathy*, Bankvertragsrecht IX Rz 4/7 ff; *Riedler*, ABGB-FS II (2011) 1365, 1377.

14 *Frotz*, KreditsicherungsR 114 ff.

15 *Becker-Eberhard*, Die Forderungsgebundenheit der Sicherungsrechte (1993) 343 ff; *Karsten Schmidt*, Serick-FS (1992) 329 ff; vgl auch *Böhler*, Bankvertragsrecht VIII Rz 1/79 ff. Krit *Apathy*, Bankvertragsrecht IX Rz 4/16.

tums an den Sicherungsgeber kommt, sondern dieser nur einen obligatorischen Anspruch auf Rückübereignung wegen Wegfalls des Sicherungszwecks hat. Jedoch können die Parteien das Erlöschen der besicherten Forderung als auflösende Bedingung für das Sicherungseigentum vereinbaren, wodurch insofern ein entsprechendes Ergebnis wie beim Pfandrecht erzielt wird; das ist iZw als gewollt anzusehen[16].

14/14 Bei **Abtretung oder Einlösung** (§§ 1358, 1422) der gesicherten Forderung geht das Sicherungseigentum nicht automatisch auf den Zessionar über, da es kein bloßes Nebenrecht ist[17]; es muss vielmehr eigens nach sachenrechtlichen Grundsätzen übertragen werden.

14/15 Die **Verwertung** des Sicherungseigentums wird idR vereinbarungsgemäß durch freihändigen Verkauf erfolgen, wobei jedoch die Beschränkungen der §§ 1371 f beachtet werden müssen; der Gläubiger kann sich also insb nicht den Verkauf zu einem willkürlichen oder im Voraus bestimmten Preis ausbedingen (dazu Rz 9/21 f).

14/16 Die Treuhandnatur des Sicherungseigentums schlägt im Exekutions- und Insolvenzverfahren deutlich durch: Hier wird der Sicherungsgeber als (wirtschaftlicher) Eigentümer und der Sicherungsnehmer wie ein Pfandgläubiger behandelt. In der **Insolvenz** des Sicherungsgebers hat der Sicherungsnehmer daher kein Aussonderungs-, sondern ein Absonderungsrecht (§ 10 Abs 3 IO). Umgekehrt wird dem Sicherungsgeber in der Insolvenz des Sicherungsnehmers ein Aussonderungsrecht (§ 44 IO) zugebilligt, dem Sicherungszweck entsprechend aber nur unter der Voraussetzung, dass er die besicherte Forderung begleicht.

In einem **Exekutionsverfahren** gegen den Sicherungsgeber lässt sich eine Pfändung des beweglichen Sicherungsgutes wegen des Faustpfandprinzips praktisch nur dann vorstellen, wenn sich die Sache bei einem Dritten befindet und dieser zur Herausgabe bereit ist (§ 262 EO). Der Sicherungsnehmer kann dann die Pfandvorrechtsklage in Analogie zu § 258 EO erheben[18]. In der Exekution gegen den Sicherungsnehmer steht dem Sicherungsgeber das Exszindierungsrecht (§ 37 EO) zu.

---

16 *Apathy*, Bankvertragsrecht IX Rz 4/29; *Frotz*, KreditsicherungsR 116; *Leupold* in Fenyves/Kerschner/Vonkilch[3] (Klang) § 358 Rz 37; vgl auch *Holzner*, Kerschner-FS 283.

17 *Frotz*, KreditsicherungsR 118; *Haberl*, RdW 2006, 549, 550. AA *Apathy*, Bankvertragsrecht IX Rz 4/22; *Klicka* in Schwimann[4] § 358 Rz 21; *Leupold* in Fenyves/Kerschner/Vonkilch[3] (Klang) § 358 Rz 42.

18 *A. Burgstaller*, Das Pfandrecht in der Exekution (1988) 157; *Frotz*, KreditsicherungsR 126. Für die Exszindierungsklage 3 Ob 31/81, SZ 54/89; *Apathy*, Bankvertragsrecht IX Rz 4/27; *Klicka* in Schwimann[4] § 358 Rz 22.

C. Sicherungsabtretung

Eine Forderung lässt auch in der Weise besichern, dass eine andere Forderung zu ihrer Sicherstellung abgetreten wird. Der Sicherungsnehmer erhält dadurch die umfassende Rechtsposition des Gläubigers in Bezug auf die sichernde Forderung, die er aber nach dem Innenverhältnis nur zur Befriedigung im Falle der Nichtbegleichung der besicherten Forderung ausüben darf. Er muss alle nicht mit dem Sicherungszweck im Einklang stehenden Verfügungen unterlassen (zB die selbständige Weiterübertragung der Forderung). Es liegt daher – wie beim Sicherungseigentum (Rz 14/10) – ein Fall der eigennützigen **Vollrechtstreuhand** vor. Der Unterschied zur Verpfändung einer Forderung (dazu Rz 9/13) liegt vor allem darin, dass der Gläubiger bei dieser nur das beschränkte Recht erhält, sich aus der verpfändeten Forderung zu befriedigen. **14/17**

Da die Abtretung nur das Verfügungsgeschäft ist, braucht es zudem einen Titel für den Übergang der Rechtszuständigkeit (vgl II/5/26 f). Titel für die Sicherungsabtretung ist die **Sicherungsabrede**. Diese muss jedenfalls die besicherte und die als Sicherheit zu übertragende Forderung ausreichend bestimmt bezeichnen. Darüber hinaus kann sie auch das Schicksal der sichernden Forderung nach **Tilgung der gesicherten Forderung** regeln. In Betracht kommt wie beim Sicherungseigentum die Vereinbarung einer auflösenden Bedingung oder die Pflicht des Sicherungsnehmers zur Rückübertragung der Forderung (vgl Rz 14/13); wie beim Sicherungseigentum (Rz 14/13) ist es wegen der fehlenden Akzessorietät der Sicherungsabtretung auch hier möglich, die besicherte Forderung auszuwechseln. **14/18**

Das für die Forderungsübertragung erforderliche **Verfügungsgeschäft** ist die Abtretung (Zession); bei der Verpfändung einer Forderung lautet das Verfügungsgeschäft hingegen auf Einräumung eines Pfandrechts daran. Bzgl des **Modus** gelten – wie auch beim Sicherungseigentum (Rz 14/11) – wiederum dieselben Anforderungen, die die hA an die Verpfändung von Forderungen stellt (vgl § 452; OGH RS0011386); es muss also ein für jedermann leicht erkennbares Zeichen gesetzt werden: Als Publizitätsakt kommt die Verständigung des Drittschuldners oder ein – auch für zukünftig entstehende Forderungen möglicher – Abtretungsvermerk in den Geschäftsbüchern des Sicherungszedenten in Betracht (dazu Rz 10/8)[19]. **14/19**

19 Zum auf das Publizitätserfordernis anwendbaren Recht *Schwartze*, Bankvertragsrecht VIII Rz 6/52; *Thiede*, ÖBA 2012, 645.

14/20 Auch zukünftige Forderungen können Gegenstand einer Sicherungszession sein, wenn sie so weit konkretisiert sind, dass sie im Zeitpunkt des Entstehens individualisierbar sind. Dafür genügt idR die Festlegung des Rechtsgrunds; kommt eine derartige Forderung des Zedenten zustande, lässt sich die Person des Schuldners ohne weiteres eruieren[20]. Unter dieser Voraussetzung ist auch eine Mehrzahl von zukünftigen Forderungen abtretbar (**Globalzession**). So kann etwa ein Unternehmer alle Forderungen, die im Rahmen seines Unternehmens aus Warenlieferungen an Kunden entstehen, vorweg dem Sicherungsnehmer übertragen (OGH RS0032519). Das dafür erforderliche Verfügungsgeschäft, die Zession, wird ebenfalls bereits vorgenommen und der Publizitätsakt idR so früh wie möglich gesetzt.

14/21 In der Vorwegnahme des Verfügungsgeschäfts liegt der Unterschied zur sog **Mantelzession**. Bei dieser schließen der Sicherungsgeber und der Sicherungsnehmer nur die Sicherungsabrede, in der sich der Sicherungsgeber verpflichtet, dem Sicherungsnehmer unter bestimmten Voraussetzungen in Zukunft ein entsprechendes Abtretungsanbot zu stellen, durch dessen Annahme erst das Verfügungsgeschäft, die Zession, zustandekommt. Auch hiefür ist zumindest Bestimmbarkeit der erfassten Forderungen erforderlich, weil sonst das vom Sicherungsgeber geschuldete Verhalten nicht ausreichend konkretisierbar wäre.

14/22 Der **Forderungserwerb** durch den Sicherungszessionar tritt mit Setzung der letzten Übertragungshandlung – also idR des Publizitätsakts – ein, bei zukünftigen Forderungen erst im Augenblick ihres Entstehens[21]. Dieser Zeitpunkt des Forderungserwerbs ist vor allem relevant für die Frage, wer die Rechtszuständigkeit erwirbt, wenn der Sicherungsgeber die Forderung mehrfach zediert: Die Gläubigerstellung kommt demjenigen zu, bei dem zuerst die Erwerbsvoraussetzungen erfüllt sind; dies gilt auch, wenn die Forderung in diesem Zeitpunkt noch nicht existiert[22].

Beispiel: Der Unternehmer B hat vom Lieferanten A Waren unter Eigentumsvorbehalt gekauft und diesem die Forderungen gegen seine Kunden aus dem Weiterverkauf der Waren vorweg abgetreten (verlängerter Eigentumsvorbehalt, Rz 8/22 ff). Zur Finanzierung einer Betriebserweiterung nimmt B bei der Bank C einen Kredit auf; als Sicherheit zediert er C alle Forderungen gegen seine Kunden im Rahmen des Geschäftsbetriebs. Da diese Globalzession auch Forderungen aus dem Verkauf von Waren umfasst, die A geliefert hat, liegt insofern eine Doppelzession vor. Da beide Abtretungen (jene an A und jene an C) Sicherungs-

20 *Apathy*, Bankvertragsrecht IX Rz 5/6; vgl auch OGH RS0032798.

21 Dazu 10 Ob 321/02g, ÖBA 2005, 284; 6 Ob 116/05k, ÖBA 2007, 735 mit Anm *Riedler*; *Apathy*, Bankvertragsrecht IX Rz 5/6; *Beig*, Die Zession künftiger Forderungen (2008) 48 ff; *Fenyves*, Erbenhaftung und Dauerschuldverhältnis (1982) 125 ff; *Kaller*, Sicherungszession 58 ff; *H. Koziol*, ÖBA 1998, 745.

22 *Beig*, Zession 34; *Heidinger* in Schwimann⁴ § 1392 Rz 49; *H. Koziol*, ÖBA 1998, 750.

zwecken dienen, werden sie erst mit Setzung eines Publizitätsaktes wirksam. Ob A oder C Gläubiger der Forderungen gegen Kunden des B wird, hängt daher davon ab, von welcher Zession die Kunden (zuerst) verständigt werden bzw welche Zession in den Geschäftsbüchern des B vermerkt wird.

Durch die Sicherungsabtretung wird der Zessionar nach außen **voll berechtigter Gläubiger.** Der Schuldner der abgetretenen Forderung muss daher an ihn leisten. Allerdings kann der Schuldner alle Einwendungen geltend machen, die er gegen den Zessionar hat, und ebenso diejenigen, die er bis zur Verständigung von der Zession gegenüber dem Zedenten erworben hat (§§ 1395 f). **14/23**

Da für die Sicherungszession das **Akzessorietätsprinzip** nicht gilt, stellt sich bei Nichtentstehen oder Erlöschen der besicherten Forderung die Frage nach dem Schicksal der sichernden Forderung. Hier gilt dasselbe wie bei der Sicherungsübereignung (Rz 14/13). **14/24**

Mit **Übertragung der besicherten Forderung** geht die sichernde Forderung genauso wenig wie das Sicherungseigentum automatisch über. IdR ergibt die Auslegung der Sicherungsabrede aber, dass sie mitabgetreten werden soll, wofür wohl die Übergabe durch Erklärung ausreichend ist (vgl Rz 10/32).

Die **Verwertung** der zur Sicherung abgetretenen Forderung richtet sich primär nach der Vereinbarung, auf die jedoch die Einschränkungen der §§ 1371 f (dazu Rz 9/21 f) analog anzuwenden sind. Üblicherweise erfolgt sie durch Einziehung der Forderung und Aufrechnung des Erlöses mit der zu sichernden Forderung; der verbleibende Rest ist dem Sicherungszedenten herauszugeben. **14/25**

Bzgl der Behandlung der Sicherungszession in der **Exekution bzw Insolvenz** gelten dieselben Grundsätze wie beim Sicherungseigentum (oben Rz 14/16)[23].

Die Abtretung auf Grund eines **Factoringvertrags** (dazu II/5/57) wird überwiegend als kaufweise Zession angesehen[24]; das hat zur Folge, dass kein Publizitätsakt für den Forderungserwerb durch den Factor notwendig ist. **14/26**

Die **Abtretung zahlungshalber** (II/5/48) dient zwar primär als Erfüllungssurrogat, sie hat aber idR auch Sicherungsfunktion. Dann gelten für ihre Wirksamkeit dieselben Regeln wie für eine Sicherungszession[25].

---

23 Dazu ausführlich *Apathy*, Bankvertragsrecht IX Rz 5/39 ff.

24 2 Ob 504/94, SZ 67/29; 8 Ob 271/98f, ZIK 1999, 96; *Beig*, Zession 31; *Iro*, Bankvertragsrecht[2] VII Rz 2/10 ff; *Welser/Czermak*, RdW 1985, 130; *Zöchling-Jud/Kogler*, ÖBA 2012, 430 ff.

25 3 Ob 246/09m, ÖBA 2010, 831 mit Anm *Bollenberger; F. Bydlinski* in Klang[2] IV/2, 690 f; *Grillberger*, JBl 1983, 574; *Kaller*, Sicherungszession 44.

Vierter Teil: Dienstbarkeit, Reallast, Baurecht

§ 15. Dienstbarkeit

A. Inhalt und Einteilung der Dienstbarkeiten

I. Begriff und Objekte

Eine Dienstbarkeit (Servitut) ist das **beschränkte dingliche Recht**, eine fremde Sache auf eine näher umschriebene Art zu nutzen oder bestimmte Einwirkungen des Eigentümers auf die Sache zu untersagen (§ 472). Die Dienstbarkeit wirkt vollinhaltlich gegenüber dem jeweiligen Eigentümer der Sache und jedem Dritten. Dadurch unterscheidet sie sich von obligatorischen Nutzungsrechten (zB Pacht und Miete), die dem Berechtigten nur gegen seinen Vertragspartner ein Gebrauchsrecht gewähren. Jedoch kann nach hA eine Servitut auch mit bloß obligatorischer Wirkung eingeräumt werden, indem die Parteien die Verdinglichung des Rechts durch Verbücherung ausschließen (OGH RS0011659; vgl auch Rz 15/40). **15/1**

Gegenstand einer Servitut sind idR körperliche bewegliche oder unbewegliche Sachen. Aber auch an nutzbaren Rechten ist eine Dienstbarkeit denkbar; so kann etwa ein Fruchtgenuss an einer verzinslichen Forderung oder an Gesellschaftsanteilen bestehen[1], der zum Bezug der Zinsen bzw des auf den Gesellschafter entfallenden Ertrags der Gesellschaft berechtigt. Eine Servitut kann prinzipiell nicht an Bruchteilen, sondern nur an der ganzen Sache begründet werden, weil sie mit tatsächlichen Einwirkungen auf diese verbunden ist und daher auch die Rechte der übrigen Miteigentümer tangiert (§ 828)[2]. Ob ein Miteigentumsanteil im Verhältnis zu einer fremden Liegenschaft herrschendes Gut sein kann, wird uneinheitlich beantwortet[3]. **15/2**

---

1 Dazu *Oberhammer*, Mitverwaltung als Nutzung (2001) 59 ff, 75 ff.

2 OGH RS0013190; RS0042550: Wohnungsgebrauchsrecht.

3 Dagegen OGH RS0126482; 5 Ob 217/17y. Ausdrücklich bejahend hingegen (für Wohnungseigentum) 5 Ob 238/18p; *Holzner*, JBl 2018, 129.

Allerdings ist ein Fruchtgenussrecht an einem Miteigentumsanteil möglich (OGH RS0011833). Ferner können Wohnungseigentümer ihren Mindestanteil mit Realservituten an den ihnen zur ausschließlichen Benützung und Verfügung zustehenden Objekten (zB an einem Kfz-Abstellplatz) zugunsten eines anderen Wohnungseigentumsobjekts derselben Liegenschaft (OGH RS0082754, RS0011520) oder mit einem Wohnungsrecht belasten (OGH RS0106354).

II. Einteilung

15/3 Steht die Servitut dem jeweiligen Eigentümer einer Liegenschaft zu deren vorteilhafteren oder bequemeren Benützung zu, handelt es sich um eine **Grunddienstbarkeit** (Real- bzw Prädialservitut; vgl § 473), wobei das Gesetz noch weiter zwischen ländlichen und städtischen Dienstbarkeiten (Feld- und Hausdienstbarkeiten) differenziert (§ 474). Die Liegenschaft des Servitutsberechtigten wird als die „herrschende" und die des Belasteten als die „dienende" bezeichnet.

15/4 Soll hingegen die Servitut bloß einer bestimmten Person Vorteile verschaffen, liegt eine **persönliche Dienstbarkeit** vor (vgl § 473). Dazu zählen ieS Fruchtgenuss, Gebrauch und Wohnungsrecht (§ 478), darüber hinaus aber auch Servituten, die ihrem Inhalt nach Grunddienstbarkeiten entsprechen, jedoch unabhängig vom Eigentum an einem Grundstück ad personam eingeräumt werden (§ 479; **unregelmäßige Servituten**)[4]. Umgekehrt kann ein zu den persönlichen Dienstbarkeiten gezähltes Recht auch zugunsten des jeweiligen Eigentümers einer Liegenschaft eingeräumt werden, allerdings zur Verhinderung von unablösbaren Lasten der Liegenschaft (Art 7 StGG) nur mit einer zeitlichen Begrenzung, die sich nach den Beschränkungen für eine Nacherbschaft (§ 612; VI/4/111) richtet[5].

15/5 Unter **Scheindienstbarkeiten** versteht man Befugnisse, die normalerweise Inhalt einer Servitut sind, im Einzelfall aber nur auf Widerruf zugestanden werden (§ 479).

Derartige Abweichungen – unregelmäßige Servituten und Scheinservituten – sind aber iZw nicht anzunehmen, sondern müssen von dem bewiesen werden, der sie behauptet (§ 479 letzter Satz). Wurde also die Ausübung von Benutzungshandlungen gestattet, die normalerweise Inhalt einer Grunddienstbarkeit sind und der Benützung eines Grundstücks des

4 Zur Einräumung eines Rechts sowohl als Grund- als auch als Personaldienstbarkeit OGH RS0115305.

5 OGH RS0115508; *K. Hofmann* in Rummel[3] § 479 Rz 1 a; *Hofmeister*, NZ 1993, 242.

Berechtigten dienen können, trifft denjenigen, der behauptet, dass es sich um eine persönliche Servitut oder gar eine Scheinservitut handelt, dafür die Beweislast.

Als **Legalservituten** bezeichnet man Eigentumsbeschränkungen, die sich in verschiedenen Verwaltungsvorschriften zugunsten der Allgemeinheit oder eines bestimmten Interessentenkreises finden, wie insb im Wasser-, Forst-, Berg- und Luftfahrtrecht (zB die Wegefreiheit nach § 33 ForstG und bestimmten Landesgesetzen[6] oder die freie Benützung des Luftraums durch Luftfahrzeuge nach § 2 LuftfahrtG). Sie entstehen kraft Gesetzes, ohne dass es einer Eintragung im Grundbuch bedarf (s auch § 7 Abs 2 AGAG), und unterliegen grundsätzlich nicht den privatrechtlichen Bestimmungen über die Dienstbarkeiten. **15/6**

B. Gemeinsame Grundsätze der Dienstbarkeiten

I. Duldungspflicht

Der Belastete ist grundsätzlich nur zu einem **Dulden** („bejahende" Servitut) oder zu einem **Unterlassen** („verneinende" Servitut) verpflichtet, wobei es sich aber nicht um wiederkehrende Maßnahmen handeln muss[7]. Als Nebeninhalt der Servitut kann ihn aber uU doch eine Pflicht zum Tätigwerden treffen, so vor allem zur Instandhaltung der dienenden Sache beim Gebrauch (§ 508) oder allgemein dann, wenn er die der Servitutsausübung dienenden Vorrichtungen selbst benützt (§§ 483, 487, 494). Im Übrigen hat aber der Dienstbarkeitsberechtigte für die Erhaltung zu sorgen (§§ 483, 489, 491, 494, 513). Soweit mehrere Berechtigte die Einrichtungen nutzen, müssen diese verhältnismäßig zur Erhaltung beitragen (§§ 483, 494)[8]. **15/7**

II. Unübertragbarkeit

Ohne Zustimmung des Verpflichteten können persönliche Dienstbarkeiten nicht auf eine andere Person, Grunddienstbarkeiten nicht auf eine andere herrschende Liegenschaft übertragen werden (§ 485 Satz 1). Der Fruchtgenuss darf allerdings einem Dritten überlassen werden (Rz 15/37). **15/8**

---

6 Dazu *Hinteregger*, ZVR 2000, 110; 5 Ob 120/08w.

7 5 Ob 281/00k, wobl 2002, 187 mit Anm *Bittner*: Duldung des Abbruchs von Gebäuden; nicht aber Verpflichtung zur Erteilung einer Bauabstandsnachsicht, da aktives Tun: OGH RS0122142.

8 6 Ob 70/05w, immolex 2006/39; *Pacher*, ÖJZ 1993, 300.

III. Unteilbarkeit

15/9 Dienstbarkeiten sind prinzipiell unteilbar (§ 485 Satz 2). Bei **Teilung der herrschenden Liegenschaft** entsteht jedoch eine Mehrheit selbständiger Dienstbarkeiten zugunsten der Liegenschaftsteile. Dadurch darf aber die Servitut nicht erweitert oder für das dienende Grundstück beschwerlicher werden. Zwischen den Eigentümern der Teilstücke erfolgt mangels Einigung die Regelung der Ausübung im außerstreitigen Verfahren (§ 848 a).

Wird die **dienende Liegenschaft geteilt**, bleibt die Servitut auf allen Trennstücken bestehen, es sei denn, sie betrifft nur einige davon, wie zB ein Wegerecht oder ein Wasserschöpfrecht; diesfalls erlischt die Servitut hinsichtlich der übrigen Teilstücke (§§ 485, 847; § 3 Abs 2, § 3a LiegTeilG).

IV. Ausübungsschranken

15/10 Der Berechtigte darf die Dienstbarkeit **nicht eigenmächtig erweitern** (§ 484). Dabei ist aber nach hA zwischen „gemessenen" und „ungemessenen" Servituten zu unterscheiden, je nachdem, ob Art und Ausmaß durch den Titel unzweifelhaft und konkret bestimmt sind; im Falle der Ersitzung kommt es darauf an, zu welchem Zweck der Eigentümer des herrschenden Guts die dienende Liegenschaft verwendet hat (OGH RS0011664). Während bei der gemessenen Servitut jede Erweiterung unzulässig ist, richtet sich die Ausübung einer **ungemessenen Dienstbarkeit** nach dem jeweiligen Bedürfnis der herrschenden Liegenschaft im Rahmen der ursprünglichen oder vorhersehbaren Art der Bewirtschaftung (OGH RS0011752). Sie kann zwar dem technischen Fortschritt angepasst werden (zB Befahren mit Traktor statt Fuhrwerk), doch ist eine Ausdehnung wegen Vergrößerung der herrschenden Liegenschaft oder unvorhergesehener Änderung der Bewirtschaftungsart unzulässig[9]. Ebenso wenig ist die eigenmächtige Verlegung des Servitutswegs durch den Berechtigten erlaubt (OGH RS0121982). Das gilt entsprechend für unregelmäßige Servituten.

Die Ausübung von Grunddienstbarkeiten und unregelmäßigen Servituten durch Bestandnehmer des Berechtigten ist mangels abweichender Vereinbarung zulässig (OGH RS0011713).

15/11 Jede Servitut muss **möglichst schonungsvoll** ausgeübt werden. Soweit es ihre Natur und ihr Zweck gestatten, ist sie einzuschränken. Das gilt auch für gemessene Dienstbarkeiten bei nachträglichen wesentlichen Änderun-

---

9 4 Ob 25/14a, immolex 2014/65 mit Anm *Cerha*. Zur Ausdehnung der Servitut infolge Begründung von Miteigentum am herrschenden Grundstück vgl *Ganner*, wobl 2001, 209.

gen von Umständen, die für eine stärkere Berücksichtigung der Interessen des Belasteten sprechen, soweit durch die Beschränkung die Rechtsausübung nicht ernstlich erschwert oder gefährdet wird (OGH RS0116522). Der Belastete kann ferner zB den Servitutsweg an eine andere Stelle des belasteten Grundstücks verlegen, wenn der neue Weg vollkommen dem Zweck der Dienstbarkeit entspricht (OGH RS0011695; RS0011723).

V. Zweckgebundenheit

Grunddienstbarkeiten sind zur **vorteilhafteren oder bequemeren Benützung** der herrschenden Liegenschaft bestimmt (§ 473), was auch einem darauf betriebenen Unternehmen zugute kommen kann (OGH RS0011540). Die dingliche Sicherung rechtsgeschäftlicher Verfügungsbeschränkungen stellt keinen tauglichen Zweck dar (OGH RS0011510). An das „Utilitätserfordernis" wird aber von der hA kein strenger Maßstab angelegt. Nur die völlige Zwecklosigkeit bzw Unwirtschaftlichkeit oder die dauernde Unmöglichkeit der Ausübung verhindert die Bestellung einer Servitut und lässt eine bestehende Dienstbarkeit erlöschen (3 Ob 214/14p; dazu noch Rz 15/50 f). 15/12

Bei Personaldienstbarkeiten wird aus § 472 („in Rücksicht seiner Sache") gefolgert, dass die Duldung immer in einer unmittelbaren Beziehung zur Nutzung der belasteten Liegenschaft stehen muss. Daher können dem Liegenschaftseigentümer auferlegte Wettbewerbsbeschränkungen nicht als Servitut verbüchert werden (OGH RS0011510).

C. Erwerb der Dienstbarkeit

Dienstbarkeiten können auf Grund eines Rechtsgeschäfts unter Lebenden oder von Todes wegen, des Gesetzes (zB Ersitzung) oder einer hoheitlichen Verfügung (zB Notwegerecht) entstehen (§ 480). 15/13

I. Rechtsgeschäftlicher Erwerb

1. Titel und Verfügungsgeschäft

Titel ist ein **Servitutsbestellungsvertrag** oder eine letztwillige Verfügung. Der Vertrag kann auch konkludent zustande kommen, wenn nach den Umständen der Wille zur Einräumung einer Dienstbarkeit als dingliches Recht unzweifelhaft ist (OGH RS0111562). Nach der Rsp ist es unzulässig, eine Eigentümerdienstbarkeit zu begründen, also eine Servitut zwi- 15/14 schen Liegenschaften desselben Eigentümers[10]; allerdings kann einem Miteigentümer eine persönliche Dienstbarkeit an der gemeinsamen Sache bestellt werden (OGH RS0011528). Nicht möglich ist es hingegen, eine Grunddienstbarkeit zugunsten eines Miteigentumsanteils einzuräumen (5 Ob 139/10t).

Entgeltlichkeit ist nach der Rsp für den Servitutsbestellungsvertrag nicht essenziell und mangels gegenteiliger Vereinbarung nicht anzunehmen (1 Ob 161/11z). Aus dem Fehlen einer Entgeltvereinbarung kann daher nicht auf das Vorliegen einer notariatsaktspflichtigen Schenkung geschlossen werden (5 Ob 339/99k). Ist für eine Grunddienstbarkeit ein laufendes Entgelt zu entrichten, handelt es sich dabei iZw um eine dinglich wirkende Belastung der Dienstbarkeit, wenn die Zahlungspflicht im Grundbuch bei der Servitut eingetragen ist[11]. In diesem Fall ist der jeweilige Eigentümer der herrschenden Liegenschaft zur Leistung des Entgelts verpflichtet. Ebenso kommt aber in Betracht, diese Pflicht in Form einer selbständigen Reallast (dazu Rz 16/1 ff) auf der herrschenden Liegenschaft zu verbüchern.

15/15 **Inhalt und Umfang** der Servitut bestimmt das Titelgeschäft. Für einen späteren Erwerber der herrschenden oder dienenden Liegenschaft ist aber maßgeblich, was sich aus der Grundbuchseintragung ergibt und – soweit Einsichtnahme geboten erscheint – aus dem in der Urkundensammlung befindlichen Servitutsbestellungsvertrag, wie ihn ein sorgfältiger Verkehrsteilnehmer verstehen musste (OGH RS0112155). In Ermangelung einer näheren Umschreibung ist auf den bei Einräumung der Servitut vorhersehbaren Zweck abzustellen, wobei Kulturgattung und Wirtschaftsart des herrschenden Grundstücks eine wichtige Rolle spielen. Schließlich entscheidet der während dreißig Jahren ungestört ausgeübte Besitz, bevor die gesetzlichen Zweifelsregeln zur Anwendung kommen (§§ 492 ff; dazu Rz 15/24 ff).

15/16 Das **Verfügungsgeschäft** liegt in der dinglichen Einigung (dazu Rz 6/40), dass die Servitut entstehen soll. Bei Liegenschaften ist die Aufsandungserklärung des Eigentümers der dienenden Liegenschaft (§ 32 Abs 2 lit b GBG) und bei Superädifikaten seine Einwilligung zur Urkundenhinterlegung (§ 481 Abs 2 iVm § 434 Satz 2) erforderlich.

10 OGH RS0122304; krit *G. Graf*, Bittner-FS (2018) 197.
11 *Ehrenzweig* I/2, 309; *Klang* in Klang^2 II 552 f; OGH RS0011527.

2. Modus

Der Modus besteht bei **beweglichen Sachen** in einer der Übergabeformen der §§ 426 ff, bei Superädifikaten in der Urkundenhinterlegung (§ 481 Abs 2). Dienstbarkeiten an **unbeweglichen Sachen** entstehen mit ihrer Eintragung im Lastenblatt der dienenden Liegenschaft (§ 481 Abs 1), wobei deren Inhalt und Umfang möglichst bestimmt angegeben werden müssen (§ 12 GBG). Realservituten werden überdies von Amts wegen im Gutsbestandsblatt der herrschenden Liegenschaft ersichtlich gemacht (§ 9 AGAG). Zum Ansuchen um Einverleibung ist jeder Miteigentümer der herrschenden Liegenschaft legitimiert (§ 80 GBG). Weisen die Urkunden nicht alle Erfordernisse der §§ 31 ff GBG auf, wie etwa die Beglaubigung der Unterschriften der Parteien oder die Aufsandungserklärung, kommt eine Vormerkung in Betracht (§§ 438, 445; vgl Rz 3/25 ff). **15/17**

An einem Grundstück können auch mehrere gleich- oder verschiedenartige Servituten eingeräumt werden, wenn dadurch kein älteres Recht leidet (§ 486); daher lässt die Rsp nach einem Fruchtgenuss an der ganzen Liegenschaft die Einverleibung eines weiteren Fruchtgenussrechts nicht zu (OGH RS0016305). Der **bücherliche Rang** ist aber nicht nur im Falle der Unvereinbarkeit der Servituten von Bedeutung, sondern insb auch für die Behandlung in der Exekution auf die Liegenschaft (vgl §§ 150, 216 Abs 1 Z 4 EO)[12].

Vom Erfordernis der Eintragung macht die Rsp eine Ausnahme, wenn man vom dienenden Grundstück aus bei einiger Aufmerksamkeit Einrichtungen oder Vorgänge wahrnehmen kann, die das Bestehen einer Dienstbarkeit in Abweichung vom Grundbuchsstand vermuten lassen, oder wenn diese dem Erwerber der dienenden Liegenschaft sogar bekannt ist (**offenkundige Dienstbarkeiten**). Sofern solche Servituten nicht als bloß obligatorisches Recht vereinbart wurden, sollen sie auch ohne Einverleibung im Grundbuch und, ohne dass die Ersitzungszeit abgelaufen sein muss, gegenüber dem Erwerber der dienenden Liegenschaft wirken (OGH RS0034803), ebenso wirken sie gegenüber dem Ersteher mit Zuschlagerteilung (OGH RS0111211). Wenn bei zwei Liegenschaften desselben Eigentümers eine der anderen dient, ist es an sich nicht möglich, eine Servitut zu begründen (Unzulässigkeit der Eigentümerdienstbarkeit; Rz 15/14); sobald der Eigentümer aber eine der beiden Liegenschaften veräußert und dem Erwerber bekannt bzw offenkundig ist, dass eine Liegenschaft der anderen „dient", lässt nach hA bereits die Übereignung der Liegenschaft **15/18**

12 Dazu OGH RS0111211; *Zangl*, ÖJZ 2009, 343.

kraft Gesetzes oder – nach aA auf Grund einer stillschweigenden Vereinbarung – eine entsprechende Servitut zwischen den beiden Liegenschaften entstehen[13].

Unter dem Stichwort „offenkundige Dienstbarkeiten" werden allerdings oft zwei verschiedene Aspekte vermengt: Einerseits stellt sich die Frage, ob eine **Durchbrechung des Eintragungsprinzips** dahin gehend anzuerkennen ist, dass die Offenkundigkeit die Verbücherung der Dienstbarkeit ersetzt. Das ist entgegen der soeben referierten Rsp abzulehnen, weil hiefür keine gesetzliche Deckung zu finden ist[14]. Andererseits geht es um ein Problem des **negativen Vertrauensgrundsatzes**: Kann man eine Liegenschaft, an der ein Dritter eine Servitut ersessen hat, die aber (noch nicht) verbüchert wurde, ohne diese Last erwerben? In dieser Konstellation besteht also die Servitut bereits kraft Ersitzung, sodass die Offenkundigkeit für ihre Begründung keine Bedeutung hat; sehr wohl aber kann die Offenkundigkeit verhindern, dass die ersessene Servitut erlischt, weil der Erwerber der Liegenschaft in seinem Vertrauen auf den falschen Grundbuchsstand nur dann geschützt wird – und unbelastetes Eigentum erhält –, wenn die Servitut nicht offenkundig ist (OGH RS0011676).

Beispiel: Zwischen zwei Grundstücken des A liegt jenes des B. B hat A daher das Recht eingeräumt, über sein Grundstück zu gehen. Eine Verbücherung der Servitut ist unterblieben, jedoch hat sich im Laufe der Zeit ein deutlich wahrnehmbarer Pfad gebildet. B verkauft seine Liegenschaft an C. Sind seit dem Beginn der Benutzungshandlungen des A **noch keine dreißig Jahre verstrichen**, kann sich dieser nicht auf Ersitzung berufen. Nach der Rsp muss allerdings C das offenkundige Gehrecht des A gegen sich gelten lassen. Teilt man diese Ansicht des OGH nicht, besteht keine dinglich wirkende Dienstbarkeit des A. A hat nur einen obligatorischen Anspruch gegen B auf Zuhaltung der Vereinbarung durch Überbindung der Duldungspflicht auf C bzw auf Schadenersatz. Nur wenn man das Verhalten des C als Eintritt in den Servitutsbestellungsvertrag deuten könnte, bestünde gegen ihn ein Anspruch des A auf Einwilligung in die Einverleibung der Dienstbarkeit.

3. Gutgläubiger Erwerb

15/19 Dienstbarkeiten können auch vom Nichtberechtigten **kraft guten Glaubens** erworben werden. Dabei ist so wie beim Pfandrecht (Rz 10/15) zwischen zwei Konstellationen zu unterscheiden: (i) Einräumung einer Servitut an einer nicht dem Besteller gehörenden Sache (konstitutiver Erwerb) und (ii) Übertragung einer Dienstbarkeit, die nie bestanden hat oder bereits erloschen ist (translativer Erwerb).

---

13 OGH RS0011618; *B. A. Koch* in KBB[5] § 480 Rz 1; *Spath* in Schwimann[4] § 480 Rz 3. S aber die zutreffende Kritik bei *Battlogg*, NZ 2003, 201; *Schilcher*, JBl 2005, 619.

14 *Battlogg*, NZ 2003, 203 ff; *Holzner* in Rössler/Kerschner (Hrsg), Wasserrecht und Privatrecht (2006) 95, 97 ff; *Schauer*, wobl 1996, 240.

Für den gutgläubigen Erwerb einer Servitut vom Nichteigentümer einer **beweglichen körperlichen Sache** – etwa eines Fruchtgenusses an einer Kuh – ist mangels einer speziellen Norm § 367 analog heranzuziehen. Von dessen drei alternativen Voraussetzungen wird nur die Vertrauensmannvariante in Betracht kommen, weil Dienstbarkeiten weder im gewöhnlichen Betrieb eines Unternehmens noch in einer Versteigerung bestellt werden. Die Erlangung einer angeblich bestehenden Dienstbarkeit kraft guten Glaubens ist schon wegen des Grundsatzes der Unübertragbarkeit (Rz 15/8) prinzipiell ausgeschlossen.

Eine Dienstbarkeit kann als Konsequenz daraus entstehen, dass das **Vertrauen auf das Grundbuch** geschützt wird: Dies ist möglich, wenn der zu Unrecht als Liegenschaftseigentümer Eingetragene sie einräumt, oder auch wenn die herrschende Liegenschaft übertragen wird und auf der dienenden Liegenschaft eine in Wahrheit nicht bestehende Servitut verbüchert ist. Je nachdem, ob das Recht des Vormanns nie bestanden hat oder nachträglich erloschen ist, sind die §§ 28, 63 ff GBG oder § 1500 anzuwenden (vgl dazu Rz 10/23 und 10/42). Für die Redlichkeit des Erwerbers einer behaupteten Servitut wird allerdings die Einsichtnahme in das Grundbuch nicht genügen, sondern auch die Besichtigung der Liegenschaft zu verlangen sein (vgl Rz 6/66); bei auftretenden Unklarheiten wird man zudem den Dienstbarkeitsvertrag in der Urkundensammlung heranziehen müssen (7 Ob 170/14x)[15]. Die Entgeltlichkeit wird so wie beim derivativen Erwerb (vgl Rz 15/14) keine Rolle spielen.

II. Gesetzlicher Erwerb

Ein wichtiger Fall des Erwerbs einer Servitut kraft Gesetzes ist die **Ersitzung**, die sich nach den allgemeinen Regeln richtet (dazu Rz 6/85 ff). Bei **15/20**
selten ausübbaren Servituten muss der Ersitzende außerdem beweisen, dass sich binnen der Ersitzungszeit mindestens drei Ausübungsmöglichkeiten ergeben haben und er diese ergriffen hat (§ 1471). Die Servitut entsteht mit Abschluss der Ersitzungszeit. Eine Eintragung im Grundbuch ist zwar nicht erforderlich, doch wird dadurch verhindert, dass ein gutgläubiger Dritter die Sache lastenfrei erwirbt (§ 1500, vgl Rz 6/75). An Nutzungsrechten iSd § 1 WWSGG, wie Holzungs-, Weide- oder Holzbringungsrechten (OGH RS0011578), gibt es keine Ersitzung (§ 2 Abs 1 WWSGG).

15 Bei Gutglaubenserwerb einer Dienstbarkeit durch Miteigentümer müssen alle redlich sein. Das gilt auch für den gutgläubigen lastenfreien Erwerb einer Liegenschaft durch mehrere Personen, 5 Ob 27/14b, wobl 2015, 81 mit Anm *Gusenleitner-Helm*.

An unbeweglichen Sachen können auch **unregelmäßige Servituten** ersessen werden, wie zB Wegerechte oder Skiabfahrten zugunsten einer Gemeinde oder eines alpinen Vereins[16]. Die Rsp begnügt sich hier aber nicht mit der bloßen Nützlichkeit oder Bequemlichkeit der Servitut, sondern verlangt zudem eine, wenn auch wirtschaftliche oder kulturelle, Notwendigkeit (zB Schul- oder Kirchweg), an die jedoch keine strengen Anforderungen zu stellen sind (OGH RS0011698).

Stirbt der Eigentümer eines Erbhofs iSd Anerbenrechts, so erhält der überlebende Ehegatte oder eingetragene Partner (§ 43 Abs 2 EPG), der bei Erbfall auf dem Erbhof gelebt hat, daran ein gesetzliches Fruchtgenussrecht, solange der Anerbe Eigentümer ist und das 25. Lebensjahr nicht erreicht hat (§ 14 Abs 2 AnerbenG).

III. Erwerb kraft behördlicher Verfügung

15/21 Bei fehlender oder unzulänglicher Wegverbindung einer Liegenschaft mit dem öffentlichen Wegenetz hat der Eigentümer auf Grund des NWG Anspruch auf Einräumung eines **Notwegerechts** im außerstreitigen Verfahren[17]. Dabei ist aber möglichst restriktiv vorzugehen (§ 4 Abs 1 NWG). Die Begründung eines Notwegerechts ist unzulässig, wenn der dadurch erzielte Vorteil den Nachteil für die belastete Liegenschaft nicht überwiegt oder das Fehlen des Wegs auf auffallende Sorglosigkeit des Eigentümers zurückzuführen ist (§ 2 NWG; OGH RS0071074).

15/22 Die nähere Beschaffenheit des Notwegs richtet sich nach den Bedürfnissen der herrschenden Liegenschaft bei **möglichst geringer Belastung** der dienenden Liegenschaft; deren Bewirtschaftung darf nicht wesentlich beeinträchtigt werden. Der Notwegeberechtigte hat dem Verpflichteten eine angemessene Entschädigung für alle Schäden an dessen Liegenschaft durch die Einräumung des Rechts zu leisten (§§ 5, 13 NWG). Daraus sind auch etwaige Ansprüche Dritter zu befriedigen, deren dingliche Rechte an der Liegenschaft von der Einräumung des Notwegs betroffen sind (§ 22 NWG). Der Eigentümer der zu belastenden Liegenschaft kann aber auch verlangen, dass der Berechtigte das Eigentum an dem für den Notweg erforderlichen Grund übernimmt und dessen Wert ersetzt sowie die Wertminderung des restlichen Grundes vergütet (§ 7 NWG).

Das Notwegerecht ist auf Antrag aufzuheben, wenn es entbehrlich wird oder wenn solche Veränderungen an der dienenden Liegenschaft (zB durch

16 3 Ob 203/07k, wobl 2008, 233; 9 Ob 16/15s; *Apathy*, JBl 1999, 205, 221 mwN.
17 Zum NWG: *Egglmeier*, bbl 1998, 62; *Höfle*, Notwegerecht (2009).

Bauführung oder in der Bewirtschaftungsart) eintreten, die die Bestellung eines Notwegs unzulässig machen (§ 24 NWG).

Ähnliche Regelungen wie im NWG finden sich für die Einräumung von Seil- und Bringungswegen im Güter- und Seilwege-GrundsatzG 1967 und in den §§ 66 ff ForstG, wobei aber die Entscheidung den Verwaltungsbehörden obliegt[18].

D. Spezielle Regelungen für Dienstbarkeiten

Das Gesetz zählt die Servituten nicht abschließend auf. Auch Dienstbarkeiten mit neuen Inhalten lassen sich begründen (zB U-Bahnstollen; Abstellplatz für Auto), sofern die Grundsätze eingehalten werden. Die Bestimmungen über die inhaltliche Ausgestaltung der Servituten sind ebenfalls weitgehend dispositiv, sodass die Parteien davon abweichende Vereinbarungen treffen können (vgl § 504). **15/23**

I. Grunddienstbarkeiten

1. Felddienstbarkeiten

Das Gesetz kennt verschiedene **Wegeservituten** (§§ 492 ff). Das Recht des Fußsteigs erlaubt dem Berechtigten und seinen Besuchern nur das Gehen, nicht aber das Reiten auf Tieren. Das Recht des Viehtriebs umfasst die Befugnis, „frei gelassenes Vieh" über die dienende Liegenschaft zu treiben und einen Schubkarren zu gebrauchen, nicht jedoch das Transportieren schwerer Lasten. Die Servitut des Fahrens berechtigt nicht nur den Eigentümer des herrschenden Grundstücks, sondern auch Dritte zum Benützen des Fahrwegs, sofern es den Betriebserfordernissen dieser Liegenschaft entspricht, wie etwa für den Transport von Baumaterial zur Erhaltung oder Neuaufführung eines Gebäudes[19]. Das Fahrrecht beinhaltet aber nicht das Recht des Viehtriebs oder das Recht zum Parken. **15/24**

Das **Wasserschöpfrecht** umfasst auch den Zugang zum Wasser (§ 496), das Wasserleitungsrecht die Anbringung der dafür nötigen Vorrichtungen, wie Röhren oder Rinnen, entsprechend den Bedürfnissen der herrschenden Liegenschaft auf Kosten des Berechtigten (§ 497). **15/25**

18 Dazu *Höfle*, Notwegerecht 37 ff.
19 2 Ob 143/09g, SZ 2010/67; *Pittl*, NZ 2013, 74.

15/26 Das **Weiderecht** (§§ 498 ff) gewährt das nicht ausschließliche Recht, Vieh auf fremder Weide zu halten, nicht aber das Gras zu mähen oder die Substanz der Weide zu verletzen (§ 502). Über die Weidezeit entscheidet mangels anderer Vereinbarung der Ortsgebrauch, wobei aber die geordnete Bewirtschaftung des dienenden Grundstücks nicht gestört werden darf (§ 501).

15/27 Weiters kommen als Dienstbarkeiten in Betracht: **Forstnutzungsrechte**, wie zB die Befugnis, Holz zu schlagen (§ 503), Brennholz oder Waldfrüchte zu sammeln, das Recht des Steinbrechens oder der Suche und Gewinnung nicht vorbehaltener Mineralien. Das **Fischereirecht** an einem fremden Gewässer kann als mit dem Eigentum an einer Liegenschaft verbundene Grunddienstbarkeit oder als persönliche Dienstbarkeit eingeräumt werden, die aber veräußerlich und unbeschränkt vererblich ist[20].

Ein sog **Realverzicht** befreit den Eigentümer der herrschenden Liegenschaft von im Nachbarrecht begründeten Leistungspflichten (zB Ausgleichsanspruch für Immissionsschäden nach § 364 a); ob derartige Vereinbarungen eine Dienstbarkeit oder eine sonstige dingliche Last iSd § 9 GBG darstellen, ist umstritten[21].

2. Hausdienstbarkeiten

15/28 Bei **bejahenden Hausservituten** muss der Verpflichtete etwas dulden (§ 475); zB die Stützung des Nachbargebäudes auf sein Gebäude, die Einleitung von Rauch in seinen Schornstein (§ 487), die Anbringung von Fensteröffnungen in seiner Wand (§ 488), die Ableitung von Regenwasser auf sein Dach oder seinen Grund (§ 489), Überbauten über sein Grundstück, wie zB Erker, oder den Abbruch von Gebäuden (5 Ob 281/00k).

15/29 **Verneinende Hausservituten** verpflichten den Belasteten dazu, bestimmte Handlungen zu unterlassen (§ 476); zB sein Haus höher oder niedriger zu machen, dem herrschenden Gebäude Licht, Luft oder Aussicht zu nehmen oder das Regenwasser vom Dach des Nachbarhauses auf seinen Grund abzuleiten (§§ 490 f).

---

20 1 Ob 30/94, SZ 68/41; 5 Ob 250/98w, ecolex 1999, 759. Zum Erwerbsmodus vgl 1 Ob 72/00w, JBl 2001, 514; 1 Ob 19/01b, NZ 2002, 85; *Olechowski*, JBl 2001, 505.

21 Dazu 8 Ob 501/92, ÖZW 1994, 109 mit Anm *Rummel*.

II. Persönliche Dienstbarkeiten

1. Gebrauchsrecht

Gebrauch ist das dingliche Recht auf **Benützung** einer Sache ohne Verletzung der Substanz bloß zur Befriedigung des **eigenen Bedürfnisses** (§ 504). Maßstab und Grenze für die Nutzungsbefugnis ist daher der konkrete Bedarf des Berechtigten unter Berücksichtigung seines Standes, Berufs und „Hauswesens" – also insb des Familienstandes und der Zahl der Dienstpersonen – im Zeitpunkt der Einräumung des Rechts (§§ 505 f). Spätere Veränderungen können, abgesehen von natürlichen und gewöhnlichen Ereignissen (zB Kinderzuwachs), zu keiner Ausdehnung führen; verringern sich die Bedürfnisse, schränken sie aber – uU vorübergehend – die Nutzungsbefugnis ein (vgl § 484; 3 Ob 18/07d). **15/30**

Gebrauchsberechtigte können auch **juristische Personen** sein.

Als **Gegenstand des Gebrauchs** kommen alle – auch unkörperliche – Sachen in Betracht, die ohne Verzehr der Substanz nutzbar sind. Bei verbrauchbaren Sachen besteht das Gebrauchsrecht am Wert der Sache (§ 510), dh der Berechtigte wird Eigentümer und kann frei über die Sache verfügen, muss aber nach Beendigung des Gebrauchsrechts eine Sache gleicher Gattung zurückstellen oder deren Schätzwert vergüten. **15/31**

Inhaltlich entspricht das Gebrauchsrecht den Befugnissen eines Fruchtnießers (zu diesem gleich unten), ist aber im Umfang auf den persönlichen Bedarf beschränkt. Der Gebrauchsberechtigte darf die Substanz der Sache nicht verändern und sein Recht **nicht übertragen** oder die Sache in Bestand geben (§ 507). Der Eigentumserwerb an den Naturalfrüchten tritt nach hA erst mit Zueignung ein, weil diese den Umfang des Bedarfs konkretisiert. Wegen der Unübertragbarkeit und der Maßgeblichkeit der persönlichen Bedürfnisse kann in das Gebrauchsrecht nicht Exekution geführt werden. **15/32**

Der Eigentümer darf die mit dem Gebrauchsrecht belastete Sache weiterhin benützen, soweit dies ohne Störung des Gebrauchs möglich ist. Ihn treffen aber auch die mit der Sache verbundenen **Lasten und Instandhaltungskosten.** Soweit sie allerdings den auf ihn entfallenden Nutzen aus der Sache übersteigen, muss der Gebrauchsberechtigte dafür aufkommen oder auf sein Recht verzichten (§ 508).

2. Fruchtgenuss

15/33 Der Fruchtgenuss berechtigt dazu, eine fremde Sache unter Schonung der Substanz **ohne alle Einschränkungen** zu **benützen** (§ 509). Bzgl der tauglichen Objekte und der Möglichkeit, an verbrauchbaren Sachen ein „uneigentliches" Fruchtgenussrecht zu bestellen, s Rz 15/31.

Der Fruchtnießer hat das Nutzungsrecht wie ein Eigentümer und daher Anspruch auf den vollen, auch ungewöhnlichen **Ertrag**, soweit er nach den Regeln der ordentlichen Wirtschaftsführung erzielt wird, nicht aber wenn er auf Raubbau oder außergewöhnlichen Naturereignissen beruht[22]. Natürliche Früchte werden mit Trennung von der Muttersache sein Eigentum; sind bei Ende des Fruchtgenusses Früchte vorhanden, die noch nicht abgetrennt sind, kann der Fruchtnießer vom Eigentümer Ersatz jener Kosten verlangen, die zur „Erzielung" dieser Früchte angefallen sind (§ 519). Für die Zuordnung von Zivilfrüchten, insb Zinsen, kommt es grundsätzlich auf die Fälligkeit an. Tritt diese für eine bereits während des Fruchtgenusses begonnene Berechnungsperiode erst nach dessen Ende ein, so sind die Früchte zwischen Eigentümer und Fruchtnießer entsprechend aufzuteilen (§ 519).

15/34 Der Fruchtnießer hat die Befugnis, die Sache zu **verwalten** (OGH RS0011877). Er darf auch Veränderungen im Rahmen des ordentlichen Wirtschaftsbetriebs vornehmen, nicht aber hinsichtlich der Bewirtschaftungsart. Der Eigentümer kann über die Substanz nur mehr verfügen, indem er die Sache verkauft oder belastet; hingegen ist er nicht mehr befugt, ein überschneidendes Nutzungsrecht auszuüben oder einem Dritten einzuräumen (OGH RS0016305), es sei denn, er hat sich dies vorbehalten. Daher ist nur der Fruchtnießer berechtigt, Bestandverträge über die Sache abzuschließen, solange sein Recht besteht. Mit Beendigung des Fruchtgenusses tritt der Eigentümer der Sache an seiner Stelle in diese Rechtsverhältnisse ein (§ 1120 analog; dazu III/8/78 f). Umgekehrt übernimmt der Fruchtnießer als Bestandgeber alle Bestandverhältnisse, die bei Einverleibung seines Rechts im Grundbuch bezüglich des Fruchtgenussobjekts bestehen[23].

15/35 Sind im Zeitpunkt der Einräumung des Fruchtgenusses mit der Sache Lasten verbunden (zB Zinsen – nicht aber Kapitalrückzahlungen – aus Hypothekarforderungen, Renten, Reallasten), muss diese im Verhältnis zum

---

22 1 Ob 502/88, SZ 61/9; 1 Ob 302/97m, SZ 71/30. Zum Schatzfund vgl §§ 399, 511 letzter Satz.

23 OGH RS0011849; vgl auch *Holzner*, wobl 2004, 55.

Eigentümer der Fruchtnießer tragen; für danach begründete Lasten gilt dies nicht. Weiters treffen den Fruchtnießer die von der Sache zu leistenden Abgaben und Steuern, allerdings der Höhe nach begrenzt mit den während der Dauer der Fruchtnießung gezogenen Nutzungen, und die Kosten der Erzielung der Nutzungen (§ 512). Es gilt daher das „Nettoertragsprinzip", dh der Vorteil des Fruchtnießers soll nur in der Differenz bestehen, die sich aus den Erträgnissen der Sache und den Kosten ergibt, die mit der Sache und ihrer Bewirtschaftung verbunden sind.

Die **Erhaltung** der Sache obliegt dem Fruchtnießer in dem Zustand, wie er sie übernommen hat, soweit der Ertrag dafür reicht; das Fehlende muss der Eigentümer beitragen (§ 513)[24]. Zur Durchführung **notwendiger baulicher Maßnahmen**, die über die Instandhaltung hinausgehen, wie etwa die infolge Alters oder zufälliger Schadensereignisse erforderlich gewordene Neuerrichtung eines Gebäudes, ist weder der Eigentümer noch der Fruchtnießer verpflichtet. Letzterer muss sie allerdings dem Eigentümer anzeigen. Nimmt dieser die Arbeiten vor, hat ihm der Fruchtnießer die Zinsen des dafür aufgewendeten Kapitals insoweit zu ersetzen, als dadurch die Nutzung der Sache im Verhältnis zum vereinbarten Zustand verbessert wird (§ 514). Führt der Fruchtnießer die bauliche Maßnahme durch, wozu er subsidiär berechtigt ist, steht ihm nach Ende des Fruchtgenusses ein Anspruch auf Aufwandersatz wie einem redlichen Besitzer zu. Unterlässt er sie, kann er vom Eigentümer Ersatz für die entgangenen Nutzungen verlangen (§ 515). 15/36

Bloß **nützliche Bauführungen**, die den Ertrag vermehren, sind jeweils nur mit Gestattung des anderen Teils zulässig (§ 516). Wenn der Fruchtnießer solche Arbeiten ohne Einwilligung des Eigentümers vornimmt, ist er als Geschäftsführer ohne Auftrag zu behandeln (§§ 517, 1037 f).

Der Fruchtnießer kann das Fruchtgenussrecht mit Einverständnis des Eigentümers der belasteten Sache **vollständig** übertragen (5 Ob 157/13v). Er kann es aber auch ganz oder teilweise durch Eintragung im Grundbuch mit dinglicher Wirkung **„der Ausübung nach" überlassen** (OGH RS0011626). Der Fruchtnießer bleibt als solcher im Grundbuch eingetragen, doch behält er von dieser Rechtsposition nur die Pflichten. Das Ausübungsrecht erlischt spätestens mit Beendigung des Fruchtgenussrechts. Der Fruchtgenuss ist (ver)pfändbar (3 Ob 268/03y). 15/37

Der Fruchtnießer **haftet** dem Eigentümer weder für die Abnützung der Sache durch ordnungsgemäßen Gebrauch noch für zufällige Beschädigun- 15/38

24 Dazu *Welser*, NZ 1982, 145.

gen. Droht infolge eines pflichtwidrigen Verhaltens des Fruchtnießers eine Schädigung der Substanz, hat der Eigentümer Anspruch auf Sicherstellung (§ 520). Wenn der Fruchtnießer diesem Begehren nicht nachkommt, kann ihn das Gericht dazu verhalten, die Sache gegen eine Abfindung zurückzustellen (dazu 9 Ob 16/08f) oder die Sache in gerichtliche Verwaltung zu übergeben (§ 382 Abs 1 Z 2, § 383 EO), wobei der Ertrag aber ihm gebührt.

3. Wohnungsrecht (Wohnrecht)

15/39 Das dingliche Recht, bewohnbare Teile eines Hauses zu benützen, ist entweder **Gebrauch**, wenn es zum persönlichen Bedarf dienen soll (§ 521 Satz 1 und 2), **oder Fruchtgenuss**, wenn es ohne Einschränkungen eingeräumt wird (§ 521 Satz 3); dementsprechend sind die jeweiligen gesetzlichen Bestimmungen anzuwenden (§ 521 letzter Satz). Was von den Parteien gewollt ist, muss im Einzelfall durch Auslegung ermittelt werden; iZw ist bei Überlassung eines Gebäudes oder mehrerer Wohnungen Fruchtgenuss, sonst Gebrauch anzunehmen (OGH RS0011588).

Für das Wohnungsrecht (Wohnrecht) ist der **Versorgungszweck** typisch. Dementsprechend ist es iZw höchstpersönlich und auf Lebenszeit begrenzt. Ferner muss der Belastete in Abweichung von § 508 letzter Satz ohne Rücksicht auf die ihm zukommenden Nutzungen die Erhaltungskosten und öffentlichen Abgaben bestreiten, soweit dies erforderlich ist, um den Versorgungszweck zu erreichen[25]; nicht zu tragen hat er aber verbrauchsabhängige Kosten, wie zB Heizung, Strom, Reinigung (1 Ob 200/14i).

15/40 Ein Wohnungsrecht kann nach hA auch **ohne dingliche Wirkung** bestellt werden; eine solche Abweichung ist aber iZw nicht anzunehmen (vgl § 479 Satz 2)[26]. Dieses bloß obligatorische Wohnungsrecht bindet den Einzelrechtsnachfolger des Verpflichteten nur, wenn er in den Vertrag eintritt (6 Ob 162/02w), und erlischt bei Schuldnerinsolvenz (OGH RS0115899). Davon sind familienrechtliche Wohnverhältnisse zu unterscheiden: Sie beruhen entweder auf Verpflichtungen aus dem Familienrecht (zwischen Ehegatten oder Eltern und Kindern) und bestehen nur so lange, wie der familienrechtliche Anspruch aufrecht ist (6 Ob 323/02x: Heimgangsrecht); oder sie entspringen aus dem Zusammengehörigkeitsgefühl unter Familienangehörigen und sind daher rechtlich nicht durchsetzbar und jederzeit widerrufbar (OGH RS0020503).

---

25 OGH RS0011777. Für die Pflicht des Eigentümers zum Wiederaufbau eines zerstörten Gebäudes *Ganner*, wobl 2003, 1. AA *Gusenleitner*, wobl 2004, 105, 110.

26 7 Ob 547/95, wobl 1996, 238 mit Anm *Schauer*; 7 Ob 6/99d, JBl 2000, 375.

Gegenstand des Wohnungsrechts können sämtliche oder einzelne bewohnbare Räume eines Gebäudes[27] und der dazu gehörende Hof oder Garten sein. Der Eigentümer darf weiterhin alle Teile des Hauses benützen, die nicht dem Wohnungsberechtigten überlassen worden sind, und die nötige Aufsicht über das Gebäude ausüben (§ 522). Bei der Eigentümerpartnerschaft (Rz 5/34) kann einem der Partner oder wechselseitig ein Wohnungsrecht am gesamten Mindestanteil eingeräumt werden, nicht aber bloß an der Hälfte des Mindestanteils des jeweils anderen, weil dies entgegen § 13 Abs 2 WEG zu einer unterschiedlichen Belastung der Hälfteanteile führen würde (OGH RS0118072). **15/41**

E. Schutz und Erlöschen der Dienstbarkeiten

I. Schutz der Dienstbarkeiten

1. Actio confessoria

Der Dienstbarkeitsberechtigte ist Rechtsbesitzer (Rz 2/10) und kann sich gegen eine eigenmächtige Störung zum einen mit Besitzklagen zur Wehr setzen. Zum anderen steht ihm auf der petitorischen Ebene auch die Servitutsklage (actio confessoria, § 523) zur Verfügung. **15/42**

Die Klage ist auf **Unterlassung** künftiger Störungen bzw auf Duldung der Ausübung, auf Wiederherstellung durch **Beseitigung** der vom Störer verursachten Beeinträchtigungen und auf **Schadenersatz** nach den allgemeinen Regeln gerichtet. Wird sie gegen den Eigentümer der Liegenschaft erhoben, kann auch die Feststellung der Servitut und erforderlichenfalls die Einwilligung in die Einverleibung begehrt werden (9 Ob 117/06f). Nach der Rsp schließen einander actio confessoria und die gegenläufige actio negatoria wegen Streitanhängigkeit aus (vgl OGH RS0013459).

Kläger ist der Servitutsberechtigte, bei Grunddienstbarkeiten der jeweilige Eigentümer des herrschenden Gutes, nicht aber der Pfandgläubiger, Fruchtnießer (OGH RS0120084) oder obligatorisch Berechtigte (zB Bestandnehmer) am herrschenden Gut. Der Kläger muss den Erwerb der Servitut, den Eingriff des Beklagten sowie die für den Unterlassungsanspruch erforderliche Wiederholungsgefahr oder das Weiterwirken des Eingriffs als Voraussetzung des Beseitigungsanspruchs beweisen. **Beklagte** sind der Eigentümer der dienenden Sache und sonstige Störer. **15/43**

27 Zu Wohnungseigentumsobjekten 3 Ob 95/07b, wobl 2008, 239; 5 Ob 157/08m, NZ 2009, 250 mit Anm *Hoyer* (255); *Prader*, immolex 2008, 262.

Besteht Miteigentum an der herrschenden und/oder dienenden Liegenschaft, muss die actio confessoria von allen Miteigentümern bzw gegen alle Miteigentümer als einheitliche Streitpartei (§ 14 ZPO) erhoben werden (OGH RS0101793).

Die Servitutsklage kann auch publizianisch (§ 372) geltend gemacht werden (dazu Rz 2/68).

2. Actio negatoria

15/44 An sich steht die Eigentumsfreiheitsklage (actio negatoria) dem Eigentümer einer Sache zu, wenn ein Dritter sein Recht an der Sache stört (dazu Rz 7/12). Da dem **Fruchtnießer** eine umfassende Nutzungsbefugnis gleich einem Eigentümer zukommt, gewährt die Rsp auch ihm die actio negatoria auf Feststellung des Nichtbestands einer Servitut am Fruchtgenussobjekt (OGH RS0011860).

II. Erlöschen der Dienstbarkeiten

15/45 Für Servituten gelten die allgemeinen Erlöschensgründe, wie Zeitablauf, Verzicht, der aber erst mit Einverleibung der Löschung die Servitut aufhebt (5 Ob 1/07v), sowie gutgläubiger lastenfreier Erwerb (s Rz 6/61 f; 6/75), Enteignung oder Zwangsversteigerung der dienenden Sache uä. Daneben gibt es noch einige Tatbestände mit Besonderheiten, auf die im Folgenden eingegangen wird.

1. Vereinigung

15/46 Die Servitut erlischt durch das Zusammenfallen des Eigentums an der herrschenden und an der dienenden Liegenschaft nicht endgültig, sondern bleibt – vergleichbar einer Eigentümerhypothek (Rz 12/10 ff) – **formell bestehen**, solange sie nicht im Grundbuch gelöscht wird (§ 526). Wird eine der beiden Liegenschaften veräußert, lebt die Servitut wieder materiellrechtlich auf. Nutzungsrechte iSd § 1 WWSGG (Rz 15/20) erlöschen nicht durch Vereinigung (§ 2 Abs 1 WWSGG).

2. Verjährung

15/47 Dienstbarkeiten verjähren durch dreißig-, gegenüber juristischen Personen vierzigjährigen **Nichtgebrauch** (§§ 1479, 1485); jede Teilausübung unterbricht die Verjährung des gesamten Rechts (4 Ob 190/13i; vgl aber 8 Ob 104/14y). Können sie nur selten ausgeübt werden, ist überdies erforderlich, dass innerhalb dieser Zeit drei Gelegenheiten dazu bestanden, aber nicht ergriffen wurden (§ 1484). Nutzungsrechte iSd § 1 WWSGG sind unverjährbar (§ 2 Abs 1 WWSGG).

Ein Sonderfall der Verjährung ist die **Freiheitsersitzung** (usucapio libertatis; § 1488). Sie setzt voraus, dass sich der Belastete der Ausübung der Dienstbarkeit widersetzt und der Berechtigte es dabei drei Jahre bewenden lässt. Unter Widersetzen sind aktive Handlungen des Belasteten zu verstehen, die darauf gerichtet sind, die Rechtsausübung durch den Berechtigten dauerhaft zu verhindern. Die Widersetzungshandlungen müssen nur objektiv wahrnehmbar sein; nicht entscheidend ist, ob der Berechtigte davon Kenntnis hat oder gar aktuell beeinträchtigt wird (OGH RS0037141). Auch Verbote oder Drohungen sind nach hA ausreichend, wenn der Berechtigte daraufhin tatsächlich die Servitut nicht ausübt (OGH RS0034388). **15/48**

Wenn das Hindernis die Ausübung der Dienstbarkeit nur beschränkt und der Berechtigte sich dies gefallen lässt, kommt es nach drei Jahren zu einer Einschränkung der Servitut (OGH RS0034281; RS0104359).

3. Außerordentliche Kündigung

Die Dienstbarkeit begründet ein Dauerschuldverhältnis. Daher ist es auch hier stets möglich, das Rechtsverhältnis **aus wichtigem Grund** vorzeitig aufzulösen (dazu II/3/158)[28]. Allerdings müssen nach hA die Gründe im Hinblick auf die durch die Dinglichkeit verstärkte Bestandsgarantie noch größeres Gewicht haben als bei sonstigen Dauerschuldverhältnissen. Zur Auflösung ist nur derjenige berechtigt, der für den Auflösungsgrund nicht allein oder überwiegend verantwortlich ist. Da die Kündigung des Vertrags nur ex nunc wirkt, ist für das Erlöschen der Servitut die Einverleibung der Löschung im Grundbuch erforderlich. **15/49**

Eine ordentliche Kündigung (dazu II/4/54) des Dienstbarkeitsvertrags ist bei Fehlen einer diesbezüglichen Vereinbarung nicht möglich. Zur Ablösung von Nutzungsrechten iSd § 1 WWSGG vgl §§ 7, 13 ff WWSGG.

4. Zwecklosigkeit

Da Dienstbarkeiten der Erzielung von Gebrauchsvorteilen für das herrschende Gut bzw den persönlich Berechtigten dienen (vgl Rz 15/3 f), erlöschen sie konsequenterweise, wenn dieser Zweck **völlig und endgültig wegfällt** (OGH RS0011582; RS0116757). Für den erforderlichen Ge- **15/50**

28 OGH RS0018813; *Binder*, JBl 1999, 368, 370; *G. Koziol*, Koziol-FS (2010) 1229, 1231.

brauchsvorteil genügt es allerdings, wenn ein auch nur einigermaßen ins Gewicht fallender Nutzen besteht. So bringt zB der Anschluss des herrschenden Grundstücks an die öffentliche Wasserversorgung ein Wasserbezugsrecht noch nicht zum Erlöschen, wenn das Quellwasser weiterhin zur Bewässerung von Obstkulturen verwendet werden kann[29].

Bei bloß vorübergehender Zwecklosigkeit kommt es ähnlich wie nach § 525 (dazu gleich) nur zu einem Ruhen der Servitut, das an ihrem Bestand nichts ändert (OGH RS0011688).

Zur agrarbehördlichen Aberkennung von Felddienstbarkeiten mangels schutzwürdigen Interesses des berechtigten Gutes s § 32 Abs 2 lit b WWSGG.

5. Untergang des dienenden oder herrschenden Gutes

15/51 Geht das dienende oder das herrschende Gut unter, „ruht" die Dienstbarkeit, bis die zerstörte Sache (etwa die Quelle oder das Gebäude, an dem das Wohnungsrecht besteht) **wiederhergestellt** wird (§ 525)[30]. Ist ein Weg vorübergehend unbrauchbar, zB wegen Vermurung, muss der Belastete bis zur Wiederherstellung einen anderen Weg anweisen (§ 495).

6. Zeitablauf

15/52 Wie beim Pfandrecht (vgl Rz 12/6) endet die Dienstbarkeit mit Ablauf der Zeit, auf die sie bestellt wurde. Ebenso endet sie, wenn das Eigentums- oder Verfügungsrecht desjenigen, der die Servitut eingeräumt hat, **befristet** ist und die Befristung abläuft (§ 527). Trotz einer solchen zeitlichen Beschränkung besteht aber die Möglichkeit, dass der Berechtigte die Dienstbarkeit ohne die zeitliche Begrenzung erwirbt, wenn ihm diese nicht bekannt sein musste.

Steht die Dienstbarkeit unter einer **auflösenden Bedingung**, erlischt sie mit Eintritt der Bedingung. Allerdings ist die Beschränkung der Servitut mit dem Erreichen eines bestimmten Alters eines Dritten iZw als Befristung und nicht als Bedingung zu verstehen (§ 528).

7. Tod des Berechtigten

15/53 **Persönliche Servituten** (Rz 15/4) enden mit dem Tod des Berechtigten; das gilt auch für unregelmäßige Dienstbarkeiten (OGH RS0011587).

29 Vgl dazu auch OGH RS0011574; RS0011699.
30 Zum Wohnungsrecht *Gusenleitner*, wobl 2004, 105, 107 ff.

Nach hA können aber weitere gleichartige Dienstbarkeiten für die Erben bestellt werden[31]. Darunter sind aber iZw nur die ersten gesetzlichen Erben zu verstehen (§ 529).

Die einer **Familie** eingeräumte Dienstbarkeit geht auf alle ehelichen Nachkommen des Stammhauptes über, die insofern eine Rechtsgemeinschaft bilden. Doch gelten die für eine Nacherbschaft geltenden Beschränkungen (§ 612) analog, sodass Servituten an unbeweglichen Sachen nur Nachkommen im ersten Grad zufallen.

Dienstbarkeiten zugunsten **juristischer Personen** enden mit deren Erlöschen[32].

31 *Ehrenzweig* I/2 352; *Klang* in Klang² II 612; *Spielbüchler*, Welser-FS (2004) 1041, 1050 mwN.

32 Zu Fusions- und Abspaltungsvorgängen 5 Ob 88/05k, NZ 2005, 373 mit Anm *Hoyer* (382); *Hoyer*, Krejci-FS II (2001) 1211; *Reich-Rohrwig*, ecolex 2005, 771.

§ 16. Reallast

A. Begriff und Einteilung der Reallast

16/1 Die Reallast ist im ABGB nicht besonders geregelt. Bloß § 530 spricht von „beständigen jährlichen Renten“ und ordnet ihre uneingeschränkte Übertragbarkeit an. Die Regeln dieses Instituts haben daher Lehre und Rsp herausgebildet. Das Wesen der Reallast lässt sich nur anhand traditioneller Erscheinungsformen umschreiben, ohne damit jedoch eine genaue Abgrenzung erzielen zu können[1].

16/2 Unter Reallast versteht man die **dingliche Haftung** einer Liegenschaft für die dem jeweiligen Eigentümer obliegenden Leistungen an einen Dritten (OGH RS0012180). Es geht dabei um **positive Leistungen**, die meistens regelmäßig oder doch wiederkehrend aus dem belasteten Grundstück auf bestimmte oder unbestimmte Zeit zu erbringen sind, wie etwa Leibrentenzahlungen oder Bauzins (1 Ob 79/08m). Sie müssen aber nicht gleich groß oder gleichartig sein und in keinem Verhältnis zum Ertrag der Liegenschaft stehen. Auch einmalige Leistungen sind möglicher Inhalt einer Reallast (zB das Abreißen oder Aufbauen eines Hauses, die Tragung von Begräbniskosten). Allerdings kann eine Leistung, die weder periodisch zu erbringen ist noch mit dem Ertrag der Liegenschaft im Zusammenhang steht, nur dann als Reallast angesehen werden, wenn sie durch einen persönlichen Bedarf des Reallastberechtigten begründet ist (OGH RS0128561).

Verpflichtet sich der Liegenschaftseigentümer, seine Befugnisse nur eingeschränkt auszuüben (zB Konkurrenzverbot, Verbot der Nutzung als Zweitwohnsitz; Pflicht, Waren nur von einem bestimmten Unternehmer zu beziehen), so stellt dies keine Reallast dar (5 Ob 198/12x).

---

1 5 Ob 81/97s, NZ 1998, 87 mit Anm *Hoyer*. Vgl auch *Hoyer*, Wagner-FS (1987) 195, 196.

Die Reallast unterscheidet sich von der Hypothek durch ihren typischen **Versorgungszweck**[2]. Sie gewährt einen Anspruch auf wiederkehrende Leistungen, zu deren Erbringung der jeweilige Eigentümer der Liegenschaft verpflichtet ist. Die Hypothek sichert dagegen nicht nur den Anspruch auf Zinsen, sondern vor allem auf Rückzahlung des Kapitals gegen den Personalschuldner, der nicht ident sein muss mit dem Eigentümer der Pfandliegenschaft. Gegenüber der Dienstbarkeit hebt sich die Reallast dadurch ab, dass der Belastete zu einer positiven Leistung, und nicht bloß zu einem Dulden verpflichtet ist (OGH RS0105768). Wenn daher etwa den Belasteten die Pflicht trifft, regelmäßig eine bestimmte Menge Wassers zu liefern, handelt es sich um eine Reallast und nicht um eine Servitut. **16/3**

Entsprechend der Einteilung der Servituten (Rz 15/3 f) lassen sich **Personal- und Prädialreallasten** unterscheiden. Letztere können nur mit der herrschenden Liegenschaft übertragen werden. Personalreallasten sind grundsätzlich veräußerlich und vererblich, wenn dadurch ihr Inhalt nicht geändert wird. Sie können dann auch ge- und verpfändet werden. Auch das Recht auf die einzelnen Leistungen ist idR übertragbar. **16/4**

B. Erwerb, Inhalt und Beendigung der Reallast

Die Reallast ist ein bücherliches Recht (§§ 9, 12 GBG). **Titel** für ihre Begründung kann das Gesetz (zB Ersitzung), Richterspruch (zB § 15 AnerbenG) oder ein Rechtsgeschäft unter Lebenden oder von Todes wegen sein. Abgesehen von öffentlich-rechtlichen Reallasten (3 Ob 168/02f) entsteht das Recht mit **Einverleibung** im Lastenblatt der dienenden Liegenschaft bzw durch Urkundenhinterlegung bei nicht verbücherten Grundstücken. Inhalt und Umfang der Reallast müssen dafür möglichst bestimmt angegeben werden (§ 12 GBG). Auch an einem Miteigentumsanteil kann eine Reallast eingeräumt werden, soweit dies nach der Beschaffenheit der Reallast möglich ist (zB für eine Geldrente). **16/5**

Im Übrigen gelten für den Erwerb von Reallasten durch Rechtsgeschäft und Ersitzung weitgehend dieselben Regeln wie für Servituten (Rz 15/14 ff).

Bei **Teilung der dienenden Liegenschaft** bleiben alle Teile in vollem Umfang belastet, sodass eine Simultanreallast entsteht. Wird die **herrschende** **16/6**

2 5 Ob 2168/96a, NZ 1997, 257 mit Anm *Hoyer*; 6 Ob 30/02h, SZ 2002/36. Zur Umgehung grundbücherlicher Beschränkungen für das Pfandrecht durch Bestellung einer Reallast vgl OGH RS0012178.

Liegenschaft geteilt, besteht die Reallast zugunsten aller Teile weiter, wobei aber keine größere Belastung des dienenden Grundstücks entstehen darf. Bei teilbaren Leistungen hat jeder Eigentümer Anspruch auf einen verhältnismäßigen Anteil, sonst sind alle gemeinsam zur Empfangnahme berechtigt.

16/7 Die Reallast hat dingliche und **persönliche Elemente**: Einerseits schuldet der jeweilige Eigentümer die während seiner Eigentümerschaft anfallenden Leistungen, soweit nichts anderes vereinbart ist[3]. Für diese haftet er auch dann persönlich weiter, wenn er die dienende Liegenschaft veräußert. Andererseits besteht die **dingliche Haftung** der belasteten Liegenschaft für die laufenden und die noch offenen Leistungen der Voreigentümer, soweit diese noch nicht gem § 1480 verjährt sind (5 Ob 104/05p; vgl auch § 18 GBG, § 216 Abs 2 EO).

16/8 Die Gründe für die **Beendigung** der Reallast entsprechen im Großen und Ganzen denen bei den Dienstbarkeiten (Rz 15/45 ff)[4]. Es gibt hier aber keine Freiheitsersitzung.

C. Ausgedinge

16/9 Das Ausgedinge ist eine besonders im bäuerlichen Bereich vertretene Mischform verschiedener Leistungs- und Duldungspflichten zur Altersversorgung des Übergebers eines Gutes, wobei das Element der **Reallast** im Vordergrund steht. Es wird daher von der Rsp normalerweise nach den Regeln der Reallast behandelt (OGH RS0022408); das im Rahmen des Ausgedinges zustehende Wohnungsrecht kann aber auch gesondert als Dienstbarkeit verbüchert werden (OGH RS0012184).

Titel des Ausgedinges ist meistens eine Vereinbarung, insb ein Ehepakt oder Gutsübergabevertrag, oder eine letztwillige Verfügung; aber auch Richterspruch (zB § 14 Abs 1 AnerbenG) oder Gesetz (zB Ersitzung) kommen in Betracht.

16/10 **Inhalt** des Ausgedinges sind idR ein Wohnungsrecht, die Nutzung von Grundstücken, das Recht auf den vollen Unterhalt und bestimmte Geld- und Arbeitsleistungen, wie insb Pflege (OGH RS0012170). Der Unterhalt ist meistens in Naturalien zu leisten, im „Unvergleichsfall", wenn also dem Berechtigten die Annahme der Naturalleistungen aus Gründen, die vom

3 OGH RS0012185; *B. A. Koch* in KBB[4] § 530 Rz 1. AA *Hoyer*, Wagner-FS 201.
4 6 Ob 30/02h, immolex 2002/100: Untergang der belasteten Sache; 3 Ob 168/02f, immolex 2003/98: Verjährung.

Verpflichteten zu vertreten sind, nicht mehr zugemutet werden kann, sind die Leistungen in Geld nach ihrem objektiven Wert abzulösen[5].

Das Ausgedinge ist ein **höchstpersönliches Recht** und auch nicht der Ausübung nach übertragbar, weil der Wechsel des Berechtigten idR Umfang und Inhalt der geschuldeten Leistungen ändern würde. Der Berechtigte kann seinen Anspruch auf die einzelnen bereits fälligen Leistungen aber abtreten. Das Recht aus dem Ausgedinge ist beschränkt pfändbar (§ 290a Abs 1 Z 11, § 291a EO). **16/11**

5 OGH RS0022521; RS0022573; *Spath* in Schwimann[4] § 530 Rz 12.

§ 17. Baurecht

17/1 Das Baurecht ist das dingliche Recht, auf oder unter einer fremden Liegenschaft ein Bauwerk (Wohnhaus, Fabrik, Keller oder sonstige Baulichkeit) zu haben (§ 1 Abs 1 BauRG). Es ist geregelt im BauRG 1912 und in der dazu erlassenen DV. Das Baurecht entspricht weitgehend einer Dienstbarkeit (vgl auch § 11 BauRG), ist aber im Gesetz als selbständiges Verkehrsobjekt ausgestaltet[1]. An der eigenen Liegenschaft kann nach hA zwar kein Baurecht begründet werden (Eigentümerbaurecht)[2], doch kommt es zu einer solchen Situation durch nachträgliche Vereinigung von Grund- und Baurechtseigentum in einer Hand (OGH RS0108048). Nach hA ist es nicht möglich, ein „Unterbaurecht" an einem Baurecht einzuräumen[3].

17/2 **Titel** für den Erwerb des Baurechts ist der Baurechtsvertrag. Er unterliegt verschiedenen zwingenden Normen des BauRG, die die Stellung des Bauberechtigten und die Eignung des Baurechts als Kreditgrundlage absichern sollen. So kann das Baurecht auf nicht weniger als zehn und nicht mehr als hundert Jahre bestellt werden (§ 3 Abs 1 BauRG); eine einvernehmliche Verlängerung ist zulässig, sofern die sich daraus ergebende Restlaufzeit die gesetzliche Höchstdauer nicht überschreitet[4]. Eine auflösende Bedingung ist nur für den Fall des Verzugs mit der Zahlung des Bauzinses für wenigstens zwei aufeinanderfolgende Jahre wirksam (§ 4 Abs 2 BauRG). Darüber hinausgehende Kündigungs- oder Auflösungsrechte der Parteien, die diesem Erlöschensgrund in ihrer Bedeutung gleichkommen, können zwar vereinbart werden (5 Ob 152/03v), doch verhindern sie nach der Rsp die

---

1 *F. Bydlinski*, Das Recht der Superädifikate (1982) 6; *Urbanek/Rudolph*, Das Baurechtsgesetz (2004) § 1 Rz 49; differenzierend *Schaffgotsch*, Grundeigentum und Baurecht (1998) 54 ff. Krit zum BauRG *Kletečka*, NZ 2016, 121.

2 3 Ob 2032/96m, SZ 70/114; 5 Ob 94/09y, NZ 2010, 87; *Csoklich*, RdW 1991, 254, 256; *Urbanek/Rudolph*, BauRG § 1 Rz 10. AA *Kletečka* in Kletečka/Rechberger/Zitta, Bauten auf fremdem Grund² (2004) 23, 28; *Spruzina* in GeKo WohnR BauRG § 1 Rz 26.

3 5 Ob 204/05v, wobl 206, 33 mit Anm *Bittner/Call*; *Hoyer*, NZ 2006, 127; *Spruzina* in GeKo WohnR BauRG § 6 Rz 16. AA *Kletečka* in Kletečka/Rechberger/Zitta, Bauten 37; *Oppolzer*, immolex 2006, 82.

4 OGH RS0103290; *Spruzina* in GeKo WohnR BauRG § 3 Rz 5 f.

Verbücherung des Baurechts, weil das Vorliegen dieser Voraussetzung im Grundbuchsverfahren nicht überprüfbar sei[5]. Da das Baurechtsverhältnis ein Dauerschuldverhältnis ist, kann es aber auch nach allgemeinen Grundsätzen stets aus wichtigem Grund aufgelöst werden (II/3/158), an dessen Gewicht jedoch wegen der dinglichen Bindung ein strenger Maßstab anzulegen ist (5 Ob 122/12w).

Wurde für das Baurecht ein **Bauzins** als Entgelt vereinbart, müssen dessen Ausmaß und Fälligkeit bestimmt sein. Eine Wertsicherungsvereinbarung ist zulässig, sofern sie nicht auf den Bodenwert abstellt (§ 3 Abs 2 BauRG). Nach hA stellt die Pflicht zur Zahlung des Bauzinses keine am Baurecht haftende Reallast dar, doch kann für sie eine solche verbüchert werden[6]. **17/3**

Dem Baurecht dürfen **keine Pfandrechte** oder anderen Belastungen im Rang vorgehen, die auf Geldzahlung gerichtet sind oder dem Zweck des Baurechts entgegenstehen (§ 5 Abs 2 BauRG); damit soll der Bestand des Baurechts – unabhängig von der Vermögenslage des Grundeigentümers – gesichert werden.

Das Baurecht kann nicht an einem Teil eines Grundbuchskörpers begründet, wohl aber auf einen Teil der Ausübung nach beschränkt werden (vgl § 1 Abs 2 BauRG; § 12 GBG). Es entsteht mit Verbücherung im Lastenblatt der dienenden Liegenschaft (zum Verfahren vgl § 13 BauRG und die DV zum BauRG). Gleichzeitig ist eine **eigene Grundbuchseinlage** zu eröffnen, in der alle Eintragungen gegen den Bauberechtigten, wie Übertragung oder Verpfändung des Baurechts, zu vollziehen sind (§ 5 Abs 2 BauRG). Das Baurecht ist eine unbewegliche Sache, deren Zugehör das Bauwerk ist (§ 6 Abs 1 BauRG). Der Bauberechtigte ist Eigentümer des Bauwerks und Nutznießer des Grundstücks, soweit es für das Bauwerk erforderlich oder für dessen Benützung vorteilhaft ist (§ 6 Abs 2 iVm § 1 Abs 2 BauRG); insofern sind iZw die Regeln über den Fruchtgenuss analog anwendbar[7]. **17/4**

Das Baurecht kann auch an bereits bestehenden Gebäuden eingeräumt werden[8].

Nach § 6a BauRG ist die Begründung von **Baurechts-Wohnungseigentum** zulässig. Die dafür erforderlichen Mindestanteile am Baurecht (vgl Rz 5/30) können entweder von vornherein mehreren Bauberechtigten zu- **17/5**

---

5 OGH RS0052496; *Oberhammer* in Kletečka/Rechberger/Zitta, Bauten 80; *Urbanek/Rudolph*, BauRG § 4 Rz 4 ff. AA *Hoyer*, NZ 2004, 455; *Schaffgotsch*, Grundeigentum 122.

6 1 Ob 79/08m, JBl 2009, 573; *Rechberger/Frauenberger* in Kletečka/Rechberger/Zitta, Bauten 55 ff; *Schaffgotsch*, Grundeigentum 108 ff; *Spruzina* in GeKo WohnR BauRG § 3 Rz 38. AA *F. Bydlinski*, Superädifikate 9 mwN.

7 5 Ob 94/09y, NZ 2010, 122 mit Anm *Hoyer* (125); *Urbanek/Rudolph*, BauRG § 6 Rz 5.

8 *F. Bydlinski*, Superädifikate 6; *Csoklich*, RdW 1991, 254.

stehen oder durch nachträgliche Veräußerung ideeller Anteile am Baurecht geschaffen werden[9]. Das WEG ist sinngemäß anzuwenden.

17/6 Das Baurecht ist **veräußerlich und vererblich** (§ 1 Abs 1 BauRG); ob der (ursprüngliche) Bauberechtigte im Falle der Übertragung des Baurechts weiter für den Bauzins haftet, ist umstritten[10]. Es kann auch verpfändet werden (vgl § 7 BauRG). Um das Baurecht zu übertragen und Rechte daran einzuräumen, bedarf es der Einverleibung im Grundbuch (§ 431).

17/7 Bzgl des Erlöschens des Baurechts wird zwischen absoluten und relativen Gründen unterschieden. **Relative Endigungsgründe** sind insb der Verzicht auf das Baurecht oder die Auflösung wegen qualifizierten Verzugs mit der Zahlung des Bauzinses nach § 4 Abs 2 BauRG. Um das Baurecht zu beenden, muss seine Löschung im Grundbuch einverleibt werden. Bestehen allerdings Pfandrechte oder andere bücherliche Rechte am Baurecht, müssen die daraus Berechtigten der vorzeitigen Beendigung des Baurechts zustimmen. Ohne ihre Zustimmung kann die Löschung im Grundbuch nur mit dem Zusatz einverleibt werden, dass diese Rechte weiterhin aufrecht bleiben (§ 8 BauRG; 5 Ob 156/15z). Ein Pfandgläubiger kann die Zwangsversteigerung des bloß relativ erloschenen Baurechts betreiben; der Ersteher erlangt das wieder auflebende Baurecht bis zum Ende der ursprünglichen Dauer der Bestellung[11].

Absolute Erlöschensgründe, wie der Zeitablauf oder die Enteignung, wirken auch gegenüber Personen, die ein Recht am Baurecht haben. Nur auf dem Baurecht haftende Pfand- und Vorzugsrechte für Steuern und Abgaben gehen auf die Liegenschaft über (§ 9 Abs 1 BauRG).

17/8 Das Eigentum am Bauwerk fällt nach Erlöschen des Baurechts an den Grundeigentümer, indem es unselbständiger Bestandteil der Liegenschaft wird. Ob und in welcher Höhe dem Bauberechtigten eine **Entschädigung** zusteht, richtet sich nach der Vereinbarung. Mangels einer solchen hat er Anspruch auf ein Viertel des vorhandenen Gebäudewerts (§ 9 Abs 2 BauRG). Pfandrechte und andere dingliche Rechte erstrecken sich auf die Entschädigungssumme (§ 10 BauRG); es handelt sich um einen Fall der Pfandrechtswandlung (dazu Rz 12/2).

---

9 Dazu 5 Ob 205/98b, NZ 2000, 172; *Csoklich*, RdW 1991, 256; *Kletečka* in GeKo WohnR BauRG § 6a Rz 3; *Verweijen*, immolex 2003, 115.

10 Dafür *Schaffgotsch*, Grundeigentum 99 ff; *Urbanek/Rudolph*, BauRG § 1 Rz 33. AA 1 Ob 79/08m, JBl 2009, 573.

11 *Rechberger/Frauenberger* in Kletečka/Rechberger/Zitta, Bauten 67, 69; *Schaffgotsch*, Grundeigentum 130; *Spruzina* in GeKo WohnR BauRG § 8 Rz 13.

Paragraphenregister

Die Angaben beziehen sich auf die Randzahlen. Hauptfundstellen sind halbfett hervorgehoben.

WWSGG

Zollrechts-DurchführungsG

1. ZPMRK

ZPO

Sachverzeichnis

Die Angaben beziehen sich auf die Randzahlen. Hauptfundstellen sind halbfett hervorgehoben.

B

F

G

T

Lehrbuchreihe Bürgerliches Recht

Band I
Peter Bydlinski
Bürgerliches Recht Allgemeiner Teil
320 Seiten, broschiert
8. Auflage
ISBN: 978-3-7046-8045-7
Erscheinungsdatum: 2.10.2018

Band II
Silvia Dullinger
Schuldrecht Allgemeiner Teil
210 Seiten, broschiert
6. Auflage
ISBN: 978-3-7046-7709-9
Erscheinungsdatum: 6.3.2017

Band III
Christian Rabl/Andreas Riedler
Schuldrecht Besonderer Teil
390 Seiten, broschiert
6. Auflage
ISBN: 978-3-7046-7799-0
Erscheinungsdatum: 10.10.2017

Band IV
Gert Iro/Olaf Riss
Sachenrecht
343 Seiten, broschiert
7. Auflage
ISBN: 978-3-7046-8322-9
Erscheinungsdatum: 10.10.2019

Band V
Ferdinand Kerschner/Katharina Sagerer-Forić
Familienrecht
226 Seiten, broschiert
6. Auflage
ISBN: 978-3-7046-7699-3
Erscheinungsdatum: 28.3.2017

Band VI
Bernhard Eccher
Erbrecht
218 Seiten, broschiert
6. Auflage
ISBN: 978-3-7046-7609-2
Erscheinungsdatum: 10.10.2016

Band VII
Brigitta Lurger/Martina Melcher
Internationales Privatrecht
254 Seiten, broschiert
2. Auflage
ISBN: 978-3-7046-7708-2
Erscheinungsdatum: 3.4.2017

Band VIII
Peter Bydlinski/Silvia Dullinger/Bernhard Eccher/Gert Iro/
Ferdinand Kerschner/Brigitta Lurger/Martina Melcher/Christian Rabl/
Andreas Riedler/Katharina Sagerer-Forić
Prüfungstraining Fallrepetitorium
Fallrepetitorium mit Lösungen
475 Seiten, broschiert
5. Auflage
ISBN: 978-3-7046-7798-3
Erscheinungsdatum: 3.10.2017